ドゥオーキン「資源の平等」を真剣に読む

亀本 洋

新基礎法学叢書

成文堂

はしがき

　本書は、ロナルド・ドゥオーキンの 2000 年に公刊された『主権者の徳』（*Sovereign Virtue*：『至高の徳』とも訳せる）所収の「資源の平等」論文（1981年）を中心に、同書所収の「厚生の平等」論文（1981 年）およびその他の関連論文、ならびに、それ以外のドゥオーキンの関連著作もわずかではあるが参照しつつ、彼の平等論の解明をめざす苦闘の記録である。全容解明にはほど遠い。

　私は法哲学者ではあるが、現代正義論の専門家ではなかったので、まずはその学説史から正義論の勉強を始めることにした。ロールズを勉強し直し、あるいはロールズ前にさかのぼり、あるいはロールズ後に前進して、20 世紀初めから 1980 年代くらいまでの英語圏正義論の歴史についてはだいたい把握したと勝手に思い込むことができる段階に達した。その途中から、西洋における正義の最も古典的で正統的な意味である「デザート」（値するという観念）と「平等」という観点にこだわって、現代正義論を見るようになった。

　その背景には、1990 年代から学界で流行し始めた「運平等主義」——分配における運の影響をできるだけ排除して、人々の間での平等を可能なかぎり達成しようとする立場——の潮流が胡散臭いと思ったこと、そして、それがデザートと平等という古典的な論点と密接な関係をもつという見通しを得たことがある。

　勉強の副産物として、二冊の本を本叢書から公刊した。次は、運平等主義の勉強を本格的に始めるつもりであった。すると、ドゥオーキンの壁にぶち当たって挫折した。運平等主義をめぐっては、彼の「資源の平等」に言及しない研究者は一人もいない。ところが、それを読んでみると、ほとんど理屈になっていないとしか私には思えない荒唐無稽なことが書いてある。手当たりしだい内外の若干の文献も参照してみたが、私が知りたいことはどこにも書いてなかった。それで仕方なく、彼の「資源の平等」をほとんどそのテキ

ストだけを頼りに一生懸命読んでみたが、結局のところ、よくわからなかった。

　本書の第1章は、なぜわからないかの説明に終わっている。脱構築派的分析の手法は用いていないつもりであるが、感じとしてはそれによく似ているので、人によっては退屈かもしれない。私はもともと、法的議論や法的レトリックの専門家であるので、その点お許しいただきたい。

　ここで、あえてドゥオーキンのために一言注意しておきたい。彼の理論は、ロールズの反省的均衡やカント的構成主義と同様、方法論上いわゆる「整合説」（coherence theory）によって構築されている（彼は「解釈的方法」と呼ぶが）。その場合、理論のなかに含まれる命題、原理、結論等々はたがいに支え合ってネットワークをつくるので、通常の論理的思考からすれば、結論を前提として結論が出てくるように見える推論が一定限度で許容されることになる。その点については、ドゥオーキンの方法が法解釈学ないしは判決理由における裁判官の思考と同じだと示唆するのみで、本書では、ますます退屈になることを恐れ、立ち入っていない。

　第2章は、ドゥオーキンの話ではなく、運平等主義について論じており、読者は戸惑われるかもしれない。しかし、私のもともとの関心が運平等主義にあったこと、ドゥオーキンもその流れで取り上げたことを了解していただければ、かえって読みやすいかもしれないと思い、ここに入れた。

　第3章は、再びドゥオーキンに戻り、『主権者の徳』では「資源の平等」の前にある「厚生の平等」を、第1章と同じような仕方で執拗に取り上げた。順番が逆ではあるが、私が論文を書いた順に並べるほうがわかりやすいかもしれないと思い、ここに入れた。

　第3章までは、もともと別個の論文として書いたので（なお、本書に再録した論文については、ケアレスミスや文意の正確化のための訂正、略記の使用、相互参照を容易にするための付記等を除き、内容にはいささかの変更もない）、興味がある章だけ、ばらばらに読んでいただいても大丈夫だと思う。だが、次の章からは、少なくとも第1章だけは読んでいただかないと理解がむずかしいと思う。第1章には、私の苦労がそのまま表出されており、読者の皆様にも忍耐を強いることになると思うが、その点もお許しいただきたい。

第4章は、経済学者ジョン・ローマーのドゥオーキン批判を取り上げた。「資源の平等」において私が理解に最も苦しんだのは「仮想保険」の構想であったが、ローマーの論文を読んではじめて、頭のなかが多少なりともすっきりした。ドゥオーキンの資源の平等論を理解するために一番重要な論文だと私は考えるので、かなり詳しく紹介するとともに、「資源の平等」に関する私自身の理解をかなり積極的に提示した。

　第5章は、補論に近い性格をもっており、第2章で紹介したサミュエル・シェフラーとドゥオーキンとの論争を、ドゥオーキンの資源の平等論を再確認する目的で取り上げた。

　第1章と第3章は、私の無能のために理解に苦しんだ反動として、ドゥオーキンを酷評している箇所が多い。誤解を与えないため付言しておくが、私はドゥオーキンをロールズほど高くは評価していないが、他の正義論者の多くと比べれば相当高く評価している。彼が若いころ書いたロールズ論「正義と権利」(1973年)は秀逸である。歳をとるにつれて、多くの文章が不必要に難解になってくるのが惜しまれるが。

　私は旧著『格差原理』(2012年)を書いたとき、ロールズの格差原理が集団単位で分配的正義の問題を考えていることを強調した。そのことをどこかで読んだことは記憶していたが、どの論文で教えられたかは、どうしても思い出すことができず、注もつけずに放置した。ところが、それはドゥオーキンが「資源の平等」論文のなかで鋭くも指摘していたことだったのである。私は、その論文を10年以上前にも、苦しみながら一度読んでいたことをすっかり忘れていた。

　現代正義論に関心がある人々、とりわけ、ドゥオーキンの正義論を理解するのに苦しんでいる人々に、本書が少しでもお役に立てば幸いである。

　本書を新基礎法学叢書から三度出版できる幸運に感謝したい。このたびも、成文堂会長阿部耕一氏、同社長阿部成一氏、および同社編集部飯村晃弘氏に大変お世話になった。心より御礼申し上げたい。

　　2016年6月17日

　　　　　　　　　　　　　　　　　　　　　　　　　　　　亀本　洋

目　次

はしがき　i
初出一覧　xii
略号等についての注記　xiii

第1章　資源の平等 …………………………………………… 1

第1節　運平等主義とドゥオーキンの「資源の平等」論　1
第2節　「資源の平等」のための「オークション」の意味　5
1. オークションの手続　5
2. 羨望テストの充足　9
3. 手続的正義？　11
4. 落札の「費用」　13
5. 「オークション」を経済学的に理解してはいけない　15

第3節　仮想保険市場　16
1. 選択運と自然運　16
2. 運とは何か　19
3. 選択運の結果には責任がある　21
4. ギャンブル　24
5. 平等なリスク機会の保障　27
6. 保険への加入という選択　28
7. 仮想保険市場　32
8. 仮想保険市場参照強制保険の対抗馬その1 ──厚生の平等　36
9. 仮想保険市場参照強制保険の対抗馬その2 ──生得無能力初期補償方式　38
10. 人格と状況の区別　39

第4節　能力の不平等と仮想保険によるその是正　42
1. 能力が同一の場合、羨望してはいけない　42
2. 時点に関し無制約な羨望テスト　45
3. ドゥオーキンのいう「市場」は「市場」ではない　45

4. 機会の平等 　　　　　　　　　　　　　　　　　47
　　5. スターティングゲート論 　　　　　　　　　　　50
　　6. 労働力の商品化 　　　　　　　　　　　　　　　54
　　7. 所得税による再分配 　　　　　　　　　　　　　55
　　8. 能力欠如に対する仮想保険市場 　　　　　　　　57
　　9. 稼得能力欠如にかける保険 　　　　　　　　　　59
　　10.「市場」の結果と等価な経済計算 　　　　　　　60
　　11. 保険の平均の計算方法 　　　　　　　　　　　　60
　　12. 保険とリスクへの態度 　　　　　　　　　　　　65
　　13. 社会内最高所得水準を保証する保険の購入 　　　66
　　14. 保証所得水準を適度に下げれば万事うまくいく 　67
　　15. 稼得能力に優る者の不運 　　　　　　　　　　　69
第5節　税金としての保険料 　　　　　　　　　　　　72
　　1. 基礎となる保険料はすでにコンピュータが計算してくれた 　72
　　2. 保証所得は全員同じだが、保険料は現実所得に応じて変化する 　73
　　3. 現実所得連動型保険料のメリット 　　　　　　　75
　　4. コンピュータに対するモラル・ハザード 　　　　76
　　5. 稼得能力欠如に備える仮想保険市場から所得税制へ至る道 　77
　　6. 市場価格による交換の結果は放置する 　　　　　78
　　7.「社会に課す費用」の意味 　　　　　　　　　　81
　　8. 貧乏人への給付は多すぎるか 　　　　　　　　　83
　　9. 平均値の援用は貧困層に相当高い所得水準を保証する 　84
　　10. 保証水準の平均値は平等の二つの要求の妥協点らしい 　88
　　11. 貧乏人への給付は少なすぎるか 　　　　　　　92
　　12. 稼得能力に劣る者の不運 　　　　　　　　　　95
　　13. ギャンブラーを救えるか 　　　　　　　　　　96
第6節　結　論 　　　　　　　　　　　　　　　　　　99
　　1. 貧富の格差緩和政策の指針としての平均値 　　　99
　　2. 金のかかる人生の不運 　　　　　　　　　　　100
本章のむすびにかえて 　　　　　　　　　　　　　　102

第2章　運平等主義の問題点……………………………………… 105

第1節　運平等主義　　105
1. 運平等主義出現の背景　　105
2. 個人の責任を重視し、
   「何のための分配の平等か」を軽視する運平等主義　　107
3. 運平等主義は政治哲学か　　113
4. 本章の課題　　115

第2節　運平等主義者の問題関心　　116
1. 運平等主義の思想とその帰結　　116
2. 運平等主義者の問題関心の狭さ　　117
3. 選択と状況の区別とその難点　　118
4. 道徳的・社会的・政治的理想としての平等　　120
5. 道徳的責任の前提条件と運平等主義　　122

第3節　ロールズと運平等主義　　124
1. ロールズからドゥオーキンへ、そして運平等主義へ　　124
2. 俗説の根拠　　125
3. 俗説における誤解　　127
4. ドゥオーキンの行政的平等観　　129

第4節　保守派への過剰反応としての責任主義　　133
1. 責任原理は運平等主義の支えとなるか　　133
2. 正当化は無内容もしくは循環論法　　134
3. 自由意志論的形而上学への依拠　　135
4. モラリズム　　136
5. 社会的価値としての平等　　138

第5節　帝国主義から政治哲学を防衛する　　140

第3章　厚生の平等………………………………………………145

第1節　厚生と厚生の平等　　146
1. 厚生の平等は資源の分配によって達成される　　146
2. 厚生の個人間比較は可能と仮定する　　147

第2節　厚生の諸解釈　150
1. 成功としての厚生　150
2. 選好の三種類　151
3. 成功の平等の三ヴァージョン　154
4. 意識状態としての厚生　154
5. 二種類のややこしさ　157
6. 厚生の最善の解釈とその平等との関係　158

第3節　成功の平等　162
1. 厚生の平等の実行可能性の問題は軽視する　162
2. 無限定な成功の平等における第一の困難　163
3. 無限定な成功の平等における第二の困難　165
4. 政治的選好の不充足を個人的選好の充足で補償することはなぜおかしいか　169
5. インフォーマルな政治的選好を含む無限定な成功の平等理論の問題点　174
6. 無限定な成功の平等が限定的な成功の平等に変容する場合　175
7. 全員が共有する政治的選好が非平等主義的理論である場合　177
8. 非政治的選好の充足の平等　179

第4節　個人的成功の平等　180
1. 個人的成功の平等が前提とする人間観　180
2. 相対的成功　184
3. 全体的成功　185
4. 相対的成功の平等　187
5. 全体的成功の平等　193
6. 合理的遺憾と公正な分配　195
7. 公正な分配の理論なしに合理的遺憾を判定できるか　200
8. 全体的成功の平等は公正な分配を否定するか　204
9. 喜びの平等　207
10. 厚生の客観的理論　208

第5節　金のかかる嗜好　209
1. 厚生の平等は高価な嗜好の育成者に平等な厚生を拒否できるか　209

2. 全体的成功の平等は自己論駁的でないと仮定する　　214
　　3. 社会が全体的成功の平等を採用する場合　　215
　　4. 功利主義は高価な嗜好に平等な厚生を保障しない根拠となるか　　220
　　5. 他人を犠牲にして金のかかる人生を送る人は補償に値しない　　223
　　6. 公正な分け前の観念は厚生の平等の概念と矛盾する　　225
　　7. 公正な分け前の先行性を直観的に説得する方法　　230
　　8. 障碍者を厚生の平等理論によって例外扱いする試み　　231
　　9. 厚生の平等理論は人々を平等者として扱っていない　　234
　本章のむすびにかえて　　237

第4章　ローマーからの批判　　239

第1節　資源主義と厚生主義　　240
　　1. 厚生主義は資源主義に属する　　240
　　2. 戦術としての資源主義の定義　　241
　　3. 非厚生主義的平等主義　　244
　　4. 資源主義とデザート論　　246

第2節　選好の責任　　248
　　1. 資源を分配される個人の責任　　248
　　2. 薄い無知のヴェール　　249
　　3. 個人責任をめぐるロールズの原初状態とドゥオーキンの仮想保険の違い　250

第3節　保険と功利主義　　251
　　1. 移転可能な資源と移転不可能な資源　　251
　　2. 移転可能な資源に対する保険　　251
　　3. 保険の基本的仕組み　　252
　　4. 人によって選好が異なる場合　　253

第4節　才能保険　　254
　　1. 才能と余暇を導入する保険モデル　　254
　　2. 最適な才能保険とその含意　　255
　　3. 功利主義と保険　　257
　　4. 高価な余暇　　258

第5節　資源の平等分割メカニズム　　　　　　　　　　　258
　　　1．資源の等分割から出発する競争均衡　　　　　　　258
　　　2．才能の平等分割　　　　　　　　　　　　　　　　259
　　　3．才能のある人のほうが厚生が低くなる　　　　　　261
　第6節　資源の純粋交換モデル　　　　　　　　　　　　262
　　　1．生産を含まないモデルへの転換　　　　　　　　　262
　　　2．交換モデルの下での保険メカニズム　　　　　　　263
　　　3．交換モデルの下での平等分割メカニズム　　　　　264
　　　4．才能のある人にとって保険メカニズムは最悪　　　265
　第7節　資源平等化メカニズムによる才能のない人の悪化　267
　　　1．才能の平等化は才能のない人の厚生の改善を含む　267
　　　2．平等分割メカニズムの不整合　　　　　　　　　　268
　　　3．保険メカニズムの不整合　　　　　　　　　　　　269
　第8節　仮想保険の二重構造　　　　　　　　　　　　　270
　　　1．ローマーによる批判の要点　　　　　　　　　　　270
　　　2．仮想保険は期待効用理論に基づいていない　　　　271
　　　3．保険が「高い」理由　　　　　　　　　　　　　　273
　　　4．全員に平均的な所得があれば、ほとんどの人は保険を買うはず　274
　　　5．仮想保険は平均未満の所得しか保証しない　　　　274
　　　6．特定個人ベースと平均人ベース　　　　　　　　　277
　　　7．ローマーの誤解　　　　　　　　　　　　　　　　277
　第9節　仮想保険への疑問　　　　　　　　　　　　　　280
　　　1．厚生の生産能力がたまたま低い人は「犠牲になる」280
　　　2．事前の平等の限界　　　　　　　　　　　　　　　281
　　　3．余暇が高価な人が労働する場合としない場合の扱いの非対称性　281
　　　4．平等な市場　　　　　　　　　　　　　　　　　　284

第5章　ドゥオーキン対シェフラー論争　　　　　　　　285
　第1節　ドゥオーキンは運平等主義者か　　　　　　　　285
　　　1．ドゥオーキンは運平等主義者ではないと言う　　　285

2. ドゥオーキンはそれでも運平等主義者である	288
第2節　選択と状況の区別	289
1. 選択と状況の区別を堅持するとドゥオーキンは言う	289
2. シェフラーは文脈を誤解したとドゥオーキンは言う	291
3. 自分のほうが文脈の正しい理解だとシェフラーは言う	292
第3節　行政的平等観	294
1. 経済的平等の重要性	294
2. 平等のより一般的な理想	296
3. 行政的な平等の見方	297
本章のむすびにかえて	298
文献一覧	301
人名索引	308
事項索引	310

初出一覧

第 1 章 「R・ドゥオーキンの「資源の平等」論を真剣に読む」法学論叢 176 巻 2・3 号（2014 年 12 月）62-172 頁。

第 2 章 「運平等主義の問題点——サミュエル・シェフラーの見解の紹介——」法学論叢 176 巻 5・6 号（2015 年 3 月）。

第 3 章 「R・ドゥオーキンの「厚生の平等」論を真剣に読む　（一）～（四）・完」法学論叢 177 巻 2 号（2015 年 5 月）1-20 頁、177 巻 3 号（2015 年 6 月）1-20 頁、177 巻 4 号（2015 年 7 月）1-32 頁、177 巻 5 号（2015 年 8 月）1-30 頁。

第 4 章　書き下ろし。

第 5 章　書き下ろし。

略号等についての注記

本書の脚注で頻出する以下の著書については、次のような略号を用いる。

SV……Ronald Dworkin, *Sovereign Virtue: The Theory and Practice of Equality*, Cambridge, Massachusetts: Harvard University Press, 2000. 邦訳として、ロナルド・ドゥウォーキン（小林公・大江洋・高橋秀治・高橋文彦訳）『平等とは何か』木鐸社、2002 年がある。参照頁は、*SV*, ～/～（前は原著の頁数、後は邦訳の頁数）というかたちで示す。章を指示する場合は、*SV*, chap. ～というかたちで示す。

TJ……John Rawls, *A Theory of Justice*, 1st ed., Cambridge, Massachusetts: Harvard University Press, 1971; Revised Edition, Harvard University Press, 1999. 参照頁は、*TJ*, ～/～rev.（前は初版の頁数、後は改訂版の頁数）というかたちで示す。節番号で参照を指示する場合は、§を用いる。改訂版の邦訳として、川本隆史・福間聡・神島裕子訳『正義論　改訂版』（紀伊國屋書店、2010 年）がある。これについては『正義論』～頁というかたちで該当箇所を示す。

なお、上記文献以外のものからの文章も含め、引用文章に、邦訳がある場合、それを参照したが、必ずしも従っていない。引用文章における「……」は、とくに断らないかぎり、亀本による省略を表す。〔　〕内は、翻訳における亀本による補いを示す。

以下の拙著の参照を指示する場合、著者名等を省略し、書名だけを示した。
『法哲学』……亀本洋『法哲学』（成文堂、2011 年）。
『格差原理』……同『格差原理』（成文堂、2012 年）。
『ロールズとデザート』……同『ロールズとデザート——現代正義論の一断面——』（成文堂、2015 年）。

以上に挙げた以外の略記も適宜用いたが、各章の脚注で、そのつど触れた。

第1章　資源の平等

第1節　運平等主義とドゥオーキンの「資源の平等」論

　私はかつて、「責任がないことに責任は問えない」というのが「社会的正義」を支持する学者たちの一般的見解である[1]、と書いたことがある。エリザベス・アンダーソンによって「運平等主義」(luck egalitarianism)[2]と、もともとは揶揄する意図で命名された現代正義論の一潮流も、そのような見解を共有している。

　現在人々の間に貧富の格差等の不平等があるとして、その原因について本人に責任があれば、その個人はそれに甘んじ、責任がなければ、本人に責任のない原因の結果として生じた格差を社会は（たとえば、政府による課税と福祉給付のシステムを通じて）解消しなければならない。これが運平等主義のエッセンスである。そこで「運」とよばれるものは、いわば「責任」の欠如概念である。運平等主義は、運を平等化するものというよりも、分配における運の影響をできるだけ小さくすることをめざす思想だと考えたほうが正確であろう[3]。

　その名のとおり平等主義の一種である運平等主義は、興味深いことに、自

1　『法哲学』587頁。また、脚注も含め、同書491-501頁、501-509頁も参照されたい。なお、『法哲学』以外のものも含め、頻出文献の略記については、本文に先立つ「略号等についての注記」参照。

2　Elizabeth Anderson, "What is the Point of Equality?" *Ethics* 109 (1999): 287-337, at 289. この有名な論文の紹介として、細見佳子「民主主義的平等論の可能性――E. アンダーソンの「平等論の論点は何か」九大法学103号（2011年）104-126頁参照。

3　広瀬巌「平等論の展開――ロールズ以降の「運の平等主義」の基本問題」川崎修編『岩波講座　政治哲学6　政治哲学と現代』（岩波書店、2014年）29-48頁、とくに47頁注2参照。

由民主主義諸国とくにアメリカの現実政治において反平等主義の機運が高まった時代、すなわち、弱者保護や貧富の格差の縮小を図る福祉国家諸政策が批判にさらされ、民営化ないし市場化への政治的圧力が優勢となった1980年代に、正義をめぐるアカデミズムの世界で勃興した。

政界（および少数派だが学界）における批判の根拠の一つに、ロールズ[4]に代表されるような平等主義的リベラリズムは、個人の自己責任を軽視しすぎではないか、というものがあった。責任概念を取り込もうとする運平等主義は、そのような政治動向に対する政治哲学からの一つの応答であった[5]。

運平等主義の動向は学界において現在もなお有力であり、公刊された文献の量もおびただしい[6]。しかも、運平等主義に属する論者は、上にのべたような意味での「責任主義[7]」と「分配上の平等主義」との結合という核心部では共通しているものの、何について責任があるとするのか、何の平等をめざすのか、どのような立場を平等主義に算入するのかといったことをめぐってさまざまな立場に細かく分かれており[8]、私のような門外漢にはその全体

4　*TJ* 参照。ロールズの正義論に関する私の見方については、『格差原理』参照。

5　Samuel Scheffler, "What Is Egalitarianism?" in his *Equality & Tradition: Questions of Value in Moral and Political Theory*, New York: Oxford University Press, 2010, chap. 7, p. 184; "Choice, Circumstance, and the Value of Equality," in his *Equality & Tradition*, chap. 8, pp. 208-209 参照。両論文の初出はそれぞれ、*Philosophy & Public Affairs* 31 (2003): 5-39, *Politics, Philosophy & Economics* 4 (2005): 5-28. 両論文の概要については、本書第2章参照。

6　運平等主義を支持して、シェフラーによるものも含め諸批判に応える比較的最近の著書として、ここではCarl Knight, *Luck Egalitarianism: Equality, Responsibility, and Justice*, Edinburgh: Edinburgh University Press, 2009 と、Kok-Chor Tan, *Justice, Institutions, and Luck: The Site, Ground, and Scope of Equality*, Oxford: Oxford University Press, 2012 のみを挙げておく。とくに後者は、自己の立場を、運平等主義の適用対象を制度に限定することをはっきりさせるため「制度的運平等主義」(institutional luck egalitarianism) と名づけた上で、それをグローバル・ジャスティスの局面にも応用しようとする意欲的企てであり、注目に値する。運平等主義の基礎を疑うシェフラーらの批判に対しても、前者に比べ、より正面から応えようとしており、好感がもてる。

7　Knight（前掲注6）, p. 3 *et passim* 参照。

8　運平等主義の代表者の一人による分類の一例として、Richard J. Arneson, "Luck Egalitarianism - A Primer," in Carl Knight and Zofia Stemplowska (eds.), *Responsibility and Distributive Justice*, New York: Oxford University Press, 2011, pp. 24-50 参照。

第1節　運平等主義とドゥオーキンの「資源の平等」論　3

像を把握するのがなかなかにむずかしい。

　幸か不幸か、その手がかりの一つとして、ドゥオーキンの有名な論文がある。

　　ドゥオーキンは、反平等主義的右派の兵器庫にある最も強力な観念を平等主義の内部に取り込むことで結果的に平等主義に大いに貢献した。その観念とは、選択と責任である。（G. A. コーエン）[9]

　　ドゥオーキンは、ロールズの格差原理の動機となった「野心に応じ」（ambition-sensitive）、「生得資質には応じない」（endowment-insensitive）という目標を受け容れている。（W. キムリッカ）[10]

後からふりかえって運平等主義の出発点の一つ[11]となった論文として挙げられることが最も多いのが、ロナルド・ドゥオーキンの「資源の平等」（1981年）[12]と題する論文である。賛成するにせよ反対するにせよ、多くの論

9　G. A. Cohen, "On the Currency of Egalitarian Justice," *Ethics* 99 (1989): 906-944, at 933, reprinted in his *On the Currency of Egalitarian Justice, and Other Essays in Political Philosophy*, edited by Michael Otsuka, Princeton and Oxford: Princeton University Press, 2011, chap. 1, p. 32. この文章は、多くの運平等主義論者によってたびたび引用される。たとえば、Knight（前掲注6), p. 1 参照。

10　Will Kymlicka, *Contemporary Political Philosophy: An Introduction*, Oxford: Clarendon Press, 1990, p. 76; 2nd ed., New York: Oxford University Press, 2002, p. 75. 初版の邦訳として、岡﨑晴輝・木村光太郎・坂本洋一・施光恒・関口雄一・田中拓道・千葉眞訳『現代政治理論』（日本経済評論社、2002年）123頁、第2版の邦訳として、訳者代表千葉眞・岡﨑晴輝『新版 現代政治理論』（日本経済評論社、2005年）110頁参照。

11　上記キムリッカからの引用にも示唆されているように、ロールズの「公正としての正義」論、とくにその格差原理も、運平等主義の出発点の一つとみなすことができることは疑いない。しかし、私はもっと遡ることができると考えている。それについては、Herbert Spiegelberg, "A Defense of Human Equality," *Philosophical Review* 53 (1944): 101-124 および『ロールズとデザート』参照。私見によれば、運平等主義で登場する論点の多くは、はるか前にデザート論者がすでに扱っていたものである。それが、運平等主義への私の興味の背景をなしている。

12　Ronald Dworkin, "What is Equality? Part 2: Equality of Resources," *Philosophy & Public Affairs* 10 (1981): 283-345, reprinted in his *SV*, 65-119. 以下では、本論文の参照は、ごくわずかの修正があるものの、著書から行い、原論文の参照頁は省略する。以下、同書所収の論文については、参照を指示する場合、邦訳頁も原著頁と並べて示す。なお、私による翻訳は、苦労が偲ばれるこの卓越した邦訳を大いに参考にし

者[13]は、この論文を十分に理解した上で批判的コメントを寄せているように見受けられる。

しかし、私には理解に苦しむ箇所があまりにも多かったこともあり、その

たが、必ずしもそれに従っていない。

「資源の平等」論文発表以降20年間に及ぶ諸論争をへた再論争の一部がJustine Burley (ed.), *Dworkin and His Critics with Replies by Dworkin*, Oxford: Blackwell, 2004所収の以下の論文に見られる。G. A. Cohen, "Expensive Taste Rides Again," pp. 3-29, Miriam Cohen Christofidis, "Talent, Slavery, and Envy," pp. 30-44, Philippe Van Parijs, "Equality of Resources Versus Undominated Diversity," pp. 45-69, Michael Otsuka, "Liberty, Equality, Envy, and Abstraction," pp. 70-78, Lesley A. Jacobs, "Justice in Health Care: Can Dworkin Justify Universal Access?" pp. 134-149, Paula Casal and Andrew Williams, "Equality of Resources and Procreative Justice," pp. 150-169, Ronald Dworkin, "Ronald Dworkin Replies," pp. 339-366.

「資源の平等」論文を取り上げる日本の法哲学者ないし政治哲学者の論考として、長谷川晃「仮想的保険と倫理的リベラリズム――R・ドゥオーキンの平等論の一断面」『法の理論23』（成文堂、2004年）13-36頁、那須耕介「公教育と機会の平等――現代正義論に対する厚生経済学の影響の一側面」宇佐美誠編著『法学と経済学のあいだ　規範と制度を考える』（勁草書房、2010年）第7章146-147頁、井上彰「平等主義と責任――資源平等論から制度的平等論へ」佐伯啓思・松原隆一郎編著『〈新しい市場社会〉の構想――信頼と公正の経済社会像』（新世社、2002年）第7章283-288頁、290-291頁、同「平等」有賀誠・伊藤恭彦・松井暁『現代規範理論入門――ポスト・リベラリズムの新展開』（2004年、ナカニシヤ出版）第3章43-46頁、同「平等・自由・運――ドゥオーキン資源平等論の再検討」萩原能久『ポスト・ウォー・シティズンシップの思想的基盤』（慶應義塾大学出版会、2008年）第5章121-139頁、同「厚生の平等――「何の平等か」をめぐって」思想1012号（2008年）107-109頁、同「ドゥオーキンは平等主義者か？」宇佐美誠・濱真一郎編著『ドゥオーキン　法哲学と政治哲学』（勁草書房、2011年）第9章189-205頁、飯田文雄「運命と平等――現代規範的平等論の一断面」日本政治学会編『平等と政治　年報政治学2006-Ⅰ』（木鐸社、2006年）12-15頁がある。「資源の平等」論文の内容に触れる日本の法哲学教科書として、田中成明編『現代理論法学入門』（法律文化社、1993年）262-263頁、平野仁彦・亀本洋・服部高宏『法哲学』（有斐閣、2002年）163頁、瀧川裕英・宇佐美誠・大屋雄裕『法哲学』（有斐閣、2014年）109-114頁、116頁がある。

13　たとえば、David Mapel, *Social Justice Reconsidered: The Problem of Appropriate Precision in a Theory of Justice*, Urbana and Chicago: University of Illinois Press, 1989, chap. 3, Stephen Guest, *Ronald Dworkin*, 2nd ed., Edinburgh: Edinburgh University Press, 1997, pp. 210-222, Arthur Ripstein, "Lberty and Equality," Arthur Ripstein (ed.), *Ronald Dworkin*, New York: Cambridge University Press, 2007, pp. 89-108参照。

理由を適宜示しながら、本章第2節以下では、「資源の平等」論文の要点を批判的に検討してみたい。

「資源の平等」論文は、「平等とは何か」と題する二部構成の論文の後半部分をなす。「厚生の平等[14]」と題する前半の論文は、「人々を平等者として扱う」(treating people as equals)[15] というドゥオーキンの与する平等観からみて、平等主義者であって、広い意味での功利主義者である者——潜在能力の平等を主張するアマルティア・セン[16]によって「結果としての厚生」にしか着目しないと批判された「厚生主義的」平等主義者や当のセンだけでなく、解釈の仕方によってはロールズなどもおそらく含まれる——が支持する「厚生の平等」という平等解釈がいかに不適格であるかをさまざまな角度から論じたものである。一言でいえば、「厚生の平等」がなぜだめかを論じることで、それに取って代わるべき「資源の平等」の消極的擁護論となっている（後述第3章参照）。

本章では、それについては深く立ち入らない。さっそく、本論に入ろう。

第2節　「資源の平等」のための「オークション」の意味

1. オークションの手続

ドゥオーキン自身の言によれば、「資源の平等」論文の主目的は、市場は効率性と自由に資するのであって平等とは対立するという通念に抗して、「資源の平等な分割が、ある形態の経済市場を前提している」(66/95)[17] ことを示唆することにある。「資源の平等は、各人の人生に割り当てられる資源

14　Ronald Dworkin, "What is Equality? Part 1: Equality of Welfare," *Philosophy & Public Affairs* 10 (1981): 185-246, reprinted in his *SV*, 11-64.

15　*SV*, 11, 65 *et passim*, 邦訳19頁、94頁等参照。

16　池本幸生・野上裕生・佐藤仁訳『不平等の再検討——潜在能力と自由』（岩波書店、1999年）参照。

17　以下、「/」の前は原著の、「/」の後は邦訳の該当頁数を括弧内に示す。邦訳に該当箇所がない場合は、原著の該当頁のみを示す。また、要点の紹介は基本的に原著の叙述の順序に従っていることもあり、詳細な参照指示は、とくに必要と思われる場合を除き、行わない。

が平等であるべきだと考える」(70/100)。このことと「経済市場」との不可分の関係を例証するため、ドゥオーキンはまず、次のような状況での、私から見ると奇怪な「オークション」の事例を挙げている (66-69/96-99)。

　船が難破して何人かが無人島に漂着した。救助は何年間も来そうにない。彼らは、当面いわば一つの社会を構成し、まず、島にある豊富な諸資源を「平等」に分割しようということになった。ドゥオーキンは、彼らを「移住者」と呼ぶ。

　資源は、以下で順次説明する「オークション」によって、移住者の間で「平等」に分割される。島の資源は、二種類以上あると想定されている。オークション終了後の各人の分け前は、複数種類の資源の特定量（人によっては一種類だけということもありうる）からなる束として構成される。

　ドゥオーキンが強調するオークションの特徴として、移住者が全員、「羨望テスト」と呼ばれる次のような基準を受け容れている、ということがある。すなわち、どのような分割の仕方がなされようと、自分の束よりもだれかほかの人の束のほうがよいと彼らの一人でも思った場合、それは平等な分割ではない、という基準である (67/96)。

　オークションの開始前、移住者には、落札価格を提示するための代用貨幣として、島に元々あった蛤の貝殻が使われ、全員に同数の相当数の貝殻があらかじめ配布される。貝殻１個が貨幣単位ということである。貝殻自体には価値がなく、オークション終了後には使えない。

　移住者から選ばれるとされる (67/96, 68/98)「競り人」は、島にある全品目をリストアップし、その一つひとつがオークションで売却される一口になる。ただし、移住者のだれかがその一口をもっと細かく分割せよと言えば、分割された一口が新たな単位になる。分割の仕方をめぐって対立が生じたらどうなるか、という点についてドゥオーキンは触れていない。分割可能なかぎり、細かい分割の提案者が優先すると考えているのであろう。

　「オークション」の普通のイメージからすれば理解しにくいかもしれないが、ドゥオーキンは、品物の一口ごとに順次オークションをして、それぞれの口について一番高い値を付けた者が落札するという通常のオークション形態を考えているのではない。ドゥオーキンの構想によれば、競り人は、全口

第2節 「資源の平等」のための「オークション」の意味

についてまず、それぞれに適当な売値をつける。買い手はそのリストを見て、どの口（もちろん複数口を買うのが普通）を買うかを決める。競り人は、各口の買い手が最終的にただ一人となり、かつ、全商品がちょうど売り切れるように、各口の価格を試行錯誤的に調整して行く。たとえば、その口の買い手が二人以上いる場合、買い手が一人になるまで価格を上げて行く、また、買い手が一人もいなければ価格を下げて行く、ということになろう。

よく考えると、このようないわば「同時オークション」手続によってもたらされるのと同じ結果は、一口ずつ順番にやって行く通常のオークション手続でも実現可能である。ただし、すべての口のオークションが終了した時点でうかつにも貝殻を使い切っていない人が出た場合、たとえ、他人の束がうらやましいと文句を言う人が一人もいないとしても、当初予算の配分額の平等という条件だけでなく、各自の束の購入に使用した貨幣総額も平等という条件を守るためには、オークションを最初からやり直さなければならない。この問題を最初から回避している点で、移住者が各自同額の予算を同時に全口に割り振る（金額ゼロを割り振られる口もある）ドゥオーキン流の「同時オークション」モデルのほうが、理論的にはすっきりしている。

通常のオークションとの決定的な違いは、各口の買い手がただ一人となり、かつ、全商品が売り切れるという状態がいったん達成されたときでも、「移住者のおのおのは、自分の入札額をなお自由に変更することができる。また、各口の分割を変えろとさえ提案することができる」(68/98)とされている点にある。競り人による品目リスト作成時の各口の分割の要求については、すでに触れたが、いま引用した文章の後半では、その要求がいつでもできることが改めて確認されている。

同じ引用文章中の前半の文に目を向けよう。価格を提案するのは競り人とされていることからすると、「入札額」(bit)という表現には少し違和感があるが、競り人の提示した価格が高すぎると判断したので、買うことをいったんあきらめた口を、思い直して、その価格で買うと後から言ってもよいということであろう。

その場合、競り人は、購入者が一人になるまで価格を吊り上げて行かなければならないことになる。そうすると、前よりも高い価格でその口を手に入

れた人は、その分、他の口に投入した金額を減らす必要が生じるから、いったん手に入れた何口かの商品をあきらめなければならない。競り人は、あきらめられた口に再び価格をつけ直して、またオークションをやり直さなければならない。このような過程は延々と続く。

そのようなオークションが終了するまでには、膨大な時間がかかることをドゥオーキンも認めている（68/98）。この点から推して、取引費用[18]はゼロと仮定されているのであろう。だが、その点は、標準的な経済学と同様であり、ドゥオーキンがそれを応用していると解されるかぎり、問題はない。

「多くの諸国の経済市場は、その現状のままでもオークションの一形態として解釈することができる」（72/104）。ドゥオーキンのこの発言は、経済学的にみて基本的に正しい。経済学における理想的なオークションは、完全競争市場における売買ないし交換と等価である[19]。

直観的に説明しよう。オークションがいったん終了したとしよう。だれかがいったん手に入れた商品を、思い直して（＝自分の選好に忠実でなかったことに気づいて）放棄すると、競り人は落札金額を返還した上で、同じ商品に（おそらく、最初の買い手の落札価格以下の）適当な価格を付ける。すると、その価格で買うことで今より改善されると思う人々がそれに入札し、最高価格を付けた人が落札する。これは、最初の人と最後の人の間でその商品の売買を行ったことと等しい。最初の人は、その商品を放棄することで節約された貨幣を使って、他の商品を買う。最後の人は、その商品を買うために、他の商品を放棄して貨幣に換える。このような過程をくり返すことで、だれの効用（「厚生」という用語法もある）も悪化させることなく、だれか一人以上の効用を改善することができない状態、すなわちパレート最適に至れば、それ以上売買は行われなくなる。

オークションプロセスの媒介手段として、貨幣が導入されているが、そのプロセスは、結局のところ、ある商品と別の商品の交換にほかならない。買い手（同じことだが、または売り手）が二人で、商品が二つしかない事例を考

18　さしあたり、『法哲学』377-418 頁参照。
19　John G. Bennett, "Ethics and Markets," *Philosophy & Public Affairs* 14 (1985): 195-204, at 195-199 参照。

第2節 「資源の平等」のための「オークション」の意味　9

えれば、そのことは容易に理解されよう。

　ドゥオーキンは、出発点における「資源の平等」のために、全員の貨幣の等量という条件を付しているが、これは、各資源を等分割して各人に与えても同じことである。

2. 羨望テストの充足

　ドゥオーキンによれば、上記のようなオークションが終了した時点では、「羨望テスト」は充足されている、とされる。「だれも他人の購入物のセットをうらやまないであろう。なぜなら、仮定により、その人は、自分の貝殻で、自分が今もっている束の代わりにその他人の束を購入しようと思えば購入できたからである」(68/98)。この文中の「仮定により」が何をさすのか、ドゥオーキンの叙述からはわかりにくい。おそらく、「同数の貝殻が与えられていたのだから」ということであろう。以下、その点を解説しよう。

　ドゥオーキンは、移住者のだれか一人が分割役として、島にある資源の各々を移住者の人数分に等分して、等分割された各資源を一つずつ入れた同一の束を人数分作り、その束を各移住者に一つずつ配布するという「平等分配」の方法を、羨望テストを明らかに充足しているにもかかわらず[20]、「恣意的」だとして否認している[21] (67-68/96-97)。ドゥオーキンは、その恣意性を回避するためにこそ、貨幣等量オークションを導入するのだ、と言わんばかりである。しかし、そのオークション自体は、前項で説明したように、

---

[20] したがって、「羨望テストは、いかなる単純な機械的資源分割によっても充足されえない」(68/97) という文は誤りである。これを誤りにしない方法は、「羨望テスト」の定義を変えて、それにパレート最適も含ませることだが、実際、ドゥオーキンは読者に無断で、そのような定義変更を恣意的に行っているように見える。

[21] 恣意性の例としてドゥオーキンが、分割役が島の資源の全部を魔法その他の手段によって、チドリの卵とクラレット（ワイン）からなる非常に大きなストックに変えた上で、それをチドリの卵とクラレットからなる人数分の同一の束に分割したところ、これを、たまたまチドリの卵もクラレットも嫌いだった一人を除く、全員が喜んだ、という例を挙げているのは (67/96-97)、まことに不適切である。そのような分割はたしかに「恣意的」ではあるが、魔法が使えない分割役は、既存の全資源を平等分割した上で、あとは自由な交換に委ねれば、ドゥオーキンの推奨するオークションと同じ結果が得られる。

恣意性を回避するというよりも、むしろ、各人の効用を改善する道を開くのである。

貨幣等量分配と全資源等量分配が等価であることについても、前項で触れた。したがって、ドゥオーキン流オークションの結果と、全資源等分割後に各自が自己の効用の改善をめざして行う交換の結果とは等価である。

もちろん、そのようにしてパレート最適な状態に至るためには、各資源はいくらでも分割可能でなければならない。だから、分割役による「平等分配」ができない理由としてドゥオーキンが挙げている、資源が人数分に等分できない場合がある（67/96）という理屈は不適切である[22]。ドゥオーキンは、等量資源束から出発する交換がパレート最適に至り、それは同時に羨望テストを充足するというミクロ経済学の定理[23]（資源がどこまでも分割可能であることを前提とする）を彼のオークションに応用している（つもり？）だけだからである。

オークションが終了して、パレート最適が実現された時点で、移住者Aが自分の資源束よりも移住者Bの資源束を選好する——これが「羨望する」の正確な意味である——とすれば、Bの束をAは、自分が最初にもっていた全貨幣を使っても購入できなかったはずである。すると、「仮定により」AとBの貨幣量は同じであるから、Bも自分の資源束を購入できなかったことになる。それはおかしい。ゆえに、オークション終了時には羨望テスト

---

22 Bennett（前掲注19）, pp. 196f. 参照。

23 ドゥオーキンが*SV*, 478n. 1/165n. 1 で挙げている別の論文のほか、以下の文献参照。ハル・R・ヴァリアン（佐藤隆三監訳）『入門ミクロ経済学［原著第7版］』（勁草書房、2007年）557-560頁、Hal R. Varian, "Equity, Envy, and Efficiency," *Journal of Economic Theory* 9 (1974): 63-91. ヴァリアンは、同論文冒頭で次のようにのべている。「固定量の諸財を固定数の行為主体に分割するという問題を考えよ。ある所与の配分において、主体 i が自分の束より j の束を選好するならば、われわれは、i は j を羨望すると言うであろう。配分 x において、羨望する主体が一人もいなければ、われわれは、x は公平であると言うであろう。x がパレート効率的かつ公平であれば、われわれは、x は公正であると言うであろう」と。また、ヴァリアンによるドゥオーキン論文への論評として、"Dworkin on Equality of Resources," *Economics and Philosophy* 1 (1985): 110-125 参照。経済学者なので関心が違うのは当然であるが、ヴァリアンは、ドゥオーキンが効率性にほとんどウェイトを置いていないことを軽視している。

は充足されている。その原因は、オークションないしは自由な交換を通じてパレート最適が達成されたということ（にもあるが）よりも、むしろ、最初に配布された貨幣量が平等であったことにある。当然ながら、初期貨幣量が不平等であれば、羨望テストは必ずしも充足されない。

したがって、前述の「移住者のおのおのは、自分の入札額をなお自由に変更することができる。また、各口の分割を変えろとさえ提案することができる」というドゥオーキンの説明は、移住者のだれでもオークションがいったん終了した時点で自分の束に不満なら、理由を問わず（＝他人の束への羨望でなくても）いつでもオークションのやり直しを求めることができるというルールがオークションに含まれているかのような印象を読者に与える点でミスリーディングである。

不満があればオークションのやり直しをいつでも求めることができるという点ではなく、オークションをくり返せばいつかパレート最適に至るという点がオークションのポイントである。くり返すが、羨望テストの充足は別の問題である。平等な初期分配から出発してオークションすなわち自由な交換をくり返せば、必然的に羨望のない分配に至る。したがって、「羨望テスト〔の充足〕[24]は、資源の平等の必要条件」（85/121, 90/128）という言い方も、間違いではないが、ミスリーディングであるように思われる。

3. 手続的正義？

経済学者は、パレート最適かつ無羨望な資源配分に至った状態を「公正」な配分と定義した上で、それが、資源の平等分配から出発した交換によって実現されることを証明する。これに対して、ドゥオーキンは、そのような交換と等価なドゥオーキン流オークション手続の結果が「公正」であることの根拠を、「各人が……、実際に選ばれた束の集合の決定において平等な役割を果たした」（68/98-99）点に求めている。両者の「公正」の意味は異なる。

ドゥオーキンは、ここでロールズのいう「純粋な手続的正義[25]」と似たようなことを考えているのかもしれない。つまり、全員が同一の手続的ルール

---

[24] 〔 〕内は、亀本による補いを示す。以下で登場する引用文についても同様とする。
[25] *TJ*, §14参照。それに関する私見については、『法哲学』484-487頁参照。

のもとで、同一の手続に「平等に」——不要な言葉である[26]——参加したのだから、結果も「公正」あるいは「正義にかなっている」と言いたいのかもしれない。

　しかし、ドゥオーキンにも異論はないと思うが、(理想的な)オークション手続はむしろ、「完全な手続的正義」の例である。つまり、「無羨望」という、手続から独立の結果に関する実体的基準があらかじめ存在し、それを(理論上)完全に達成する手段として初期資源平等という条件つきオークションがある。現実のオークションは、パレート最適を(したがって無羨望も)完全には達成できないから、「不完全な手続的正義」の事例である。

　いずれにせよ、経済学的な意味で「公正な」結果が達成されるのは、貨幣の等量分配または初期資源の等分割を通じて、初期分配の平等という条件がみたされているからであって、移住者がオークションないし交換プロセスに参加したことによるのではない。何をどれだけ買うかを各自が選択したがゆえに、オークションは「公正」であり、それゆえ、各自はその結果に文句を言ってはいけないことを強調するドゥオーキンの叙述 (69/99) は、経済学的な意味での「公正」と、ドゥオーキンのいう意味での「公正」がほとんど同じものであるかのような誤解を誘う点で、ミスリーディングである。

　経済学者は、「公正な配分状態」、すなわちパレート最適かつ無羨望な状態に到達する方法がないかという問いに対して、それは初期資源平等から出発する交換によって達成される競争均衡であるという答えを提出した。経済学

---

[26] ドゥオーキンにとっては、おそらく不要ではない。彼は「平等なオークション」という言葉をしばしば使う。私は最初、そこにおける「平等な」が初期資源(または貝殻)の「平等」をさすものと理解していたが(そうであれば不要である)、論文最終節、SV, 110/154 に見られる「経済力の平等な抽象的分配を基礎とした、財とサービスの平等なオークションという観念」という表現からすると、それ以上のことを意味するようにも思われる。「経済力」や「サービス」という言葉が用いられていることからして、初期資源が等量という意味での「平等」に加えて、同一のオークションルールに従うという意味での「平等」だけでなく、労働で稼ぐ能力も「平等であるべきだ」という意味での「平等」も含まれているように思われる。だが、ドゥオーキンはそのことを詳らかにすることを避けているように見える。私はそれを、自分にとって都合のよいものは何でも「平等」という概念 (concept) の解釈 (conception) と称して、それに押し込めようとする彼の説得テクニックの現われと理解する。

者は、取引参加者が取引を自分で選択したかどうかなどといったことに興味はない。取引費用がゼロならば、自己に少しでも有利な取引は当然に遂行される——というよりも「生じる」——からである。

　加えて、人々の間で、初期資源が平等であるべきかどうかは、経済学の問題ではない。経済学的用語で記述される何らかの目標——たとえば、「公正な」資源配分——を設定した場合に、それが初期資源平等によって達成される、というだけである。経済学を援用しつつ、取引当事者の参加とか選択の要素を強調して、(経済学者がいうのとは違う意味で)「公正さ」を力説することは (68/97-99)、真剣に読もうとする読者を混乱させる[27]。

4．落札の「費用」

　ところで、オークションで一口の品物を入手した人の費用とは、落札価格分の貨幣量である。「機会費用」(95/134) の概念を用いていえば、その金額で買うことができた何か別の物を、買えなくなったということである。経済学において、費用とはまずは、特定の人について語るべきもので、問題となっている人と別の人について語るべきものではない。ところが、ドゥオーキンは、まさに語るべきでない仕方で「費用」について語っている。彼は、次のようにのべている。

> われわれはすでに、人々は自分が送ろうと決断した生活の価格〔＝費用[28]〕を支払うべきである、と決定した。その価格は、その人がそのような生活を

---

[27] もっとも、ドゥオーキンは論文最終節で「これらの二つの理論〔＝功利主義とポズナー流の富の最大化理論〕と〔たまたま〕一致する分配が公正であるのは、平等がそれを勧めるからであって、効用または富の最大化がそれを勧めるからではない」(110/154) とのべて、私のような理解が誤解であることを強調している。いずれにせよ、「二つの理論」の代わりに、「パレート最適」または同じ意味で「効率性」というほうが、経済学的には、より正確であった。ドゥオーキンが、費用や便益の社会的合計を安易にしばしばしているように見えるのは、どのような場合にそのような合計をしてよいかについて注意しない「富の最大化理論」から悪影響を受けているためではないかと推測される。

[28] 同旨のことのべる SV, 69-70/100 では、「費用」(cost) という言葉が使用されている。物を買うとき、その主要な費用はその物の価格であるから、「価格」(price) と「費用」を互換的に使うこと自体は問題ない。

送ることができるようにするために他の人々があきらめるものによって測られる。これこそ、資源の最初の平等を達成するための装置としてのオークションのポイントであった。(74/106)

　第一文は、オークション手続に関するドゥオーキンの説明から当然にそうなる、ということが言いたいらしい。もちろん、その説明によって明らかにされたのは、オークションでは、競り人が付けた価格を支払わなければ、その口が買えないというだけであって、「生活の価格を支払うべきである」ということではない。その口を手に入れることは、たしかに、その人の人生の一部ではあろうが、「その口を手に入れるためには、代金を支払わなければならない」から「代金を支払うべきである」に移行するのは、あしきレトリック以外のなにものでもない。

　第二文は、「落札者の価格（＝費用）は、落札できなかった他人の費用である」を意味しそうである。そうだとすれば、ある人の費用を別の人の費用で説明しているから、明らかな間違いである。だが、第二文が、「その口の落札者の提示価格は、それに次いで高い価格を提示する用意があった人の価格よりごくわずかでも高ければよい。したがって、実際上、落札者の落札価格は、二番目の人の最高提示価格に等しいとみなしてよい」を含意するものとすれば、そのかぎりで正しい。

　しかし、ドゥオーキンは、第二文にそれ以上の意味を込めているようである。彼のいう「オークション」において、ある人が最高入札価格を提示して何かを手に入れると、他の人々はその品物を使えなくなるから、他の人々は「犠牲になる」、その大きさを表すものが落札価格である、と考えているらしい。

　英語の「費用」(cost) という言葉は、「犠牲」という意味を併せもっている。経済学の常識によれば、落札した人は、その品物を手に入れるために、自分の保有する貨幣総量から落札価格に相当する量を「犠牲にした」、その量が「費用」である。

　普通の経済学者は、その人の落札によって、他の人が「犠牲になる」などといった発想は夢にも思いつかない。まして、ドゥオーキン流オークションでは、全員が同額の予算をあらかじめ与えられているのであるから、普通で

第2節 「資源の平等」のための「オークション」の意味　15

ない経済学者であっても同じであろう。

　ある特定の一口の品物について、落札者以外の人が価格吊り上げ競争に負けて落札できなかったとしても、使わずにすんだお金を別の品物を手に入れるのに使えばよいだけの話である。いや、むしろ、その金額を別の品物の購入に当てたほうが得だと判断したからこそ、落札額より低い金額を提示した、といったほうが正確な言い方である。どうしてもそれが欲しければ、実際に落札した人よりも高い価格を付けて、その分、ほかの品物の購入をあきらめれば、それでよかったのである。にもかかわらず、ドゥオーキンの間違った見方によれば、その場合、問題の品物について二番目以下の価格を付けた人々が「犠牲になる」とされる。

　くり返すが、落札者は、全員一律に配布された貨幣量の一部をその物の支払いに当てることで、その価格を自分の費用としてすでに支払っているのである。どうして「他人を犠牲にした」と言えるのか。菓子屋でチョコレートを100円（1億円でもよい）で買えば、私は自分のもっているお金のなかから、100円を犠牲にして、他の品物を買うのをあきらめたのである。その場合、「あなたは100円分他人を犠牲にしましたね」と言う人が（ドゥオーキンを除いて）いるのだろうか。

　上記引用文章の第二文の解釈として、それは「品物の価格は、落札者の需要（量と価格の関数）とそれ以外の人々の需要によって決まる」ということを意味する、というものも考えられる。これなら、文言がきわめて不適切であるにしても、経済学的には自明な命題である。だが、ドゥオーキンがそのようなことを意味していたとは考えにくい。

5. 「オークション」を経済学的に理解してはいけない

　初期分配の平等から出発してオークションを通じた資源配分を行えば、効率的かつ羨望なき資源配分を達成することができる、ということは、ドゥオーキンが証明したことではなく、単純明快なモデルの上に経済理論が証明したことである。ドゥオーキンは、そのような状態を「資源の平等」と一応定義した上で、「オークションに参加したのだから公正である」とか、「自分が選択したのだから文句は言えない」といった、その定義と無関係な規範的内

容を、何の論理的関連も根拠もなく唐突に付け加えて、単に断言しているだけである。

「資源の平等が経済市場を前提することを示す」と称して、そのためにドゥオーキンがもち出した「オークション」という陳腐な大風呂敷は、法哲学者や法学者がよくやる経済学のつまみ食い[29]の一例であり、あまり真剣に取り上げるべきものではないようにも思われる。

そのような事実もあってか、ドゥオーキンを先達と仰ぐ運平等主義者のなかでも、「オークション」に関するドゥオーキンの叙述を真剣に読んでいる者は少ないようである。彼らは、かつての無人島での奇妙な「オークション」の説明よりも、むしろ、オークション終了後の「資源の平等」についてのドゥオーキンの考え方のほうに注目している。オークションモデルを使い続けるので気が重いが、それを次に取り上げることにしよう。

第3節　仮想保険市場

1. 選択運と自然運

ドゥオーキンの物語によれば、オークションによる「資源の平等」分配が完結した後、移住者は、交換活動（売買）も伴いつつ、生産活動を始めることになる。その結果、各人の保有する資源の質と量、とりわけ貨幣（とくに触れられているわけではないが、貝殻と異なり、今度は、価値のある貨幣が暗黙裡に導入されている）で測った所得や富に大きな相違が現れるようになる。したがって、さまざまな理由から他人の（資源の）束をうらやむ人が出てくるであろう。その場合、羨望テストは充足されなくなる。

生産活動に入って以降は、初期資源の分配とは状況が異なるから、単に他人の持ち物がうらやましいという人がいるという理由だけで資源の再分配が正当化されるとすれば、理不尽であろう。

ここで、ドゥオーキンは、さしあたり運を、「選択運」（option luck）と「自然運」（brute luck）の二種類に区別する。その上で、「選択運」による結

29　『法哲学』355-356 頁参照。

果については、再分配を要求することが許されないと明確に主張する。他方、「自然運」による結果については、再分配が許されるかどうかを明言せず、保険によって「自然運」を「選択運」に転換することが可能であると主張するのみである。運の区別は、「資源の平等」論文のなかで、ほとんどの運平等主義者が最も注目する部分の一つである。さわりの文章を引用しておこう。

> 選択運は、意図的で計算されたギャンブルがどのような結果になるかという問題である。つまり、予想してしかるべきであったリスク、したがって場合によっては拒絶することもできたリスクをあえて引き受けることによって、その人が得をするか損をするかという問題である。自然運は、同じ意味で意図的とはいえないリスクがどのような結果をもたらすかという問題である。もし私が取引所で株を買い、その価格が上昇したなら、私の選択運はよかったことになる。もし私が落下する隕石にぶつかり、その軌道を事前に予測することが不可能であったとすれば、私の運の悪さは自然のものである（その隕石がどこに落ちるかを事前に知るべき理由が私にあったがゆえに、落下直前に逃げようと思えば逃げることができたとしても、そのことに変わりはない）。(73/105)

ドゥオーキンは、これら二つの運の違いが程度問題といえば程度問題であること、したがって、ある特定の悪運をどちらに分類すればよいかわからない場合もあることを付言する。加えて、保険があれば、その購入によって、自然運をある程度、選択運に転換することができることも付言する。

上記引用文章から、選択運にかかわる事柄については、確率を用いた期待値計算——相互に排他的な各「自然の事象」の起こる確率[30] ×それが起こったときの行為結果の値（貨幣額や効用値で表される）の合計。各「自然の事象」の生起確率の合計は1という制約がある——が可能だと想定されていることは明らかである。

---

30 期待効用理論では、各結果の値は各「自然の事象」の生起に一対一で依存するので、端的に「結果の値が生じる確率」と記述されることが多い。もちろん、期待効用理論家は、「自然の事象が生じる確率」と書くほうが正確であることを知っている。だが、ドゥオーキンはおそらく、それを知らなかった。私はそれが、彼が「選択運」と「自然運」という奇妙な区別を導入する一因になったと推測する。

他方、自然運にかかわる事柄については、その点は不明確である。自然運にかかわる個々の事柄について、どのような諸結果が起こりうるかが事前に予想されていなければ、期待値計算は不可能である。自然運にかかわる事柄については、期待値計算の可能な事例と不可能な事例の両方がある、というのが正確な理解であるようにも思われる。とはいえ、この問題についてドゥオーキンはあまり関心がない。以下では、問題の単純化のため、自然運についても期待値計算ができると想定して考察を進めることにしよう。

 そのようなことよりも重要なのは、ドゥオーキンが上記引用文章のなかでのべている「場合によっては拒絶することもできたリスク」とは何を意味するのか、という問題である。行為に「リスクがない」場合とは、行為と結果が一対一で直結する場合である。すなわち、将来どのような事象が起ころうが、どの行為をとれば確実にどのような結果になるかが、行為に先立ち、すべて完全にわかっている場合である。万一、そのような行為選択肢が存在すれば、「リスクを拒絶する」ことができる。

 しかし、生産、交換、消費を含む経済活動において、リスクがない行為——日常的な意味で「行為しない」ということも「行為」(選択肢)の一種であることに注意されたい——は存在しない。悪い結果に備えて、行為に保険をかけたとしても、保険をかけたほうが得だったか、保険をかけなかったほうが得だったかというリスクが存在する。したがって、いかに安全に見える経済活動も、すべてギャンブルである。少なくとも経済活動においては、行為のリスクを完全に拒絶することは不可能である。

 そうだとすれば、「場合によっては拒絶することもできたリスク」という言葉でドゥオーキンは何が言いたかったのか。おそらく、「リスクが実現したとき」、すなわち、(「リスク」という多義的な言葉を使用せずにいえば)「(その生起確率がどうであろうと) 悪い結果が起こったとき、その結果を軽減する手段 (以下、「安全策」という) が行為時に存在したのに、それを利用しなかった」ということが言いたいのであろう。「保険をかける」ということが、その安全策の最たるものであろう。しかし、保険をかけることはただではない (=費用がかかる) ことも忘れないでいただきたい。

 人が期待効用最大化行動をするとすれば、選択肢が、保険をかけずにギャ

ンブルするという行為と、保険をかけてギャンブルするという行為だけだったとすると、人は期待効用が大きいほうの行為を選ぶであろう。したがって、前者の行為のほうが、期待効用が大きい場合、保険をかけるという安全策があったとしても、前者の行為を選ぶであろう。これは、行為前に相当の保険料を支払うことによって、悪い結果を全額補填する手段があったとしても変わりはない。

　悪い結果をもたらす事象が生じなかった場合、保険をかけずにギャンブルするという行為を選ぶと「得をし」、保険をかけてギャンブルするという行為を選ぶと「損をする」。ドゥオーキンは、先の文章で、このようなことが言いたいのであろうか。そうだとしても、その人は、どういう意味で「得をした」と言えるのであろうか。おそらく、保険をかけた場合に比べて、保険料分を節約できたので「得をした」ということであろう。

　他方、悪い結果をもたらす事象が生じた場合、保険をかけずにギャンブルするという行為を選ぶと「損をし」、保険をかけてギャンブルするという行為を選ぶと「得をする」、ということがドゥオーキンは言いたいのであろうか。何に比べて、「損をした」と言っているのであろうか。当然、「悪い結果をもたらす事象が生じなかった場合と比べて」ということであろう。人は、それを普通、「ギャンブルに負けた」という。

　その一方で、何に比べて「得をした」と言っているのであろうか。それは、「悪い結果をもたらす事象が生じなかった場合と比べて」ということではありえない。仮定により、すでに悪い結果をもたらす事象が生じているのであるから、「悪い結果をもたらす事象が生じ、かつ、保険をかけなかった場合と比べて」という意味であろう。それは「得をした」というよりも、悪い結果が多少なりとも軽減された、というだけである。なにも「得」はしていない。

2. 運とは何か

　人が期待効用最大化行動をするとし、行為選択肢のうち、期待効用が最大となる行為が一つしかないとしたら、行為選択自体について（その結果についてはともかく）、運の問題を考える必要はない。その場合、「選択運」など

という奇妙な言葉は不要である。運の問題が登場するのは、その期待効用最大化行為と、その行為の結果に影響を及ぼす「自然の諸事象」の確率的生起との関係においてである。「自然の諸事象」のうち、どの事象が起こるかは、行為者が選択したものではないから、たしかに「意図的とはいえない」。ドゥオーキンは、そのことをさして「自然運」と言っているのであろうか。

　ドゥオーキンはむしろ、行為の結果の「運」がよいか悪いかは、どのような行為を選択したかということと、行為後にどのような自然の諸事象が生じたかということとにかかっていると（誤って）考えた上で、前者を「選択運」の問題、後者を「自然運」の問題としているようにも思われる。すでに説明したように、生産活動に関する期待効用最大化行動が、保険をかけるかかけないかも含めてただ一つしかないとすれば、「選択運」という用語は不要であり、「運」という言葉は一つに限定しなければならない。一つにするのなら、どちらの用語を用いてもよいが、「自然運」のほうがましであろう。もちろん、「選択運」、「自然運」という言葉を捨て、「運」だけにしたほうがもっとよい。

　ドゥオーキンのいう「選択運」とは、何を意味するのだろうか。たとえば、生産者は、生産物の需要が予想した需要よりも結果的に高ければ（供給その他は不変と仮定する）、より高い価格でそれを売ることができるから、運がよかったことになる。ドゥオーキンはそれを、「選択運」の問題と考えているようである（69/99）。しかし、彼の用語法を素直に受け取れば、需要の高低は、「（選択運と）同じ意味で意図的とはいえないリスク」であるから、「自然運」に分類するべきものであるように思われる。

　ドゥオーキンは、自然の事象の確率的生起にかかっている行為結果のうち、その結果を行為者が引き受けるべき行為を選択運の問題、その結果を行使者が引き受けるべきだとはいえない行為──「その結果を行為者以外の者も引き受けるべき行為」を含意することを強く示唆する──を自然運の問題に分類しているだけであるように思われる。選択運も自然運も、そのような意味で規範的な概念であって、事実としての運に直接かかわる概念ではない。だから、運にかかわりそうな事実、たとえば株価の上昇や隕石の落下を見て、それが選択運か自然運かを考えるなどといった作業──ドゥオーキン

は読者をそれに誘うことを狙っている——は的外れであり、ドゥオーキンの叙述を読むと、彼が何を選択運に分類し、何を自然運に分類しているか（の一部）がわかるというだけである。彼は、運を分類しているのではなく、結果に責任をもつべき行為と、そうではない行為を分類しているだけである。

　ドゥオーキンは、「選択運」と「自然運」という用語を使用するにあたって、「選択運の結果は、選択した人に責任がある」、「自然運の結果は、選択した人に責任がない」という規範的命題を暗黙裡に前提しているように思われる（もし、これが誤解だとすれば、そのように読者を誤解させることを狙っている）。そうだとすれば、「選択した人に責任がある結果を選択運の結果」といい、「選択した人に責任がない結果を自然運の結果」という、という定義が採用されているだけである[31]。その線引きをめぐってはさまざまな意見があるであろう。そのかぎりで、「程度問題」という言い方の不適切さは別にして、「どちらに分類すればよいかわからない場合がある」というドゥオーキンの説明は正しい。だが、「選択運」と「自然運」という用語が不要であることは自明であろう。

3. 選択運の結果には責任がある

　選択運にかかわる問題として、ドゥオーキンはまず、自分の保有する土地に予想価格は高いがリスクも高い（＝天候によっては思いどおりに収穫できなくなる確率が高い）作物を植えて成功し、高い所得を獲得した人と、広さと質が同じ土地に、より安全な（＝予想価格は低いが、思ったとおり収穫できない確率は低い）作物を植えて、低い所得を獲得した人とがいる場面をもち出す。

　ドゥオーキンは、前者の人についてだけ「ギャンブル」という言葉を使っている（74/106）。すでに触れたように、安全策をとった人もギャンブルしていると見るのが正しい。安全策をとってもなお思いどおりの（＝少なくとも期待効用以上の）結果を得られないことは、いくらでもある。

　問題の単純化のために、両者の期待所得は同一と仮定しよう。そうすると、ドゥオーキンが「ギャンブルしないことを選択した人は、より安全な生

---

[31] この点で、『法哲学』507頁注92で私がのべた自然運と選択運の定義に関する説明は、不正確であった。この場を借りて訂正しておく。

活を選好することに決めたのである」(74/106) とのべていることからすると、ドゥオーキンの用語法の意味で「ギャンブル」した人は、リスクが好きで、安全策をとった人はリスクが嫌いだったとみてよいであろう。

ドゥオーキンによれば、リスクの好き嫌いという個性（パーソナリティ）の違いは、彼らが送りたいと思う人生の種類の違いの一部分を構成する。少なくともその種の個性は、本人が自由に選択できるものである——だから結果に責任をもたなければいけない、ということを強く示唆する——[32]、とド

---

[32] このような説明の仕方をすると、「人にはリスクの好き嫌いを一貫して規定する個性があらかじめあって、それが人の行為選択を決定するのだが、しかも、人はその個性自体を選択する」とドゥオーキンがのべているかのような印象を読者に与えてしまう。これは、ドゥオーキンが、「個性」(personality) であるところのリスクの好き嫌いを、初歩的な「法と経済学」の説明モデルを真に受けて——もっと正確にいえば、それが当然の前提として説明を省略した、モデルの適用条件を理解せずに——、貨幣所得に対する効用曲線の形状の性質によって表されるものと誤解したことによるものである。「個性」という言葉をあえて使えば、それは「瞬間的な個性」ということになる。普通の読者は、「個性」は少なくとも1秒以上は持続すると考えるので、きわめてミスリーディングな用法である。実際、経済学者は、「個性」などということに言及しない。

実際に個人の効用曲線を発見しようとすれば、その人の行為選択の観察の後に、そのデータからそれを再構成するほかない（したがって、瞬間的な効用曲線を正確無比に再現することはできない）。その意味で、効用曲線が「あらかじめ存在する」ことは決してない。このことは当然の前提として、ミクロ経済学の教科書では「効用関数ないし効用曲線があらかじめ存在する」かのような印象を初心者に与える仕方で説明が展開されるので、経済学の初心者や法哲学者の多くは、「効用実在論」あるいは「効用フェティシズム」に陥りがちである。経済学の内容のすべては、効用概念を用いなくても説明することができる。それは面倒なので、経済学者は「効用」という便利な媒介概念を使っているだけである。

もとにもどると、ドゥオーキンの主張のためには、「人は、それぞれの行為選択の場面ごとに、リスクの高い行為を選択することもあるし、リスクの低い行為を選択することもある」と言えば十分であった。ドゥオーキンは、生まれてから死ぬまでのすべての行為選択を含めて「個性」と呼んでいるのだと解釈すれば、一応のつじつまは合う。だが、そのようなことをしても何か意味があるわけではない。ドゥオーキンは、"person, ambition, choice, responsibility"のグループに personality を、単なる言葉の連想によって押し込めようとしているだけである。ドゥオーキンが愛用する、経済学的に無意味であることはもちろん、法哲学的にも無意味（というよりも有害）なレトリックの一例である。ドゥオーキンは、言葉による説得は得意だが、概念による思考は不得意な人である。

ゥオーキンがのべている（74/106）点に注意されたい。

　二段落前に引用した「ギャンブルしないことを選択した人は、より安全な生活を選好することに決めたのである」の後に、前述第2節4で引用した「われわれはすでに、人々は自分が送ろうと決断した生活の価格を支払うべきである、と決定した。その価格は、その人がそのような生活を送ることができるようにするために他の人々があきらめるものによって測られる。……」という文章が続き、その後に、さらに次のような文章がくる。

> しかし、より安全な生活の価格をそのような仕方で測ると、その価格〔＝費用〕は、ほかの人は利得獲得のチャンスにつられてギャンブルしたのに、そのチャンスを放棄したということにほかならない。だから、われわれが前に決定したこと〔＝既述のように意味不明だが、ドゥオーキンのいう意味で「自分の選択した生活の価格を支払うべきであること」〕を背景とすれば、ギャンブルを拒絶した人々が、ギャンブルを拒絶しなかった人々のだれかよりも少ない所得しかないという結果に、文句を言う理由はない。(74/106)

　単純化のため、生活の選択肢が、予想価格は高いがリスクも高い作物を植えることと、予想価格は低いがリスクの（少）ない作物を植えることしかないと仮定すれば、普通の経済学では、ある人が安全な生活を選択したことの費用は、前者の期待効用（を失ったこと）である。前者を選んだ人の費用は、後者の期待効用である。他人の期待効用や費用に言及することは、致命的な誤りである。

　他方、「費用」を他人のチャンスを奪ったことと定義するドゥオーキンの奇妙な考えによれば、ある人が安全策をとったことに伴う費用は、そのおかげで、その土地について他人が（とろうと思えばとれた）危険策をとることができなくなった、ということであるらしい。他人が危険策をとった場合にその他人が実際に得た所得が、安全策をとった人の実際の所得よりも低いか高いかは関係がない。

　しかし、問題の土地は、素直に考えれば、オークション終了後に所有者となった人のものであり、他人のものではない。したがって、それをどう使お

　しかし、ここではドゥオーキンのために、彼の真意は、前段落で引用符で囲んだ文のようなことであったと理解しておく。

うが土地所有者の自由であるはずである。しかし、ドゥオーキンの主張をかろうじてでも理解可能にするためには、オークション終了後もなお、落札者には、購入した土地に関して（リスクが高かろうが低かろうが）自由に使用できる権利が与えられていないと解するほかはない。

とはいえ、このようにドゥオーキンの議論をまじめに検討することは、おそらく的外れな試みであろう。上記引用文章から理解できるのは、選択運にかかる結果については、本人が引き受けるべきだという結論だけであって、理由づけは理解不能である。実際、運平等主義者も結論に注目するだけであって、私のように理由づけを真剣に検討する者はいない。

4. ギャンブル

ドゥオーキンがいまのべた結論を根拠なく──「根拠がいる」と私は言っているのではない。「根拠があるように見せるのは学問的にほめられたものではない」と言っているだけである──主張したいだけだということは、同じギャンブルをして、それに勝った人の状況と負けた人の状況に関する彼の説明からも明らかである。ドゥオーキンは、次のようにのべている。

> ギャンブルに負けた人は、勝った人と同じ人生を選んだ。しかし、負ける可能性は、その人が選択した人生の一部であった、とわれわれは言うことができる。つまり、損失の可能性は利得の可能性の公正な価格であった、と言うことができる。(74-75/106-107)

ギャンブルには、負ける可能性も含まれている。当たり前のことである。そうでないと「ギャンブル」とは言わない。なぜ「損失の可能性が利得の可能性の公正な価格」であるのか、私には理解できない。「ギャンブルである以上、負けることもある。負けたからといって文句を言ってはいけない」と同義であるとしか思えない。そうだとしたら、ミスリーディングな言い方であることは明白である。そのような言い方を理解できるのは、簡単なことを難しく言うレトリックをありがたがる読者だけであろう。

勝つ可能性も人生の一部なのであるから、「利得の可能性は損失の可能性の公正な価格（＝費用？）であった」という言い方も同義のものとしてでき

たはずである。しかし、これが何を意味するのか私にはわからない。経済学的にいえば、行為選択の時点でのギャンブルの費用とは、次善のギャンブルの期待効用である。期待効用最大化行動をする人間を前提とするかぎり、その人は一つのギャンブルに勝った結果と負けた結果だけを考慮して、行為を選んでいるわけではない。両方を考慮して期待効用を計算した上で、他の行為と期待効用の大きさを比べて、それが大きいほうを選択するのである。

　上記の引用文章に続けて、ドゥオーキンは、次のようにのべている。

　　というのは、われわれは、人々が自分の貝殻で（たとえば）くじを購入できるように初期オークションを設計することもできたからである。しかし、くじの価格は、同額の貨幣で購入できた他の資源の量（これは、オッズと他の人々のギャンブル選好とによって決まる）である。くじがはずれであれば、その資源量は全面的に放棄されることになる。(75/107)

　ここでは、単純化のために、当たれば一人だけがその口の品物を手に入れることができるが、はずれた人は何も手に入れることができないくじを考えよう。たとえば、10枚のうち1枚しか当たりがないくじの「オッズ」は、9対1である。普通の人は、そのくじに対して、落札すれば確実にその品物が手に入る口に提示する価格のだいたい10分の1くらいの価格を提示するであろう。「ギャンブル選好」とは、ギャンブルがどれくらい好きか嫌いかという問題である。

　ちなみに、「オッズと他の人々のギャンブル選好」とは、要するに他の人々の需要を規定する因子ある。そのくじの価格は、落札者の需要と他の人々の需要によって決まる。もし、ドゥオーキンがそう考えているとすれば、そのかぎりで彼は正しい。しかも、需要は、これまでのところ、ドゥオーキンの考えでは「選択運」の問題であるから、くじを買った人は、需要の結果のいかんにかかわらず、そのギャンブルの結果を引き受けるべきだという結論がすでに示唆されている。

　上記引用文章のうち、「くじの価格は、同額の貨幣で購入できた他の資源の量である」という部分は、「購入できた」の主語が「そのくじを購入した人」であれば、経済学的にみて素直に正しい。しかし、ドゥオーキンはおそ

らく、主語を「そのくじを購入したかったが、高すぎて購入できなかった人」と考えている。とはいえ、既述のように、くじの価格は、落札者の落札価格に（かぎりなく）等しい第二入札者の最高提示価格とみなしてよいから、そのかぎりで、主語がどちらでも同じことである。

しかし、「くじがはずれであれば、その資源量は全面的に放棄されることになる」とは何を意味しているのか。それは、「くじにはずれた人は、くじ代を支払ったにもかかわらず、当たりくじの賞である資源量を手に入れることができない」という当たり前のことを意味しているのではない。「その資源量」とは、「他の資源の量」をさしているからである。それは、「くじを買わなかったとしたら、その価格で何か別の物が買えたであろう」ということを意味しているだけである。くじにはずれたか当たったかは関係がない。当たった人についても、同じことが言えるからである。はずれた人のみにかかわるかのような含みをもつドゥオーキンの文章は、誤りではないとしても、不適切である。

ドゥオーキンは、リスクを冒してくじを引いてはずれた人は、「他の資源量を放棄した」から、他の人々に迷惑をかけている（＝ドゥオーキンのいう奇妙な意味で「費用」を負担させている）とでも言いたいのかもしれない。そうだとすれば、何かを買った人は全員、他の人々に迷惑をかけていることになる。

ドゥオーキンがくじの例を出したのは、「くじ」とみなしてよい（ドゥオーキンのいう意味で）「ギャンブル」の事例を「選択運」に分類して、結果に責任ありとし、そうではない事例を「自然運」に分類して、結果に責任なしとするためであろう。その線引きは、「常識的に」するほかなく[33]、ドゥオーキンの説明は無意味である。ドゥオーキンは、「ギャンブルを選択して失敗した人は、その結果を引き受けるべきである」という主張をしているかに

33　ドゥオーキンも実は、SV, chap. 7, 289-290/390 において、G. A. コーエンによる偶然と選択の区別の線引きを批判する文脈で、「私の区別は、普通の人々の倫理的経験に従っている」という言い方で、このことを事実上認めている。「資源の平等」論文には、そのようなことを明言する箇所は見出されないので、本章では、さしあたり無視する。

見えるが、「ギャンブル」概念の線引きを留保することで、そこから、どのような結論でも引き出せる用意を周到にもしている。

そもそも、初期オークションにギャンブルの要素がないとドゥオーキンが前提している点からして致命的な誤りである。オークションの参加者は、リスクのある将来の利得を考えてオークションに参加しているのである。オークション参加者は、将来何かを植えて生産しようと思って土地を買うのではないのか（83/118）。買うときは、その利用方法を何も考えずにとりあえず買い、その後で、利用方法を突如として思いついて、どのギャンブルをするかを決める、とでもいうのだろうか。そのような事態はありえないことはないが、理解をいたずらに困難にするだけである。

5. 平等なリスク機会の保障

ドゥオーキンは、ギャンブルの勝者から敗者へ再分配して、資源を平等化すれば、だれもギャンブルなどしなくなるだろうと言う（75/107）。これは、珍しく正しい。しかし、彼が再分配を否認する理由は、社会全体が貧しくなるという普通の経済学者ならすぐに思いつく理由ではなく、再分配を認めると、（ドゥオーキンのいう意味で）「ギャンブル」したい人々が現にいるのに、そのような人生を送る機会を彼らから奪ってしまう（のはよくない）という点にある。

ドゥオーキンはまた、「機会を奪う」という論点にかこつけて、「所得と富に影響を及ぼす選択運の違いを放置することに賛成する〔ドゥオーキンの〕議論は、全員が同じギャンブルをする機会を原則的にもっていることを前提としている」（76/108）という、その論点と異なる主張を横から挿入している。オークション終了時においても、生産活動を開始した後においても、全員に、同一のルールのもとでの選択の自由を許し、かつ、運にかかる結果について再分配を実行しないかぎり、この前提は当然にみたされているように見える。どうして、そのような当然のことをわざわざ付言するのか。

だが、ドゥオーキンはここで、「資源の平等」の新たな一内容として、すべての行為すなわちギャンブルについて、それをだれがやっても「リスクは平等であるべきだ」という規範的主張を含ませているのである（77/109-

110）。それを最も厳格に受け取れば、前段落引用文中の「同じギャンブルをする機会」というのは、全員について、行為選択肢が同じで、かつ、それぞれの行為ごとの期待値（期待所得か期待効用か）も同じ、ということを意味することになろう。そうだとすると、全員が期待値の一番高い同じ行為を選ぶであろう。期待値の同じ行為が複数ない場合、全員が同じ人生を送ることになるのだろうか。

　もちろん、全員が同じギャンブルを選びそうなら、賢い人は、もっと儲けようと思って別のギャンブルを選ぶであろう。だが、そうだとすると、「リスクが平等でない」ことがすでに前提されていることになる。このままでは、意味不明になる。

　ドゥオーキンはおそらく、次のようなことを考えているのであろう。「自然の事象」の生起確率は定義上、万人とって同じである。私がガンになることも、その生起確率が遺伝的要因に全面的に依存するとすれば、「自然の事象」である。しかし、私がガンになった場合、それはもっぱら私の人生ないし行為結果に悪影響を与える、としよう。ドゥオーキンが「リスクの平等」ということで言いたいのは、この例でいえば、ガンになる確率が全員同じでなければならない、という反事実的要請であろう。

6. 保険への加入という選択

　ドゥオーキンが、「運の悪さ」（＝結果に悪影響を及ぼす自然の事象がたまたま生起したこと）を補償するための再分配を正当化する、というよりも、むしろ直接的には、再分配を否認するために最初にもち出す例は、ほぼ同じ人生を送っている二人の人の一方だけが突然失明したという事例である（76/108-109）。ドゥオーキンは、その失明に「事故」（accident）という表現をあてている。ドゥオーキンは、「事故」は、選択と関係がないものと仮定している（76/108）、というよりも定義している（この定義は正しい）。

　彼は、上の事例について、再分配をすると両者の人生を否認することになるとはいえない、とさしあたり主張するのみで、そこから直ちに、失明しなかった人から失明した人への資源移転が正当化される、といった結論を導いているわけではない。つまり、再分配しても各人の人生選択の機会が否認さ

れるわけではない、という理由だけで、運の悪さを補償する再分配が正当化されるわけではないことを認めているのである。

　その上で、ドゥオーキンは、「初期オークション」における失明保険の存在を仮定して、運にかかわる上記の失明事故を、保険の選択の問題（したがって、その結果に責任あり）に完全に転換することを試みる（76-77/109-110）。

　「初期オークション」は、例の無人島での「同時オークション」をさすと思われるが、「保険金」が「貨幣」（76/109 に「monetary：金銭上」という言葉が見られる）で支払われるとされているので、少し理解に苦しむところがある。オークション時点で、どうやって、将来導入されるか、されないかわからない貨幣とその価値を決めるのであろうか。取引費用がゼロであれば、金銭のような「貨幣」を導入する必要はない。以下では、「保険金」という言葉は使うが、その「金」は、諸資源の束からなると仮定しておこう。

　だれが運営しているのか知らないが、無人島の資源として、最初から失明保険があり、補償範囲を異にするさまざまな保険が一口ずつオークションの品目になる、ということのようである。保険金支払い準備のための資源が、最初から保険者（だれだ？）のために留保されており、それ以外の資源がオークションにさらされる、ということであろうか。留保資源量はどうやって決めるのか。疑問は尽きないが放置しよう。

　ドゥオーキンはさらに、次のような一連の仮定も導入する。第一に、保険に入る人は、どのような補償範囲の保険も買うことができる。保険金支払い準備のための資源は有限であるから、これが何を意味するのか正確にはわからないが、一口の資源について分割要求ができることとのアナロジーを考えているのであろう。たとえば、失明したら、1億円支払うという保険が売り出されたとき、いや 5000 万円ずつ小分けにせよ、という要求が入れられるといったことであろうか。

　第二に、オークション時点では目が見えている二人の人は、その後の事故により失明する確率が等しい、かつ、両者ともそのことを知っている、とされる。これで、前述の「リスクの平等」（とそれを知った上での選択）が確保されたことになる。

さて、以上の仮定のもとで、一人は保険を買い、もう一人は買わなかったとする。あるいは、両者とも保険を買ったが、一方は、他方より補償範囲の大きい、したがって高額の保険を買った、と仮定しても問題の本質は同じである、とされる。

その後、同一の事故で両者とも失明したとしよう。ドゥオーキンによれば、「(パターナリスティックな付加事項を含まない) 資源の平等の、尾ひれが付いていない考え方」(77/109) は、保険に加入していたがゆえに保険金を受け取った人から、保険に加入していなかった人への再分配を支持しない。なぜかというと、両者とも「自然運」が悪かったという点では同じであるが、第一に、両者とも事前に保険に加入しようと思えばできたのであるから、失明時点での両者の所得の相違は、「選択運」の問題であり、第二に、事前のリスクの平等という条件がみたされているかぎり「選択運」の結果は放置するべきであるという、「すでに確立された議論」がここでも妥当するからだとされる。

ちなみに、本節3ないし5で説明したように、そのような議論は確立されたのではなく、ただ主張されただけである（そのような主張がドゥオーキンの支持する「資源の平等」の定義に含まれる、とでも理解すればよい）。ここでも、保険の選択の結果が、失明をもたらす事故という「自然の事象」の生起にかかっているとしても、保険を選択したか否かの結果は自己責任であると主張されているだけである。行為の悪い結果の生起が「自然の事象」の確率的生起にかかっているがゆえに、すべてにおいて同じ行為を選択した二人、その意味で同じ人生を選択した二人のうち、結果がたまたまよかった人から、結果がたまたま悪かった人への再分配が正当化される、という議論はまだ展開されていない。この点に注意されたい。

ドゥオーキンによれば、両者とも失明した場合に、保険加入者から未加入者への資源移転を「資源の平等」が支持しないとすれば、「資源の平等」は、保険未加入者のみが失明した場合も、同様の資源移転を支持しないことになる。理由づけになっているかに見せかけるこの議論は、私からみればミスリーディングである。ドゥオーキンがすでに主張したように、「保険加入の有無の結果は自己責任だ」とすれば、当然の結論であり、保険未加入者のみが

失明したという「自然の事象の生起」は関係がない。

　ドゥオーキンは、両者とも保険に加入していたが、一方だけ失明した場合、つまり、同一の選択をしたが、一方だけ運が悪かった場合についてはなぜか触れていない。ドゥオーキンのこれまでの論述からすれば、「リスクの平等」のもとで、両者とも、保険加入という選択をしたのだから、その結果は引き受けるべきである、という結論になりそうである。

　しかし、失明は、いくら保険金をもらったところで完全に填補されることはない。ドゥオーキンも、そのことを当然の前提としているように思われる（79/112, 80/114, 81/115）。そうだとすれば、填補されない部分は、選択の問題ではなく、ドゥオーキンのいう「自然運」の問題、すなわち責任がない問題、したがって再分配が正当化されうる問題になるのではないのか。ドゥオーキンがこのケースに触れなかったのは、そのような問題があることを知っていたということを推測させる。

　同じ問題、あるいは少なくとも似たような問題は、同じケースにおける保険料支払いについても生じる。運よく事故にあわずに失明しなかった人は、保険に加入したという点では運が悪かった（＝掛け損した）ことになる（77/110）。保険で負けたときに備えて、保険に保険をかけなかったという選択の結果に責任を負うのだ、という理屈はばかげていよう。失明した場合に再分配が正当化され、保険で負けた場合に再分配が正当化されないとすれば、その理由は何なのか。

　もちろん、ドゥオーキンは、「失明した場合に再分配が正当化される」などとはまだ言っていない。だから、上のような問いかけは、ドゥオーキンの議論の誤解である。とはいえ、ドゥオーキンの巧妙な文章構成は、「失明した場合は、再分配が正当化されてしかるべきではないか」という反語的疑問を多くの読者に喚起することもまた確かである。たとえば、「保険で完全には填補できないような失明事故の場合も、それは保険選択の結果だとして再分配が認められないことになるのか。そうだとすれば、確率は非常に小さくても被害が甚大な事故に遭った場合、その一部にでも保険（おそらく保険料は低額）をかけることができたのなら、結果は放置するべきだということになるのだろうか」といったものである。

私は、事故に遭う確率が小さければ小さいほど（冷静に考えれば、たいして小さくないものも含む）、また、被害が甚大であればあるほど、保険の有無にかかわらず、また、選択の有無にかかわらず、事故に遭わなかった人から、事故に遭った人への再分配が正当化される可能性が大きくなる、と常識的に考える。ドゥオーキンの挙げる失明事故の例も、このカテゴリーに属すると考える。千年に一度（一生に一度遭う確率が20分の1以上もある）の津波による大災害についても同様である。

　ここでの私の結論は、選択の結果に責任を負うべきか否かという問題は、保険の存否、保険加入の有無のいずれとも関係がない、ということである。それゆえ私は、「保険市場という考え方が、資源の平等が現実世界における心身障碍の問題に対処する際の反事実的指針を与えてくれる」（77/110）というドゥオーキンの主張は、「保険」に言及している点で根本的に間違っている、と考える。実際、本章第1節で引用したコーエンとキムリッカの文章からも示唆されるように、運平等主義者の多くも、「保険」自体にはあまり興味はないようである。

7. 仮想保険市場

　ここでドゥオーキンは、行為の結果が当人の選択にかかっておらず、結果に悪影響を及ぼす自然の事象が運悪く起こった場合、再分配は正当化されるのではないか、といった疑問を素通りして、一転、「仮想保険市場」と呼ばれる「保険」のようなものによって再分配を導くことができることを示唆する議論を展開する。もしそれが再分配の正当化であるとすれば、きわめて迂遠な仕方での正当化である。その基本的なアイデアを示す部分を紹介しておこう。

> 　（事実に反し、）全員（現在は健常者と仮定する）が将来、各年齢で心身障碍に陥る等しいリスクを負っており、障碍者の総数は現在と変わらないとすれば、社会の平均的な成員は、そのような障碍に備えてどのような補償範囲の保険を買うであろうか。この問いに対してわれわれは、次のように答えるかもしれない。平均的な人は、……平均的な水準の保険を買い、それを通じて、障碍に陥った人々に補償するであろう。その際、保険金は、課税その他

の強制的過程によって徴収された基金から支払われる。ただし、その基金は、障碍に陥る確率が等しいとした場合に平均的な人が支払うであろう保険料から構成され、強制徴収過程はそのような基金に見合うように設計される、と。その場合、障碍に陥った人々は、他の人々よりも自由に使える資源を多くもつであろうが、どれくらい多くもてるかは、各自の状況が現在よりも平等であったとしたら人々が市場でおそらく行ったであろう決定によって決まるであろう。(77-78/110-111)

　ドゥオーキンの支持する「資源の平等」の要件をみたすため、障碍に陥るリスクが全員について等しいと仮定することは、一つの思考実験として認めてよいと思われる。しかし、障碍の補償金を強制徴収保険料で賄うのであれば、「保険料」という名の税金を元手に運営される（強制）「社会保険」であって、人々の選択、したがって需要に応じる本来の「市場保険」ではない。このような批判を予想して、ドゥオーキンは、「リスクの平等」という反事実的仮定の下で、市場において平均的な人が買ったであろう保険水準を基準としているから、実質的に民間保険と変わりがないとして、先手を打ったつもりのようである。

　経済学的意味で、あるいはドゥオーキの意味でさえ、「市場」という言葉を使用するためには、「市場」は、参加者の需要を何よりも反映するものでなくてはならない。したがって、ドゥオーキンの議論が成立するためには、平均的な買い手の示す需要が、市場全体の需要の平均と近似するという根拠がなければならない。

　とはいえ、これは、ある意味で瑣末な疑問である。どうせありえない——ドゥオーキンの構想する保険市場に参加する生身の人間はいない——仮定を採用して思考実験するのなら、全員の需要が既知であると最初から仮定すればよい（実際、後述第4節10で取り上げるコンピュータによる計算においては、ドゥオーキン自身、そのような仮定を採用している）。ただし、その場合、保険は、各人の選好に合わせたオーダーメードなものになるか、細かい需要に合わせた多種多様な既製品になる可能性も大いにあるから、各自の送りたい人生を問わず、すなわち、各人の野心を無視して、「平均的」保険料を強制徴収して、障碍に遭ったときに「平均的」保険金を給付するドゥオーキン好み

の保険システムの構築にとっては、必ずしも好都合なものではない。

　どのような補償水準の保険を買うかに大きな影響を及ぼす因子には、各人の人生計画や野心だけでなく、当然ながら、各人の（期待）可処分所得もあると思われる。だが、ドゥオーキンは、この点にはまったく触れていない。おそらく、「平均的な人」は、可処分所得も平均的な人ということであろうか。「平均的な人」の計算方法に関する言及はないので、それは、ドゥオーキンに都合のよい数値を代入できる融通無碍な観念であって、真剣に検討しても仕方がない、とさしあたり判断しておこう。

　にもかかわらずというべきか、それゆえにというべきか、ドゥオーキンは、反事実的な障碍保険購入に関する「平均人」の情報は、現実の保険市場から入手できると主張する（78-79/112）。失明や四肢の損傷に対する現実の損害保険の実態から、仮想保険市場における「平均人」の保険購入の内容は推定できるらしい。その理由は、年齢や性別というカテゴリーごとに保険料が違うとしても、各カテゴリー内ではリスクが平等と仮定して損害保険が設計されているということにあるらしい。

　ただし、民間保険会社が、遺伝的リスクに応じてグループ分けして差別的保険料を設定しているような場合は、「リスクの平等」を確保するために、それを補正して仮想保険市場を計算しなければならない（78/112）。例によって、その計算方法はどこにも書いてない。

　現実の民間保険会社の保有する顧客データには、保険を買わなかった人の購入データは含まれていない。顧客の中から「平均人」を選べば、それは社会全体の「平均人」ではない。現実の社会のなかには、事故のリスクを承知していても、保険を買う余裕がない人がたくさんいる。だからこそ、保険購入者の平均人（のみ）を参照することが、所得格差の影響をある程度捨象することになり、「資源の平等」という理念に導かれた仮想保険市場の構想にとってはかえって都合がよいのだ。幸か不幸か、ドゥオーキンはそのような主張をしていない。

　ドゥオーキンは、仮想保険市場というアイデアを使って、読者に「あなた方も、リスクの平等という条件が仮にみたされているとしたら、平均的な障碍保険を買うことを選択するでしょ。だったら、あなた方のうち運悪く障碍

を負った人々は、あなた方の支払った保険料で構成される原資から補償されることになりますよね。このことは、障碍をもって生まれた人々についても、当然あてはまりますよね」といったことが言いたいのかもしれない。いずれにせよ、補償ないし再分配を（仮想的な）自主的選択から導いている点がポイントである。

　注意するべきことに、ここでは、「運が悪かったがゆえに再分配が正当化される」という議論は使われていない。それだと、運が悪い結果に本人は責任がないとしても、運がよかった人も同じく、それに責任があるわけではないから、運がよかった人から悪かった人への再分配を正当化するには、もう一段、善行（beneficence, benevolence）か、同胞愛か、博愛か、同情か、政府の役割か、なんでもよいが、何か正当化理由が必要となる。ドゥオーキンは、「仮想的な」選択と「仮想的な」保険を結合させて、この難点を回避すると同時に、G. A. コーエンの指摘するとおり（前述第1節、本書3頁で紹介した引用文章参照）、選択と自己責任を重んじる市場主義者からの批判を逆手にとろうとしているように見える。

　ドゥオーキンはかつて、「仮想的な契約は、現実の契約の単なる色あせた形態ではない。それは、そもそも契約ではない[34]」として、ロールズの原初状態における契約モデルを批判していた。法哲学の専門家なら、このことを思い出すであろう。

　政府組織を使った補償のための再分配が本当に必要となるのは、「平均的な人」が、過去に実際に起こったこと、あるいは、将来十分に起こりうることは知っていたが、ただ最近（10年から100年くらいか）起こっていないという理由だけでうかつにも軽視していた甚大な災害に運悪く遭遇したような場合ではないのか、という前述の私の疑問は、仮想保険市場に関するドゥオーキンの説明を聞いても、強められこそすれ、弱められることはない。

34　Ronald Dworkin, *Taking Rights Seriously*, Cambridge, Massachusetts: Harvard University Press, 1977, p. 151, 木下毅・小林公・野坂泰司訳『権利論〔増補版〕』（木鐸社、2003年）198頁参照。

8. 仮想保険市場参照強制保険の対抗馬その1 ――厚生の平等

　もちろん、仮想保険市場の構造について社会の役人 (officials) が行ういかなる判断も、理論的推測であって、さまざまな異論にさらされよう。しかし、そのような推測に基づいて障碍者に補償する制度が、代替案より原理的に劣っている、とあらかじめ考える理由がないことは確かである。そのような制度はむしろ、資源の平等にきわめて親和的な理論的解決をめざすという長所をもっていると言えるであろう。(79/112-113)

　ドゥオーキンは、自分の推奨する制度に文句があるのなら、代替案を推奨する側が、ドゥオーキンが間違っていることをまず証明せよ、と迫っている。これは、そのような証明がだれもできないことを利用して、相手方にきわめて重い証明責任を課し、自分の勝利をあらかじめ確保する議論――「無知からの論法」(argument from ignorance)[35] と呼ばれる――の典型例である。相手も同様な議論を使えるから、論争は水かけ論になって、決着しない。学者や政治家などがよく使う。根拠の薄弱さの自白であるから、真剣に読む読者にとって有益である。

　私は、上の引用文章を最初読んだとき、「役人の判断」への言及があることからして、ドゥオーキンのいう「代替案」は、「役人の判断」に依存しない制度かと早合点した。ところが、ドゥオーキンの考慮する代替案はみな、「役人の判断」に依存するものなのである。先にドゥオーキンが、「分割役」という名の役人による初期資源の平等分割を嫌って、オークションすなわち市場を導入したことを思い出した。「市場による効率的な資源配分と等価な資源配分は、市場を使わない社会主義計画経済によっても、不可欠だが現実には入手不可能な情報がすべて得られるとすれば、実現可能である」という純粋経済学上正しい命題も思い出した。私からみれば、要するにドゥオーキンは、理論上の市場と理論上の命令システムの間を、レトリカルな文章を用いて、行ったり来たりしているだけである。

　ドゥオーキンは、仮想保険市場参照強制保険の対抗馬として、二つの制度を取り上げている。第一のものは、「厚生の平等」の体制である。そこでは、

---

[35] 亀本洋『法的思考』(有斐閣、2006年) 271-294頁参照。

全員の厚生が等しくなるまで、深刻な障碍を負った人に追加的な給付をどこまでも行わなければならない。その一方で、実際の給付水準は、同情心によって緩和されているとはいえ、基本的に利己的な政治に委ねられているため、仮想保険市場による給付水準より低くなる。ドゥオーキンは、このような根拠薄弱な断定に基づき、「厚生の平等」の体制の短所をあげつらっている。

ドゥオーキンは、現実の政治に依存しない役人によって統制される強制保険制度を推奨しているように見える。だが、その点は不問にし、平等に与するまともな功利主義者が、資源投入効果が薄い人にどこまでも資源を投入するべきだなどとは主張しない、という例を一つだけ挙げておこう。

厚生経済学の大家、ジョン・ハーサニは、社会における自分の所得水準の順位を知らなかったとしたら、公平無私な人は、どの順位になる確率もすべて等しいと仮定して、自分の期待効用（社会的厚生）を計算するであろうという思考実験結果を根拠に、社会的資源の分配における平均効用最大化原理の採用を推奨している[36]。社会的厚生の計算にあたり、全員のポジションに等しいウェイトを与えるということは、ドゥオーキンの支持する「全員を平等者として扱う」という基本命題と一脈通じるところがある。ハーサニは、ロールズの格差原理批判の文脈においてではあるが、次のように堂々とのべている[37]。

　　二人の個人からなる社会があるとしよう。両者は、物質的ニーズをもっており、それが適切にみたされてもなお、社会には資源の余剰が残っている。この余剰の使用方法は、次の二つのいずれかしかないとする。本当に類まれな数学の才能をもち、高等数学を教えてもらうことを熱望する個人Aに、高等数学の教育を提供するために使用するか。それとも、深刻な知能発達障碍

36　John C. Harsanyi, "Cardinal Utility in Welfare Economics and in the Theory of Risk-Taking," *Journal of Political Economy* 61 (October 1953): 434-435; "Bayesian Decision Theory and Utilitarian Ethics," *American Economic Review* 68 (1978): 223-228, at 227.『ロールズとデザート』補論「ハーサニ対ロールズ論争の争点」233-235頁参照。

37　John C. Harsanyi, "Can the Maximin Principle Serve as a Basis for Morality? A Critique of John Rawls's Theory," *American Political Science Review* 69 (1975): 594-606, at 596.

を負っている個人Bに、治療訓練を提供するために使用するか。そのような訓練は、Bの状態をほんのわずか（たとえば、靴ひもを結ぶことができる程度まで）改善することしかできないが、たぶん小さな満足を彼に与えるだろう。余剰資源は、二人の個人の間で分割できないと仮定する。
　……格差原理なら、それらの資源がBの治療訓練に使われることを要求するであろう。Bは、二人の個人のうち、より不幸な者だからである。これと対照的に、功利主義理論も常識も、資源はAの教育に使われるべきではないかと言うであろう。そうすると、資源は「はるかに多い善」を実現し、はるかに深く、かつ、はるかに強い人間的満足を生み出すだろうからである。

9. 仮想保険市場参照強制保険の対抗馬その２ ──生得無能力初期補償方式

　ドゥオーキンが取り上げるもう一つの代替案は、各人のもつ身体的または精神的能力も資源の一種とみなし、障碍をもって生まれた人、すなわち、最初から他の人より、その分だけ少ない資源しかもっていない人に、初期資源の平等化を図るために、（能力以外の）資源を適当な量あらかじめ分配し（貨幣をあらかじめ多めに配布しても同じこと）、その後で、残った資源が「平等な市場」でオークションにかけられるという方式である（79-80/113-114）。
　この方式も、ある種の「資源の平等」をめざすとはいえ、おそらく、ドゥオーキンの愛玩する羨望テストをどうやっても充足することが不可能なケースが多々出てくると思われる。だが、ドゥオーキンが明示的には取り上げていない（本項の最後に取り上げる議論と、間接的には関連している）こともあり、この問題も放置する。
　ドゥオーキンが指摘するこの方式の欠陥は、第一に、補償の基準となるべき「ノーマルな」能力をどうやって決めるのかがわからない、ということにある。これに対して、仮想保険市場参照強制保険制度は、現実の保険市場の情報から推測できる仮想保険市場における「平均的な人」の需要に応じるから、「ノーマルな能力」を決める必要がない、その点で優っている、とドゥオーキンは言いたいらしい（478n. 6/165n. 8）。「ノーマル」とは普通、「平均的な人」が「ノーマル」と考えるものを意味するから、普通の読者は、どこが違うのか、よくわからないであろう。
　それよりも問題なのは、仮想的であろうとなかろうと、「保険」という装

置を使うと、補償水準が現実の「平均的な人」があるべきと考える水準——「ノーマルな能力」に相関する「ノーマルな補償水準」——より、おそらく相当低くなってしまうという点にある。理由はすでにのべた（本節7参照）のでくり返さないが、何から何まで悪い結果を考えて行動する人——そのような人でないと、確率は非常に低いが被害は非常に大きい災害に備えて保険に入ることはない——は、「平均的な人」というより、「平均的でない人」、「極端なネガティブ・シンキングの人」であると付言しておこう。いずれせよ、ここでの私の結論は、仮想保険市場参照強制保険制度が、生得無能力初期補償方式よりも優れているところはない、というものである。

　ドゥオーキンは、その方式を自分で提出しておいて、それが能力の所有権の政治的な決定を前提とするものであるかのように曲解しているが、その方式も、「〔能力から〕独立した物質的資源の所有権が身体的ないし精神的能力の相違によってどこまで影響されるべきか」(80/114) を問題にする点では、仮想保険市場を参照する役人による分配制度と異ならない。

　ドゥオーキンが指摘する第二の欠陥は、（ドゥオーキンによれば）厚生の平等の体制に見られる欠点と同じく、生得無能力初期補償方式においても、生まれながらに身体的ないし精神的能力がきわめて低い人にいくら資源を投入したところで、「ノーマルな」水準に到達することはないという点である (80/113-114)。そこまで要求する生得無能力初期補償方式を推奨する者は存在しないと思われるから、独り相撲と呼んでおこう。

10. 人格と状況の区別

> この議論は、人格とその人の状況の区別に関するある見方を生み出し、嗜好と野心を人格（person）に、身体的ないし精神的能力を状況（circumstances）に割り振る。……これは、資源の平等の中核にある人格の見方である。(81-82/116)

「人格と状況」の区別に言及するこの文章は、「資源の平等」論文のなかでも有名な一節である。省略した部分には、他人への費用を考慮して人は野心を形成するのだという、例の間違い、もしくは意味不明な文が挿入されている。上記引用文章は、「人格」に属する事項に由来する行為の結果には責任

があり、「状況」に属する事項に由来する行為の結果には責任がない、という主張を（まだ明確にはしていないが）示唆している。ところで、文頭にある「この議論」とは、どのような議論なのか。

ドゥオーキンはまず、仮想保険市場を参照する強制保険によって補償されるような心身障碍と、選好や野心にかかわる事故とを峻別して、前者だけ補償するとするのはおかしいのではないか、という異論を紹介する。

その際、注意するべきことに、ドゥオーキンは、「選好や野心にかかわる事故」の後にわざわざ括弧を付して、「どのような資源が実際にあるのか、ある特定個人の嗜好〔あらゆる財への嗜好をさすのではなく、クラレットの好き嫌いといった特定の財への嗜好をさす〕と同じ嗜好をもっている人がほかにどれくらいいるのか、に関する事故〔＝偶然〕のような」(81/115) とご丁寧にも挿入している。普通に読めば、これは、供給可能な資源と需要に関する偶然をさしている。ところが、続く文章では、「金のかかる嗜好」という言葉を用いて、それが、嗜好に関する偶然であるかのような叙述をしている。そして、そのような嗜好も障碍と同じく偶然だから、仮想保険市場に準拠して補償するべきではないのかという前述の異論を（却下するために）提出している。

嗜好が高くつくのは、嗜好の対象である財の市場の需要曲線または供給曲線が高いところにあるからである。ドゥオーキンはすでに、需要に依存する結果は選択運の問題だとしていた（前述本節2参照）から、金のかかる嗜好が補償されないとされるのは当然である。にもかかわらず、彼は仮想保険市場とからめて、別の正当化理由に見えるものを提出する。

> 深刻な障碍をもって生まれた人は、そのかぎりで、他の人々よりも少ない資源とわれわれが認めるものでもって、人生に立ち向かう。この状況は、資源の平等のためのスキーム〔＝仮想保険市場参照強制保険制度〕の下での補償を正当化する。……しかし、原因はどうあれ金のかかる嗜好をもつ人が、そのために資源を少なくもつ、と言うことはできない。というのも、嗜好や選好の分配における平等が何であるのかを、（厚生の平等の何らかのヴァージョンを援用する場合は別として）われわれは言うことができないからである。(81/115)

生まれながらの障碍者は資源の少ない人とみてよいが、嗜好については、資源が多いとか少ないとかいった用語では語ることができない。それゆえ、嗜好の分布について、不平等を語るのはナンセンスである。ドゥオーキンは、このように説明するのみで、嗜好が高くつくか安くつくかは、需要（および供給）の偶然、すなわち、障碍と同じように、本人が左右することができない「状況」にかかっていることには言及しない。選択運と自然運という言葉も、ここではなぜか一切使わない。現実の市場では金融取引をヘッジする人は多いが、仮想保険市場では、平均人は、需要の変化に保険をかけないのだろうか。「かけない」というより、「かけてはいけない」と言っているかのようである。

すでにのべたが、要するに、障碍の偶然は補償すべし、需要の偶然は補償すべからず、という結論が最初からあるだけである。「状況」と「人格」は、それに対応する用語であり、何が「状況」に属し、何が「人格」に属するかを結論から独立に考えても意味はない。結果が偶然（自然の事象の確率的生起）に依存する場合に、結果に責任を負わなくてよいものが「状況」、結果に責任を負わなければならないものが「人格」と定義されているだけである。

結果が「状況」に依存する場合、責任がないことに加え、補償すなわち再分配まで正当化されている。その理由は、生まれつきの障碍が「状況」に含まれるということだけでなく、むしろそれよりも、仮想保険市場で平均人が障碍保険の購入を（仮想的に）選択するということにあったはずなのに（前述本節7参照）、なぜかそのことは、「オークション」の一言で片づけ、表面に出ないような文言表現が用いられている。

かくして、「状況」に含まれる偶然的原因によって悪い結果が生じた場合、本人に責任がなく、再分配も正当化される、という結論が「議論」なしに、つまり結論を前提にして導かれた。さらに、補償を正当化したければ、「仮想的な平均人」がそのための保険を購入するという前提を（根拠なく）導入すれば、好みどおりの結論を導くことができる。

現実の保険市場のデータを利用することができるとするのは、その制約になって、ドゥオーキンの企てにとって必ずしも都合のよいものではない。だから、彼は都合が悪いときには、そのことは忘れている。自己に関する知識

を「無知のヴェール」によって一切剥奪された契約当事者を登場人物とするロールズ流思考実験モデル[38]のほうが、現実のデータによって反証不可能である[39]点でドゥオーキンの企てにとって、よりふさわしかったように思われる。

第4節　能力の不平等と仮想保険によるその是正

1. 能力が同一の場合、羨望してはいけない

　ドゥオーキンは、初期オークション（すなわち、初期資源の平等分配から出発する自由な交換）によって理論上生じる効率的かつ無羨望な資源配分の状態が達成され、さらに、心身障碍に由来する不平等が仮想保険市場参照強制保険制度によって緩和された後でも、「資源の平等はなお……生産活動および取引によって攪乱されるだろう」（83/117-118）と言う。その際、「資源の平等」は、羨望テストの充足と同一視されている。しかも、羨望の対象は、

---

[38]　*TJ*, §4 and chap. 3 参照。これに対して、ドゥオーキンは論文最終節、*SV*, 114-115/159-160 において、仮想的移住者が自分に関して、嗜好、野心など、稼得能力以外の情報をもっている彼のモデルのほうがロールズのモデルより優れていると主張している。その際、ドゥオーキンは、「われわれの理論が平均的な効用曲線の観念に頼るときでさえ、……それは、特定の個人の特定の嗜好および野心に関する確率判断の問題として、そうしているのであって、……〔ロールズのように〕平等は集団間の平等の問題であるという前提の一部としてではない」（114-115/159）とのべている。所得だけならまだしも、全員についてそのような確率判断の基礎となる嗜好、野心に関する情報をどうやって集めるのか、私には想像がつかない。みずからの問題設定を限定するために、好都合な仮定をおいて考える経済理論を素人が誤解し、濫用したとしか思えない。だが、正義や平等について語る経済学者の多くも同様の誤りをしばしば犯すから、同情の余地はある。にもかかわらず、格差原理との差別化をはかるドゥオーキンの叙述は、「嗜好や選好の分配における平等が何であるのかを（厚生の平等の何らかのヴァージョンを援用する場合は別として）われわれは言うことができない」（本文中の直前の引用文章参照）という叙述と（その文中における「平等」と「平均」とが類似の観念であることを認めるかぎり）平仄が合わないように思われる。

[39]　実際、ドゥオーキンはノージックの分配的正義の「歴史的」理論（Robert Nozick, *Anarchy, State, and Utopia*, New York: Basic Books, 1974, chap. 7, section 1, 嶋津格訳『アナーキー・国家・ユートピア』木鐸社、合本版第7版第1刷、2004年参照）を批判する文脈で、「仮想市場は歴史的妥当性をいっさいもたないという反論は、端的に的外れなものである」（112/157）とのべて、このことを事実上認めている。

第4節　能力の不平等と仮想保険によるその是正　43

他人の所有する資源束だけでなく、それをもつ他人にまで、断りなく拡張されている（ドゥオーキンがこのような解釈に反対することは、後述本節4で触れる）。

そのような意味での「羨望」なら、上記の理想的な強制保険制度によっても心身障碍に由来するハンディキャップが完全に解消されないかぎり、残存するであろう——障碍がない人がうらやましいと思う障碍者が一人でもいるということ——から、以下でドゥオーキンが問題にする、所得を稼ぐ能力差に由来する生産活動の結果の不平等を考える場合には、障碍者はいなかった、または、障碍の程度は全員同じであったと仮定して話を進めたほうが明快である。ドゥオーキンは必ずしもそうしていないが、そのような仮定を採用していないとすると彼に不利になる場合は、採用していると仮定して彼の叙述を読み進めることにする。

ドゥオーキンは、能力差に由来する資源の不平等を考える前に、能力が全員同じだったとしたら、結果の差異を、彼の支持する「資源の平等」はどう評価するのか、という問題を考察する。

ドゥオーキンはここで、生産能力の平等を仮定する。したがって、無人島にある既存の資源に労働を加えて、どのような種類の財がどのようにして生産できるかは決まっているとすると、どれか一つの生産物とその生産様式を選べば、結果は、（やろうと思えばだれでも同じようにできた）自分の働き方——つらい仕事をするか楽な仕事をするか、長時間働くか余暇を楽しむか、といったこと——しだいだということである。ドゥオーキンの結論は、その結果として生じた他人の資源束をうらやんではいけない、ということである。

ドゥオーキンは、その説明のために、次のような例を挙げている（もともとの叙述が不正確なところは、ドゥオーキンに不利にならないように補正した）。エイドリアンは、トマトの需要が高いと予想し、当初のオークションでトマト生産のための土地（とトマトの種？）を購入し、以後、一年間懸命に働いて、他の移住者よりも大きな所得を稼いだところ、他の移住者は、エイドリアンの資源束をうらやんだ。

しかし、ドゥオーキンによれば、「仮定により、他の移住者はエイドリアンの人生を進んで送ろうとはしなかったはずである」。「仮定により」の「仮

定」とは、「生産能力の平等」をさす。つまり、他の移住者も、能力（実は、生産能力以外の、趣味の能力の平等なども仮定に加えたほうがよい）の平等ゆえ、エイドリアンと同じ人生を選ぶことができたのに、別の人生のほうが自分にとってよいと思って、自分の人生を選んだのだ、ということである。このことからドゥオーキンは、エイドリアンを羨望するのはおかしい、という帰結を導く。しかし、その説明はあまりうまくない。

> ある特定時点の羨望に目を向けると、移住者は全員、1年後のエイドリアンの資源をうらやんだ。それゆえ、分割は平等でないことになる。しかし、羨望をこれと違う仕方で捉え、つまり、一生を通じての資源の問題とみた上で、人の職業とその働きぶりもその人の財（goods＝善）の束の一部として含ませると、だれもエイドリアンの束をうらやまない。したがって、そのかぎりで、分配は不平等であると言うことはできない。(83/118)

「一生を通じての資源の分配」を文字通り受け取れば、それを見るためには、全員の人生を生まれてから死ぬまで記録した上で、死ぬ直前か死んだ後に、各人にどれを選好するかを判断させるしかない。全員の能力平等という反事実的仮定が入っているから、そもそもそのよう判断は不可能だという点は別にしても、人生の結果が出た時点での判断であるから、偶然の要素はすでに排除されている。だから、それは選択の結果が偶然に依存する現実の人生選択に関する判断ではない。それゆえ、ほとんどの人は、運がよかった人の人生を選好するであろう（手遅れだが）。人々は、エイドリアンが全力で働いたにもかかわらず、需要の急落によりトマトの販売に失敗し、困窮生活に陥ったのを知ったら、彼の人生をうらやまないであろう。逆にいえば、彼がたまたま成功したのを知った後で、はじめて彼をうらやむにすぎない。

上記引用文章がもし有意味だとしたら、ドゥオーキンのミスリーディングな表現に反し、そこで問題になっているのは、羨望を、ある一時点でみるか、人の人生全体についてみるか、という問題ではない。みるべき時点はただ一つである。羨望の有無は、結果が出る前に、つまり、初期オークション終了時において調査しなければならない。ドゥオーキンがここでは仮定しているとおり、移住者たちは、その後の人生をどう送るかを決めて、どの資源をどれだけ買うかを決めるのである。そのためのオークションが終了した時

点で、羨望がなければ、ドゥオーキンの支持する「資源の平等」の保持にとっては十分である。

　いかに仮想的であるとはいえ、初期オークションの終了時に、つまり、生産活動を始める前に人生計画のすべてを決めているような人間は想像しがたい。しかし、生産と消費を含む人生全体をパッケージとして羨望を判定するべきだとする（85/120）ドゥオーキンは、実はそれと同じ仮定を採用している、と解するほかない。

2. 時点に関し無制約な羨望テスト

　能力の平等を仮定しても、その後の生産活動の結果は、各人が選んだ仕事だけでなく、偶然にも左右される。結果的に所得の差異も生じる。相互に羨望も生じるであろう。しかし、その羨望は、「資源の平等」の必要条件としての「羨望テスト」の充足とは関係がない。関係があるかのような叙述をくり返すドゥオーキンの叙述は、ミスリーディングである。だから、結果が出た後の羨望は、「してはいけない」ではなく、そもそも問題にならないのである。

　ドゥオーキンは、人生がギャンブルだということがわかっていない。手持ちの金と能力が平等だとしたら、ギャンブルの結果は偶然に依存する。勝負が終わった時点で、敗者は勝者をうらやむだろうが、羨望テストは充足されている。しかし、ドゥオーキンがそう考えていない可能性も大いにある。だが、そうだとすれば、羨望テストがどうにでも使える学問的に有害な装置だということの自白である。ドゥオーキンが弄ぶこの融通無碍な羨望テストの場合、羨望判定の時点がいつでもよい——しかも、その充足が資源の平等の必要条件とされる（85/121）——ということになっている、という点に注意されたい。

3. ドゥオーキンのいう「市場」は「市場」ではない

　嘆かわしいことに、ドゥオーキンはこのあたりでも、土地を購入して、みんながほしがるトマトの生産のために使ったエイドリアンは社会に貢献しており、同じ土地をテニスコートにして楽しもうとするブルースは、社会の他

の人々により多くの「費用」をかけている、と言わんばかりの文章を挿入している（84-85/118-120）。その土地をエイドリアンが買ったとしたら、ドゥオーキンの理屈では、ブルースにエイドリアンの買値分、費用を負担させていることになるはずなのに——普通の人はもちろんそう考えない——、なぜかそのことには言及しない。

　すでにのべたように（第3節3参照）、ドゥオーキンの奇妙な「費用」概念は、資源の私的所有権を確立するための初期オークションによって、私的所有権が確立されないという命題を真と認めないかぎり成立しない。しかし、後により明らかになるように、ドゥオーキンは自由な使用権を含む私的所有権を一貫して、あるいは一貫せずに、認めていないようである。それは、保険金受領権には私的所有権を認めるが、テニスコートには認めない、といった理解に苦しむ私的所有権の否認の仕方である。私が、トマト1個を100円で買ったら、100円分社会に費用をかけたことになるという理解不能な思考とは一貫しているのかもしれないが。

　いずれにせよ、普通の人は、初期貨幣量平等のもとで、その土地を最高価格で落札した人が、それをトマト畑にしようがテニスコートにしようが自由である、と考えるであろう。ドゥオーキンは、『国富論』を読んだことがあるのかもしれない。アダム・スミスは、皮肉のきいた調子で、次のような文章[40]を書いている。

> 　社会の最も尊敬すべき階級中のある者の労働は、家事使用人たちの労働と同じように、なんの価値をも生産しないし、また、労働が終ってしまったあとも持続し、あとになってからそれと引換えに等量の労働を獲得しうるような、ある永続的な対象または販売しうる商品のかたちで、固定されたり具体化されたりはしない。たとえば、主権者、かれのもとで働く司法官や軍将校のすべて、また全陸海軍などは、ことごとく不生産的労働者である。かれらは公共社会の使用人であって、他の人々の勤労の年々の生産物の一部によって扶養されている。……
> 　生産的労働者も不生産的労働者も、またぜんぜん労働しない人たちも、すべてその国の土地と労働の年々の生産物によってひとしく維持されている。

40　アダム・スミス（大河内一男監訳）『国富論Ⅰ』（中公文庫、1978年）518-519頁。

第4節　能力の不平等と仮想保険によるその是正　47

　この生産物は、……かならず一定の限界をもっている。だから、ある年に、この生産物が不生産的労働者〔「ぜんぜん労働しない人たち」を加えてもよい〕を維持するのに用いられる割合が小さいか大きいかにしたがって、それが小さければいっそう多くの生産物が、それが大きければいっそう少ない生産物が、生産的労働者のためにのこされるであろうし、またこれにおうじて、その翌年の生産物も、より大きかったり、より小さかったりするだろう。

　この文章を表面的に読むと、法哲学の教授になることや金持ちがお手伝いさんを雇うことは悪徳であると言っているかのようにも読める。だが、そこでスミスは、「どうすれば国が富むか」という問題を扱っているのであって、資源の平等の文脈で登場する生産や消費とは関係がない。

　法哲学者が他人の論文を読んで何かアイデアを思いつき、もともとの論文とは似ても似つかぬ議論を展開することはよくある。それ自体は、なにも非難されるべきものではない。しかし、経済学者がいう「市場」に関して、それと同じような「応用」の仕方をすると、読者の理解を妨げる。

　「市場」について常識的な理解を有する読者に、これから先もついてきていただくために、注意を喚起しておこう。これまでの私の論述からおそらく明らかになったように、ドゥオーキンは、「市場」の仕組みを理解する能力がないか、「市場」の仕組みを理解するつもりがないか、そのいずれかである。ドゥオーキンに有利な解釈は、後者であろう。したがって、ドゥオーキンは、普通の人が考える「市場」とは別物の何かについて論じているのである。幸か不幸か、私にはそれが何かはよくわからないが。

　これまでは、ドゥオーキンが「市場」について少しは知っていることを前提して、その理解を正すという方向で彼の「資源の平等」論文を読んできた。それが無駄な試みであることは、もはや十二分に判明したと思う。

4. 機会の平等

　ドゥオーキンは、彼の支持する「資源の平等」の考え方からしても「能力が平等の場合、他人の資源束をうらやむべきでない」という結論を稚拙な仕方で「論証」した後、その反対解釈命題すなわち「能力が不平等な現実世界では、能力に優るがゆえに自分より豊かな他人の資源束をうらやむのは当然

であって、そのかぎりで羨望テストが充足されなくなるから、初期オークションによって資源の平等が確保されたとはいえなくなる」という命題を示唆する（85/121）。

ついでドゥオーキンは、この命題を正当化する前に、それに反対する立場の論駁にとりかかる。当然ながら、敵の主張が誤っていることの証明は、自分の主張が正しいことの証明にはならない（ただし、主張が互いに厳密な意味で矛盾命題になっている場合は別）。そのような議論戦略を使用すること自体が、ドゥオーキンの立場が根拠薄弱であることの自白である。

ドゥオーキンによれば、反対論は、上記の反対解釈命題は羨望テストを、他人の資源束ではなく、他人自体をうらやむ方向にまで拡張して適用する点で誤っていると主張する。つまり、反対論によれば、「人が、自分の平等な分け前を使って、優れた努力または才能によって、他人よりも多くのものを生み出したのであれば、その人の利得は、自分の分け前からそれほど生産しなかった他人を犠牲にして獲得されたわけではないから、その人にはその利得を獲得する権利がある」（86/122）ということになる。

ドゥオーキンは、そのような反対論の考え方に「機会の平等」というレッテルを貼る。それは普通、「実質的な機会の平等」と区別して、「形式的な機会の平等」と呼ばれるものである。あるいはまた、ロールズがアダム・スミスの言葉を借りて定義した「自然的自由の体系[41]」や、能力に応じた差別的扱いを許す日本国憲法上の「法の下の平等」に近い。ミスリーディングなレッテル貼りであることは明らかであるが、これもまた、これから展開されるドゥオーキンの議論が弱いことをあらかじめ告示してくれる点で読者には有益であろう。

彼によれば、「機会の平等」論にはいくつかの誤りが含まれている。第一に、最初の平等な分け前からより多くを生産した人が、他人の保有物の価値を減らすものではないという主張は真ではないとされる。前者の富は、後者の富より多いので、両者がともに買おうとする同じ消費財に支払ってもよいとする金額は前者のほうが（一般に）高くなる。その結果、後者がそれを買

41　*TJ*, 65-66/57-58rev.,『正義論』90-91頁。アダム・スミス（大河内一男監訳）『国富論II』（中公文庫、1978年）511頁参照。

第4節　能力の不平等と仮想保険によるその是正　49

う価格は、前者がもっと貧乏である場合に比べると高くなる。だから、成功した人は、それほど成功しなかった人に「損害を与えている」(87/123) のだ。ドゥオーキンは、どうもそのようなことが言いたいらしい。

　ドゥオーキンの主張は、経済学的にみて、完全な間違いとはいえない。だが、それは「犠牲にする」という言葉の定義の問題だとも考えることができる。オークション終了後、移住者各自が孤立して自給自足経済を行えば、相互に無関係なのであるから、お互いを「犠牲にする」ことは防止できよう。他方で、生産および交換活動は、孤立して生産消費活動を続ける場合に比べれば、全員の状態を改善する。そうだとすれば、孤立経済は、全員が全員を「犠牲にする」と言えないこともない。ドゥオーキンの定義によれば、貧富の差がある場合、相対的な金持ちは、自分より貧乏な人が欲しがる物を買うと、貧乏人を「犠牲にする」ことになる。しかし、後に金持ちになる人が、貧乏人が欲しがるものを生産して売ってくれなかった場合に比べると、貧乏人の状態は普通改善されている。「機会の平等」論者は、この点に着目しているだけである。

　というよりも、経済学で「所得効果」とよばれるドゥオーキンが言及している問題は、「機会の平等」論に固有のものではない。ドゥオーキンの定義によると、初期資源平等かつ能力平等のもとで、長時間働いて金持ちになった人も、「怠け者を犠牲にする」ことになる。どうしてドゥオーキンは、この点を強調しなかったのか。むしろ、そのような金持ちは、社会に貢献しているとしていたではないか。他人より能力の高い人が短時間しか働かず、他人より能力が低い人が長時間働いて、より金持ちになったら、後者の人は前者の怠け者を「犠牲にしている」ことになるのだろうか。自家撞着という言葉がふさわしい。

　ドゥオーキンによれば、「機会の平等」論に含まれる第二の誤りは、それが、能力に劣る者が能力に優る者の状況をうらやまないようにしようとすると、他人自体をうらやむことと、他人の持ち物をうらやむこととの区別をなくすことになってしまう、と考える点にある。

　農業の能力に優れたエイドリアンが良質の作物を生産して、需要も高く、成功したとしよう。他方、農業の能力に劣るクロードは、良質でない作物し

か生産できず、その需要も低いため、それほど成功しなかったとしよう。この場合、エイドリアンは、クロードがもちたいと望むがもっていない二つのもの、すなわち、高い能力と高い需要をもっている。ドゥオーキンによれば、この二つのものは、エイドリアンの「人格」ではなく、「状況」に属する（前述第3節10参照）。だから、クロードの羨望は、人に向けられているのではないことになる。(87/123)

　需要が「状況」に属するというのは認めてよいであろう。能力（ここでは、生まれながらの能力またはそれに大いに依存する現有能力をさす）も、野心ではないという意味では「人格」には属さないが、「人」の能力であることは確かである。ドゥオーキンによる論証に見えるものは、「人」も「人格」も英語では person で表されることを利用したレトリックにすぎない。「機会の平等」論は、ドゥオーキン流資源の平等論は人が他人の能力をうらやむことをなくすことをめざすと主張しているだけで、そのとおりなのであるから、ドゥオーキンがその点に反対する理由はない。揚げ足取りという言葉がふさわしい。

5. スターティングゲート論

　ドゥオーキンが「機会の平等」論の第三の、そして最も重大な誤りとみるものは、それが、能力平等かつ初期資源平等下でのオークションが資源の平等を確保するという彼の資源の平等論が「公正のスターティングゲート論」を前提とすると誤解しているという点である。「公正のスターティングゲート論」とは、「人々が同一の状況から出発し、お互いにだましたり盗んだりするようなことがなければ、自分の技能を使って獲得したものを保持することは公正だ」(87/123) という考え方である。

　今かぎ括弧でくくった文に登場する「状況」（circumstances）が、「人格」と「状況」の区別における「状況」と同じ意味で使われているとすれば（そう読むのが素直な読み方だと思われる）、ドゥオーキンのいう「能力」もそのなかに含まれるはずである。にもかかわらず、以下で展開されるドゥオーキンによる「スターティングゲート論」批判においては、彼はどうも、「状況」のなかに「能力」を含めて考えていないようである。つまり、「公正のスタ

ーティングゲート論」は、「能力」が異なる場合も、「同一の状況」から出発すると考えている、とドゥオーキンは理解しているようである。

　実際、ドゥオーキンは、「スターティングゲート論は、〔彼の支持する資源の平等論と同じく〕正義が初期資源の平等を要求すると考える」（87/124）とするだけで、それが能力の平等を要求するとはしていない。だが、それと両立することは疑いない。この点を強調しないことが以下の議論のポイントの一つである。

　ドゥオーキンは、資源の平等論との差別化を図るため、スターティングゲート論が、初期資源の平等後のレッセ・フェール（ドゥオーキンの理解に反し、本来は、自由放任というより、ギルドや既得権による規制から免れると同時に、刑法および民法等の規制に従う——ドゥオーキンがのべているとおり「だましたり盗んだりしない」——自由な取引を意味する）を要求するとするだけでなく、それが「人々は財に自分の労働を混入することにより財産を取得するとするロック的理論」と「推定上」（presumably）結びついていると主張する（87/124）。

　やがて、この「推定上」という留保つき表現は消え、ほとんど「必然的に」結びついているかのような前提で、議論が展開されることになる。どう考えても必然的な結びつきはないから、多少なりとも気が引けて、「推定」という言葉を用いたのであろう。たとえば、フィジオクラット[42]やアダム・スミスがロック的原始取得理論を前提しているという説は聞いたことがない。彼らは、土地所有権はすでに確立されているという前提で理論を展開する。最も好意的にみると、ドゥオーキンは、ロック的原始取得説と労働価値説一般を混同しているのかもしれない。いずれにせよ、「推定上」という言葉は、否認する相手に証明責任を押し付けることを意味するから、これも既述の「無知からの論法」（前述第3節8参照）の一種であり、根拠のなさの自白である。

　それはともかく、ドゥオーキンは、初期資源の平等とロック的原始取得説を結びつけるスターティングゲート論をだれが主張しているのかを明示する

42　たとえば、J・A・シュンペーター（東畑精一・福岡正夫訳）『経済分析の歴史（上）』（岩波書店、2005年）403-439頁参照。

ことなく、両者を結びつけることは間違っていると力説する。その根拠とされるのは、無人島に移住者が上陸したとき、そこのすべての資源はロック的に原始取得されるという考え方と、初期資源の平等とは平仄があわないということである。当たり前のことである。だから、そのような考えを支持するまともな正義論者はいないはずである。ドゥオーキンも認めるとおり(88/125)、ロック的原始取得を支持するノージック[43]は、初期資源の平等など主張しない。

さらにドゥオーキンは、彼の理解するスターティングゲート論に含まれるロック的原始取得とレッセ・フェールをほとんど同一視した上で、オークション終了後にレッセ・フェールが要求されるのなら、上陸時にもレッセ・フェールが要求されなければならない、という奇妙な一貫性——ドゥオーキンはそれを「正義」と呼ぶ——に依拠する議論を展開する(88/124)。その際、前の「レッセ・フェール」は努力と能力による財産取得を、後の「レッセ・フェール」は、早いもの勝ちに加えて、弱肉強食を意味するかのようである。

ドゥオーキンは、そのような議論から「上陸時は結局のところ……人生における恣意的な時点」にすぎないという中間的結論に飛躍した上で、「正義が上陸時に平等なオークションを要求するのなら、正義は、その後も随時、新たな平等なオークションを要求しなければならない」(88/124)という結論にさらに飛躍する。断言の羅列、ないしは言葉の連想であって、まともな議論は存在しない。「資源の平等化」のためにいつでも再分配がなされるそのような正義の制度が施行されれば、社会に、より貢献する可能性がある生産活動、すなわち「ギャンブルをする人などいなくなるであろう」(前述第3節5、本書27頁参照)ということをドゥオーキンはここでは忘れている。

返す刀でドゥオーキンは、資源の初期分配とその後の再分配は異なるという反論、つまり、初期資源がオークションにかけられた後には、各資源に対して私的所有権が成立しているわけであるから、平等原理は所有権の尊重に道を譲るはずだという異論に対して、それは結論を先取りしていると反論して、次のようにのべる。

---

[43] *Anarchy, State, and Utopia*(前掲注39)、chap. 7 参照。

第4節　能力の不平等と仮想保険によるその是正　53

　というのも、われわれは、そのような帰結を有する所有権システムがそもそも確立されるべきか、それとも、いかなる所有権取得も後の再分配に明示的に服させる、それとは異なる所有権システムが選ばれるべきかを今まさに考察しているのであるからである（88/125）。

　この発言が、再分配の許容という結論を先取りしていることは自明であろう。先に私がにらんだとおり（本節3の第二段落、本書46頁参照）、ドゥオーキンは、オークション終了後も（おそらく永久に）私的所有権は確立されていないと考えているのである。私は、そのような世界での（保険売買を含む）市場取引など想像することができない。ドゥオーキンは、その点は不問にして、次のように続ける。

　したがって、われわれは、スターティングゲート論を拒否し、平等の要求が（少なくとも〔技能に差がある〕現実世界では）逆方向にわれわれを引っ張ることを認めなければならない。われわれは一方で、平等に反するのを覚悟の上、資源の分配がいついかなる時点でも（いわば）野心に応じる（ambition-sensitive）ものであることを許容しなければならない。……消費よりも投資を選んだ人、より金のかからない消費を選択した人、あるいは、よりもうかる〔＝他の人々に利益を与える〕仕方で働いた人が、平等なオークション後の自由な取引におけるそうした決定から生じた利得を保持するのを許容しなければならない。しかし、他方で、資源の分配が、生得資質に応じる（endowment-sensitive）ものであることを、つまり、同一の野心をもった人々の間でのレッセ・フェール経済において所得格差を生み出す類の能力の相違によって影響されることを、いついかなる時でも許してはならない。（89/126）

　投資より消費を選んだ人や金のかかる消費を選んだ人のほうが、とくに不景気のときは、（ドゥオーキン流に言って）社会により貢献するのではないか、という突っ込みを入れたくなる読者もいるかもしれないが、上の文脈ではあまり関係がない。

　より重要なのは、スターティングゲート論の拒否が、能力に依存する所得の再分配に直結するわけではないという点に注意することである。所有権が確立されていないのだから、そもそも「再分配」という概念すら成立しないことは別にしても、生産物は全部共有（総有）といった何らかの意味で「平

等な」資源分配制度も候補となりうる。要するに、論証はどこにもない。

6. 労働力の商品化

正当化を飛ばして、上記のような結論をただ提示した後に、ドゥオーキンは、「野心に応じ、生得資質には応じない」資源の平等分配の方法の探求に向かう。例によって彼は、正攻法を避け、自分が拒否する方法の批判から始める。これまた、だれも主張しない説の欠点をあげつらって、読者に自説の正当化がすんだように思わせるという、ドゥオーキンお得意の論法である。

批判されるのは、初期オークションにかけられる資源の一つとして、移住者おのおのの労働力を含ませるという方法である。本人もよく知らないかもしれない労働能力を他人がどうやって知るのかということについても触れられていないが、ドゥオーキンのために、ここでは個人情報丸わかりという仮定を採用しておこう。

ドゥオーキンによると、理由は私には不明だが（今日の先進諸国の労働者と同じく、移住者は労働用益を売るだけであって、奴隷になるわけではない）、オークションが始まると、移住者はほぼ全員、自分の労働力に入札するらしい。そうすると、労働能力（期待最大所得と解釈する）の高い人は、それを高い価格で落札せざるをえないから、労働能力は高いが、たとえば法哲学者になるという野心がある人は、きわめて不利になる。したがって、よくないというのがドゥオーキンの結論である。

しかし、それを禁止するための論拠として、人は自分の心と体を所有しているから、心身の能力にすぎない才能も所有している、したがって、才能の果実も所有している、といったものを使うことはできない。ドゥオーキンは、その理由として、「平等以外の何かに基づく前政治的な権利付与の観念」(90/127) を使用していることを挙げている。だが、前述の私によるドゥオーキン論文の解釈によれば、所有権制度がいまだ確立されていないのだから、そのような説明は不要であろう。

ところで、各人は、自分の体と心に対する所有も「前政治的な権利」だとして、さしあたり否定されるのだろうか。それと資源の平等を関連づけて何になるのだろうか。賢明な読者なら、このような疑問を抱かれるとは思う

が、議論を拡散させるドゥオーキンの論法に乗せられるおそれがあるから、そのような疑問は抱かないようにしたほうがよい。

ドゥオーキンによれば、労働力の商品化を禁止する根拠は、羨望テストが与えてくれるらしい (90/128)。労働力がオークションの商品とされると、労働能力が高いがゆえに、自分の労働力を落札するために高額の貝殻を費やし、残りの貝殻で買える資源が少なくなる人は、労働能力が低いがゆえに、自分の労働を安く買え、他の資源もより多く買える人をうらやむかもしれない。羨望テストは、これを禁止するというのである。

二つ疑問がある。第一に、自分で自分の高い労働力を買った人は、その期待所得（なんなら効用利得で測ってもよい）が、自分の低い労働力を安く買った人の期待所得よりも十分に高い場合、低能力者をうらやまないかもしれない。この可能性は、初期オークションでの各種労働力の価格、ならびに、各種生産物の需要と供給およびそれに依存する各人の稼ぐ能力に依存しており、数値がわからないかぎり何とも言えない。第二に、労働力の高い人は、それを自分で買わず、他の人に雇われるという選択肢もあるから、こちらが得だと思えばそうするであろう。これもまた、だれがだれを羨望するかがよくわからない原因となる。

これらの疑問は、ドゥオーキンの主要な主張にとってはそれほど重要ではないが、労働能力が高い人が不利になるがゆえに、労働力の商品化は禁止するべきだという前述のドゥオーキンの理由づけが、例によって深い考察にではなく、単なる思いつきに基づくものにすぎないことだけは了解していただけよう。ドゥオーキンの議論は、理由づけはどうでもよく、結論だけが（ドゥオーキンとそれに賛同する読者にとって）大事という点で見事に一貫している。

7. 所得税による再分配

ドゥオーキンは、「野心に応じ、生得能力に応じない」資源の平等分配の方法として、移住者たちの労働力も初期オークションの対象とする構想を否認した後、「所得税を通じた資源の定期的再分配」(90-91/128) という構想を、「周知」（？）のものとして唐突に提案する。彼は、それを次のように説

明している。

> われわれが可能なかぎり展開したいと思うのは、第一に、才能の相違の影響をなくし、かつ第二に、社会に課す費用が別の人がなす選択に比べて高いような職業を、自分が送りたい人生にあわせて選択した結果を保存するような再分配のスキームである。所得税は、この目的のためにそれなりに妥当な装置である。なぜなら、所得税は、金銭的成功とそれがもたらすさらなる資源のために犠牲を恒常的に払い、自己規律を着実に行いながら送る人生を選択する可能性に影響を与えないし、もちろん、その選択を是認も非難もしないからである。しかし、所得税は、そのような人生で遺伝的幸運が役割を果たすことも認めている。(91/128)

「社会に課す費用」という経済学的に無意味な概念が、また登場した。「社会に課す費用が高い人」とは、法哲学者など、人並の労働能力があるのに趣味の生活を送る人、消費財や生産財の生産活動に携わらずに、どこからか援助を得て贅沢三昧の生活を送る人、そのような人に援助をする人、金はあってもタンス預金しかしない人などをさすのであろう。ドゥオーキン自身は、価格の高い、しかも、普通の人からみれば、なくてもすむ消費財を買う人をさすことが多い。そのような人に再分配する必要がないことは常識であり、なぜ人生選択とか野心といった大げさな概念をもち出して難しく説明する必要があるのか、私には理解できない。

所得税は、金や財産をすでにたくさんもっており、金を稼ぐ必要がない人に有利な税制であり、これから成り上がろうとする人に不利な税制である。累進的な税率が採用された場合、たとえば、一生を通じてみると人並の所得だが、若い時にしかできない高収入の仕事を選ぶ人に不利になる。ドゥオーキンの人生パッケージ説からすると、本来は人生が終わったときに課税するべきであるが、普通の所得税ではそれはできない。いずれにせよ、所得税制がいったん施行されれば、人々がそれに合わせて行動を変化させるのは必定である。所得税が、金儲けをする人生にどうして影響を与えないのか私にはわからない。だが、ドゥオーキンの真意を探る価値はないので放置する。

上記引用文章の最後の文は、所得税が生得資質、なかでも、生まれつきの（ドゥオーキンはここでは触れていないが、金を稼ぐことにつながる——したがっ

て生得資質と社会の需要との関係に主としてかかっている）能力に応じた課税を、ある程度実現することをさしている。もちろん、その能力を発揮しない仕事をする人、能力はあっても仕事をしない人、能力にあった仕事をしても運悪く失敗した人からは、所得税はまったく、あるいは少ししか徴収することはできない。どのような仕事を選ぶかは、野心の問題であるから、それは仕方がない。そのような意味で、上記の所得税を通じた能力が高い人から能力の低い人への再分配は、「妥協である」(91/128) とドゥオーキンは明言している。

　ドゥオーキンは、個人の得た所得のうち、能力の相違に起因する部分を、野心の相違に起因する部分から分離することができれば、再分配のための所得税制の構築にとって有益であること認めた上で、それは、パーソナリティに関する完全な情報があったとしても不可能であると断言している(91/129)。そのとおりであるが、その理由が独特である。それは、能力と野心が相互に影響を与えあって発達して行くからだとされる。それに関する情報は、「パーソナリティに関する完全情報」からは外されるらしい。金を稼ぐ能力は、需要に――したがって、自然の事象の偶然的生起にも――大きく影響されるが、ドゥオーキンはまったく関心を示さない。地球に隕石がぶつかったら、需要が激変する可能性があるが、ドゥオーキンは「自然運」の話はもう忘れたらしい。

　ついでドゥオーキンは、事実に反し、人々の間で生産に資するすべての能力が等しかったとしたら各人が得たであろう所得を全員に与えるような所得税制を取り上げ、そのような世界は想像不可能として、そのような所得税構想を却下している。ドゥオーキンは、全員の生産能力が等しい場合、羨望はないことを論証するために、同様の仮定をしていた（前述本節1参照）。その際、羨望がないとされたのは、想像不可能な世界での話だったことをここで自白している。ドゥオーキンの神のような能力に引き比べ、私の想像力のなさを痛感する。

8. 能力欠如に対する仮想保険市場

　結局ドゥオーキンは、金を稼ぐ能力が遺伝に起因して劣るという問題を、

一種のハンディキャップとみなして、障碍に対する仮想保険市場と類似の仕方で解決しようとする。この方法を用いると、ドゥオーキンも認めるとおり(92/130)、能力（ここでは現有能力の意味か？）が遺伝的運によるという側面のみを際立たせ、前項で触れた技能と野心の相互浸潤的関係を軽視することになる（例によって場当たり的議論である）。

その具体例の一つは、初期資源平等の初期オークションのときに、それと並んで能力欠如保険のオークションを開催し、特定水準の技能をもっていない可能性に備えて、人がどれほどの保険を買っただろうかを問うて、相対的に技能の劣る人の補償水準を決定するという方法である。ドゥオーキンも認める通り、これには、心身障碍の場合と異なり、参照可能な現実の市場が存在しないという困難がある。(92-93/131)

にもかかわらず、ドゥオーキンは、手始めに次のような思考実験を試みる(93/131)。まず、ある架空の世界を想定する。そこでは、社会全体にわたる諸技能の分布は総体として見れば現実世界と同じであり、人々はそれらの諸技能のうち、どれでもよいがいくつかの特定の技能をもっていなかったがために、将来苦しむ結果に陥る可能性があり、その確率は全員について等しい。彼らは全員、そのような結果に対処する保険を同一の料金体系のもとで買うことができる。各人は、どれほどの保険をいくらで買うか。その下限[44]が平均してどれくらいかが大雑把にでもわかれば、資源の平等の要求をみたす税による再分配プログラムの少なくとも下限を定める装置を手に入れることができる、とされる。

技能欠如に備える仮想保険市場構築のため、ドゥオーキンはさらに、人々は、各技能をもっている人の人数は知っているものの、自分がどの技能を実

---

[44] 統計学における母平均の推定のような場面を想定して、「下限」(lower limit) という言葉を使用しているかのようにも見える。そもそも「仮想保険市場」における「仮想」の原語は、hypothetical であり、「仮説的」と訳すこともできる。これも、統計学における仮説検定を彷彿させる。仮想世界の統計データは入手不可能であるから、単なる言葉の連想ゲームとしか思えない。現実世界の統計データから平均を推定することはできるが、それは現実世界の平均値であり、そこから仮想世界の平均値まで行くには、ドゥオーキンが言うとおり（前述第3節8冒頭の引用文章参照）、「推測」(speculation) が必要になる。

際にもっているかは知らない、したがって、自分が各技能をもっている（客観的）確率も知らない、という仮定も加える。その場合、人々は、ある特定水準のある特定の技能をもっていなかったときに備えて、保険に入るかもしれない。

特定技能の欠如に保険をかける、この形態の仮想保険市場の構想をドゥオーキンは却下する。その理由は、各人は自分がどのような才能もっているかをまったく知らないとされているので、既述の才能と野心の相互浸潤的関係を考慮すれば、野心すなわち、各人がどのような人生を送りたいと思っているかについて、一般的または平均的にでも、外部からまったく推測することができないということにあるとされる。

9. 稼得能力欠如にかける保険

このことからドゥオーキンは、「人々は、自分がどのような才能をもっているかについて完全に無知であると仮定するのではなく、むしろ、自分の経済的レント——自分が実際にもっている才能が生産することができる所得——……を予測するための根拠を一切もっていない、と仮定することにしよう」(94/132) と言う。この議論の運びは、私には不適切だとしか思えない。

このような場所で「経済的レント」という経済学の専門用語を不正確な仕方で使用するのもどうかと思うが、ドゥオーキンがその言葉で、「自分の才能によって稼ぐことのできる（期待最大）所得」を意味していることは明らかであるから、その点は不問にしてよい。

しかし、それはドゥオーキン自身が先に用いた「労働力」または「生産能力」という言葉とまったく同義である。つまり、労働の市場価格である。だから、ドゥオーキンは最初から、各人が稼ぐであろう所得（が能力によって異なること）を問題にしていたのであり、各人が自分の才能を知らないとすれば、どのような人生を送りたいかが外部からはわからない、などといった問題設定は議論を混乱させるだけで、不要である。結局、ドゥオーキンは、混乱させる議論を間にはさんで、本筋の問題設定に戻っただけである。

10. 「市場」の結果と等価な経済計算

その後で、ドゥオーキンは（計算が完璧にできる）コンピュータを導入する。このコンピュータは、才能と野心の相互浸潤的関係も完璧に計算できるらしい（そうでないと以下の「予測」はできない）。

> 初期オークション開始前に、島にある物質的資源および技術に関する情報に加え、移住者全員の嗜好、野心、才能、およびリスクに対する態度に関する情報がコンピュータに入力される。その後コンピュータは、オークションの結果だけでなく、オークション終了後生産および取引が開始された後生じるであろう推定所得構造——各所得水準を稼ぐ人々の数——をも予測する。(94/132-133)

この文章は、全員（さしあたりだれも死なないし、子供も産まないと仮定するのが一番簡単）の効用関数ならびに、生産要素（各種の労働用益も含む）および生産関数が既知かつ固定されているとすれば、オークションないしは市場取引を利用しなくても、それと等価な結果が計算によって実現できるとする、かつての社会主義計画経済信奉者が採用したのと同じ仮定を、少なくともここでは、ドゥオーキンが採用していることを明らかにしている。つまり、資源の平等の実現にとって、「経済市場」が不要であるという立場をとっていることを明らかにしている。

中途半端に優秀な学生がミクロ経済学の教科書を素直に読めば、そのような理解に到達しがちである。現実には市場取引によってはじめて（不正確ながら）情報が得られるのに、教科書には経済学教育の便宜上、計算に必要な情報は既知であると仮定されて説明されることが多いからである。

11. 保険の平均の計算方法

ドゥオーキンはさらに、コンピュータに、次の文章の最後に提出される仮想的問いに答えさせようとする。

> 第一に、移住者のおのおのは、推定所得構造は知っているが、自分の情報を除き、コンピュータのデータベースについて何も知らない、したがって[45]、

45　どうして「したがって」とされるのか、若干わかりにくい。各移住者は、自分の効

自分の才能によって自分がどのような所得水準を占めるかについてまったく知らないと仮定せよ。〔そうだとすれば〕実際 (in fact)[46]、各移住者は、その経済社会 (economy)[47] のなかでどの所得水準を占める確率も、他の移住者と

用関数および資源（才能も含む）を知っているだけで、他人のそれを知らないので、自分の（期待）所得水準も知らない、ということであろう。いくつかの前提を補わないと、この推論は演繹的なものにならないが、結論自体は現実世界でも同じ——少なくともこれくらいの所得を稼げるはずだと思っていたところ、実際にはそうでないことを経験する人は現実世界でも多いであろう——ように見えるから、「仮定せよ」と強調する意味がわかりにくい。ドゥオーキンはおそらく、自分の所得水準を予測する客観的根拠を移住者はまったくもっていないから、客観的確率は使えない、ということを示唆したいのであろう。次注で言及する、客観的確率について無知の場合の主観的確率の特殊な設定方法、すなわち等確率仮定を導入するための準備だと思われる。

46　これは、事実問題ではない。事実問題だとすれば、事実によって反証可能である。仮想世界の話であるから、そもそも反証など問題とならない——だから in fact が何をさすのかわからない——ということは別にしても、ドゥオーキンがそこで行っているのは、ハーサニが支持する（前述第3節8、本書37頁参照）のと同様な根拠薄弱な規範的要請（等確率仮定ないし等ウェイト原理）である。つまり、各所得水準を占める確率が人によって違うと考える移住者が存在することを許さない、という立場をドゥオーキンがとっているというだけである。ロールズのように、確率はそもそも使えないという立場も成立しうる。それについては、『ロールズとデザート』補論参照。にもかかわらず、以下では、ドゥオーキンのために、根拠薄弱な規範的要請を認めて読解を続けることにする。

47　ドゥオーキンが、economy（経済、家政）という言葉を厳密な意味で使用していることがわかる。社会主義経済と親和的な用法であり、彼が本来の意味での「市場経済」——ハイエクが「カタラクシー」(catallaxy) と呼ぶもの——に関心がないこともよくわかる。ただし、経済学者の多数派も、その点ではドゥオーキンと同じであるから、同情の余地はある。

　念のため、ハイエクから引用しておこう。「市場秩序の性格を正しく理解するためには、「経済」という言葉の通常の用法からくる誤った連想から解放されることが絶対不可欠である。厳密な意味での経済、すなわち、一家計、一農場、一企業がそれぞれ経済と呼ばれる際の意味での経済は、所与の一組の手段を、競合する諸目的の相対的重要性に応じる単一の計画に従って配分する、諸活動の複合体からなる。市場秩序は、そのような諸目的の単一秩序に奉仕するものでは決してない。社会経済とか国民経済と普通呼ばれるものは、この意味での単一経済ではなく、相互に織り合わされた多くの経済のネットワークである。……カタラクシーという英語を、市場における多くの個別経済の相互調整によって実現される秩序をさすものとして使うことにする。かくして、カタラクシーとは、財産法、不法行為法および契約法のルールの枠内で人々が行為することを通じ市場によって生み出される特別な種類の自生的秩序である」。F. A. Hayek, *Law, Legislation and Liberty*, vol. 2, *The Mirage of Social Justice*,

同じと考えるはずだ……。第二に、保険市場に独占はなく[48]、（複数存在する）保険会社は、次のような保険を提供すると仮定せよ。すなわち、推定所得構造内のどのような所得水準でもよいが保険購入者が指定する、所得水準を稼ぐ機会をもたない〔＝能力がない〕ことに備える保険が売りに出される。そのような保険事故が起こった場合、保険会社は保険購入者に、保証水準と保険購入者が実際に稼ぐ機会をもつ所得との差額を支払う。保険料は、保険購入者が選択した保証水準に応じて上下する。保険料は、同じ保証水準に対しては全員について同じでなければならない。しかも、保険料は、保険購入者の初期資源束（または貝殻）からではなく、オークション終了後の将来の稼ぎから定期的に支払われる。移住者は平均して、どの保証水準の保険を、いくらで買うであろうか。(94/133)

ドゥオーキンの愛好する「平均して」の意味が私にはよくわからない。コンピュータのデータベースに含まれる全員の効用関数のなかに保険に関する選好情報も含まれるとすれば、「平均する」前に、個人ごとにおのおのがどのような保険を買うかの予測がすでに出ているはずである。にもかかわらず、それをわざわざ平均するということであろうか。コンピュータが何らかの情報不足により、保険購入に関する平均値は推定できるが、個人別の推定はできない、ということも考えられないではない[49]。

London: Routledge & Kegan Paul, 1976, pp. 107-109, 篠塚慎吾訳『法と立法と自由〔Ⅱ〕社会正義の幻想』（新版ハイエク全集第Ⅰ期第9巻、春秋社、2008年）150-151頁参照。翻訳は、邦訳に準拠していない。

48 今まで、完全競争市場を前提に話を展開してきた（と思われる）のに、突然脈略もなく、複数の保険会社をもち出して、独占は存在しないなどと付言することは、経済学に不案内な読者を混乱させるだけで、まったく理解に苦しむ。経済学を知っているという印象を読者に与えようとする議論戦略かもしれないが、既述のように逆効果である。経済学者なら、保険者はだれか、その生産関数は何か、保険者が支払い不能になったらどうなるのか、といった問題（あるいは、それについての仮定）を最初に考えるであろう。
　最も好意的に解釈すれば、完全競争は、保険会社が一社しかなくても成立しうるが、保険会社が海のものとも山のものともわからない──移住者の外からやってきた人が経営しているように見える──ので、保険の販売が完全競争状態にあることを示唆するために保険会社をあえて複数用意した、ということかもしれない。ありえないとは思うが。
　いずれにせよ、「資源の平等」というドゥオーキンの本来の目的のためには、競争的な営利保険会社よりも、講ないしは相互保険のような仕組みを考えたほうがよかった。

第4節　能力の不平等と仮想保険によるその是正　63

　このような理解は、やや不正確であるようにも思われる。上記引用文章にあるように、コンピュータは、各移住者が自分の所得水準を知らなかったとしたら、どのような保険を買うか、という問題に答えなくてはならない。コンピュータは、移住者の人口がたとえば100人だとすると、同じ文章中にある仮定から、各移住者は自分が各移住者の所得を稼ぐ確率は100分の1と設定する、と想定してよいと考える。「推定所得構造」に全員の所得情報が含まれているとすると、移住者は、自分がどの人の所得に当たるかはわからないが、全員の推定所得を知っていることになる。各人の推定所得に100分の1をかけて合計すると、各移住者は自分の推定平均所得を計算でき、それが全員について同じということになる。だが、それは、ここでの直接の問題ではないように見える。

　コンピュータがまず考察するべき問題は、各移住者が、各移住者の所得を稼ぐと想定したときに、どのような保険を買うか、という問題である。コンピュータが全員の野心、嗜好に関する情報だけでなく、全員の保険選好に関する情報ももっているとすれば、各人がどのような保険を買うかは推定できるであろう。

　しかし、コンピュータに課せられた課題は、各人が、自分以外の人に関する選好情報をもっていないとき、(各値の推定値は知っているが)さまざまな所得の(自分も含め)他人の立場に立った場合、どのような保険を買うと推測するか、という問題である。その場合、各人は、他人についても自分の人生計画、選好情報等——これらに依存して各人は保険の購入を決定する——を流用するとコンピュータは想定してよいのか、これが私にはわからない。おそらく、そのような想定はしてはいけないとは思うが、各人にはそれ以外に方法がないように思われる。ドゥオーキンも認めるはずだが、人生計画を平均する方法はないから、等確率仮定を採用しても、保険の平均値は出しようがない。コンピュータは、立ち往生しそうである。

　ドゥオーキンは、各人は人生計画と独立に——独立のはずはないにもかかわらず——所得が最低限どれだけ欲しいかという希望を漠然ともっており、

49　SV, 479n. 14/167n. 16 に、平均値は単純化のために使うのだとして、統計学風の説明のようなものが見えるが、取り上げるに値しないので取り上げない。

それを平均すれば、保証額の平均が出ると単純に考えているのかもしれない（そんな計算はコンピュータがなくてもできるが）。しかし、各人は、他人に関するそのような情報はもっていないから、平均を計算することはできない。コンピュータが全員に関し、その種の情報を最初からもっているとすると、コンピュータが、自分に関する以外の情報を剥奪された各移住者がどう考えるかを考える、という前述の問題設定は、ドゥオーキンの文章がそれを強く示唆するにもかかわらず、誤解であったことになる。わけがわからない。

　ドゥオーキンの真意に最も近い解釈は次のようなものではないかと推測する。すでにのべたように、移住者各人すなわち全員は、推定平均所得は知っている。そして、彼らは自分が「平均（所得）人」の立場にたったとしたら、どのような保険を買うか——推定平均所得はあくまで期待値であるから、リスク回避的な人は保険を買うであろう——を自分のリスク選好と人生計画に照らして考える。しかし、各人は、他人が平均人の立場にたったとき、どのような保険を買うかについてはわからない。それゆえ、ここから先はコンピュータが引き受け、コンピュータは、全員に関するリスク選好と人生計画を計算に入れて、各移住者が平均所得人の立場にたったとしたら買うであろう各保険を回答し、さらにそれを平均する。

　この最後の平均値計算は、各移住者が各移住者の立場にたつ主観的確率（等確率だが）をみずからかけて行う平均期待所得の計算と質的に異なる点に注意されたい。コンピュータが行う最後の平均値計算においては、各移住者の主観的確率は登場しない。前者の計算に万一、「選択」の要素を認めることができるとしても、後者の計算では、それがさらにさらに弱くなっている。

　ドゥオーキンは、以上のような問題には一切ふれず、不確実性下での決定問題に詳しい経済学者なら、彼がコンピュータに出した問いに原理的には答えられるはずであるから、コンピュータが答えられないとする理由はない、という無茶な推論をのべるのみである。経済学者に任せるべきだという点は、私も大賛成である。とはいえ、経済学者は、ドゥオーキンの真意に近いと私が先に推測したような無骨な仕方では問題を解かない、と思う。

　話は変わるが、上記引用文章中のもう一つ注目するべき記述は、保険料がオークション終了後の将来の所得から支払われるとされている点である。法

律家ならだれでも、支払われなかったらどうなるのか、という疑問を即座に抱くであろう。普通の保険会社なら、保険料不払いリスクに応じて割増料金をとるであろうが、ここでは、ドゥオーキンのために、全員が保険契約どおり確実に支払うと仮定しておこう。保険会社も同様に、保険事故発生時に契約どおりの保険金を確実に支払うと無理を承知で仮定しておく。

12. 保険とリスクへの態度

　もとに戻ると、ドゥオーキンは、上記の議論をのべた直後に、もっと驚くべきことを言う。すなわち、「われわれは、コンピュータの情報および能力がないとしても、コンピュータが何を予測しそうかについて、何か一般的なことを言うことができる」(95/133) と。私はこの文を読んだとき、「コンピュータに入力された情報がないとしたら、何も言えない」と即座に思った。だが案に相違して、ドゥオーキンのいう「一般的なこと」とは、それとは全然関係のない話であった。すなわち、危険中立的、危険回避的、危険愛好的と分類されるリスクに対する態度と関係づけて、保険およびギャンブルを効用曲線の形状によって説明しようとする初歩的な「法と経済学」の話題であった[50]。その際、ドゥオーキンはまず、次のようにのべている。

　　　これらのタイプ〔保険とギャンブル〕のいずれについても、金銭的に有利な賭けとは、賭けの費用が、「成功した」――保険事故が起こるか、賭けに勝つ――場合の報酬額（ただし、成功しない確率で割り引かれたそれ）より少ない賭けと定義しよう (95/134)。

　これは、「金銭的に有利な賭け」、換言すれば「リスク中立的な人にとって、して得になる賭け」とは、貨幣で測った期待報酬が、賭けをする時点での賭けの価格より高い賭けである、と言っているだけである。つまり、「金銭的に有利な賭け」とは、｛(勝った場合にもらえる金額×勝つ確率) ＞ (賭けの参加費)｝という条件をみたす賭けと定義しているだけである。その内容は中学生でもわかるほどに正しいが、どうして、上記文章のような誤解を招

50　たとえば、ロバート・D・クーター、トーマス・S・ユーレン（太田勝造訳）『新版法と経済学』（商事法務研究会、1997年）82-101頁参照。

きやすい難解な言い方[51]をするのか、まったく理解に苦しむ。それに続く長い文章についても、推して知るべき退屈な内容であるので、これ以上の論評は控える。

13. 社会内最高所得水準を保証する保険の購入

リスクへの態度の話に続く第二の「一般的な話」は、移住者たちは、保険事故を、その経済社会内での最高所得額未満の稼得能力所持とし、補償額を、その経済社会内での最高所得額と現実の稼得可能額との差額とする保険に飛びつくのではないか、という話題から始まる（96/135）。私には、どうして、そのようなありそうもない話を思いつくのか想像もつかない。保険会社の立場からみれば、所得分布にもよるが、きわめて多くの人が保険料支払い不能に陥ると予測されるので、そのような保険を売るはずがない。普通の人は、議論をそこで打ち切るであろう。ところが、ドゥオーキンは、それと矛盾するわけではないが、きわめて迂遠な否定の仕方をする。

ドゥオーキンは、私と異なり、保険を買う側から事態を観察する。もしそのような保険が売られているとすると、購入者はその保険という賭けに「勝つ」確率がきわめて高い。それゆえ、保険料の総額も非常に高くなり、保険事故が起こった場合の保険金の額に接近する。前述のように、それどころか、保険購入者は、そもそも保険料が払いたくても払えなくなる可能性が非常に高いと思われるが、ドゥオーキンはこの論点は無視して、「ほとんど利得しない可能性が非常に高い」（96/136）と説明するのみである。

他方、保険購入者が賭けに「負けた」場合、つまり、最高所得稼得能力がたまたまあった場合、その能力を最大限発揮して労働して、高額の保険料を支払わなければならなくなる。ドゥオーキンの言い方では「最大稼得能力の奴隷になる」（96）。

---

51 私による翻訳ではドゥオーキンの文章の妙味が伝わらないので、原文を掲げておく。'Let us define a financially advantageous bet of either of these types as a bet such that the cost of the bet is less than the amount of return if "successful"–if the covered risk eventuates or if the bet is won–discounted by the improbability of success.'

ドゥオーキンは、貨幣に対する限界効用逓減の話をからめてわざと難しく説明しているが、常識で判断して、そのような保険を購入する人は（そして提供する人も）いないことは明らかであろう。

14. 保証所得水準を適度に下げれば万事うまくいく

続いて、ドゥオーキンは、だからといって、だれもいかなる能力欠如保険も購入しないということにはならない、という例のお得意の論法を展開する。「だからといって」ではなく、そのようなことは言う必要がなかったのである[52]。彼がのべるとおり、「保険事故となる所得水準を下げれば下げるほど、……ほとんどの人はその水準の保険を事実買うだろうという議論は、ますます妥当なものとなる」（97/137）とだけ言えば、議論は単純明快であった。

あまっさえ、ドゥオーキンはそれに、「この議論は、イギリスもしくはアメリカ合衆国で失業または最低賃金水準の補償のための移転支払いを開始するために現在使われている所得水準を優に越える水準で、妥当するものとなることは必定である」（97/137）という余計な文を付け加えている。データとなる数値を示さずに、どうしてそのような「一般的な話」ができるのか、

---

[52] 論文最終節、SV, 111-112/155-156 の叙述によると、これには、ノージックが提出して有名になったバスケットボールのスター、ウィルト・チェンバレンの事例を使ったパターン化された正義の否定論（Anarchy, State, and Utopia（前掲注39）, pp. 160-164, 邦訳 271-278 頁）を、後で批判するときに使うという意図もあるらしい。ドゥオーキンは、全員が富の平等な分配から出発して、チェンバレン以外の多くの人々が彼の試合を見るために少額を支払った結果、他の人々の富がごくわずかずつ減り、チェンバレンが大金持ちになったとしても、「資源の平等は、その結果を単独で考えるかぎり、それを非難しないだろう」（111/155）とのべた上で、1970年代のフィラデルフィアでなら話は異なると反駁する。ドゥオーキンは、ノージックの事例においてチェンバレン以外の人々が彼が稼ぐほどの高額所得を保証してくれる高額保険に入ることは、保険料があまりに高額なので、ないだろうが、圧倒的に多くの人が仮想保険市場の推定平均保証水準未満の所得しか稼ぐ能力がないフィラデルフィアでは、「われわれはなお、彼らへの再分配のための税制の施行を要求され、チェンバレンはその税制に寄与する〔＝高額の税金を支払う〕ことを要求されるだろう」（111/156）という結論先取りの主張をのべている。要するに、ドゥオーキンは、ノージックは所得格差が能力格差に起因することを無視していると言いたいのであろう。そのとおりであるが、ドゥオーキンは、ノージックの問題設定を無視しており、論争になっていない。

私には理解不能である。ドゥオーキンのために、ここでは、この付言は無視することにしよう。

　ドゥオーキンは、保険事故となる所得水準（たとえば年間所得稼得能力何円未満というかたちで表現される）が低下すればするほど、ほとんどの人が保険を買うであろうという先ほどの議論の妥当性がなぜ強くなるのか、その理由を、「その所得水準の低下につれて、どの特定人についても、その所得を全額稼ぐために必要な才能をもつ確率は上昇するが、その上昇速度は、通常の経済社会における所得序列の大部分にわたって、保険事故となる所得水準の低下速度よりも大きい」(97/137) ということに求めている。

　例によって、わかりにくい文章ではあるが、ドゥオーキンが言いたいのは、たとえば、保険金給付が開始されるための所得水準、すなわち保証水準が1000万円から、その半分の500万円に下がったら、それぞれの所得を稼ぐ能力のある人の数が、たとえば、10人から100人（10倍）に増えるであろう、そしてさらに、保証水準がたとえば250万円に下がったら、その所得以上を稼ぐことができる人の数は1万人に増えるであろう、といったことである。保険料も、それに応じて低下するとされる。このようなドゥオーキンの説明は、十分にありそうなこととして認めてよいと思われる。

　ところで、労働能力をフルに発揮して年間250万円稼いでいる人と同じ労働能力をもっていても、需要不足のため就職できない人は、ドゥオーキンの構想する能力欠如保険（250万円保証）では、一見したところ救済されないように思われる。しかし、それは短期的な現象であって、いま250万円稼いでいる人の所得はやがて低下するであろう。

　いずれにせよ、需要の問題を一貫して無視する、したがって（需要と供給によって定義される）「市場」も無視するドゥオーキンは、上のような問題は一顧だにしない。能力所得が需要（と供給）に依存するという点を忘却する点は、経済学的にみて致命的である。

　未練がましいが、物を作る「能力」ではなく、金を稼ぐ「能力」については、その「能力」の保持者だけをいくら観察してもわからない、ということだけは知っておいてほしかった。金を稼ぐ能力は、自分ではコントロールすることができない需要と供給という「偶然」あるいは「運」に依存している

第4節　能力の不平等と仮想保険によるその是正　69

のである。それが、完全競争下のプライス・テイカーの意味である（ドゥオーキン風のミスリーディングな言い方だが）。悲しいかな、ドゥオーキンは、「経済的レント」についても、「市場」についても語る「能力」——これは「物を作る能力」における「能力」と同じ意味である——がない、かのようにここでは語っている。

　にもかかわらずというべきか、それゆえにというべきか、ドゥオーキンはその後も経済学的にみて問題のある混乱した叙述を延々と続けて、適度に保証水準が低くなれば保険料も低下し、万事がうまくいくという「結論」（「仮定」といったほうがよい）をくり返す。極め付きは、その保証水準が職業や消費の選択の余地のそれなりに豊富な「まずまずの生活（decent life）」（99/139）を万人にとって可能にすると仮定されている点である。根拠となる数値も計算方法も挙げられていないことは言うまでもない。

　decent という言葉を濫用する平等主義者は多い。そのかぎりでは、ドゥオーキンがとくに抜きに出ているわけではない。

15. 稼得能力に優る者の不運

　ドゥオーキンによれば、以上のようなかたちで構想される仮想保険「市場」には、一見したところ、次の具体例から示唆される問題があるように見える。

　移住者全員の所得を最低所得額（またはゼロ）から最高所得額の間で百分割するスケールを用いる場合、デボラとアーネストはともに、下から数えて60 パーセントのところにくる所得を保証する保険を購入した。

　ところで、デボラはその美貌のため、映画スターとして 90 パーセントのところにくる所得を稼ぐことができる。これ以外の点では、両者は同じ才能と嗜好をもっており、また、60 パーセントのところにくる所得を稼ぐ能力をもっていない。これまで提案された仮想保険の仕組みによれば、アーネストは保険金を給付されるが、デボラには給付されない。デボラは（仮定によりアーネストも）、女優業が大嫌いだったとしよう。この場合、デボラは、経済的レントは高額だが大嫌いな女優業に参入するか、彼女とアーネストがともに選好する別の職業に従事して、60 パーセントのところまでは行かない

所得を得て、そこから比較的高額な保険料およびその他の生活費を支払うか、という選択に直面する。

　保険金を受け取った上に、「好きな」——といっても、女優業に比べれば、というだけであって、両者とも、金のために働くなどということはそもそも嫌いだということは十分ありうる——仕事のできるアーネストのほうが、デボラに比べて、厚生水準がはるかに高いように見える。ドゥオーキンはここで、「アーネストの有利な地位は不公正か」という問いを（例によって否定するために）立てる。

　デボラは、アーネストが有しないたった一つの才能にたまたま大きな経済的レントがあったがために、その奴隷になっているように見える。ドゥオーキンによれば、それは「デボラが高い保険料を徴収される……保証水準の保険を購入するというリスクを冒した」からにすぎない。「アーネストもまた同一のリスクを冒したが、よりよい選択運に恵まれた」だけである。それは、最高所得水準を保証する保険加入者がこうむるのと同種の「高水準の保険購入に伴う望ましくない厚生リスクの別の例」にほかならない、とされる。両者とも、保証水準のもっと低い保険を購入すれば、それでよかったのである。(99/140)

　ここでもドゥオーキンは、結果が出てからものを言うという非経済学的な見方を採用している。アーネストもデボラも、保険購入時点では、それが期待効用最大化行為だと考えて高額料金・高額保証の保険を購入しただけである。ドゥオーキンがなぜか触れていない論点をお節介にも付け加えれば、その時点では、羨望テストはみたされている。だから、不公正さを問題にする余地は最初からない。デボラは、使いたくない稼得能力をたまたまもっていた——ドゥオーキンのいう「状況」に属する——という点で、運が悪かっただけである。とはいえ、デボラのような地位にある人の多くは、嫌いな職業でもやってみると、ドゥオーキンのいう才能と野心の相互的関係からいって、やがて好きになり、技能も上達すると思うが。

　デボラが結果に責任をもつべきなのは、それが「選択運」の問題であるからだという説明は、既述のように（前述第3節2および3参照）同語反復にすぎない。何か別の説明または正当化が必要である。その一つの候補として

第4節 能力の不平等と仮想保険によるその是正　71

は、かつてドゥオーキンがのべた、「（デボラを救済すると）だれもギャンブルなどしなくなるだろう」というものが考えられる。だが、市場の自生的秩序、別名「カタラクシー[53]」のメリットをいささかも理解しないドゥオーキンがそのような候補を否定することは明らかであろう。

ドゥオーキンは、稼得能力に優る者の不運ないし不公正の問題は、仮想保険市場を適切な仕方で——例によってドゥオーキンは明言していないが、「デボラとアーネストが選択した保証水準が高すぎた」とほぼ同義——現実の税制度に転換すると消滅するとして、次の話題に移行する。問題を立てておいて、問題そのものの存在を否定して読者を煙に巻くというお得意の論法である。

内容的には、仮想保険市場の構想は、保険市場での取引を実際に行ってみることは一切意味せず、コンピュータに必要な情報を与えて計算させるという問題であるから、上記のアーネストやデボラにかかわるような問題はそもそも考える必要がない、ということを付言しておきたい。

念のため、もう一つ、各人の所得に影響を及ぼすべての「自然の事象」の将来における生起を「神」以外は知ることはできないので、コンピュータに入力された情報が完璧に正確であったとしても、その予測が現実世界について当たる保証はいささかもない、ということも付け加えておく。

本当の問題は、移住者の野心、期待所得、保険選好などに基づいてコンピュータが計算すると、ドゥオーキンが想定するような適度な保証水準の保険が平均値として出てくることを保証する議論は、ドゥオーキンの文章のどこにも見つからない、という点にある。

私の素人的観察によれば、平均人はたいてい、事故が起こってから保険に入っておけばよかったと後悔する。対照的に、事故を経験しなければ何も思わない。ドゥオーキンの当面の目的が所得の最低保障にあるとすれば、その実現のためには、パターナリスティックな介入が必要であり、仮想的な保険の仮想的な購入を通じた仮想的な「選択」の要素を強調するのは、あまりうまくない。

53　前掲注47参照。

第5節　税金としての保険料[54]

1. 基礎となる保険料はすでにコンピュータが計算してくれた

　ドゥオーキンは、コンピュータが、仮想保険市場で達成されるであろう平均的な保証水準とその料金を決定したと仮定——この仮定のいかがわしさは、以下ではできるだけ追及しないことにする——すると、その料金は（平均的な人にとって）、保険を買わなかった場合の期待厚生（「期待効用」と同義）よりも、保険を買った場合の期待厚生のほうが高くなるのに十分なほど安い、つまり、保証水準のごく一部に相当するにすぎないほど安い、という（ドゥオーキンがこれまで前提してきた[55]）期待効用最大化「人間」（機械ないし計測メーターと見たほうがわかりやすい）を前提とするかぎり当然のことをのべた上で、このような仮想保険の構造を税制に転換する場合、税額[56]は、コンピュータが決定した保険料を基礎に算出し、そのようなかたちで徴収された税金からなる基金を原資にして、保証水準まで稼ぐ能力をもっていない人に、現有能力で稼ぐことのできる金額と保証水準との差額を支払うというかたちで再分配をしてよいか、という問いを改めて立てる。(99-100/140)

　くり返しになるが、「平均的な」とされている根拠が依然不明で、その点が私としては非常に気になる。コンピュータによってシミュレートされる仮想保険市場で各人が実際に買うのはさまざまな金額の所得保証をしてくれるさまざまな保険であるが、それが再分配税制に転換される直前に、全員が「平均的な保険」を買うという、当初の仮想保険市場と似て非なるものが挿入されているからである。当初の仮想保険市場においてさえ、アーネストやデボラ等生身の市場参加者の「選択」の要素は皆無と思われるが、「仮想保

54　ドゥオーキン自身がつけている見出しは、「保険料としての税金」(99/140) である。同じことであるが、レトリカルな効果は違ってくる。

55　だいぶ後だが、論文最終節、SV, 109-110/153 で明言されている。

56　"tax rates"という言葉が使われており、「税率」とも訳せるが、次項に続く文脈との関係では、さしあたり「税額」と訳したほうがわかりやすいであろう。その「税額」が、（たとえば）平均保証額に「税率」を掛けてきまると考えれば、どちらでも同じことである。

険平均値準拠システム」にいたっては、選択の要素はいわば絶無となる。ドゥオーキンが「選択と責任」という武器を右派から取り込んだ、というG. A. コーエンの発言（前述第1節、本書3頁参照）がむなしく響く。

だが、その問題は、これまでも幾度となく登場したし、これからも登場すると思われるので、これ以上の追及は控えておこう。むしろここでは、仮想保険市場を現実に応用する際の一番の難問、すなわち保証水準およびその保険料の決定という問題がコンピュータによってすでに解答されたという前提で、それよりも難しくない問題が以下では取り上げられているという点だけを再確認しておきたい。

2. 保証所得は全員同じだが、保険料は現実所得に応じて変化する

ドゥオーキンは、上記のような「仮想保険平均値」システムに対して提起されうる異論を（例によって却下するために）二つ挙げている。第一に、金持ちも貧乏人も保険料が同じというのは不公正ではないか。第二に、保険事故発生が、被保険者がやろうと思えば稼ぐことのできる所得金額（以下、ドゥオーキンの用語ではないが「能力所得[57]」と呼ぶことにする）にかかっているという点は、非効率かつ面倒ではないか、という異論である。(100/140-141)

ドゥオーキンは第二の異論に関して、能力所得を把握するのには非常に費用がかかり、また、そのような保険金支払い要件は被保険者に能力を隠す誘因を与える、といっただれでも即座にわかることをのべた後で、正直な人であっても、自分が特定の職業でどれくらい稼げるかはやってみるまでわからない、という種類の違う話をもち出している。後者の話は、職業の種類にもよるが、一般的には肯定してよいであろう。しかし、本人にもわからない情報をコンピュータはもっていないと、仮想保険とその料金を正確に計算することはできなかったであろう。保険を実行するには、能力診断テストが必要

---

[57] どのような「自然の事象」がそれに影響を与えるかがわからない場合も多いから、確率が使えない場合も含めて、正確には、「期待能力所得」と呼ぶべきものかもしれないが、ドゥオーキンには全体を通じ、「能力所得」実現の不確実性への配慮はない。本文中でも、ドゥオーキン自身の文言を使って紹介したように、「能力所得」は「やる気になりさえすれば確実に」得られるものと想定されている。

になるが、「多く種類の誤りを免れないだろう」(100) とされているので、「コンピュータが平均的保険をすでに決定した」とは何を意味するのか、私にはわからない。コンピュータが間違っても、「そんなの関係ない」ということか。

　ともかく、上記の二つの異論は、ドゥオーキンが提案する仮想保険市場に対して勝手な想定を持ち込むものだとして却下される。ここでドゥオーキンは、保険会社（複数）は平均保証所得に対して一律に保険料を課すのではなく、保険購入者が実際に稼いだ[58]所得の上昇に応じて上昇する料金を課す保険を売りに出したのだ、という後出しジャンケンとしか言いようがない仮定を導入する。

　これは、仮想保険市場をシミュレートするコンピュータによる経済計算の世界のなかの話なのか、それとも、コンピュータの算定した平均保険および平均保険料を基礎に再分配的所得税制を現実に構築しようとする際の話なのか。複数の保険会社が登場する以上（強制保険では政府という巨大独占企業しか登場しない）、前者の話と解するほかない。コンピュータによって平均保証額が確定されたとした後で、実は保険料は、現実所得の増加関数であった、と白状するのはいかがなものか。

　しかも、そうだとすると、能力所得が平均保証額に満たない保険契約者に対し、その差額分を補塡するとしていた当初の仮想保険の仕組みはどこへ行ったのか。ドゥオーキンのために、コンピュータにおいては、能力所得と現実所得が一致すると解すれば、かろうじて理解可能になる。その一方で、ドゥオーキン自身は、現実所得を能力所得の（発見費用を節約するための）代理変数とみなしている可能性が高い。そうだとすると、再分配的所得税制構築に関する話に（おそらく）なり、複数の保険会社登場の記述とつじつまが合わなくなる。コンピュータがどこまでの情報をもっており、どのような能力があるのかについての詳細な説明が欠如しているのでなんとも言い難いが、

58　原文は 'the policy owner turns out to earn' (*SV*, 100) である。「稼いだ」と訳すべきか、「稼ぐことができることがわかった」と訳すべきか迷ったが、一応、前者を採用した。次の二段落で触れるように、コンピュータ内の計算では、どちらでも同じことになる可能性もある。

第 5 節　税金としての保険料　75

コンピュータが仮想的「現実所得」を能力所得の代理変数として使用するということも考えられなくはないので、このあたりの話はなお、コンピュータがシミュレートする仮想保険市場の世界での話と理解しておくことにしよう。

3. 現実所得連動型保険料のメリット

　ドゥオーキンは次いで、保険料を現実所得にあわせて上下させる制度のメリットを説く。彼によれば、その制度の下では、「平均保証額と同額の現実所得を稼ぐ者の保険料は、それより高額の所得を稼いだ者の保険料が高くなることもあり、保険市場が一律に決定する保険料よりも安くなる」(100/141) とされる。

　その後にも、初歩的な「法と経済学」で習うような退屈な事柄が例によって難しく書いてある。要するに、保険会社も、移住者も、そのような価格差別的な保険市場のほうが売出しまたは購入時点で自分にとって得と判断したら、歓迎するであろうという一見当たり前の内容である。しかし、コンピュータに入力されたデータが、はたして全員——いつから保険者は移住者社会の一員になったのだろうか。ドゥオーキンの記述（前述第 4 節 10、本書 60 頁の引用文章参照）からするかぎり、そもそもコンピュータには利潤動機のある保険者のデータが入力されていない。無茶苦茶だ——にとって得になる価格差別的保険市場を可能にするものであったかどうかについては触れられていない。

　保険会社が、平均保証以外の保険を売りに出したほうが儲かると判断することは当然ありうる、と思われる。そもそも平均保証保険は、さまざまな保証額の保険を後から平均したものである。ドゥオーキンがめざすものは、強制保険の構築である。くり返すが、平均した時点で、市場とも個人の選択とも無関係な保険になっていること[59]を銘記されたい。

59　ドゥオーキンは、論文最終節において、この私の解釈が正しいことを間接的に事実上認めている。「資源の平等の下で市場が登場するのは、……市場が、平等の根本的な要求——各成員の人生には社会的資源の……平等な分け前のみが捧げられるべきである——を少なくともある点まで実行する最善の手段として、平等の概念によって肯定されるからである。しかし、現実の市場取引の価値は、まさにその点で終わる。市場は、放棄もしくは制限されなければならない。市場が上記の使命を果たすことができ

4. コンピュータに対するモラル・ハザード

　ドゥオーキンは、稼得能力欠如保険におけるモラル・ハザードと、それを抑制する共同保険（いわゆる「免責」）その他、初歩的「法と経済学」の教科書でおなじみの諸方法についても論じている。保険一般にかかわる話であって、仮想保険市場準拠型再分配所得税制について論じる文脈で、とくに取り上げる必要はないものである。内容も退屈なものであるから、深く立ち入る価値はない。

　だが、稼得能力欠如保険におけるモラル・ハザードはどうして起こるのか、という点については触れておく価値があろう。能力所得をコンピュータが正確に把握しているのなら、経済計算においてモラル・ハザードは生じない。

　保険会社が能力所得の代理変数または発見手段として、被保険者が何らかの期間に稼いだ現実の所得（あるいは「収入」――費用をまだ控除していないという意味――）を使うとすれば、効用最大化をめざす保険購入者の一部に、モラル・ハザードの動機が生じる。問題になるのは、保証水準より低い所得しか実際には稼いでいないが、やる気になればもっと高い報酬を得ることのできる職業に就くことができる人である。decent な生活ができないほどに保証水準を下げれば、モラル・ハザード行動の量は減少するが、ドゥオーキンは、すでにのべたように（第4節14、本書67頁参照）、現在の英米の最低生活保障水準に比べれば、能力欠如保険による保証水準は相当に高いと想定している。

　ドゥオーキンは、モラル・ハザードの抑制策として、保証所得以上の所得を稼ぐ能力がないことの証明責任を被保険者に課す方法を紹介している（101-102/142-143）。その際、ドゥオーキンは、（先と異なり）コンピュータによって決定された保証水準が相当に低いことを強調して、自分には低い稼

なくなったこと、または、まったく異なる理論的もしくは制度的装置〔＝仮想保険市場〕のほうがうまくやるということを分析が、どのような角度からであろうと、証明したときには。」（112/156-157）と。そうだとすれば、「初期オークション」と「仮想保険市場」の両方について「平等なオークション」という同じ言葉を使うのは、あまりにミスリーディングではないか。

第 5 節　税金としての保険料　77

得能力しかないということの被保険者による証明は容易だとしている。高い稼得能力がないことの証明が難しい——ドゥオーキンが指摘するとおり(100/141)、普通はやってみなければわからない——ことも多いと思われるから、一般的にそう言えるかどうかについては大いに疑問の余地がある。だが、本筋から外れる瑣末な問題であるから、これ以上立ち入らない。

　ともかく、貧乏な移住者たちは、コンピュータ様まで出向いて、「自分は頑張ってもこれだけしか稼げません」と彼（彼女？）を説得しなければならない。モラル・ハザードの動機は当然残る。コンピュータの情報収集能力と彼が設定する所得連動型税額とがわからなければ、モラル・ハザードの程度については何も言えない。両者について、読者に情報を与える記述はない。

　要するに、本章第 2 節以来これまでに取り上げてきた項目の大半と同じく、本項についても真剣に取り上げる学問的意味はない。というよりも、全項目について、一部の読者に対する情緒的意味があるだけで、真偽の判定可能な内容がないので、学問的に真剣に取り上げることはできない。実際、本章のように重箱の隅まで真剣に取り上げる論文を私は知らない。

　誤解を防ぐため付言しておくが、私は、「唯一の正しい答え」で有名なドゥオーキンと異なり、法哲学の論文は真偽判定可能なものでなくてはならない、という立場をとらない。

5. 稼得能力欠如に備える仮想保険市場から所得税制へ至る道

　ドゥオーキンが構想する手順によれば、コンピュータが保険者に関する個別情報なしになぜか予測する保険料体系の構造を参考に、移住者たちは、それを税制へ転換する作業に入る。

　その具体的道筋についてのドゥオーキンの説明は、文末のすべてを仮定法 might（「かもしれない」）で締めくくる、一見重要でないような書き方である。しかし、結論は、再分配のための現実の所得税制にきわめて近いものになるような印象を読者の脳裡に残すよう工夫されている。このような場合、内容的に鋭いものが一つもない以上、独り言をのべていると素直に解釈するのがレトリシャンに対する正しい対処法である。にもかかわらずというべきか、だからこそというべきか、さわりの部分を紹介しておく必要がある。

移住者たちは、所得の上昇につれて段階的に上昇する所得税を制度化し、それで、平均保証額マイナス免責額と、保険金請求者が実際に稼ぐことができる最高所得とその請求者自身が説得力をもって主張する金額との差額の移転支払いを賄うかもしれない。……仮想保険市場についてのさらなる反省は、それに対応する税制のさらなる修正と微調整へと導くかもしれない。われわれは〔移住者はどこへ行った？〕別の理由から、税制はその仮想保険市場の最善の近似とは違うものであるべきだと決定するかもしれない。われわれは、その市場にそれほどまでに忠実な税制はプライヴァシーを侵害するとか、運営費用が高すぎるとか、他の点でも非効率であるとかと決定するかもしれない。われわれはまた、これらの理由やそれ以外の理由のゆえに、たとえば再分配を稼得能力ではなく、むしろ現実の所得と結びつける制度が、われわれが展開しうる他のいかなる制度よりも、保険市場を模倣するという理想への次善の近似として、よりよいと決定するかもしれない。

　しかし、これらの問題について、これ以上検討することを今は中断したい。われわれは、それらの問題を十分遠くまで運んできたので、今や、脇に控えて待っていた問題に転じてもよい時期がきたと思う。(102/143)

　ドゥオーキンが提案する「資源の平等」主義的な制度の輪郭だけでもよいから、それが知りたいと思う読者の期待を裏切ると同時に、期待をつなぐテクニックである。期待してはいけない。「遠くまで運んできた」ってどういう意味？と考えた瞬間に術中にはまることになる。ドゥオーキンの文章には、議論はなく、その場その場の結論だけがあるということを再び思い出そう。

6. 市場価格による交換の結果は放置する

　ドゥオーキンは、能力欠如仮想保険市場転換再分配税制の内容を詳らかにせぬまま、それに対する異論を却下するために取り上げるという作業を例によって開始する。彼は、それに利用する目的で、次のような文章を書いている。

　われわれが発見した競合する二つの制約を思い出していただきたい。平等は、金のかかる生き方を選択した——他の人々の欲求で測って生産的でない職業を選択することも含む——人が結果としてその分少ない所得をもつことを要求する。しかし、平等はまた、生まれつきの才能が劣っているというだけで、だれも少ない所得をもつことがないように要求する。(102/144)

第5節　税金としての保険料　79

「競合する二つの制約」とは、いうまでもなく、「野心に応じ」「生得資質には応じない」ということである。あえて明言せずに、そのキャッチーな言葉だけを想起させ（＝細かい内容は忘れさせ）、同じことをのべているという印象を読者に与えるテクニックが使用されている。

　私は術中にはまるのを覚悟で、ドゥオーキンの命令に従い、彼が「われわれは一方で、平等に反するのを覚悟の上、資源の分配が……野心に応じるものであることを許容しなければならない」（圏点は亀本による）（89/126）とのべていたことを思い出した（前述第4節5、本書53頁参照）。「平等に反する」というのは、「絶対値における平等」その他の何らかの平等を判定する尺度を採用した場合、「野心に応じる」と一般に平等度が悪化すると言っているだけで、「資源の平等」に反すると言っているわけではないから、上記引用文章中の第二文および第三文の主語である「平等」を「資源の平等」と解するかぎり齟齬はない。

　しかし、「許容する」と「要求する」が同義だとする人は少ないだろう。ドゥオーキンが同じ論文中で考えを変えたとすると、今や彼は、金のかかる生き方を選択した人が少ない所得をもつべきであるにもかかわらず、需要の幸運——ドゥオーキンの定義では選択運——に恵まれて、多い所得をもつようなことがあったなら「平等」はそれを彼から取り上げることを要求することになる。たとえば、高額のクラレットばかり飲んで飲んだくれ生活を送っていたが、たまたま、飲み干したクラレットの瓶を1本1億円で買いたいという、これまた金のかかる人生を選んだ金持ちが現われた場面などを想像すればよいであろう。ドゥオーキンは、そのような話はどこでものべていないから、彼は上記引用文章第二文において、「要求」を「許容」という意味で使っていると解釈するのが穏当であろう。

　第二文中の「他の人々の欲求」という言葉は、「資源の平等」論文の前のほうでは「他の人々があきらめたもの」（74/106）とか（前述第2節4、本書14頁の引用文章参照）、「価格」または「（社会に課す）費用」（前述第3節3および4ならびに第4節7における引用文章、それぞれ、本書23頁、24頁、56頁も参照）と表現されていたものと同義であるように思われる。私は先に（第2節4の最終段落、本書15頁参照）、それらの表現を「需要」と解釈すれば経

済学的にも有意味になる（がそれは考えにくい）とのべた。ところが、「他の人々の欲求」(what others want) と書けば、ほとんどの経済学者は寛容にも、素人が経済学の専門用語「需要」(demand) の代わりに、それと同じ意味で使った言葉だと理解するであろう。

プロ野球の主審がストライクとボールの判定を大幅に間違えたことを自覚して、それを徐々に徐々に修正して行くような場面を私は思い出す。私が100円で菓子を買ったとき、経済学者のだれも、その100円を私が「社会に課す費用」とは考えないということを、ドゥオーキンも知っていたのである。そんなところで紛らわしい言葉を用いて、オリジナリティを発揮して何になるのか私にはわからない。

ともかく、「他の人々の欲求」を「需要」と解してよいとすれば話は簡単である。上記引用文章第二文は、市場価格での売買（労働力の売買も含む）の結果として得られる所得は、放置しましょう、と言っているだけということになる。どうしてそれを「平等」が要求するのか、私には理解できないが、これまでくり返し説明したように、ドゥオーキンの文章には、「p ならば p」という形式の論理的に正しい推論を除き、まともな議論は存在しないのであるから、ドゥオーキンが「平等」ないし「資源の平等」の定義に、そのような内容を含ませていると理解すればそれでよい。

そのような解釈をとった場合、「金がかかる」とか「生産的でない」という形容詞は全部、余計な言葉になる。余計な言葉とみなさないと、「金がかかる」は「価格が高い」と同義で、「生産的でない」は「価格が安い」と同義であるから、「価格が高い」は「価格が安い」を含むとドゥオーキンは主張しているのか、などといった余計な疑問を抱くことになる。そこでは、ドゥオーキンは経済学の話をしているのではないのである[60]。

---

60 にもかかわらず、あえて経済学的に解釈すると、稼得能力が高い人は、その労働用益の市場価格も高いから、同時に、その人の余暇の価格（＝働かないことの機会費用）も高いことになる。その意味で稼得能力が高い人が、より儲からない仕事や余暇を選択すれば、たまたま能力が高かったという「不運？」のゆえに、「金のかかる人生」を選択したことになる。私は稼得能力が高い人が余暇を選んだ場合、余暇の間に得たであろう労働報酬を失うというかたちで費用をすでに支払って、より低所得に甘んじているのであるから何の問題もないと考えるが、ドゥオーキンの表現は、そのよ

第5節　税金としての保険料　81

　それゆえ、ドゥオーキンは「社会に課す費用」という考え方を論文の最後まで放棄しないどころか、強調する（論文の終わりのほう、108/152で彼はなお、「ある人の人生が他の人々に及ぼす費用」という私にとって意味不明な概念が「資源の平等」概念にとって死活的に重要であることを強調している）。贅沢は敵だとか、金を稼げるのに稼がないのはよくない、といったことが言いたいのであろう。しかし、「放置する」（正確には「放置しなければならない」）というのと、「よくない」（「放置してはならない」を含意する）というのは意味が明らかに異なるから、ますます理解しにくくなる。いずれの意味にせよ、それがどうして「平等」と関係があるのかも、私にはわからない。わからなければ「定義」と解するほかない。ドゥオーキンを読む場合、間違っても、彼の使用するキーワードの意味を真剣に考えてはならない。

7.「社会に課す費用」の意味

　にもかかわらず、経済学的にあえて真剣に考えてみると、ドゥオーキンは、厳密な意味での「市場秩序」の話ではなく、厳密な意味での「経済」（economy）の話をしており（前述第4節11冒頭、本書60頁以下の引用文章参照）、それは、保有資源の制約下にある一人の経済人（＝「コンピュータ」）の内部で資源を、効用を生産する要素（＝各「移住者」）にどのように配分すれば効用生産が最大化されるかという問題と構造的に同じ問題である、ということである。移住者は、行為主体ではなく、「経済」という組織を構成する生産要素にすぎない。要するに、土地やトマトの種と同類のものである。「市場における交換」に見えるものは、孤立した一人の「経済」主体内部で現有資源を効用最大化のために何に使うかという局面における資源配分とパ

うな選択が、高級酒を買って（＝費用を支払って）飲みまくる人の「金のかかる人生の」選択（犯罪や不法行為などをしないかぎり、これも問題はないが）と同じだということを強調する。ドゥオーキンなら、嗜好は、人格に属するからその結果は自己責任で、能力の問題は状況に属するから、自然運の問題だと言ってもよさそうなのだが。彼は、能力は、その所持者のものではなく、社会の共有だから、それを社会（コンピュータ？）にとって最善の用途（嫌な仕事も進んでやる、長時間労働等？）に使わないのは窃盗と同じだ、それは大酒飲みが社会にとって有害無益なのと同じだ、とでも考えているのであろうか。

ラレルな現象である。

　「社会に課す費用」という言葉は、厳密な意味での「経済」内部の文脈においてはじめて意味をもつ。「経済」内部において資源の一部がある生産要素（＝移住者）に配分されれば、別の生産要素に配分された（あるいは、配分されうる）同一同量の資源がそこから引き上げられることになる。ドゥオーキンは、一つの（社会的厚生の）生産要素（＝一人の移住者）に、ある特定資源が割り当てられる場合、それは別の生産要素にも配分されうる特定資源を社会の総資源から奪ったことに等しいから、「社会に費用を課している」と理解しているのであろう。しかし、その特定資源を「奪った」その特定生産要素（特定の移住者）は、同時に、自分にすでに割り当てられた別の特定資源を別の生産要素（移住者）に引き渡している——標準的な「経済」学では、これを「交換」とか「トレード・オフ」と呼ぶ——のである。なぜ、そのようなことが起こるかといえば、コンピュータからみれば、自分の効用（「社会的厚生」と呼ばれる）が増大するからであり、各生産要素（「経済主体」とか「経済人」と呼ばれる）からみれば、自分の個人的厚生が増大するからである。いずれにせよ、そのような社会全体にとっても、個々の移住者にとっても改善がみられる現象を称して、「社会に便益を与える」ではなく「社会に費用を課す」と表現するのか、私にはわからない。

　私には、ドゥオーキンのいう「社会に課す費用」に関する上記の私の解釈が間違いであるとしたら、それが何を意味するのかわからない。それはともかく、ドゥオーキンの致命的な誤りは、第一に、コンピュータを唯一の主体とする「経済」においては「生産要素が選択する」という文は意味をなさないこと、第二に、同じことだが、「市場秩序」においては生産要素たる各個人はコンピュータの奴隷ではないこと、この二点を理解していない点にある。彼らは、コンピュータの予想通り動かないし、言うことも聞かない。これが、資本主義経済（正確には「カタラクシー」）が社会主義経済に勝った原因である。

　前項で最初に引用した文章（本書78頁）に再び目を向けていただきたい。そこにおける「平等」の第一の要求、すなわち市場価格での交換の結果の放置を、「野心に応じた」という大げさな言い方と結びつけるのもどうかと思

第 5 節　税金としての保険料　83

うが、これも単なる「定義」と考え、不満をもらすのはやめておこう。もう一つの解釈（ドゥオーキンからみれば、同一の解釈かもしれないが）によると、「野心に応じた」はなぜか「社会に課す費用」と結びつくことなることも忘れないでいただきたい。何度でもくり返すが、「経済」内部で「野心」をもちうるのはコンピュータのみである。

8. 貧乏人への給付は多すぎるか

　「社会に課す費用」が理解不能であるため若干手間取ったが、本節 6 にもどろう。能力欠如仮想保険市場転換再分配税制に対する異論としてドゥオーキンがまず取り上げるのは、「それが再分配を正当化しすぎる」あるいは「移転支払いが多すぎる」（102/144）と批判するものである。例によってわかりにくい表現だが、ドゥオーキンによると、そのような批判をする者は、そのような仮想保険市場参照再分配システムでは、本節 6 で引用した文章（本書 78 頁）における「（資源の）平等」の第一の要求――先の私による説明と若干着眼点を異にするが、ここでは「選択した者は選択の結果を引き受けるべきである」を意味すると理解したほうがよい――が、現に軽視されていることを証明しなければならない（「無知からの論法」の例）、とされるので、ドゥオーキンが何を言いたいのかますますわからなくなる。彼は、それに続けて、次のようにのべている。

　　しかし、想定される保証水準の平均値として、特定の水準が選ばれることを仮想保険市場が正当化するとすれば、そのことはまた、どの移住者をとってみても、保証水準の平均値と同じ所得を生産することができる職業の一つで働く選択肢が提供されていれば、それよりも低い所得しか得られない職業ではなく、むしろ前者のような職業で働く用意がある確率が高いことを強く支持することになる。もしそうでない〔＝前者のような職業で働く用意がある確率が高くない〕としたら、移住者は、保険料の支払いを引き受けることで、あまりに大きなリスクを冒したことになる。その保険料は、それを賄うのに必要な所得を稼ぐ用意がある者にとってのみ意味があるような保険料だからである。このことは、平均水準が十分低いがゆえに、その移住者が、保険料を賄うのに必要な所得を稼がなければならなくなる確率が非常に高い場合には、とりわけ妥当する。（102-103/144）

第一文における「正当化」という言葉は、この文脈では、はじめて使用された。私なら代わりに「計算」と言う。「正当化」する要素が万一あるとすれば、くり返し触れたように、仮想的移住者による仮想的「選択」である。

引用文章後半の趣旨はわかりにくいが、期待効用を最大化しようとする移住者が、保険事故が発生しない場合に支払い続けなければならないとしたら損になると判断する（＝その保険料を賄うのに十分なほど働くくらいだったら、保証水準のもっと低い安い保険を買ったほうが得と判断する）ような保険料で買うことのできる保証水準の保険を買うはずはない、というところから、移住者が保険を買ったとすれば、それは、保険事故が発生しない場合、その保険料を賄い、かつ自分が望む人生を送るために十分なほどの所得が得られる職業で働いてもなお得だと判断するような保険料の保険だったはずであるということを導き、ドゥオーキンは、それをさらに「そのような職業で働く用意がある確率が高い」と言い換えているだけである。間違いとは言えないから、許容範囲内の議論である。

さらに、上の議論は、仮想保険市場が選択する保証水準が十分低いので、ますます妥当する、ということをドゥオーキンは強調している。しかし、異論のポイントは、現実の[61]貧乏人（正確には、稼得能力が低い者）は、そのような低い水準の保険ですら選択して買っていないのではないかということにあるから、仮想世界における平均値と確率を採用するドゥオーキンの反論は反論になっていない。（自分で架空の論争を提起しておいて、どうかとは思うが）さすがにドゥオーキンは、このことを大筋で認めた上で、例によって、話題を変える。

9. 平均値の援用は貧困層に相当高い所得水準を保証する

しかし、このことは、才能の相違に対処する再分配理論に課された二つの制約〔＝選択に応じ、才能に応じない〕の相対的ウェイトに値を付与すると

---

61 ドゥオーキンは、なお仮想保険市場の枠組を使って——つまり「もし、その移住者が仮想世界で保険料に見合う所得を稼ぐ能力がなかったとすれば云々」という仕方で——反論しているので、このような言い方はやや不正確であるが、以下でも、とくに必要がないかぎり、いちいち説明しないことにする。

いう問題を提起する。われわれがそうしたように、平均保証水準を決定的なものとすることは、両者に等しいウェイトを与える一つの適切なやり方である。それは、〔仮想保険市場において〕保険に入らなかったであろう人に再分配するという誤り[62]を犯すことと、保険に入ったであろう人に再分配しないこととを比べれば、前者のほうが悪くない〔＝よりよいか、等しくよい〕ということを想定している。これが間違いであることを証明できる人もいるかもしれないが、……私は、そのような見解を支持する議論を聞いたことがない。(103/145)

　私見によれば、これは、ドゥオーキンの「資源の平等」論文のなかで最も重要な部分である。さらに、そのなかでも最も重要な第三文は、さらりと書いてあるが、その内容はきわめてわかりにくい。なぜわかりにくいかというと、保険に入る (insure) という言葉が二箇所で使われている（しかも、原文では後者は、英文法に従って省略されている）が、その内容が明言されていないからである。その答えは、「平均以上の保険」である。

　本当はそうでないのに、全員が平均値の保険を買ったことにすると、実際は平均値未満の保険しか買わなかった人にも、現実の所得が保証額未満の場合、差額を補償する保険金が支払われることになる。他方で、平均値より高い保険を買った人は、平均以上の保険料を支払わねばならないのに、保険事故が起こった場合に給付される保険金額は、前者の人と同じになる。ドゥオーキンは、それでいいのだ、と言っているのである。

　保険契約が守られていない、という点ではいずれも同じであるが、平均以上の割増料金を支払う人に、割り増し分に対応するサービスをしないという誤りと、平均未満の料金しか支払わない人に、その料金に対応する以上のサービスを行うという誤りとを比べれば、前者の誤りを犯すほうがよい、という一見常識に反する主張である。後者のケースは、契約を守っていないというよりも、保険者から保険契約者への単なる贈与である。普通の道徳では、悪いのは保険者である。保険者は、保険の詐欺をしているようなものであ

---

[62] 統計学の教科書に書いてある仮説検定における「第1種の誤り」と「第2種の誤り」を想起させるが、それとは何の関係もない。くり返すが、仮想保険市場の統計データをとることはできない。

る。そういう場合にこそ、「社会に費用を課す」という言葉を使うべきだと私は思うが、ドゥオーキンの用語法では、詐取されるべき高い保険料を支払う保険契約者こそが「社会に高額な費用を課す」ことになる。保険料に見合う以上のサービスを受ける保険契約者は、それより低額の「費用を社会に課す」にすぎない。いずれにせよ、保険者ないし将来の政府は詐欺をしても、社会外にあるから、その善悪について語ることはできない。保険者は、ねずみ小僧のように見える。

具体例でいえば、能力に劣るクロードは、仮想保険市場において平均的な水準の保険を買わなかった可能性が高い（もっと安い保険を買ったか、保険をまったく買わなかった可能性が高い）、にもかかわらず、クロードに平均的な保険金給付を行うという間違いを犯すほうが、能力に勝り、仮想保険市場で平均以上の保険を買ったであろうエイドリアンに平均保証額しか支払わないという間違いを犯すよりましだ、とドゥオーキンは主張しているのである。

しかし、私には、架空世界では、移住者は自分の「経済的レント」（≒稼得能力）を知らないと仮定されているのに、どうしてそのような話が作れるのか、という根本的な疑問がある。つまり、（全員にとって既知の）平均所得を前提として、各自が自分の保険選好および人生計画に依存して購入保険を決める、と考えるほうがまだましであると思う。

もっと問題なのは、仮想保険市場をシミュレートするコンピュータは最終的には平均値を採用するのであるから、平均値モデルと、クロードやエイドリアンという特定個人が登場する個人ベースのモデルを、ドゥオーキンの議論上の都合に合わせて使い分けるのは是非やめてもらいたい、と心から思う。にもかかわらず、以下しばらく、忍びがたきを忍び、ドゥオーキンのために、彼からみれば瑣末な疑問は全部棚上げにすることにしよう。

ドゥオーキンの意図は、そのような仮想保険の平均値を参考にして現実の再分配所得税制を構成すれば、現実の勤労所得が低い人も、高所得者の高額の税を主たる財源にする移転支出によって、それなりの水準の所得を得ることができるだろう、ということを示唆することにある。世界最高水準の経済学者であっても現実のデータなしに、仮想保険市場の平均値を計算することはできない、という根本的な疑問も、ドゥオーキンの意図を理解するために

は、ここでも放置しなければならない。

　数値がないと普通の読者にはわかりにくいので、ドゥオーキンが気に入るような適当な数値を入れて説明すれば、彼が推奨する仮想保険市場参照再分配制度は、たとえば、次のようなものであろう。全国民の平均勤労年収が500万円だったとしよう。平均的な国民は、たとえば年収保証額300万円で、年収500万円の人の年間保険料50万円を標準として、現実の年収が下がれば保険料が段階的に安くなり、年収が上がれば保険料が段階的に高くなる保険に入るのではないかということを根拠なく仮定した――現実の個人は自分の稼得能力をある程度知っているので、仮想保険市場にとって必要な選好情報を集める手段がない――上で、政府はそのような社会保険を国民に強制するべきだ、といったことであろう。

　アメリカのように貧富の差が大きく、「平均人」付近の人口は実際には少なく、貧困層の人口が圧倒的に多い国においては、平均値をとる方法は、富裕層から高額の税（仮想保険市場では各人は、自分が富裕層になるかどうか知らないから、低所得層に入った場合にそれなりに豊かな所得を保証される代わりに、高額所得を万一稼げるようになったら高額の税を支払ってもよいと考えるかもしれない）をとることができるかぎり、保証水準が相当高くなることが予想される。ドゥオーキンが、仮想保険市場の平均値に準拠する保証水準が「まずまずの生活を可能にする」(99/139) だけでなく、現在の英米の所得保証水準を優に越える (97/137) とのべていた（前述第4節14、本書67頁参照）のは、このような趣旨だったのである。

　これもまた、後出しジャンケンである。真剣に読む読者に当然の疑問を抱かせ、その後で、疑問を解消する手がかりを小出しにしていき、読者を納得させることにより、その間読者が抱いた別の致命的な疑問を忘れさせるというテクニックである。その一方で、このようなプロット展開が好きな読者には、先を読む意欲をかきたてさせる効果がある。

　ともかく、仮想保険市場における「保証水準が低い」――これを印象づけるために、最高所得水準の保険を買うというばかげた例について長々と説明した（前述第4節13参照）――というドゥオーキンがくり返す言明を漫然と受けとってはならない、という点は注意しておかねばならない。「高すぎる」

と言う人には「いや低いのだ」と反論し、「低すぎる」と言う人には「いや高いのだ」と反論するレトリックを濫用する点はほめられたものではないが。

10. 保証水準の平均値は平等の二つの要求の妥協点らしい

再び前項冒頭で引用したドゥオーキンの論文中最重要の文章に目を向けていただきたい。そこには、仮想保険市場における保証水準の平均値をとることの正当化理由は書いてないが——ドゥオーキンが読者に期待しているのは、私が前項で推測したような理屈や具体例を自分なりに思いついて、結論に賛成してくれること——、それはすでに正当化されたという前提でドゥオーキンは議論を展開している。そのことは、彼の文章から明らかである。だから、前々項で引用した文章（本書83頁）における「正当化」の代りに、「計算」を入れることはできなかったのである。何を「正当化」したかといえば、「平均値の採用」であり、それを「正当化」したのは仮想保険市場における個々の移住者の仮想的「選択」ではない——個々の仮想的移住者は「平均値」（平均値は個々の仮想的移住者が仮想的保険を仮想的に選択した後ではじめて計算される）を選択したわけではない。くり返すが、「正当化」は存在せず、断言、あるいは、よくいって仮定があるだけである。

しかし、平均値を採用することが「平等」の二つの要求、すなわち「選択に応じること」と、「生得資質に応じないこと」との妥協だと明言されている点は注目に値する。上記引用文章では、「妥協」の代りに、「ウェイトが等しい」つまり「ウェイトが半々」という、彼がトレード・オフの比率のことまで考えているのかといった誤解を誘う表現が使用されている点であまりほめられたものではないが、直後の段落（103/145）では、「妥協」という表現が同義のものとしてちゃんと採用されている。

それだけでなく、前にも（91/128）、実は同じ意味で「妥協」という言葉が使われていた（前述第4節7、本書57頁参照）。私は、そこでは、その言葉が所得税に言及する文脈で使われていたため、所得税が妥協だと言っているのかと誤解した。だが、ドゥオーキンの叙述を文字通り受けとれば、そこでも所得税は、平等の二つの要求を妥協させるための手段にすぎなかったのである。実際ドゥオーキンは同じ箇所で、「それは、平等の二つの要求をどの

ようにして充足させるのか、これについて実際上かつ概念上の不確かさがあるため、それに対処するための、平等の二つの要求の間の妥協であって、平等を、効率性といった何らかの独立の価値のために妥協させることではない」(圏点は亀本による)と明言していた。にもかかわらず、読解能力に欠如する私は、今の今になるまで、そのことに気づかなかった。

　契約——それを「選択」というかどうかはともかく——を守ることは効率性につながる。しかし、それは、ドゥオーキンによれば、なんらのウェイトももっていない。実際、彼は、保険者は保険契約を守らなくてよいどころか、守ってはいけないと言わんばかりの主張をしていた。だから、彼のいう「選択に応じる」を、市場における売買の結果を引き受けるという意味で解してはならないのである。「社会に課した費用を社会に支払う」という意味で解さなければならない。しかし、その意味が依然私にはよくわからない。

　「市場」が「選択」に結びつくと解釈すれば、仮想保険市場が正当化しうるものは、せいぜい平等の要求の第一のもの（その内容が判然としないとしても）だけである。ところが、私が最重要と指摘した先の文章（本書 84-85 頁）においては、仮想保険市場の平均値の採用（読者はその正当化はすでにすんだと思い込まなければならない）こそが、平等の二つの要求の妥協を正当化するのだ、と主張されている。つまり、平均値の採用は、平等の二つの要求のメタレベルにある新たな規範的要求なのである。このことは、「両者に等しいウェイトを与える一つの[63]適切なやり方」（圏点は亀本による）という表現から明らかである。平均値の採用は、コンピュータによる単なる計算結果ではなく、ドゥオーキンが行う規範的要求にいつのまにか変容した。

　その根拠が、「実際上の不確かさ」だけであり、それが、仮想保険市場では原理的には正確に——つまり平均値を使わずに——答えが出せるのだが、現実の所得税制に転換する際には理屈どおりいかない、ということを意味するとすれば、そのような理由で平均値の採用を規範的要求にまで高めてよい

63　「一つの」とあるから、ドゥオーキンは別のやり方もあると考えていると推測される。ところが、前掲注49で挙げた注（479n. 14/167n. 16）を読んでみると、数学上は算術平均以外に、中央値、最頻値等さまざまな平均値がある（からそれを採用してみるのもよかろう）、という話のようである。

のかという疑問が残るにしても、それを置けば、かろうじて理解はできる。

だが、もう一つの「不確かさ」すなわち「概念上の不確かさ」が何を意味するのか、私にはよくわからない。もしそれが、平等の二つの要求のウェイトづけが「概念的に」よくわからない、ということを意味するとすれば、「わからない場合は、半々にしておきましょう」という実用的な規範的原理が採用されているということになる。このような解釈は、「実際上かつ概念上の」というドゥオーキンの表現とたしかに平仄が合う。しかし、万一、この解釈が正しいとしても、そのような、原理的というより実用的な理由で平均値を採用してよいのか、という疑問はなお禁じえない。しかも、ドゥオーキンは「両者に等しいウェイトを与える一つの適切なやり方」（前項冒頭の引用文章、本書85頁参照）という表現で、あたかも、偏ったウェイトづけをする他の不適切なやり方に比べて、平均値の採用が中庸を得た優れたものであるかのような印象を読者に与える叙述の仕方を行っている。

平等の第一の要求に偏ったウェイトを与えるとしても、その要求は、契約は守らなければならないことを含意しない。高額の保険を買った人は「金のかかる」嗜好をもっているのだから、「社会に高い費用を課している」、したがって、保険料に見合う保険金がもらえなくて当たり前ということであろうか。詐欺師にだまされたのは自己責任と言わんばかりである。

まとめると、わからないので便宜上平均値をとるということ、平均値の採用が平等の二つの要求に等しいウェイトを与えるということ、そのやり方が他の偏ったやり方に比べて優れているということ、この三者は互いにまったく別の事柄である。

以上にのべた各種の疑問はすべて放置して、平均値の採用に関するドゥオーキンの議論をまじめに受けとると、仮想保険市場における仮想的移住者の仮想的保険選択に応じるから、平均値の採用が正当化されるのではなく、仮想保険市場（のコンピュータ）は平均値の採用をすでに正当化したから、その平均値に準拠することが、平等の二つの要求の妥協点として要求される、ということになる。

すでにのべたように、私にはこの理屈はまったく理解できないが、くり返し指摘したように、ドゥオーキンにとっては、結論だけが大事であって、読

第 5 節 税金としての保険料　91

者が、「平均値に準拠することが、平等の二つの要求の妥協点として要求される」ことに納得してくれればそれでよい。しかも、ドゥオーキンは用意周到にも、読者が容易に納得するように、前に心身障碍に備える仮想保険を扱った際には、肝心の平均値の意味をほとんど説明せず[64]、「平均的な人は平均的な保険を買うだろう」（これはほとんど同語反復であって、しかも、平均的でない保険を買った人の選択の話は登場しない）と漠然とのべていた（前述第 3 節 7、本書 32 頁の引用文章参照）。レトリシャンがよく使う準備的洗脳作業である。小難しい理屈を並べられた後では、頭が疲れた多くの読者は、脳裏に刻まれた一見わかりやすい理屈なき理屈のようなものに飛びつきたくなるであろう。

　このようなドゥオーキンの説得プロセスをよく理解すれば、「資源の平等な分割は、ある形態の経済市場〔＝仮想的なオークションおよび保険市場〕を前提している」(66/95)（前述第 2 節 1、本書 5 頁参照）と彼が主張しているにもかかわらず、仮想保険市場における仮想的選択そのものは、「資源の平等」のための再分配システムを正当化するものではなかったことがよくわかる。

　それゆえ、ドゥオーキンがかつてロールズを批判した際の言い口[65]をまねて、「仮想的選択は、選択の単なる色あせた形態ではない。それは、そもそも選択ではない」という批判をしたとしても、それはそもそもドゥオーキンには当てはまらないことになる。ドゥオーキンの「資源の平等」論の実体的主張は、仮想的選択を根拠とするものではないからである。根拠なく、仮想保険市場における平均値を推奨するだけだからである。

　どうして、平均値を採用するのは、平等の第二の要求（のみ）に応えるためだ、すなわち、才能の格差の効果を多少なりとも——その意味で「妥協」——是正するためだ、と素直な議論を展開しないのだろうか。それだけで、

64　ただし、SV, 478n. 5/165n. 6 では、平均化の仮定は、仮想保険市場において個々の障碍者がどのような保険を購入するかの決定を可能にする詳細な情報がないときに、便宜的に採用される単純化のための仮定だと説明されている。私としては、そのような詳細な情報をどうやって入手するのか、その原理的な可能性について教えてほしい。
65　前掲注 34 およびそれに対応する本文参照。

その平均値が相当高い水準になりそうな印象を読者に与えるのに十分そうなのに、何が不足なのであろうか。私が一貫してそうにらんでいるように、「保険市場」というアイデアが有害無益であることがいっそう明らかになるからであろうか。

いずれにせよ、仮想的選択なのに、あるいは、個々の移住者は平均値を選択していないのに、なぜ平均値の採用が正当化されるのか、というこれまで私がしばしば抱いた疑問は、ドゥオーキンからすれば見当違いのものであったことが判明した。「亀本君、よく読んでくださいよ」という調子である。言われてみれば、そのとおりである。

しかし、そうだとしたら、「稼得能力が低い者は仮想保険市場において平均的な保険を買うという選択をしなかったはずなのに、その費用を払わずに、実際の強制保険制度では保険金を受け取ることになるから、平等の第一の要求を軽視しすぎではないか」といったドゥオーキンが取り上げた（ように私には見える）異論は、最初から見当違いのものであったことになる（ただし、これはドゥオーキンがよく使う手法である）。平均値を正当化するのは、「(仮想的であろうとなかろうと) 移住者のだれかが選択した」ということではないからである。選択したと言えるものがあるとしたら、それはコンピュータだけであり、移住者たちが話し合って平均値を採用することに合意したわけでもない。私から見れば、半分ウェイトがかけられるはずの平等の第一の要求の話は、登場しているように見えて、実はどこにも登場していない。ウェイトがゼロというよりも、ドゥオーキンのいう意味での「妥協」は、そもそも存在しない。「平均値」という命令がコンピュータ様から天下っただけである。

11. 貧乏人への給付は少なすぎるか

私からみれば、移転支払いが多すぎるという第一の異論は、高額保険料を支払った人から詐取したお金を、十分な保険料を支払っていない人に回す保険者（政府）を、国家無答責の原理と似たようなものに基づき免責することへの異論を含意するから大問題だと思うが、ドゥオーキンは、そのような疑問には当然ながらいっさい触れず、彼からみれば、より対処が困難な第二の

異論、すなわち、平均値では保証水準が低すぎるのではないか（103/145）という異論に向かう。

　第二の異論には二種類のものがある。第一のものは、平等の二つの要求を妥協させるという仮想保険アプローチそのものがそもそも間違いで、平等の二つの妥協のさせ方を間違っており、ことに第二の要求にほとんど応えていないのではないか、というものである。第二のものは、仮想保険アプローチそのものは正しいが、移転支出がもっと高水準であるべきである、というものである。ここでもドゥオーキンは、反論が容易な後者の主張から取り上げ、それについて次のようにのべている。

>　　後者の主張は、賃金構造における平等の二つの要求が等しいウェイトをもっていないとする点〔平等の第一の要求と第二の要求を比べて、前者のほうを重くみるべきという立場と、後者のほうを重くみるべきという立場がありうる〕では前述の第一の異論と一致しているが、保険に入ったであろう人に給付を拒否することは、保険に入らなかったであろう人に給付を与えることよりも悪いと主張する。換言すれば、それは、選択されたと想定される保証水準が、その水準をこえて保険に入る人がとてもいそうにないくらい高い水準であるべきである、と主張する。（103-104/145）

　この文章の最初のほうにある「賃金構造」という文言を見て私は驚いた。平等の二つの要求は、仮想保険市場においてのみ考慮されていたのではなく、現実の労働市場および失業保険市場においても考慮されていたのか、と。

　もちろん、平等の二つの要求——ここでは、その第一の要求をドゥオーキンの奇妙な理解にかかわらず「選択の結果を引き受けること」と常識的に理解しておく——を現実の市場においても考慮するべきことについては、ここでは問題にするに及ばない。

　しかし、仮想保険市場においては、各人は自分の稼得能力は知らないと仮定されていた。これに対して、現実の市場では、各人は現に賃金を得て働いており、そこから自分の稼得能力についても相当程度知っている。この二つの市場をごっちゃにすると、実際に賃金の低いクロードに向かって、「お前は保険に入っていないではないか。だから、政府から移転支払いを受けるのは、平等の第一の要求に反するぞ」などと言うことが、すでに触れたように

(前述本節8参照)、第一の異論として成立することになってしまう。クロードとしては、「いいえ、私は仮想保険市場においては、自分の収入は知らないのですから、少なくとも平均値程度の保険を買ったはずです」という反論も十分可能なのである。私は、仮想世界と現実世界を自在に往復するドゥオーキンの思考について行けない。

このあたりの事情は十分承知の上で、ドゥオーキンは、だれも主張していないつじつまの合わない異論を、例によって却下して、自分の主張の「正当化」に代えるために提出していると解しておく。

第一文後半の「保険に入ったであろう人に給付を拒否する……」は、本節9の冒頭で引用した文章に含まれる「保険に入らなかったであろう人に再分配するという誤りを犯すことと、保険に入ったであろう人に再分配しないこととを比べれば、前者のほうが悪くない」(本書85頁)とパラレルな構造をもっている。「保険」の意味も、「平均値以上の保険」という点では同じであるが、前よりもやや高いという含みがある。文字通り読めば、平均値以上の保険を買った人には、保険事故が起こった場合は、契約通り保険金を支払うべきことを意味するが、その趣旨は、全員一律の保証水準を平均値ではなく、もっと高いところに置け、ということである。さすがのドゥオーキンも、そのことをその文だけで読者に理解させることは無理と思ったか、「換言すれば」の後でちゃんと補足説明している。しかもその際、ドゥオーキンは、その異論は、保証水準は、社会のなかで一番保険好きな人が買うくらいの高いものでなければならないと主張しているのだ、ということを強調している。どうして架空の異論をそこまで曲解する必要があるのか、あきれるほかない。

ドゥオーキンの応答は、いたって簡単である。保証水準は、高くなるとしても、平均値からそれほど離れるものではない。なぜなら、保証水準が高くなれば、保険料も高くなるから、トータルの期待厚生も下がるはずだからだ、というものである。これは、反論になっていない。極端な保険好きの人を基準にすれば、保証水準が異常に高くなると想定するほうが素直である。だから、そのような人は無視するべきであると単に主張しなければならない。平均値を採用するべきであると単に主張したときと同じように。

12. 稼得能力に劣る者の不運

　次に、ドゥオーキンは、彼が最も手ごわいと判断する仮想保険アプローチそのものを否定する第二の異論の第一種のものの検討に向かう。その異論の趣旨は単純明快である。仮想保険市場の平均値を参照して再分配制度を実行したとしても、実際に稼得能力が高い者は金持ちになり、低い者は貧乏のままである。この問題を仮想保険アプローチは解決できない、というものである。私は、当たり前だと思うが、ドゥオーキンも「答えはない」と言っている。ただし、「強力な不平だ」(104/146) とその前に付け加えている。

　そのようなことよりも私が注目するのは、ここではドゥオーキンは正当にも「大きな需要がない才能」という言い方で、能力を需要との関係で定義し、それが運——ドゥオーキンの用語法では「自然運」(brute luck) ——の問題であることを、「選択と結びつかない」「自然な事実」(brute fact) という言葉を使って示唆している点である (104/146)。

　ドゥオーキンの定義では、同じく需要に依存しているにもかかわらず、畑に植えるのをトマトにするかトウモロコシにするか迷っていて、トマトにして金儲けに成功したら「選択運がよかった」と記述され、トマトの生産能力が高い人がトマトで金儲けに成功したら「自然運がよかった」と記述されることになるのか。先に（第3節2および3ならびに10参照）のべたように、何の根拠もない運の区別である。金を稼ぐ才能などというものも、人は結果を見てから後知恵的に判断しているだけである。

　もう一つ付け加えると、ここでも、羨望テストが時点に関し無制約な仕方（前述第4節1および2参照）で使われている。ある一時点の現在において羨望を判断することは、ドゥオーキンが強調するとおり、してはいけない。今日の大金持ちは明日の失業者かもしれない。すべては、人生が始まる前（初期オークションの時点）か、人生が終ってから判断しなくてはいけない。障碍補償の場合、羨望をなくすことが不可能であることはドゥオーキンもよくわかっているから、羨望を取り立てて問題にしなかったのに、それより格差が小さいはずの稼得能力格差の場合に羨望をもち出すとはいかがなものか。

　しかし、これはドゥオーキンがこれから反論しようとする最有力の異論であるから、異論のなかにドゥオーキンが後から攻撃しようとする内容が含ま

れているのは当然である（実際には攻撃していないが）。だから、前段落の最後にのべたような疑問の提出の仕方は、実は、ドゥオーキンの論法に引っかかったことの自白となる可能性が高い。自戒を込めて注意したい。

13. ギャンブラーを救えるか

　ドゥオーキンは、能力格差に由来する現実の所得の不平等を仮想保険アプローチが解消しないという異論への応答を、「移住者に立ち返ってみよう」と提案してから始める。そして、「クロードは平等を根拠に」、現状を「自分が映画スターの所得を得る世界」に変えることを要求することはできない、と続ける。これは、「資源の平等」の立場にたたない人でも、当然に認めることであるように思われる。ドゥオーキンは、そのような変化が他人の状況にも影響を与えるという、これまた当然のことを指摘した後で、だからこそ、「移住者たちは、平等を達成するための主要なエンジンとしてオークション、人々が各自の人生のために実際に何を欲しているかに応えるオークションを選択したのだ」（105/147）という文で締めくくる。

　無人島にある資源を分割する際、そのやり方の選択について移住者たちが話し合ったといった記述はなかったから、私はドゥオーキンが何の話をしているのかわからない。唐突に、新たな内容を付加したということか。オークションによって「平等」が達成されるのは、初期資源の平等から出発したからだという私の考えも変わらない。だから、その制約抜きに「平等」が達成されるとは考えない。しかし、稼ぐ能力に劣るクロードは、少なくともその点では映画スターに比べて不平等であるから、ドゥオーキンは、初期分配の平等について語らなかったとしか思えない。

　しかし、クロードに、根拠が平等の要求であろうとなかろうと、現状を自分に有利な社会に変えてくれと他人に要求する権利がないことは、私も当然に認める。他方、現状であるというだけで、現状が、その変更を拒絶する有利なポジションを占めているわけではないというドゥオーキンの指摘（105/148）も認めてよい。クロードが現状の変更を提案する際には、自分が他人と比べ悪い状態にあるということから独立の根拠が必要である、というドゥオーキンの主張（105-106/148）にも、当然のこととして賛同する。私

の疑問は、自分が選択したものではない能力格差の効果の是正ないし緩和という要求は、そのような意味で独立の根拠なのか、そうではないのか、これだけである。普通の法哲学者は、イエスと答えると思うが、ドゥオーキンは、この直接的な問いには答えず、次のようなひねった回答の仕方をする。

> 仮想保険市場の議論こそが、そのような〔独立の〕根拠なのである。それは二つの世界を対照する。第一の世界では、自分の生産能力と他の人々の嗜好および野心との関係のゆえに相対的に不利な立場にある人々がだれかはあらかじめ知られており、彼らは、その不利な立場の全結果を負っている。
> 　第二の世界では、相対的不利のパターンは同一であるが、全員が主観的には、不利な立場に陥る等しい事前確率をもっている。したがって、全員が保険に入ることで、不利な境遇を軽減する等しい機会をもっている。
> 　仮想保険市場の議論は、第二の世界では才能という資源がある重要な意味で、より平等に分割されているがゆえに、平等は第二の世界のほうをよしとする、ということを仮定している。仮想保険の議論は、第二の世界の帰結をできるかぎり近似的に現実世界で再現することをめざしている。仮想保険の議論は、第一の世界では相対的によい境遇にある人々（第二の世界でも、相対的に金持ちである人々の多くを含む）に対して、次の単純な命題でもって答える。すなわち、各自の嗜好と野心を所与として、世界が現実に各自にとってまたまどうであるかという事実から独立の理由に基づき、第二の世界は資源の平等により近い世界である、と。(106/148-149)〔原文と異なり、考察の便宜上改行した。〕

第一段落ないし第二段落において、「不利」(disadvantage) という新たな言葉が導入されている。だが、ドゥオーキンは一貫して、能力所得ないしその代理変数としての現実所得について語っているので、「不利」は（その原因や運の問題を考える必要なく）、期待または現実の貨幣所得の高低によって判定される、と考えればよい。つまり、第二世界すなわち仮想保険の世界について、これまでの叙述と異なる新たな内容は何も付加されていない。各人の厚生や主観的な幸福についても、これまでと同様いっさい問題にされていない。ドゥオーキンは、能力（と偶然）に起因する所得の不平等にどう対処するか、という問題を一貫して扱っている。

　クロードがのべたような不満については、どうにも対処しようがない、と

いう結論も、ドゥオーキン自身があらかじめのべていたように同じである。「映画スターになれず、現在貧乏だから、あなたが金持ちになるような社会に変えてくれ、などと言ってはいけません」という回答である。逆にいうと、「自分は、なけなしの能力を振り絞って、ここまで働いているのだから、仮想保険の世界での平均値くらいは保証してください」とは主張できるということである。

　いや「クロードはギャンブルばかりしているから、仮想世界で保険に入る機会が与えられたとしても、保険に入らなかったにちがいない」という横やりが入ったら、そして、クロード自身そのことをよく自覚していたとしたら、「いや仮想世界では、コンピュータ様が平均値を保証してくださいますから、その議論は通用しません」と反論するしかない。ドゥオーキン自身が、「平均値」は便法だとしばしば説明する[66]にもかかわらず、私がドゥオーキンのために（彼はいらぬお節介だと拒否するかもしれないが）、そのようなドゥオーキンの説明方法に一貫して反対であるのは、クロードに味方するためである。

　ドゥオーキンの真意を問わないことにすれば、私からみれば、仮想世界における個人の選択ないし野心に応じないところが、仮想保険「市場？」の肝なのである。他方、ドゥオーキンがギャンブラーのクロードに味方しないとしたら、そこで彼と私の「資源の平等」の見方が分かれるということである。「資源の平等」論文を全体として読むかぎり、ドゥオーキンがクロードに味方しない可能性のほうが高いように思われる。

　そのことは、ドゥオーキンが以上のような仮想保険市場に準拠する「資源の平等」論よりも優れた「資源の平等」論がありうることを（例によって、否定するために）認めた上で、いっそうの所得の平等を求めるそのような議論は、個人の野心と人生計画の相違を軽視するから却下するべきであるとしているところからも（106-109/149-152）、推測される。

　以後も、ドゥオーキンは、論文最終節において、当時有力な他の正義論との異同について解説しながら、自己の「資源の平等」論のいわば再定義を行

66　前掲注63および64参照。

う。基本的内容に変更はないように思われる。ドゥオーキンからみれば「資源の平等」の一解釈 (113/157) としてのロールズの格差原理の考え方との異同に関する説明など、注目するべき論点も多々含まれるが、その一部については、本稿の注ですでに触れた（あるいは、これから触れる）こともあり[67]、その詳細な検討は割愛したい[68]。

第6節　結　論

1. 貧富の格差緩和政策の指針としての平均値

　これまで、ドゥオーキンが「平均値」を援用する根拠は何なのかと一貫して問うてきた。根拠薄弱である、というのがその答えである。にもかかわらず私は、「平均値」は、貧富の格差の緩和のための政策指針として使える有望なアイデアだと考えている。その点に、彼の意図にかかわらず、プラグマティスト、ドゥオーキンのセンスのよさを感じる。

　仮想世界のデータをとることはできないから、実際には、現実世界のデータから平均値を「推測」(speculate) するしかない[69]。基礎となるのは、一人当たり国民所得であろう。それが貧困層の所得水準よりも相当高い国では、平均値の採用は貧富の格差の緩和につながるであろう。このような政策を支持するために、仮想保険の発想は不要である、というよりも、ないほうがよい。

　仮想保険のアイデアを無視すれば、ドゥオーキンの「資源の平等」論は、

67　前掲注 26, 27, 38, 39, 52, 55 および 59 ならびに後掲注 69 参照。

68　「正義・保険・運」と題する SV, chap. 9 も、「資源の平等」論文の応用編として、仮想保険市場と密接な関連があり、本来なら取り上げるべきであろう。とはいえ、運平等主義者への影響という点ではそれにはるかに及ばないということ、さらに、私自身、正義論を分類するためにドゥオーキンが新たに導入した "ethically sensitive or continuous" と "ethically insensitive or discontinuous" というキャッチーかつ不明瞭な両概念をこれまでと同様な仕方で追及する気力が残っていないということもあり、その検討も断念する。

69　実際、ドゥオーキン自身、前掲注 52 で紹介したノージック批判の文章に続けて、「われわれの議論は、仮想保険市場の保険料が、現実所得に基づく累進的なものになるという結論を正当化した」(111-112/156)（圏点は亀本による）とのべている。

経済学において伝統的な「能力税」の構想の系譜に位置づけることができる。だが、所得格差は生まれつきの能力格差から生じるから、それに課税する、という彼らの基本的な考え方に私は賛成しない。能力があっても金儲けに失敗することもある。能力がなくても金儲けに成功することもある。生まれつきの能力から生じる所得だけに課税すると、それ以外の点で運がよかった人に有利になる。このような詮索作業をやりだすと、きりがなくなる。だから、ロールズのように、結果の格差のほとんどすべてを「運」で説明するほうがまだましである[70]。

しかし、すべての運に関する扱いが平等になるように、細かく追及して平等化を図ろうとすると、社会はどのようになるか。自分が補償を要求するために有利な不平等の「原因」――これが「不運」と呼ばれる――が何かないかを探してばかりいる羨望あふれる人々からなる貧しい社会になるであろう。ドゥオーキンが選択運と自然運という意味不明な線引き基準を提示したり、「オークション」が各自の選択に基づくことを強調したりしたのも、そのことが少しはわかっていたからであろう。

2. 金のかかる人生の不運

この問題に関しては、選択や野心は関係がないのである。映画スターとして高額所得を得ることができないクロードが、別の仕事で平均以上の所得を稼ぐことができるとき、「怠けていないで、その仕事で働きなさい」とは言えるにしても、その仕事でたまたま失業した場合、「あなたの選択が悪い」とは言えないであろう。これは、現実の結果の問題であり、運の問題といってもよいが、その判定は、全員の人生が終わってからしないと時点に関し不平等な扱いをしたことになる。私は、これはばかげた思考路線だと考える。だから、根拠なく、平均値に基づく段階的（あるいは累進的）所得税制（負の所得税も含める）を採用することが、一つの是正策として有望だと考えている。労働のインセンティブその他の問題は、経済学者に任せておけばよい。

所得に関する映画スターの幸運とクロードの不運を、その効果を是正しさ

---

70 『格差原理』165-166頁、『ロールズとデザート』151-153頁、188-206頁参照。

えすれば、問題が解決すると考えることは、平等主義者、とりわけ運平等主義者が陥りがちな致命的な誤りである。

ドゥオーキンがそのような誤りを犯していると言っているのではない（むしろ、その後に登場する運平等主義者に比べれば、はるかにましである）[71]。だが、「金のかかる人生」という言い方で、映画スターになれる人が俳優業で働かなかったら、何か社会に費用を負担させているかのように思わせる、彼の文章表現には違和感を覚える。映画スターで稼げる人がそれをしないで遊んでいる場合の費用は、たしかに高い。遊んでいる間に失った高額所得がその費用である。その分、「金のかかる人生」を送ったことになる[72]。他方、高級酒を飲んで人生を送る貧乏なクロードも、たしかに「金のかかる人生」を送っている。しかし、代金を支払って酒を買ったのなら問題はない。

人生に「金がかかる」かどうかは、その人の嗜好（＝需要）――たとえば、どれだけ酒を飲みたいか、どれだけ映画スターの仕事を休みたいか――だけでなく、各種の商品や労働の需要（他人の嗜好）の偶然にもかかっている。労働能力も結局、需要の問題であることをドゥオーキン自身も認めた（前述第5節12の第二段落、本書95頁参照）。自分の所得が自己責任か否かの線引き基準として、選択運と自然運の区別は無内容であると私が主張した（前述第3節2および3参照）理由をご理解いただけただろうか。

---

[71] この点を論証するためには、「資源の平等」論文以外のドゥオーキンの著作も取り上げる必要があるから、本章では論証していない。論証抜きに、逆から説明すれば、運平等主義者は「分配の平等」を、「何のための」分配の平等かを考えずに、ただ正しいと仮定して、その実現のために運の効果を無にすることが最善だとこれまた仮定しているだけであるのに対して、ドゥオーキンは、ロールズと同じく「何のための」分配の平等かをちゃんと考えているということである。その点で、ドゥオーキンおよびロールズは、並の運平等主義者とは格が違う。両者を運平等主義の系譜に安易に位置づける正義論者は、この一番大事な点を軽視している。ドゥオーキンのいう「妥協」も、そのような文脈で捉え直せば、実はよく理解できる。彼が「政治的平等を経済的平等とまったく異なる問題とみなすことは完全な誤りである」（*SV*, 12/20, 109/153）という趣旨の注意をくり返しているにもかかわらず、「資源の平等」論文が「運」との関係であまりにも注目されたために、後続の研究者の一部が誤解した、ということであろう。もちろん、運平等主義の系譜においてロールズとドゥオーキンを無視するなら、それはそれで一つの考え方である。本書第2章も参照。

[72] 前掲注60参照。

責任があるかないかの線引きは、ドゥオーキンが平均値の採用の際にのべたのと同じ「実際上の理由」という名の理由にならない理由、あるいは、曖昧な意味での「便宜」もしくは「知恵」によってやるしかない。それが「理論的に」、あるいは説得という意味を越える意味での「正当化」によって、出てくるかのように思わせる正義論者のすべてに私は敵対している。

　クロードに対しては、「あなたの所得が低いのはたしかに不運ですが、平均値に基づく保証所得の範囲で生活してください」と、他方、税金が高すぎると不満をいう映画スターに対しては、「あなたが高額所得を稼いだという不運について当局は責任を負えません」とでもお願いするほかない。「リスクが平等だとしたら、仮想保険市場であなたがそれを選択したからですよ」と付言して、「よくわかりました」と言う人などいるのだろうか。

　最後にひとこと注意すれば、平均値の採用は、基礎的必要（basic needs）に基づくソーシャル・ミニマムの保障という伝統的な考え方に応じるものではない。保障水準が現状より高くなりそうだ、というだけである。

本章のむすびにかえて

　10年以上前、ドゥオーキンの「資源の平等」論文を、京都大学法学部3・4回生配当科目「外国文献研究」（平成13年度後期）という授業のテキストとして使ったことがある。そのときも、英文の表面的意味については教えることはできたが、内容についてはよくわからなかった。授業で何を言ったかは覚えていないが、おそらく、「私にはわかりません」とか「ドゥオーキンは間違っています」といった発言をくり返したはずである。優秀な受講生があまりに的確に訳すので、驚いた記憶がある。

　今回は、私が多少なりとも疑惑の目でながめている最近流行の運平等論のなかでドゥオーキンの「資源の平等」論はどのような位置にあるのか、という背景的関心をもって改めて読んでみたが、読んでも、読んでも、相変わらず理解できなかった。

　参考にならないかと、内外の若干の文献にも目を通してみたが、理解は一向に進まなかった。驚いたことに、教科書などで著者たちは、理解している

ような書き方をしていた。彼らからみれば、私のような理解力のない法哲学者のほうに、むしろ驚くのであろう。

　なぜわからないかを読者にわかっていただくために、原文の翻訳を大量に引用して、微に入り細に入り、穿った論評をするという手法をとらざるをえなかった。読者を辟易させたかもしれない。内容の薄さに比べ、あまりに長い論文を辛抱強く最後まで読んでいただいた読者の皆様には、その点を、私の能力欠如に免じ、お許しいただければ幸いである。

第 2 章　運平等主義の問題点

第 1 節　運平等主義

1. 運平等主義出現の背景

　福祉国家に対する最も常套的な批判として、貧困層を優遇するその諸政策が個人の選択とそれに伴う責任をあまりにも軽視するものではないかという保守派からの批判がある。その種の批判は、「天は自ら助くる者を助く」という信仰が強いアメリカ合衆国では、昔からとくに強力である。

　私の見るところ、ロールズは『正義論』(1971年)[1]において、成功をみずからの努力の賜物とし、貧困を怠け者の自業自得とみる[2]保守派富裕層に対して、「いや、そうではない。あなた方が成功したのは、努力する能力も含め、成功に結びつく各種の能力を運よくさずかり、しかも、それらを伸ばすことができる家庭および社会環境にもたまたま恵まれたからだ。そのような幸運に恵まれなかったとしたらどうだったかを考えていただきたい。不運な人々も含め、自由で平等な人格としての市民たちが協力して自由で平等な社会を築くことがアメリカの民主主義のめざすところではなかったか[3]」と熱心に説いた。

1　*TJ* 参照。これ以外のものも含め、略記については、本文に先立つ「略号等についての注記」参照。

2　このような見方を恐れて、かつてイギリスにいた法哲学者トム・キャンベルは、Tom D. Campbell, "Humanity before Justice," *British Journal of Political Science* 4 (1974): 1-16 において、デザート（たとえば貧困に「値する」という）概念と伝統的に結びつく「正義」を、福祉国家諸制度の第一の徳とするのに反対したが、今日からみれば、キャンベルとロールズの意図するところに大した違いはなかった、とみるのが穏当であろう。これについては、『ロールズとデザート』第 2 章第 4 節も参照。

3　この面でのロールズの見解についての私なりの解釈。ロールズに対する私の見方全般については、『格差原理』および『ロールズとデザート』の関連箇所を参照されたい。

にもかかわらず、福祉国家における自己責任の軽視という批判は弱まるどころか、レーガンが大統領になる頃から、アメリカ政治の現実においていっそう強くなった。政治哲学の内部でも、ロールズをはじめとする、経済的格差の是正をその最重要の課題とするかに見える平等主義的リベラリズムに対しても、同様の批判は依然向けられ続けている。そのような批判に応えるべく[4]、1980年代以降、リベラル派に属する政治哲学者の一部は、「選択」の「責任」という要素を取り込む平等主義的な分配的正義論を模索した。

かくして、ロールズをその萌芽とみなし、R. ドゥオーキン[5]、G. A. コーエン[6]、R. アーヌソン[7]を先導者とする[8]現代正義論上の一陣営が勃興した。

4　デザートの観点からこれに応えるものとして、Richard J. Arneson, "Egalitarianism and the Undeserving Poor," *Journal of Political Philosophy* 5 (1997): 327-350 参照。

5　Ronald Dworkin, "What is Equality? Part 2: Equality of Resources," in *Philosophy & Public Affairs* 10 (1981): 283-345, reprinted in his *SV*, pp. 65-119; "What is Equality? Part 1: Equality of Welfare," *Philosophy and Public Affairs* 10 (1981): 185-246, reprinted in his *SV*, pp. 11-64 をはじめとする *SV* 所収の諸論文を参照されたい。私による翻訳は、邦訳に必ずしも準拠していない。また、最初に挙げた「資源の平等」論文に対する私の読み方として、本書第1章参照。

6　G. A. Cohen, "On the Currency of Egalitarian Justice," *Ethics* 99 (1989): 906-944, reprinted in his *On the Currency of Egalitarian Justice, and Other Essays in Political Philosophy*, edited by Michael Otsuka, Princeton and London: Princeton University Press, 2011, chap. 1 ほか、同書第1部「運平等主義」所収の諸論文、ならびに後掲注13で言及するコーエンの著書を参照されたい。

7　多数の論文を精力的に公表しているが、さしあたり、Richard J. Arneson, "Equality and Equal Opportunity for Welfare," *Philosophical Studies* 56 (1989): 77-93; Equality of Opportunity for Welfare Defended and Recanted," *Journal of Political Philosophy* 7 (1999): 488-497; "Egalitarianism and Responsibility," *Journal of Ethics* 3 (1999): 225-247; "Luck Egalitarianism and Prioritarianism," *Ethics* 110 (2000): 339-349; "Luck and Equality II," *Proceedings of the Aristotelian Society*, Supplementary Volume 75 (2001): 73-90; "Luck Egalitarianism-A Primer," Carl Knight and Zofia Stemplowska (eds.), *Responsibility and Distributive Justice*, New York: Oxford University Press, 2011, pp. 24-50 等を参照されたい。何の平等かについて「厚生の機会への平等」の立場にたつアーヌソンを支持する論文として、井上彰「厚生の平等——「何の平等か」をめぐって」思想1012号（2008年）103-130頁参照。

8　Samuel Scheffler, "Choice, Circumstance, and the Value of Equality," in his *Equality & Tradition: Questions of Value in Moral and Political Theory*, New York: Oxford University Press, 2010, chap. 8, pp. 208-210 参照。同論文の初出は、*Politics,*

それは後に（1999年）、保守派では決してないが、そのような正義論上の対応に批判的なエリザベス・アンダーソンによって「運平等主義」（luck egalitarianism）というあだ名をつけられた[9]。

ロールズの『正義論』が公刊当初から綿密に検討され、広い分野で活発な議論と批判の対象になったのに比べると、運平等主義の場合、陣営の内部では、1980年代から細かい争点をめぐる論争が続けられていたものの、その外部に立つ者が本格的に検討し、批判することは、アンダーソンの論文が出た頃、つまり1990年代末から開始されたにすぎない[10]。だが、運平等主義者たちは、あだ名をいただいて、かえって元気になった。

2. 個人の責任を重視し、「何のための分配の平等か」を軽視する運平等主義

「現在人々の間に貧富の格差等の不平等があるとして、その原因について

Philosophy & Economics 4 (2005): 5-28. 以下、著書を *ET* と略記する。

広瀬巌「平等論の展開――ロールズ以降の「運の平等主義」の基本問題」川崎修編『岩波講座　政治哲学6　政治哲学と現代』（岩波書店、2014年）29-48頁も、今挙げた三者をその中心人物としている（同書30頁参照）。この論文は、彼ら以降の陣営内部の細かい論争についても取り上げている。それについては、本書では触れない。運平等主義を支持する重要な著書を一つ挙げるにとどめる。Eric Rakowski, *Equal Justice*, Oxford: Clarendon Press, 1991.

9　Elizabeth Anderson, "What is the Point of Equality?" *Ethics* 109 (1999): 287-337 at 289. この論文の紹介として、細見佳子「民主主義的平等論の可能性―― E. アンダーソンの「平等論の論点は何か」」九大法学103号（2011年）104-126頁がある。また、Stuart White, *Equality*, Cambridge: Polity, 2006 の運平等主義の章の紹介として、細見佳子「「運の平等主義」をめぐって――ステュワート・ホワイトによる検討」九大法学109号（2014年）61-74頁がある。

10　*ET*, 177 参照。運平等主義的傾向に対する比較的初期の批判ないし検討として、アンダーソン（前掲注9）によるもののほか、Jonathan Wolff, "Fairness, Respect, and the Egalitarian Ethos," *Philosophy & Public Affairs* 27 (1998): 97-122, Timothy Hinton, "Must Egalitarians Choose Between Fairness and Respect?" *Philosophy & Public Affairs* 30 (2001): 72-87, Marc Fleurbaey, "Egalitarian Opportunities," *Law and Philosophy* 20 (2001): 499-530; "Equality of Resources Revisited," *Ethics* 113 (2002): 82-105, Matthew Clayton, "Liberal Equality and Ethics," *Ethics* 113 (2002): 8-22, Robert van der Veen, "Equality of Talent Resources: Procedures or Outcomes?" *Ethics* 113 (2002): 55-81 等参照。

本人に責任があれば、その個人はそれに甘んじ、責任がなければ、本人に責任のない原因の結果として生じた格差を社会は（たとえば、政府による課税と福祉給付のシステムを通じて）解消しなければならない。これが運平等主義のエッセンスである。そこで「運」とよばれるものは、いわば「責任」の欠如概念である[11]。」と私は書いたことがある。このような意味での「責任主義」が、運平等主義の中核的要素であることは疑いない[12]。

そのような運平等主義の一応の定義に対して、運平等主義者の多くもそれほど反対しないものと思われる。しかし、それは奇妙といえば奇妙な定義でもある。運の影響をゼロにすることが運平等主義の目標ならば、運の影響がゼロになったからといって、結果としての「平等」——それをどう理解するにせよ（ただし、「平等」＝「運の影響ゼロ」という無内容な定義をする場合を除く）——が達成されるかどうかはわからないからである。つまり、運平等主義は、定義上、「平等」とは関係がない、ということである[13]。

にもかかわらず、運平等主義の陣営に属するとされる現代正義論者のほとんど全員が、何らかの意味での「平等主義者」だと自己理解しているのもまた確かである。彼らに共通する態度を一言でいえば、平等はよいものと仮定され、なぜよいかを問わない点にある[14]。

平等をめぐる問題として、次の三つが考えられる。第一に、平等とは何か。たとえば、社会における平等の程度をどうやって測るかをめぐって、最高値と最低値の差の縮小か、最低値の上昇の優先か[15]、ジニ係数か、等々の

---

11 本書第1章第1節の第二段落、1頁参照。
12 *ET*, 211 参照。
13 実際、アーヌソンは、G. A. Cohen, *Rescuing Justice and Equality*, Cambridge, Massachusetts: Harvard University Press, 2008 を Richard J. Arneson, "Justice is not Equality," *Ratio* (*new series*) 21 (2008): 371-391 において批評する際、この点を積極的に認めている。
14 この特徴は、かつての「平等の推定」を支持する正義論者にもあった。『ロールズとデザート』第2章第5節参照。
15 Derek Parfit, "Equality and Priority," *Ratio* (*new series*) 10 (1997): 202-221 （これは、ibid., p. 202n. 1 にあるとおり、*Equality or Priority?* The Lindley Lecture, Lawrence: University of Kansas, 1995 の短縮版であり、頻繁に引用されるが入手が難しく〔後に気づいたが、Matthew Clayton and Andrew Williams (eds.), *The Ideal*

候補がある[16]。これは、第二の問題とも密接にかかわっている。

　第二に、何の平等か。たとえば、厚生の平等か、厚生への機会の平等か、資源の平等か[17]。運平等主義に与する論者は、これが平等主義の根本問題だ

---

of Equality, New York: Palgrave Macmillan, 2002, pp. 81-125 に再録されている〕、私は未見であるので、参照指示は前者から行う)。パーフィットは、厚生の絶対値が低い人ほど、その上昇に与えるべきウェイトが重くなるという考え方を Priority View「(低値)優先主義」と呼んで、これを厚生の高い人と低い人の相対的格差が縮小することをよしとする(値の高い人の足を引っ張ることもよしとする)通常の「平等主義」と峻別している (pp. 211ff.)。だが、哲学者の間では、優先主義も「平等」の一つの解釈とみなされることがある。その一例として、Shelly Kagan, "Equality and Desert," Louis P. Pojman and Owen Mcleod (eds.), What Do We Deserve? A Reader on Justice and Desert, New York: Oxford University Press, 1999, pp. 298-314, at 299 and 313n. 3. Cf. Larry S. Temkin, Inequality, New York and Oxford: Oxford University Press, 1993, pp. 245-248.

　パーフィットは、優先主義では、個人の厚生の絶対値の低さに応じてウェイトが増大するのに対して、ロールズの格差原理は、社会内で厚生値(目下の問題では基本善指数で代用してかまわない)が一番低い人(々)だけに着目するかぎりで相対的比較に依拠しており、それとは異なると考えているらしい (p. 217)。だが、格差原理は、最低値の人に全ウェイトをかける、優先主義の特殊形態とみなすこともできる。もっとも、倫理学の伝統と流行に依拠して一見中立的な議論を展開するパーフィットの差別化の力点は、絶対値の比較か、相対的比較かという点にある。その際、厚生の絶対値が低いという理由だけで、自分の住む社会から遠く離れたところにいる見知らぬ困窮者や動物などへの援助の正当化に優先主義を使おうとする秘かな意図が垣間見える。しかし、私見によれば、それは、絶対値の比較か、相対的比較かという問題ではなく、何を自分が属する「社会」(動物も含め——私は、哲学者を自称するなら、植物、無生物、ロボット、冷蔵庫はどうなのかとなぜ考えないのかという疑問を昔から抱いている)と考えるべきか、という問題である。パーフィット自身(おそらく)よくわかっているように、それは、暗黙裡に自分が属する社会と自分がみなすものを前提にして、何が道徳的に善いか、何が道徳的に正しい行為かを問う、という西洋倫理学の伝統的な問題設定では、もはや対処できない。私が社会的正義の問題に参入する倫理学者全般、正確にいえば、倫理学・哲学の教育を通じて身につけたそのイデオロギーに無自覚な者、わかりやすくいえば「応用倫理学」などという言葉をカズイスティク以外の意味で口にする者に批判的なのは、その点を軽く考えすぎているからである。法学が法学上の問題に答えることしかできないのと同様、倫理学も倫理学上の問題にしか答えることができない。

　私は、discipline がしっかりしている点で経済学のほうをまだ信頼しているが、「応用経済学」などという言葉が、流行しないことを祈る。ロビンズ(中山伊知郎監修、辻六兵衛訳)『経済学の本質と意義』(東洋経済新報社、1957年)参照。私の帰属する法哲学界は現在、幸か不幸か、discipline がほとんどないから、応用しようがない。

と考えていることが多い。

　第三に、何のための平等か[18]。それははたして、分配の理想にすぎないものなのか。たとえば、ロールズ[19]は、民主的な政治文化をもつ諸国におい

　ちなみに、法哲学者とされる R. ドゥオーキンは、法学の伝統的な方法、すなわちアナロジーと、「物権、債権」といった相互に排他的でない分類とを柔軟に多用する法教義学（Rechtsdogmatik,「法解釈学」と訳されることが多い。19 世紀初め頃までは、同義だが Hermeneutik des Rechts という言い方も普通にあった。なお、「判例法はそれと異なる」などと言うのは、英米の判例を読んだことがない人の発言である）の方法（のみだが）を、社会的正義論に応用しているだけである。分析的でも論理的でもなく、徹頭徹尾教義学的である。その有様については、本書第 1 章参照。法的思考に関する私の見方については、亀本洋『法的思考』（有斐閣、2006 年）および『法哲学』34-115 頁、217-242 頁、342-363 頁参照。

　倫理学も元々は、教義学とカズイスティクの結合であるから、その残滓は今でも多分に見られる。私と正反対の見方として、井上彰「分析的政治哲学の方法とその擁護」井上彰・田村哲樹編『政治理論とは何か』（風行社、2014 年）15-45 頁、とくにドゥオーキンに関し、33-34 頁参照。誤解を与えないように付言しておくが、教義学とカズイスティクの意義を、使い方を間違えないかぎり、私は高く評価している。それを「分析的」とか「論理的」と見るのに反対しているだけである。

　話をパーフィットに戻すと、彼が価値多元論（この場合は価値二元論であって、全体または平均の厚生の上昇という価値と、厚生の不平等ないし最低値の改善という価値とのウェイトづけを問題にしている）の立場への支持を匂わせて、経済学が使う無差別曲線と同様の発想を、微妙かつ面倒な言い方で倫理学に応用しているだけである点も、私の不信を増大させるのに十分ではあるが、予算制約線に相当するものを無視している点、つまり、ウェイトづけだけでは解が出ないことを忘れている点も致命的である。ただし、これは倫理学者と法学者の双方に共通にみられる思考の特徴である。

16　詳しくは、Temkin（前掲注 15），*Inequality* 参照。

17　以下の注で挙げる諸論文の大半と重複することもあり、すべてを列挙することはしないが、関連する重要論文が、Peter Vallentyne (ed.), *Equality and Justice*, Volume 4, *Distribution of What?* New York and London: Routledge, 2003 に収められている。

18　もう一つ、「だれの間での平等か」という問いも立てることができる。それは、一方で国民国家内の外国人、文化的、宗教的、民族的、あるいはエスニックな少数派の処遇の問題に通じ、他方でグローバル・ジャスティスの問題に通じるが、本章では扱わない。とくに前者の問題と分離できないことを承知しつつも、本章では話題を、民主的社会を構成する citizen（市民）間の平等の問題に限定する。後者の問題については、井上達夫『世界正義論』（筑摩書房、2012 年）、宇佐美誠編著『グローバルな正義』（勁草書房、2014 年）参照。

19　John Rawls, *Political Liberalism*, New York: Columbia University Press, 1993 (Paperback Edition, 1996); Samuel Freeman (ed.), *John Rawls: Collected Papers*, Cambridge, Massachusetts: Harvard University Press, 1999; Erin Kelly (ed.), *Justice*

て、自由かつ平等な道徳的人格としての市民が社会的協働の公正なスキームのもとで、各自の望む人生を送るためには、どのような正義原理とそれに従う社会制度が求められるかという観点から「市民間の平等」の内容を規定した。また、しばしば運平等主義の先導者とされるドゥオーキン[20]でさえ、社会（政府・国家）が個々の市民を「平等な配慮と尊重」をもって「平等者として扱う」にはどうすればよいかという観点から「市民間の平等」の内容を規定した。彼らは、「何かを何らかの意味で平等に分けること」がリベラル・デモクラシーの政治社会における「平等」の意味のすべてだと考えたわけではない[21]。

これに対して、運平等主義者の多くは、第一および第二の問題については精力的な考察を展開するのと裏腹に、政治哲学にとって一番重要な第三の問題を問わない。第一および第二の問題を経済学の緻密な手法を用いて解こうとする経済学者が運平等主義をめぐる論争に横から参入しているのが、その証拠である。

もちろん、経済学を本職とする者が政治哲学を論じることは大いに結構である。だが、その際には、みずからの経済学者としてのイデオロギー、すな

---

  as Fairness: A Restatement, Cambridge, Massachusetts: Harvard University Press, 2001, 田中成明・亀本洋・平井亮輔訳『公正として正義 再説』（岩波書店、2004 年）も参照。

20 Ronald Dworkin, *Taking Rights Seriously*, Cambridge, Massachusetts: Harvard University Press, 1977, 木下毅・小林公・野坂泰司訳『権利論〔増補版〕』（木鐸社、2003 年）、*SV* 参照。

21 したがって、井上彰「平等——なぜ平等は基底的な価値といえるのか」橋本努編『現代の経済思想』（勁草書房、2014 年）173-201 頁で扱われているような平等の基底性をめぐる議論は、私見によれば、政治哲学から独立の純粋倫理学内部でのものであって、リベラルな政治社会における平等の意味づけではない。たとえば、一人の「合理的」人間の道徳判断を規定するように見えるカントの定言命法を、ロールズがなぜ原初状態の当事者たちによる社会契約と同一視したか、その問題意識を理解する必要がある。ロールズの頭のなかでは、自由で平等な道徳的人格としての市民からなる社会が、カントの「目的の王国」と同一視されている。『正義論』（前掲注1）に加え、John Rawls, *Lectures on the History of Moral Philosophy*, edited by Barbara Herman, Cambridge, Massachusetts: Harvard University Press, 2000, pp. 143-325, 坂部恵監訳、久保田顕二・下野正俊・山根雄一郎訳『ロールズ哲学史講義　上・下』（みすず書房、2005 年）219-469 頁参照。

わち、経済学教育を受けることによって知らず知らずのうちに身につけた「経済学的世界観」を自己批判しなければならない[22]。政治哲学においては、パレート最適、富の最大化については言うまでもなく、厚生や潜在能力の平等[23]等を無前提に目標として議論を展開することはできない（経済学の内部で、その倫理的・政治的よさを棚上げして、適当に目標を設定して理論を展開するのは大いに結構である）。

「選好[24]」、「厚生」、「資源」等の経済学の専門用語を流用することによっ

22　アルフレッド・マーシャルは、『経済学原理』（第8版、1920年）第一篇「予備的展望」の最後を、次のような文章で締めくくっている。「財産権はそれ自体としては経済学を建設した指導者たちの尊重するところではなかった。しかし経済学の権威が既得権の極端に反社会的な利用を主張する人々によって誤って利用されて来た。それゆえに私有財産権を何らかの抽象的な原理に基づいて擁護するのではなく、過去において堅実な進歩と不可分であったという観察に基づいて擁護するのが、注意深い経済学研究の傾向であること、またそれゆえに社会生活の理想状態には不適切であるように思われる権利であっても、それを廃止したり、修正したりすることは、注意深くかつ試験的に進めることが責任ある人間の責務であることを、述べておく方がよいかも知れない」と。永澤越郎訳『経済学原理　第一分冊』（岩波書店、1985年）65頁。
　倫理学的政治哲学者が経済理論を稚拙に応用して議論を展開するのは微笑んで許せるにしても、経済学者は、政治哲学者が提示する理想の実現が経済学的に見ていかに困難かを、その優れた想像力をもって科学的に明らかにするのに一番貢献できるものと私は考えている。正義、衡平（equity）、公正（fairness）、自由等について語る経済学者の一部は、その逆のことをしているように見える。マーシャルが上記引用箇所で、かつての「エコノミスト」（＝「経済学の権威を既得権の極端に反社会的な利用のために利用する人々」）について語っているのと同様に、参加者の善意にかかわりなく、学問分野ひいては政治権力の覇権をめぐる闘争の一環と見るほうがいっそう真実に近いとは思うが。このような私の学問闘争観に近いものとして、イアン・ハッキング（出口康夫・大西琢朗・渡辺一弘訳）『知の歴史学』（岩波書店、2012年）参照。
23　運平等主義をめぐる論争というよりも、厚生の平等か資源の平等かの論争に、「潜在能力（capability）の平等」をもって参入する経済学者の著書として、Amartya Sen, *Inequality Reexamined*, Oxford: Oxford University Press, 1992, アマルティア・セン（池本幸生・野上裕生・佐藤仁訳）『不平等の再検討』（岩波書店、1999年）参照。センの正義論については、若松良樹『センの正義論　効用と権利の間で』（勁草書房、2003年）参照。『法哲学』576頁で、私はセンを政治哲学者とはみなさなかった。いずれにせよ、センは、運平等主義にコミットしていない点には注意されたい。
24　倫理学者は、「選好充足」（preference satisfaction or fulfillment）という言葉をよく使う。「選好」を経済学的意味で解すれば、選択肢が二つ（だけ）あって、そのいずれを選ぶか、という問題である。「満足」とは直接の関係はない。だから、彼らは、

て、社会的正義論における平等をめぐる議論は進歩したとみる研究者も多いかもしれない。だが、私見によれば、運平等主義者は、デザートに応じた分配、必要に応じた分配などの項目で倫理学者が伝統的に論じてきた正義の問題に、進歩したかに見える難解な仕方で答えようとしているだけである。実質的な解答についても、なにか新しいことを言っているわけではない。たとえば、難病に陥っている人々は、そうでない人々よりも、金のかかる医療を必要としているから、社会は彼らに多くの税金を投入しなければならないと主張するのに、経済学では明確な意味をもつ「厚生」や「資源」といった用語を、素人が不分明な仕方で流用し、説明して何になるのか、私にはわからない。

運平等主義者の多くは、ロールズが、デザート論をはじめとする伝統的な正義の扱いではなぜだめなのかを問うた問題意識を見事に無視した。ロールズがもし生きていれば、今日の専門化された運平等主義がその根本において、現代正義論の退歩の一徴候であることを即座に見てとったはずである。

3. 運平等主義は政治哲学か

いずれにせよ、経済学風の概念を濫用する運平等主義者の理論は、政治哲学において利用可能な道具——とりわけ、混乱を避け、議論の明析化に資するための道具——にはなりえても、政治哲学にはなりえない[25]。政治と権力の問題に関心がない倫理学者系統の運平等主義者についても、基本的に同じことが言える。もっとも、権力問題の軽視は、アイザイア・バーリン[26] が活

個人がその選好どおりに事が運ばない場合に、それをだれかが助けて満足させてくれる場面を思い浮かべているのであろう。それだけなら何とか理解できるが、彼らの一部が、三つ以上の選択肢を考えて、そのランクが一番のものを実現させるのが「選好充足」だと言っているのを見ると、もはや経済学的（あるいは日常英語の）意味での「選好」の定義を越えており、私の頭は混乱する。堅いことを言わずに、desire と同じだと解すればよいのかもしれないが。

25 誤解のないように付言しておくが、運平等主義の中心人物とされていると先にのべたドゥオーキン、コーエン、アーヌソンの三者が完全にそうだと言っているわけではない。ことに、ドゥオーキンとコーエンは、後続の「理論的な」運平等主義者（私の不勉強のため、本章では扱うことができない）と比べれば、はるかに政治哲学者的である。

躍した時代の政治哲学と比べて、ロールズやドゥオーキンを含め、1960年代以降の英語圏のリベラルな平等主義者全般の特徴であり、その点で運平等主義者がとくに抜きに出ているわけではない。

政治哲学者ならだれでも、個人の責任を云々する国家権力を構成する軍人、政治家、官僚、司法官、財界、マスコミ、学者、そして彼らに追従する一般市民のほとんどが責任をとらないことを歴史上の事実として知っている。政府が市民の幸福のためにパターナリスティックに介入することを勧める理論家は、それが特定個人を不幸にしたときの政府の政治家、役人、そして彼らに従う民間人の責任を不問にする。つねに責任をとらなくてはいけない、と言っているのではない。その問題を考えない[27]ことがいけない、と言っているだけである。

「運平等主義」の名付け親、エリザベス・アンダーソン[28]は、民主的社会の理想としての「平等」が、運と対立するのではなく、圧政、身分制、社会的地位・特権の厳格な階層化とその相続、権力の非民主的な分配と対立することを強調している[29]。私からみれば当然の主張のように思われる。だが、何のための分配の平等かを等閑視して、運と不運ばかりに注目する運平等主義の動向は、政治哲学者を自任する人々にこのことを忘れさせるのに貢献した。

26　Isaiah Berlin, "Equality," *Proceedings of the Aristotelian Society* 56 (1955-56): 301-326, 河合秀和訳「平等」福田歓一・河合秀和編『時代と回想〔バーリン選集2〕』（岩波書店、1983年）301-337頁、*Four Essays on Liberty*, London and New York: Oxford University Press, 1969, 小川晃一・小池銈・福田歓一・生松敬三訳『自由論』新装版（みすず書房、1979年）参照。濱真一郎『バーリンの自由論——多元論的リベラリズムの系譜』（勁草書房、2008年）も参照。

27　「リバタリアン・パターナリズム」という奇抜な名称で、そのような立場をとるサンスティンら、Cas R. Sunstein & Richard H. Thaler, "Libertarian Paternalism Is Not an Oxymoron," *University of Chicago Law Review* 70 (2003): 1159-1202 への批判的コメントとして、Hiroshi Kamemoto, "Responsibility of the Planner," Yasutomo Morigiwa and Hirohide Takikawa (eds.), *Judicial Minimalism-For and Against*, Stuttgart: Franz Steiner Verlag, 2012, pp. 73-74 参照。

28　前掲注9参照。

29　Samuel Scheffler, "What Is Egalitarianism?" in his *ET*, chap. 7, p. 191 参照。同論文の初出は、*Philosophy & Public Affairs* 31 (2003): 5-39.

第1節　運平等主義　115

　もちろん、運平等主義の専門家が内輪のこまごまとした論争で干戈を交えるのは結構である。論争は一般に、教義となる前提を共有する者たちの間でやったほうが実り多いこともまた真実である。タコツボ化というのは、その一帰結である。他方、政治哲学上の論争は、教義の争い、土俵の争いになりがちであり、不毛な論争に終始することが多いのもまた真実である（これを政治哲学の内部ではなく、アメリカ合衆国の政治社会の内部においてやめさせようとしたのがロールズの「政治的リベラリズム」の心である）。そのかぎりで、政治哲学に進歩はない。永遠の論争があるだけである。だからこそ、政治哲学者は、古代ギリシアや古代中国の思想を今でも参照できる。政治哲学を「政治理論」などという言葉で語るのは、この真実を忘却した人々の言葉である（もちろん、本当に「理論」であれば、かまわない）。その主著に、その実質が「正義の教説（doctrine）」であるにもかかわらず、「正義の理論（theory）」という名をつけたロールズからの悪影響かもしれない。だが、ロールズ自身、「政治的リベラリズム」がセオリーだとはどこでものべていない。彼は晩年、『正義の理論』（A Theory of Justice）において経済学を道具として利用したことを後悔していたかもしれない[30]。

4. 本章の課題

　しかし、本章は、このような現代の「政治哲学」全般のあり方を正面から批判するという大それたことを試みるものではない。以下では、ただ運平等主義に対する上記のような疑問を、アメリカの政治哲学者、サミュエル・シェフラーの見解[31]を紹介しつつ、詳らかにするという作業に課題を限定したい。

　シェフラーをとくに取り上げる理由は、ここ数年、「ロールズとデザート」という切り口で現代正義論の一側面を垣間見てきた[32]私から見て、ロールズ

30　たとえば、John Rawls, "Reply to Alexander and Musgrave" (1974), *Collected Papers*（前掲注19）, pp. 232-253 や『正義論』改訂版（前掲注1）の経済学に関連する修正箇所から垣間見えるロールズの気持ちを読み取られたい。
31　主として、前掲注8と29で挙げた、運平等主義の傾向を批判する二論文に現れた見解。以下、第2節および第3節は後者の、第4節は前者の紹介である。
32　前掲注3で挙げた拙著の両方を参照されたい。デザート論は、デザートが与えられ

とデザート、そして本章の主要な関心である運平等主義を含め、ロールズ以降の現代正義論全般について、英語圏の政治哲学者のなかでは共鳴するところの最も多い主張を展開してきた人だからである[33]。

以下では、シェフラーの見解を比較的忠実に紹介した（第2節〜第4節）後、若干の感想めいたことをのべることにしたい（第5節）。遺憾ながら、シェフラーによる批判に対する運平等主義者たちからの応答[34]については、取り上げることができなかった。

第2節　運平等主義者の問題関心

1. 運平等主義の思想とその帰結

シェフラーによれば、運平等主義者全般に共通する中心的な考え方（コア・アイデア）は、次のようなものである。

> 人々が享受するアドヴァンテージの不平等は、本人が自発的になした選択に由来するものであれば受け容れることができるが、それぞれの人の状況の選択せざる特徴に由来する不平等は正義に反する（ET, 176）[35]。

そこでいう「選択せざる状況」（unchosen circumstances）には、一方で、人が生まれ落ちた家族の階層や富といった社会的要素が含まれ、他方で、生まれつきの能力や知能といった自然的要素が含まれる、と運平等主義者は理解している（ET, 176）。

るべき人の「責任」の問題を明示的にせよ、暗黙裡にせよ、考慮せざるをえない。したがって、運平等主義の問題関心と必然的に重なるが、射程ははるかに広い。

33　*ET*（前掲注8）所収の全論文のほか、Samuel Scheffler, *Boundaries and Allegiances: Problems of Justice and Responsibility in Liberal Thought*, Oxford: Oxford University Press, 2001 も参照。

34　たとえば、Carl Knight, *Luck Egalitarianism: Equality, Responsibility, and Justice*, Edinburgh: Edinburgh University Press, 2009, pp. 114-115, 178-179, and 181-184; Kok-Chor Tan, *Justice, Institutions, and Luck: The Site, Ground, and Scope of Equality*, Oxford: Oxford University Press, 2012, chap. 5 参照。

35　以下、このようなかたちで、*ET*（前掲注8および29参照）の該当頁を示す。句点の前に括弧がある場合は、直前の文章の該当箇所を示す。句点の後に括弧がある場合、それ以前の文章ないし段落を含めた該当頁であることを示す。

アドヴァンテージの一例として所得をとって、その再分配のための課税について説明すれば、運平等主義は、「状況」に由来する所得の全部に課税し、「選択」に由来する所得の全部を課税対象からはずすという結論を含意する。

これは、リベラルな社会の常識的道徳と一面では一致するが、他面では対立する。常識的道徳も、「状況」に属する人種、宗教、性別、エスニシティ等に基づく差別の結果生じる分配の不平等を拒絶する。しかし、常識は、生まれながらの能力に由来する所得の全部に課税せよとか、本人の選択した努力や過分の長時間労働による所得は全部、課税対象からはずせ、とまでは言わない。(*ET*, 176-177)

2. 運平等主義者の問題関心の狭さ

シェフラーの見るところ、運平等主義者は、「分配の平等」という理想をどう解釈するのが最善かを問うのみであって、なぜそれが分配的正義の理想なのかを問わない。運平等主義者の議論の相手は、平等主義者のみであって、それに反対する論者は最初から眼中にない[36]。

したがって、運平等主義は内輪の議論であって、その争点は、第一に、運平等主義者は何の平等を望んでいるのか、厚生か、資源か、厚生への機会か、アドヴァンテージへのアクセスか、等々という問題、第二に、どのようなディスアドヴァンテージが補償されるべきか、身体的ハンディキャップか、医療上の必要か、才能の欠如か、自分が望まない気性か、等々の問題ということになる。(*ET*, 182-183)

このような運平等主義の問題設定からすると、ロールズも「資源の平等」を支持し、「厚生の平等」に反対する者として解釈し直されることになる。しかし、ロールズの功利主義批判を素直に読めば明らかであるが、彼が反対したのは、「厚生の最大化」をよしとする立場であって、「厚生の平等」をよしとする立場ではない。敵が厚生の最大化から厚生の平等に変わると、異論も姿を変える。すなわち、資源から効用への変換効率が異常に高い「功利の化け物」(utility monsters) から、その変換効率が異常に低い「金のかかる嗜

---

36 シェフラーは、そのような立場が最も鮮明に現われているものとして、Arneson (前掲注7), "Equality and Equal Opportunity for Welfare" を挙げている。

好」(expensive tastes) をもつ者へ。いずれにしても、他者は、彼らの犠牲になるおそれがある。(*ET*, 184-185)

シェフラーは、運平等主義者による解釈に反し、功利主義を平等の理論として解釈するのが最善だ[37]ということにはならない、という当然至極のことを強調している。彼は、そのような功利主義解釈は間違っているという、これまた当然のことを主張する。(*ET*, 186)

シェフラーによれば、平等化の対象が厚生か資源かという運平等主義者内部の争いにおいては、ロールズが功利主義との対決において明確に認識していたのとは異なり、厚生主義が善の理論として妥当か否かという問いと、平等化するべきは個人の善を達成する手段か、それとも、個人の善そのものかという問いとが必ずしも峻別されていない。しかも、正義は何かの平等分配を要求するという考えが、議論の出発点として当然視されている。(*ET*, 187)

3. 選択と状況の区別とその難点

シェフラーが最も疑問視するのは、運平等主義の中心テーゼに含まれる「選択」と「状況」の峻別である。彼の第一の疑問は、それが、反平等主義的右派の政治哲学者と同様に、「選択」というカテゴリーについてのいかがわしい形而上学的テーゼに依存せざるをえないのではないか、というものである（後述第4節3も参照）。

---

[37] シェフラーは、そのような解釈をとる者として、*ET*, 186n. 27 に以下の人を挙げている。Dworkin, *SV*, 62-64; Will Kymlicka, *Contemporary Political Philosophy: An Introduction*, London: Clarendon Press, 1990, chaps. 2 and 3, and *Liberalism, Community, and Culture*, Oxford: Clarendon Press, 1989, chap. 3; Rakowski（前掲注8), pp. 23-25; Sen（前掲注23), pp. 13-14（邦訳18-19頁）。ただし、センは、功利主義にも、全体の厚生の最大化のために限界効用の平等をよしとするなど、平等主義的要素があると主張しているだけであり、功利主義の平等主義的解釈が最善だとまでは主張していない。

なお、上記キムリッカの著書の前者の邦訳として、岡﨑晴輝・木村光太郎・坂本洋一・施光恒・関口雄一・田中拓道・千葉眞訳『現代政治理論』（日本経済評論社、2002年）がある。また、シェフラーは挙げていないが、その第2版として、*Political Philosophy*, 2nd ed., London: Oxford University Press, 2002, 訳者代表千葉眞・岡﨑晴輝『新版 現代政治理論』（日本経済評論社、2005年）がある。

「状況」のカテゴリーに入れられるものはすべて、因果秩序の偶然的特徴であり、個人のコントロール下になく、彼または彼女の人格に結びついていないのに対して、「自発的選択」は、個人の完全なコントロール下にあり、その行為主体性の純粋な表現である。シェフラーは、そのような対照は支持できないとする。

自分が選択したわけではない個人的特質や生まれ落ちた社会的状況も、その人固有のアイデンティティの不可欠な一部であるし、他方で、「自発的」選択も、その人のパーソナリティ、気性だけでなく、その人がいる社会的文脈に影響されるからである。G. A. コーエンは、選択と状況の区別への依拠が、運平等主義者を哲学上の自由意志問題に首を突っ込ませることを認めた上で、それは「不運にすぎない[38]」と開き直っている。(*ET*, 187-188)

シェフラーの第二の疑問は、「状況」に由来する不利（ディスアドヴァンテージ）は完全に補償されるが、「自発的選択」の結果である不利はまったく補償されない、という主張は道徳的に見ておかしいのではないか、というものである。

選択したものではない個人的属性が不利なものであっても、われわれが他の人々にその補償を要求しないものが多々ある。他方、人の緊急の医療的必要をさかのぼれば、本人の過失もしくは愚かさまたはリスクの高い行動に行き着く場合でも、その人が必要とする治療を拒否することが正しいとされるわけではない。まして、緊急の必要が自己利益的選択またはよく考えた上での選択から生じた悪い結果だからといって、人は助けてもらう権利を自動的に失うわけではない（*ET*, 202）。

普通の道徳からみて疑問を呼び起こすこのような運平等主義の帰結は、選択と状況の境界線の引き方を変えることによって対処することができそうである。たとえば、ドゥオーキンは、その線引きは「普通の人々の倫理的経験[39]」に根差すべきであるとして、野心、嗜好、好み、確信、性格の諸特質等、選択したと直截には言えないようなパーソナリティの諸側面も「選択」の側に入れている。

---

38 G. A. Cohen（前掲注6), *Ethics* 99, p. 934; *On the Currency of Egalitarian Justice*, p. 32.
39 *SV*, 289-290/390. 詳しくは、*SV*, 287-303/387-406, 322-325/432-434 参照。

その根拠は、第一に、それらのパーソナリティの諸側面は、人の行動の動機を提供する、あるいは、人の目的追求に影響するという意味で、人がなす選択と関連しているということ、第二に、人々はパーソナリティのそれらの側面を通常自己同一化しており、それらを保有する費用を負担しなければならないと予期しているという意味で、それらに対する「結果責任」を負担しなければならないと自覚しているということにある、とされる。

こうした線引きの一帰結として、人々は、金のかかる価値観や嗜好に対する補償を普通は要求できないことになる。しかし、シェフラーが鋭く指摘するとおり、上記第一の意味でも、第二の意味でも、才能や能力も選択の側に位置づけることができる。その場合、人々は、才能に由来する差別的報酬への権利をもつことになる。生まれつきの才能を「状況」の側に入れないならば、運平等主義の規範的主張は、ほとんど無内容なものになってしまう。(*ET*, 188-190)

運平等主義の狙いは、平等を本質的に分配上の理想とみなした上で、ドゥオーキンのいう「自然運」(brute luck)[40] が分配に与える効果を排除することにあるから、シェフラーによれば、補償を受けるために、不利の原因を「自己」のさまざまな側面——意志によるものか、選択せざる才能や個人的状況によるものか——について根掘り葉掘り探すという意味で、「内向きの」判断に基づいて分配上の決定をするということにならざるをえない。結果的に、市民に、仲間の市民の深い「自己」に立ち入り、その人の不運に対するその人の責任の程度について、何様かと言わんばかりの道学者的判断をすることを奨励することになる。(*ET*, 190-191)

4. 道徳的・社会的・政治的理想としての平等

シェフラーによれば、以上にのべたすべての点で、運平等主義の平等概念

---

40 *SV*, 73-74/105.「選択運」(option luck) と対比される用語だが、両者の区別が無意味であることについては、本書前述第1章参照。「運」は、自分の行為から独立な自然の諸事象の偶然的生起の自分にとっての結果について、よいとか悪いと語られるもの、と考えればよい。ドゥオーキンの意図からは相当ずれるが、ここでは「自然運」も、それと同じものと考えておけばよい。

は常識的な理解から乖離する。平等は普通の理解では、分配の理想ではないし、平等の目的が不運の補償にあるわけでもない。シェフラーは、常識的な意味での平等を以下の三つの観点から捉え直している。

平等は第一に、人々の相互関係を規定する道徳的理想である。この理想は、各人の気性、能力およびその他の状況の偶然的相違に注目するのではなく、むしろ、人々の間の否定しがたい相違を捨象して、人間関係が、すべての人の人生が等しく重要であり、社会の全員が平等な地位をもつという想定に基づいて営まれなければならないことを要求する。つまり、道徳的理想としての平等は、すべての人が等しい価値をもつこと、そして、人々は人（person）としての地位をもっているということだけのゆえに互いに主張することができる若干の権利をもっている、ということを積極的に肯定する。

第二に、社会的理想としての平等は、人間社会は、平等な地位をもつ平等者間の協働的取り決めと考えられねばならないとする。

第三に、政治的理想としての平等は、市民が市民としての地位のゆえに互いに主張することができる権利に光を当てる。そのような権利を主張するために、個別的「状況」の詳細について道学者的な言い訳をする必要はない。それは、才能、知能、知恵、決定能力、気性、社会階層、宗教、エスニシティ、アイデンティティのいかんにかかわりなく、市民としてのみ見られる権利がいかに重要であるか、これに徹底してこだわる。

シェフラーは、社会的正義論において追求するべき平等が、その基礎に道徳的理想を置くと同時にそれ以上の要求内容をもつ、社会的・政治的理想だと考えている。もちろん、社会的・政治的理想としての平等は、その実現のためにどのような分配がよりよいかという問題にもかかわるかぎりで、分配上の含意をもっている。人々の間の偶然的相違をつねに無視すれば、その理想が実現されるというものではなく、場合によっては、人々の間の「状況」の相違にも着目して分配を行わなければならない。しかし、その分配が、個人の選択と選択せざる状況の形而上学的区別に依拠する分配と一致する保証はどこにもない。

運平等主義に対するシェフラーの最大の不満は、その分配上の平等主義が、社会的・政治的理想としての平等の何らかの解釈に繋ぎとめられていな

い、という点にある。身も蓋もない言い方をすると、選択と状況の区別に応じて運の効果を一掃し、分配の平等を図っても、なぜそうするべきなのかに関する社会的・政治的理想が背後でそれを支えないとしたら、単なるフェティシズムに終わってしまう、ということである。(*ET*, 191-193)

　社会的・政治的理想としての平等についてのシェフラーの説明が、ロールズが『正義論』で示した分配的正義の見方を大いに受け継いでいることは、ロールズを知る研究者には明らかであろう。次節では、ロールズと運平等主義の関係についてのシェフラーの明敏な見解を紹介する。だが、その前に、運平等主義を支える平等の解釈とまではいえないが、運平等主義を支える直観とはいえそうな通念に対するシェフラーの鋭い洞察を紹介しておこう。

5. 道徳的責任の前提条件と運平等主義

　人のコントロールを越えた事柄について、その人の道徳的責任を問うことはできない、という人口に膾炙した考え方がある。これと運平等主義の主張は、一見似ているように見える。だが、シェフラーによれば、両者は、その規範的主張の階層を異にする。前者は、行為者が責任を負うことができるための前提条件についての規範的言明である。これに対して、運平等主義の主張は、平等を、分配上のデフォルト(初期設定)として採用するべきだとする一階の規範的判断である。その上で、運平等主義は、そのベースラインから離れることが正当化されるのは、適切なコントロール条件がみたされたとき、そして、そのときに限ると主張するのである。

　すでに見たように、シェフラーは、運平等主義の一階の規範的主張を疑っている。だが、平等をデフォルトとする運平等主義の主張がもっともらしく見えるのは、その主張が、道徳的責任を負わせるための前提条件に関する二階の主張の自然な延長と誤って考えられている[41]からではないか、という彼

41　ちなみに、ロールズ(*TJ*, §17 参照)が影響を受け、また、格差原理とそれとの差別化を図ったところの是正原理(principle of redress)を主張したスピーゲルバーグは、Herbert Spiegelberg, "A Defense of Human Equality," *Philosophical Review* 53 (1944): 101-124, at 116 で、「倫理の法廷においては、万人に平等な出発点が与えられる。各人に与えられる最初の得点はゼロである。われわれの最初の得点がこのように等しいということは、すべての人間の間での倫理的平等の基礎である。したがっ

第 2 節　運平等主義者の問題関心　123

の指摘は鋭い。これは、運平等主義が自由意志をめぐる形而上学に依存しているというシェフラーの前述（第 2 節 3 参照）の考え方とも関係している。（ET, 201n. 65）

　ところで、平等を分配のベースラインとする運平等主義の概念規定は、運平等主義をもっぱら責任主義と結びつける前述（第 1 節 2 冒頭参照）の私の理解とは異なる。考え方としては、前者においては、資源にせよ、厚生にせよ、何も理由がなければ、まず全員に平等に分配し、その後で、（責任を負うべき前提条件がみたされていることは当然として）結果責任を負うべき「選択」に由来する結果か否かを考慮して、当初の平等分配に加算または控除して行くということになろう。「状況」に由来する不運の補償について、何かするのか、しないのかについてはよくわからない（厚生の平等を採用する場合、補償は不要になろう）。

　後者においては、まず全員ゼロの分配から出発し、社会全体の資源の合計を原資として、そこから、結果責任（プラスのものもマイナスのものも含む）を負うべき「選択」に由来する資源を加算・控除して分配し、余った原資を「状況」の不運に由来するハンディキャップに補償する、ということになるのであろうか。前者と後者の分配結果が同じになる保証はない。やはり、平等をベースラインとする前者の考え方のほうが、政策指針としては、わかりやすいように思われる。他方で、後者の分配方法だと、生まれつきの能力に恵まれた怠け者の何人かがやがて餓死してしまうことが、わかりやすい。

　いずれにせよ、私見によれば、分配の原資がどうして得られるかを問わず、天から降ってきたと仮定している分配論であるから、制度論としては取り上げるに値しない。シェフラーも、大半の正義論者と同じく、平等の理想を実現するために、実際にどのような制度の詳細をつくるかということには関心がない。ロールズと同様、立法段階に丸投げということであろうか。政

て、特権やハンディキャップというかたちでの最初のすべての不平等は、倫理的に正当化されない」とのべている。この主張から直ちに「分配上のデフォルトとしての平等」が論理的に帰結するわけではないが、シェフラーからみれば、スピーゲルバーグの主張も、一階の規範的言明と二階の規範的言明の混同の一例とされるかもしれない。なお私は、運平等主義の思想は、ロールズをこえて、少なくともスピーゲルバーグにまで遡ることができると考えている。『ロールズとデザート』第 5 章参照。

治哲学者はそこまで考える必要はない、と言われれば、そのとおりかもしれないが（私はそこまで言ってもらわないと、何を言っているのか理解できない）。

第3節　ロールズと運平等主義

1. ロールズからドゥオーキンへ、そして運平等主義へ

　運平等主義の起源はロールズの著作にあるが、ロールズ自身はその見方を徹底して展開することはしなかった。その後、ドゥオーキンがロールズの基礎的な洞察に依拠して、運平等主義の最初の定式化を提出した。さらにその後、ドゥオーキンおよびロールズに応えるかたちで、運平等主義のさまざまな流派が展開した。

　このような俗説の形成に与って最も力があったのは、ウィル・キムリッカ[42]である（ただし、彼は「運平等主義」という言葉は用いていない）。彼によれば、「ロールズの中心的な直観の一つは、……選択（choice）[43]と状況

---

[42]　Kymlicka（前掲注37）, *Contemporary Political Philosophy*, 1990, pp. 70-79; 2nd ed., 2002, pp. 70-77, 初版の邦訳115-128頁、第2版の邦訳103-114頁参照。以下、引用にあたっては、原著初版および第2版の参照頁をKymlickaの後に、「/」で仕切って、それぞれ本文中括弧内に示す。邦訳該当頁の挙示は省略する。

　　キムリッカの教科書の上記箇所は、ロールズとの異同を明らかにするという観点からする、ドゥオーキンの「資源の平等」論文（前掲注5）の最も好意的な読み方である。ドゥオーキン自身の混乱を招く微妙な叙述をすべて捨象して、学生にわかりやすくすることに徹しているがゆえに、一時期、あるいは通説的な地位を確立したのではないかと推測する。私が本書第1章の元になった論文（「初出一覧」参照）を書く際に理解に苦しんだ、ドゥオーキンが再三強調する奇妙な「真の機会費用」（*SV*, 149-152 *et passim*, 邦訳205-210頁ほか）の概念も、「選択の費用」という無難な言葉に置き代えて、どうにか無視する叙述に成功している。ただし、ドゥオーキンは、*SV*, 95/134では、「機会費用」の概念を唯一正しく使用しているので、彼の考えでは、経済学上の「機会費用」と彼のいう「真の機会費用」とは、私には依然理解不能だが、意味が異なるということかもしれない。だが、キムリッカが無視しているということは、彼も私と同程度の理解能力しかないことの証拠となる。

　　それはともかく、ドゥオーキン自身は、彼からみれば「資源の平等」論者に属するロールズではなく、「厚生の平等」論者と対決するために「資源の平等」論文を書いており、キムリッカの教科書の叙述は、ドゥオーキンの意図とは相当の隔たりがあるように思われる。

[43]　ドゥオーキン自身は、「選択」よりも、「人格」（person）という言い方のほうを好

(circumstances)の区別にかかわっており」(Kymlicka, 70/70)、ロールズには、「野心には応じる」(ambition-sensitive)が、「生得資質には応じない」(endowment-insensitive)理論、つまり、人の運命を選択にかからせるが、生まれつきの資質やその他の状況にはかからせない理論を提出したいという「動機が〔格差原理の背後に〕[44]あった」(Kymlicka, 76/75)とされる。

しかし、キムリッカのみるところ、「ロールズは、彼自身の議論の含意を完全には承知していなかった」(Kymlicka, 72/71)。「ロールズは選択と状況の区別に依拠しているにもかかわらず、彼の格差原理はそれに違背しているからである」(Kymlicka, 76/74)。これと対照的に「ドゥオーキンは、ロールズの格差原理を動機づけた「野心に応じ」かつ「生得資質には応じない」[45]という目標を受け容れた。だがドゥオーキンは、格差原理とは異なる分配スキームのほうがその理想にふさわしい仕事をよりよくやりとげることができると考えている」(Kymlicka, 76/75)とされる。(*ET*, 178-179)

2. 俗説の根拠

シェフラーによれば、ロールズを未完成ながら運平等主義者だとする証拠として挙げられるロールズ理論の主要な側面には、次の二つがある。

第一に、「正義の二原理」が「自然的自由の体系」に勝るとする非公式の——ロールズの正義原理の公式の擁護論は、原初状態の当事者がそれを合理的として選択する際に提出される議論であるから——議論がそれである。自然的自由の体系においては、資源分配が人の生まれつきの属性や生まれ落ちた社会的ポジションに強く影響される。それは「道徳的にみて恣意的である」(*TJ*, 72/63rev.)[46]から、「分配上の分け前に対する社会的偶然と生まれの運の影響を軽減する」(*TJ*, 73/63rev.)ようにしなければならない。このようなロールズの議論が、非公式のものであるにもかかわらず、自分が選択して

む。*SV*, 81/116参照。それについては、*ET*, 189n. 35に詳しい。
44 〔 〕内は、翻訳にあたり、亀本が付した補いを示す。この括弧の使用については、以下でも同様とする。
45 *SV*, 89/126参照。
46 以下、改訂版の邦訳頁の挙示は省略する。

いない状況に由来する不平等は正義に反するとする、運平等主義の萌芽的な言明として引用される。

　第二に、ロールズが社会的基本善を個人間比較の適切な基礎として擁護する際になした、責任への訴えかけが証拠として提出される。若干の批判者は、(社会的) 基本善を個人間比較の基礎とするロールズの理論は、選好をみたす[47]費用が人によって異なることを考慮に入れないから、基本善は個人間比較の基礎としてふさわしくないと主張する。このような批判に対して、ロールズは、われわれは「自分の目的に対して責任を負う能力」(*CP*, 369)[48]をもっており、「市民は自分の目的と選好を、基本善の期待にてらして統御し、修正することができる」(*CP*, 370) と反論している。それゆえ、正義にかなった社会において、「金の比較的かからない嗜好をもつ人々は、人生の途上で自分の好き嫌いを無理なく期待できる所得および富に合わせてたぶん調整してきたのであるから、他の人々が見通しが甘かったり、自制心が弱かったりした結果味わう苦労を免れさせるために、まじめに調整してきた人々の所得ないし富が減らされるというのは不公正とみなされる。」(*CP*, 369-370)。この返答は、人は自分の選択の費用を負担しなければならない、したがって、自分がなす選択の違いから生じる経済的不平等は正統である、という運平等主義の初期の表現として引用されてきた (一例として Kymlicka, 75/74)。(*ET*, 179-180)

　キムリッカは、ロールズの思想のなかに運平等主義の傾向をみてとっているにもかかわらず、ロールズの正義論は、少なくとも二点で運平等主義と両立しないと主張する。

　第一に、格差原理は、特別な医療上の必要をもつ人々の立場を、そうした必要が、選択していない生まれつきの状況の結果だとしても考慮していない (Kymlicka, 71/70-71)。

　第二に、格差原理は、基本善指数で測られる最低社会階層の状態を最大化

---

[47] 前掲注 24 参照。「選好」は、「願望」と同義と理解されたい。

[48] John Rawls, "Social Unity and Primary Goods" (1982), in his *Collected Papers* (前掲注 19), p. 369. 以下、*Collected Papers* は、*CP* と略記して、本文中括弧内に該当頁を示す。

第3節　ロールズと運平等主義　127

しようとする。その階層に属するメンバーの一部の基本善の分け前が少ない理由が、所得が多いことよりも余暇が多いことを選好するがゆえに、少ない労働時間を自由に選択したことにあるとしても。この点で格差原理は、一部の人々に対して、他の人々のなした自由な選択の費用を負担することを要求する (Kymlicka, 73-75/72-74)。

　これらの点をとらえて、キムリッカをはじめとする一部の論者は、ロールズの見解は不整合であり、彼自身の運平等主義的な議論および前提の含意を十分にわかっていないと結論づけた。(ET, 180-181)

　シェフラーは、このようなロールズ解釈に反対し、ロールズが状況と選択の一般的区別に訴えているという解釈は誤りだと主張する。彼によれば、ロールズがその区別を重視していないのは、運平等主義の見方と異なり、その区別が根本的な重要性をもつとは考えていないからである。ロールズはたしかに、自然的自由の体系に反対する議論と、個人間比較の基礎として基本善を使うことに賛成する議論とを提出している。しかし、シェフラーによれば、ロールズがそれらの議論を展開したのは、運平等主義とは実質的に異なる見方を支持するためである。ロールズの見解は、運平等主義と同じ理論的動機をもっていたわけでもない。(ET, 181-182)

3. 俗説における誤解

　前項で触れた俗説の第一の根拠について、シェフラーは、ロールズが、生まれつきの資質と生まれ落ちた社会的ポジションの偶然が道徳的に恣意的であることを強調したのは、ただ自然的自由の体系に反対するためであり、ほかの人よりも才能に優れた人もしくは懸命に働いた人は、ロールズ理論が許容するよりも多くの経済的報酬に値するという異論に反対するためであった、と理解する。

　ロールズの狙いは、現代民主主義社会の基本構造を規制するべき最も妥当な正義の考え方を見定めることにあり、彼は、その中核内容として、自由で平等な人格間の公正な協働システムとしての社会という見方と、正義感覚の能力と合理的な人生計画を自分なりに追求する能力をもった個人という見方とを提示した。シェフラーによれば、ロールズにあっては、そのような社

会と個人のあり方の理想にてらして、「平等者としての市民の地位」(*ET*, 195) とはどのようなものかという関心から、分配の問題にも解答が与えられることになる。その観点から、生まれや社会的な出発点の偶然も考慮されたが、決して、運の悪さまたはよさから生じる分配上の効果のすべてを除去しようとする意図に出るものではなかった。(*ET*, 193-195)

　俗説の第二の根拠についても、個人間比較の基礎として基本善を用いるべきであるとするロールズの主張は、選択と状況の区別とは無関係であり、社会と個人の間での責任分担を問題にしているのだと、シェフラーは説明する。それに関しロールズは、次のようにのべている。

> 　この考え方は、責任の社会的分担と呼んでよいものを含んでいる。すなわち、市民の集合体としての社会は、平等な基本的諸自由および機会の公正な平等を保持する責任、ならびに、この枠組の内部で全員に対してそれ以外の基本善の公正な分け前を提供する責任を引き受ける。これに対して、(個人としての) 市民および結社は、みずからの目的および野心を、現在のないし予見可能な状況を所与として、期待することができる汎用的手段〔＝所得および富〕に合わせて修正し調整する責任を引き受ける。(*CP*, 371)[49]

　シェフラーの解釈によれば、人々が自分の目的に責任をもつよう求められるのは、ドゥオーキンが主張するように、人々が自分の選択の費用を負担するべきであるからではなく、自分の公正な分け前でなんとかやって行くだろうと人々に期待するのが理にかなっているからである。ロールズの考えでは、分け前が公正である根拠は、その分け前が、選択によらないすべての不利を補償するものであると同時に、自発的選択の費用負担または報酬取得を本人のものとするからではなく、自由で平等な市民の多様な生き方を、互恵性と相互尊重の理想を具現する枠組の内部で追求することを可能にする分配スキームの一部であるからである。(*ET*, 195-197)

　さらに、シェフラーは、前項で触れた格差原理に対するキムリッカの二つの批判のいずれについても、ロールズがその妥当性を一応認めた上で、第二の批判については、余暇を基本善のリストに含めてもよいと答えていることについては、

49　同旨の叙述が *Political Liberalism*（前掲注 19）, p. 189 にも見られる。

と、第一の批判については、非常に金のかかる医療の問題は「一生を通じてノーマルに活動的で十全に協働する社会構成員である市民」(*CP*, 368; *PL*, 183[50]にも同旨)の間の関係にかかわる正義の先決問題に答えた後に取り組むべき課題だと答えていること[51]、また、特別な医療上の必要の問題は立法段階で扱われる問題としていること (*PL*, 184) を指摘している。(*ET*, 197-198)

その上でシェフラーは、キムリッカの第一の批判に対するロールズの応答の狙いは、人々を社会的協働に十全に参与するメンバーにすること (*PL*, 184) にあるのであって、ドゥオーキンのいう「状況」から生じた不利をすべて補償するということにはなく、むしろ、その狙いこそが、選択の結果であるにせよ、偶然の結果であるにせよ、どの不利が補償されるべきかを決定する基準を提供するのだと主張する (*ET*, 198)。ロールズにあっては、金のかかる嗜好についても、それが選択のカテゴリーに入るか否かではなく、それに対する補償が社会的協働に参加するために必要か否かによって決定されるのである (*ET*, 199n. 63)。

シェフラーのここでの結論は、運平等主義の哲学的支えは、ロールズにはない (*ET*, 199) というものである。

4. ドゥオーキンの行政的平等観

では、「平等な配慮」(equal concern) を強調するドゥオーキンの平等観は、人間はみな等しい価値をもつという道徳的理想以上の内容をもつ社会的・政治的理想として、運平等主義を支えるものとなりうるか。周到にもシェフラーは、この問題にも答えている。

彼によれば、ドゥオーキンの平等論は、異論はあるものの、運平等主義的分配原理を、「人々を平等者として扱う」という社会的・政治的理想に繋留しようとする試みとして、一応解釈することができる。だが、シェフラーは、そのような解釈が可能かどうかを検討する前に、そもそもドゥオーキンが支持する平等の理想が適切であるか否かをまず問う。(*ET*, 202-203)

---

50 以下、*Political Liberalism*（前掲注19）を *PL* と略記し、該当頁をこのようなかたちで本文中括弧内に示す。
51 『格差原理』6-7頁、『ロールズとデザート』173-174頁も参照。

ドゥオーキンは、有名な二部構成の論文「平等とは何か[52]」を、「人々を平等者として扱う」という理想がどうすれば分配問題に最善の仕方で応用されるのかという問いから始め、その際、必要、野心および嗜好――それぞれに、それをみたすのに非常に金がかかったり、かからなかったりする――を異にする自分の子たちに、遺言で富をいかに分割して残そうかと思案している裕福な男の例をもち出している[53]。その直後の段落でドゥオーキンは、その問題を「日常の政治的文脈」にアナロジカルに移行させ、「役人」(officials)[54]は、市民の間での資源の分配についてどのような決定をするべきか、という問いに転換している[55]。(*ET*, 203)

ここでシェフラーが鋭くも指摘するのは、遺言者・相続人のモデルが、一方は便益を分配し、他方はそれを受領するという非対称的なモデルである点である。このモデルを社会内での経済的分配の問題に応用すると、市民は、ここでも非対称的に、中央集権的主体による処遇の客体ということになってしまう。ドゥオーキンの叙述からは、主体は何か――役人たちか、分配スキームか、社会全体か――、は判然としない。いずれにせよ、それがどうして行為主体といえるのか、これもはっきりしない。それはともかく、シェフラーが強調するのは、「遺言者・相続人モデルは、平等者の間の関係を記述する・・・・・・・・・・・・・・ものでは全然ない」(*ET*, 204)（圏点は原文イタリックに対応）という点である。

普通に考えれば、専制君主的父親がわが子の全員を「平等者として扱う」遺言を書いても、彼の家族が平等主義的な家族に変容するわけではない。同様に、専制君主政府が、諸個人を「平等者として扱う」経済システムを押しつけることもありうるが、だからといって、その社会が平等主義的な政治社会になるわけではない。シェフラーのここでの結論は、ドゥオーキンの平等の理想は、第一に、分配問題に適用されるとき、社会的・政治的平等のモデ

---

52 前掲注5参照。
53 *SV*, 12/21参照。
54 議会の議員や大統領なども含むので、邦訳が採用している「公職者」という訳語のほうがよいかもしれない。
55 *SV*, 13/21参照。もちろん、ドゥオーキンは、別の理由からこのような転換には反対している。*ET*, 205n. 76も参照。

第3節　ロールズと運平等主義　131

ルではなくなるということ、第二に、それは、相対的に権力がない人々の間で資源をいかに分配するべきかを選択する相対的に強い権力が存在する、社会的ヒエラルヒーと完全に両立するということである[56]。(*ET*, 204)

　もちろん、同一のモデルに従って、権力も平等に分割——だれが？　という問題は残るが——したらよいではないか、という反論がありうる。しかし、実のところ、ドゥオーキンは、権力の平等分配を支持していないのである。ドゥオーキンは言う。「共同体が抽象的な意味で真に平等主義的であるならば、つまり、集合体としての共同体はその構成員の一人ひとりを平等な配慮をもって取り扱わなければならないという命令を、その共同体が受け容れているならば、その共同体は、政治的影響力（impact）または感化力（influence）〔ドゥオーキンは、両者を政治権力の二種類と考える〕を、土地や原材料や投資が何らかの計量基準に従って平等に分割されるのと同様に分割可能な資源とみなすことはできない[57]」と。したがって、ドゥオーキンの平等の理想が要求する種類の資源の平等分配は、社会的ヒエラルヒーや彼自身言及している「善行をなす専制[58]」と両立するという先の主張は改める必要はない。(*ET*, 204-205)

　このような見方から、注目するべきことにシェフラーは、ドゥオーキンの

56　*ET*, 204n. 72 において、シェフラーは、ドゥオーキンが「資源の平等」論文（前掲注5）で用いるオークション・モデルは、それほどヒエラルヒッシュではなく、そこでは、政府の役割もなく、また、事前に等量の貨幣を配布されたオークション参加者は（競り人は別にして）全員、同一の地位をもっているのであるから、社会的平等のモデルと考えてよいのではないかというドゥオーキン擁護論（Stephen Perry がシェフラーとの討論で提出したもの）に対して、ドゥオーキンがオークションをもち出した狙いは、どのような資源分配なら平等な分配と言えるのかを示すことによって、分配上の平等主義者は、全員がつねに等量の富をもつことを願っているという偏見に肩透かしをくらわせることにあったのであって、ドゥオーキンには、オークションを——参加者間の社会的関係に関する記述がないことからも明らかであるが——社会的平等のより一般的な理想の例証とする意図はなかったと反論している。オークションには、「厚生の平等」論者に反対する意図もあったのではないかという疑問（シェフラーの主張と矛盾はしない）を置けば、シェフラーの指摘は基本的に正しいように思われる。

57　*SV*, 209-210/289.
58　*SV*, 187/260.

与する平等の理想を「行政的な平等観」(administrative conception of equality) の現れと理解する。つまり、「真に平等主義的な」共同体とは、人々は平等者として扱われるべきだという抽象的原理を受け容れている共同体であり、その「役人たち」は、「平等者としての処遇」の最善の解釈に従って、社会的・政治的諸制度の行政に携わるということになる。ここでシェフラーが強調するのは、平等な配慮の抽象的原理を最善の仕方で行政するにはどうすればよいかという問いから出発する平等主義は、平等者間の関係とはどのようなものかという問いから出発し、どのような社会的・政治的制度が平等者からなる社会にふさわしいかを考える平等主義とは顕著な対照をなす、ということである[59]。(*ET*, 205)

とはいえ、平等の行政的見方がもし、運平等主義的な分配原理を支えるものだとしたら、ドゥオーキン的な運平等主義は、より一般的な平等の理想に繋ぎとめられることにはなる。しかし、分配上の平等主義ないしはドゥオーキンの行政的な平等観は、社会的・政治的理想とみる余地があるとしても、「平等者からなる社会」という理想[60]に根をもつことを示しえていない、というのがシェフラーの結論である。(*ET*, 206-207)

---

[59] シェフラーは *ET*, 205n. 77 において、ドゥオーキンの平等観を行政的なものとみる見方は、それを「国家中心的」(G. A. Cohen, *If You're an Egalitarian, How Come You're So Rich?* Cambridge, Massachusetts: Harvard University Press, 2000, p. 165, 渡辺雅男・佐山圭司訳『あなたが平等主義者なら、どうしてそんなにお金持ちなのですか』こぶし書房、2006年、294頁）と形容するコーエンの見方と密接に関係しているとのべている。

[60] シェフラーは *ET*, 206n. 78 において、ドゥオーキンが *SV*, chap. 10 (p. 364, 邦訳 479頁〔「市民的平等」と訳されている〕ほか各所参照）で、「市民平等」(citizen equality) の観念の重要性を強調する際、「平等者からなる社会」の理想の重要性を承認する方向に接近していることを認めつつも、それは、ドゥオーキンが彼流の運平等主義を擁護する際に彼が用いた平等観念ではないということも指摘している。そのとおりであるが、ドゥオーキンなら、いずれも「市民を平等者として扱う」ことの最善の解釈から出てくる帰結だと反論するであろう。私は、シェフラーのこの面でのドゥオーキン批判に関しては、ドゥオーキンにもっと有利に彼の（政治的）平等論を読むことができると考えているが、本章では触れない。

第4節　保守派への過剰反応としての責任主義

1. 責任原理は運平等主義の支えとなるか

　シェフラーは、ドゥオーキンの分配上の平等主義に提出したのと同様な疑問を運平等主義者全般にも提出する。すなわち、運平等主義者は、経済的平等主義を、政治的立場を異にする人々の間でも広く受け入れられている根本的な道徳的考え方に繋留するものと考えているらしいが、本当にそうなのか、という問いである。

　シェフラーの見るところ、運平等主義者が拠って立つ根本的な道徳的考え方は、ブライアン・バリー (Brian Barry)[61] が「責任原理」と呼ぶものである。それによると、「不平等な結果が正義にかなうのは、結果が、個人が責任を負うと考えるのが適切なファクターから生じた場合であり、それ以外の場合は正義に反する」とされる。(ET, 211)

　すでにのべたように（第2節1参照）、運平等主義の中核にある考え方は、「状況」に由来する不平等には正義に反するところがあるが、「選択」に由来する不平等についてはそのような不正義はない (ET, 210)、というものである。「状況」と「選択」の線引きが論者によって異なるにしても、運平等主義は、広く支持されている責任原理に支えられているように見える。シェフラーの結論をあらかじめのべれば、責任原理は運平等主義を支えることはできない、というものである。

　貧乏人は自業自得だとして経済的平等主義を攻撃する保守派は、責任原理を根拠にしている。シェフラーによれば、平等主義者は、保守派に対抗するために、責任原理は保守派の結論を含意しないという反論を提出することができる。たとえば、ロールズが、「努力したり、やってみようとしたり、したがって、普通の意味で値することをしようとする意欲でさえ、幸福な家族や社会的状況にかかっている」(TJ, 74/64rev.) と反論したように。

　61　2003年のある研究会で提出されたディスカッション・ペーパー。私は未見。ET, 211n. 8参照。しかし、引用されている内容は、不平等への言及（「平等の推定」が組み込まれている）を除き、専門家にとっては常識的かつ無内容なものである。

しかし、シェフラーによれば、その際、平等主義者は責任原理にコミットしているわけではない。彼らは、不平等の原因と、個人が責任を負うと考えてよい要因について争っているだけである。シェフラーは、保守派に対抗するために、彼らが拠って立つ責任原理の含意について争うこのような議論を「防御的議論」と呼んで肯定的に評価している。

シェフラーが批判するのは、彼が「積極的議論」と呼ぶものである。彼によれば、責任ベースの平等主義的正義の見方を擁護する運平等主義者たちは、責任原理を肯定するだけでなく、それが平等主義的立場の基礎を提供すると主張している。つまり、彼らは、多くの保守派と同じく、責任原理を、社会的・政治的・経済的諸制度の設計に指針を与えるべき根本的規範とみなしている。(*ET*, 212-213)

シェフラーは、こうした「積極的議論」の問題点をいくつかのグループに分けて論じている。以下、その内容の要点を順次紹介して行こう。

2. 正当化は無内容もしくは循環論法

積極的議論を提出する運平等主義者の野心は、すでに触れたように、平等主義が、経済的階層を異にし、政治的立場を異にする多様な人々の間で広範な支持を得る根本的な道徳原理に棹さすものでありうることを論証することにある。しかし、シェフラーによれば、責任原理がその種の支持を得るのは、その原理がほとんど無内容なほど抽象的に、つまり、事実上同語反復として解釈される場合に限られる。どうしてか。

シェフラーによれば、「個人があるファクターに対して責任を負う」とは、個人の状態のある側面がそのファクターによって引き起こされたという事実を、個人の状態のその側面の正当化理由とみなす、ということである。したがって、責任原理は、「不平等な結果が正義にかなうのは、それが、それを正当化するファクターから生じたとき、そして、そのときに限る」、もっと簡単にいうと、「不平等は、それを正当化する理由があるとき、そしてそのときにかぎり、正義にかなっている」という主張とほとんど同じになる。このように解釈されれば、責任原理はたしかに広範な支持を得るだろう。だが、ほとんど無内容である。したがって、特定の正義の見方を支えるものに

はなりえない。(*ET*, 213-214)

　もちろん、どのようなものが個人が責任を負うべきファクターかについての解釈を付け加えれば、責任原理は、もっと実質的なものになる。しかし、その場合は逆に、広範な支持を得ることが難しくなる。運平等主義を支えるのに十分なほど強い実質的原理のいかなる解釈も、最低限、個人の生まれつきの才能および能力は、選択せざる状況のカテゴリーに入れる必要がある。しかし、生まれつきの才能の違いに由来する不平等はつねに受け容れることができないか、と問われれば、ほとんどの人はノーと答える。同様に、本人の選択が原因の一つである不利であっても、補償されるべき場合があると多くの人は考えている（前述第2節1〜3参照）。シェフラーによれば、結局のところ、積極的議論の正当化は、責任を負うべきファクターについての両義性に依拠しているのであって、その点では保守派の議論と同じである。

　分配的正義のいかなる見方も、責任原理の一つの解釈を生み出す、とみることができる。その見方は、どの不平等が受容でき、どの不平等が受容できないかを定めるからである。そして、ある不平等が受容可能であるということから、その不平等の原因となったファクターは、個人が責任を負う——他人はその不平等を緩和するよう要求されないという意味で——とされてよいファクターであるという結論が導かれる。シェフラーによれば、特定の正義の見方から、このような仕方で導出された責任原理の解釈が、その正義の見方を支える根拠とならないことは明らかである。(*ET*, 214-215)

3. 自由意志論的形而上学への依拠

　シェフラーによれば、運平等主義は、種類の異なる二つの責任観念の実体的な規範的結合を仮定している。すなわち、選択したことに道徳的に責任を負うという責任観念と、選択の分配上の結果を引き受けるという責任観念とである。しかし、両者の間に何か論理的に必然的な関係があるわけではない。

　人が選択の分配上の結果に対して責任を負うことが期待されるべきであるが、状況の結果についてはそうではない、という実体的テーゼの説得力は結局のところ、選択、コントロール、道徳的責任といった観念がどう理解されるかにかかっている。そのテーゼがもっともらしくなるのは、シェフラーに

よれば、それらの観念に「自由意志論的」あるいは「非両立論的」解釈[62]——それによれば、純粋に自発的な選択は因果的ファクターと異なる形而上学的カテゴリーに属する——が与えられるときである。

しかし、前述第2節3でも触れたように、困っている人を援助したり、特別な不利に苦しんでいる人に補償をしたりすることの正義が、彼らの苦境に寄与した選択の因果的役割にまずもってかかっているということは、全然明らかではない。才能や能力の生まれつきの相違に多少なりとも由来する差別的報酬のスキームが正義に反するということも明らかではない。

シェフラーは、運平等主義者が自由意志論的区別を信じている、と言っているのではない。彼が言いたいのは、自由意志をめぐる形而上学は、どのような場合に、結果に対する責任を負うべきかという正義論上の問題とは直接の関係がない[63]、にもかかわらず、それに依存しないと責任ベースの運平等主義の説得力はなくなる、ということである。(*ET*, 215–220)

4. モラリズム

シェフラーが、運平等主義者が提出する責任ベースの積極的議論の正当化の無内容さ、自由意志の形而上学への依拠と並ぶ第三の弱点として挙げるのは、それがあまりにモラリスティックではないか、ということである。シェフラーによれば、人をモラリスティックと形容することは、その人は道学者的判断をする傾向があまりにも強いということ、人間的状況のニュアンスと複雑さを無視して、道徳的カテゴリーに度を越して頼るということである(*ET*, 220–221)。

---

62 詳しくは、Gary Watson (ed.), *Free Will*, Oxford: Oxford University Press, 1982; 2nd ed., New York: Oxford University Press, 2003 所収の諸論文参照。また、門脇俊介・野矢茂樹編・監修『自由と行為の哲学』(春秋社、2010年) も参照。

63 これに対立する有力な立場として、S. L. Hurley, *Justice, Luck, and Knowledge*, Cambridge, Massachusetts: Harvard University Press, 2003 参照。私は、行為の責任の問題と行為結果の責任の問題とは異なり、正義論で問題になるのは後者だけであるから、前者に関する哲学者の言明、つまり、自由意志論や決定論に関する言明のすべては、正義論とは関係がないと考えている。哲学者が両者を結びつけるのは自由であるが、「純粋哲学的に」それに解答することはできない。行為の責任についてすら、実は同様に考えているが、ここでは強く主張しない。

第4節　保守派への過剰反応としての責任主義　137

　シェフラーは、周知の保守派の政治的モラリズムについて、次のように説明する。デザート（desert: 何かのゆえに何かに値するという観念）と責任は、道徳的思考において重要な役割を果たす重要な規範的な概念である[64]。貧困の緩和をめざす諸政策も、広範な論争にふさわしい主題である。しかし、保守的政治の内部には、個人責任に関する単純化され、道徳主義化された言説を使って、貧困の緩和の責任を貧困者自身に負わせようとする古くからの確立された伝統がある。デザートと責任の概念は、モラリスティックな濫用にことのほか弱い。「責任のモラリズム」は、政治的モラリズムの最もポピュラーな形態である。それはまた、暮らし向きのよい人々が、自分の成功は自分のおかげであり、それほど幸運ではない人々の窮状を気遣う必要はない、と感じることを可能にする、と。(*ET*, 221)

　運平等主義の狙いの一つは、責任原理を保守派に向けることによって保守的モラリズムを切り崩すことにある。前述の「防御的議論」は、まさにそのためのものであり、シェフラーはすでにのべたように（第4節1参照）、これを肯定的に評価する。

　彼によれば、運平等主義のもう一つの狙いは、「反平等主義的な右派の兵器庫にある最も強力な観念」すなわち「選択と責任」の観念を取り込むことにある[65]。しかし、これについてシェフラーが鋭くも指摘するのは、選択から生じた不平等は正当化できるが、状況から生じた不平等は正当化できないという積極的主張をなすに及んで、運平等主義は、保守派から、厳格で同感を欠くモラリズムへの傾向をも同時に取り込んでしまった、という点である。彼がくり返しのべるように、個人は自発的な選択に責任があるがゆえに選択の全費用を引き受けなければならないという考えは、通常の道徳的思考に特有な、選択の意義に関する文脈依存的でニュアンスのある判断の際には使えなくなる。ほとんどの人は、まずい決定をした人は、それがゆえに援助への権利をすべて失う、というのが原則であるとは主張しない。選択せざ

64　シェフラーのデザート論として、"Responsibility, Reactive Attitude, and Liberalism in Philosophy and Politics," Samuel Scheffler（前掲注33）, *Boundaries and Allegiances*, pp. 12-31 参照。
65　G. A. Cohen（前掲注6）, *Ethics* 99, p. 933; *On the Currency of Egalitarian Justice*, p. 32.

才能や性格に報いることを一切拒否する十把ひとからげ的政策をよしとする人はほとんどいない。生まれつきの才能の対立項としての努力と選択を所得の相違の唯一正統な基礎だと信じる人[66]はほとんどいない。(*ET*, 221-223)

5. 社会的価値としての平等

　以上をまとめれば、運平等主義は、それが公式には反対するところの反平等主義的立場を保守派と共有している、ということである。すなわち、第一に、野心的すぎて無理な正当化の試み、第二に、選択の形而上学への暗黙裡の依拠、第三に、過度のモラリズムへの傾向を共有している。

　これについての注目すべきシェフラーの診断は、責任ベースの平等主義的正義論を展開する運平等主義の構想は、福祉国家および平等主義的リベラリズム全般に対する保守派からの批判に対する過剰反応を表している、というものである (*ET*, 224)。シェフラーによれば、そのような企てが誤っている理由は、運平等主義者たちは、第一に、保守派の中心的徳のいくつかを引き写す過程で、保守派の中心的な悪徳のいくつかをも引き写してしまったということ、第二に、価値としての平等に対するわれわれの関心の性質を誤って表現したということにある (*ET*, 225)。前者についてはすでに説明したので、次に、後者についてのシェフラーの考えを紹介することにしよう。

　シェフラーの考えでは、「平等」が、「等しい事例は等しく扱うべし」という形式的原理や「すべての人は平等な価値をもっている」という価値論的判断とは区別される実体的な社会的価値として理解されるかぎり、「平等」がわれわれにとって問題である基本的理由は、少なくともいくつかの決定的に重要な点で、ランク、権力、地位などの違いによって構造化されていない人間関係には何か価値あるものがあるとわれわれが信じているからである (*ET*, 225)。

　ここでシェフラーは、市民が平等者として相互に関係する政治社会で生きることがなぜわれわれにとって重要かという問いに対する二つの答えとし

---

[66] そのようなデザート論上の立場をとる法哲学者の例として、Wojciech Sadurski, *Giving Desert Its Due: Social Justice and Legal Theory*, Dordrecht: D. Reidel Publishing Company, 1985.『ロールズとデザート』第5章第2節も参照。

第4節　保守派への過剰反応としての責任主義　　139

て、専門家にとっては周知のロールズの正義の見方を援用する。

　第一の解答は、ロールズが「政治的リベラリズム[67]」と呼んだものである。すなわち、平等がなぜ重要かに関して特定の包括的教説に依存する説明を避け、「平等な市民」という観念が、自由で平等な人々の間での社会的協働のシステムとしての社会という、より広範な観念の一部であることを指摘すると同時に、「平等な市民」の観念がまた、民主的社会の政治文化に含まれることを指摘する。

　第二の解答は、ロールズが『正義論』第3部で詳しく展開した考え方であり、それは、第一の解答と異なり、哲学的教説に依存することを躊躇せず、平等者からなる社会で生きることがなぜ、市民各自の開花の単に手段としてだけでなく、それ自体においても善いことかを説明するものである。たとえば、階層化された社会が誠実な交流、自由、自尊心を切り崩し、陰険な優越感を鼓舞するのに対して、平等者からなる社会は、その構成員の相互尊重と自尊、相互交流の自由と誠実さを促進するとともに、彼らの間に連帯感を育む。(ET, 226-228)

　シェフラーによれば、これら二つの解答に共通する次なる問題として、次のようなものを挙げている。すなわち、平等者からなる社会と合致するのは、どのような形態の政治的権威か。どのような権利および自由の編成がそのような社会と合致するか。個人ごとに異なる目的、価値観、アイデンティティ、集団への帰属意識等を、そのような社会にいかにうまく取り込むか。経済的資源を分配するいかなるシステムが平等者からなる社会にふさわしいか。そのような社会は、利益と負担の割当の基礎としてどのようなものを認めるのか。

　シェフラーはこのように、ここでもロールズ的問題設定を踏襲した上で、分配的正義の平等主義的スキームは、以上の問題に答えを提供しようとするものとして理解するのが最善であると主張する (ET, 228)。

　しかし、シェフラーによれば、責任ベースの平等主義的正義の理論を展開しようとする者たちは一般に、そのようなアプローチをとらなかった。彼ら

67　*Political Liberalism*（前掲注19）参照。それに関する私の見方については、『格差原理』8-24頁参照。

は、平等者からなる社会という理想が分配に対してもつ含意を解明するのではなく、むしろ、分配問題に直接に目を向けた。彼らは、平等主義的正義論は、何かを平等に分配することをめざす理論だと仮定した。その上で、何が適正な平等化の対象かを問うた。彼らは選択と状況との権威的区別を確立することによって、平等主義的補償の範囲を決定しようと試みたものの、みずからがよしとする分配原理を平等主義的社会関係の本質についてのより一般的な見方の内部に位置づける試みはほとんどしなかった。

　彼らの一部は、ありうる分配の配列を読者に提示し、それらの分配のどれが「平等の観点からみて」最善かを判断してみよと読者に言ってすましている。あたかも、人間社会や人間関係の性質をめぐる真剣な反省から切り離されて、抽象的に考えられた「平等」という単語がそれだけで、最適な平等主義的正義原理を識別するための視座を定義するのに十分であるかのように。

　彼らが平等主義的分配原理ともっと一般的な平等の考え方とを結びつけるときでも、それらの論者は、分配上の平等主義が平等主義的な社会関係の理想から出てくるのではなく、むしろ、人間の平等な価値という抽象的な概念、または政府はその市民を平等者として処遇するべきであるという原理から出てくると主張する[68]。

　時として彼らは、ある人々が咎なく、他の人々よりも暮らし向きが悪いということは悪いという直観以上に基礎的な平等主義的考え方はない、と主張している[69]。そこでは、平等主義は社会構成員間の関係の性質にかかわる、という決定的に重要な考えは、雲散霧消している。(ET, 228-229)

　以上のように、シェフラーの批判は手厳しい。要するに、運平等主義者は、人間関係の理想を表す社会的・政治的価値としての平等がなぜ重要なのかを問うことを忘れた、ということである (ET, 232, 233-234)。

第5節　帝国主義から政治哲学を防衛する

　これまで祖述に近いかたちでサミュエル・シェフラーの運平等主義批判を

68　いうまでもなく、ドゥオーキンを意識している。
69　アーヌソンを意識している。

第5節　帝国主義から政治哲学を防衛する　141

紹介してきたのは、ロールズ以降の英語圏正義論の歴史の描き方という観点からみた場合、私はシェフラーの見解にほとんど異論がないからである。1950年代に始まるロールズのリベラルな正義論から、80年代のドゥオーキンの平等主義的な正義論をへて、社会的・政治的理想としての市民間の平等という問題を忘却する近時の責任ベースの本格的な運平等主義に至り、リベラルな平等主義的正義論の趨勢は、着実に退歩の徴候を見せている[70]。

天から降ってきた資源のいくつかの分配パターンを絵に描いたり、数式にして見せたりして、「みなさん、平等（equality）には、これらのパターンがあります。ロールズの格差原理はこれですね」と説明する類の問題設定は、経済学のイデオロギーの政治哲学への侵攻である。その担い手は、幸か不幸か、最近ではむしろ経済学の専門家でないことのほうが多い。

社会的正義論者として経済学を最初に利用したのは、ロールズであったが[71]、後で、その心を理解しない厚生経済学者から、自分たちの仲間だと誤解されると同時に、いろいろと瑣末な点を批判されてロールズは閉口した[72]。

シェフラーは私の知るなかでは、本章では取り上げなかった論点も含め、ロールズの意図を最も好意的かつ正確に理解している人である。しかし、シェフラーのロールズ解釈が正しいとすれば、「平等」を、社会的厚生の計算における各人の期待効用への等ウェイトという意味で、せいぜい道徳的理想としてしかとらえないジョン・ハーサニのような功利主義者を、ロールズが真剣にやったような仕方でまともに相手にする[73]必要は最初からなかったこ

70　運平等主義（には直接言及していないが）につながる、20世紀英語圏の正義論全般についての私の大雑把な見方については、『ロールズとデザート』参照。

71　正確にはほかにもいた。残念ながら、倫理学をセオリー化しようとした卓越したルール功利主義者ブラントは、ロールズに比べると注目度が低かった。Richard Booker Brandt, *Ethical Theory: The Problems of Normative and Critical Ethics*, Englewood Cliffs, N. J.: Prentice-Hall, 1959, pp. 415-422 参照。そのあたりを読むと、ずいぶん前から、厚生の平等と資源の平等の話題が登場していたことがわかる。Richard B. Brandt, *Theory of the Good and the Right*, Oxford: Oxford University Press, 1979, chap. 16 も参照。

72　『格差原理』とくに第6章、および『ロールズとデザート』補論「ハーサニ対ロールズ論争の争点」参照。

とになる。ロールズは、功利主義を「公正としての正義」に次ぐ正義論としてきわめて高く評価している。それは、英語圏の倫理学界において当時たまたま、功利主義が有力であったという偶然的事情によると考えればよいのであろうか。

そのような疑問にかかわらず、シェフラーのロールズ解釈は、今のところ私は最善の解釈だと思っている。ロールズは、倫理学帝国主義から、あるいは意識せず、あるいは意識的に市民間の関係を中心に見すえる政治哲学に多少なりとも脱皮した。私が、倫理学的政治哲学を低く評価すると同時に、ロールズをそれなりに高く評価する理由である。「何の平等か」という問題設定は、『正義論』前の倫理学の原状に復帰しただけである。

すでに何度も触れたように、経済学帝国主義の問題もある。運平等主義をめぐる論争には、経済学者も横から参入しているが、哲学者の一部も経済学的発想を導入して悦に入っているように見受けられる。だが、経済学の土俵で勝負すれば、しょせん素人であるから勝てるはずはない。シェフラーは私からみれば、経済学や純粋哲学の土俵で分配の平等を云々している自称政治哲学者あるいは政治理論家に、「ここは政治哲学の土俵ですから、お引き取り下さい」と言っているように見える。

シェフラーと私の見方の違いは、くり返しになるが、私は倫理学的政治哲学を政治哲学とはみなさないという点にしかない（きわめて大きな違いだが）。私は、政治思想は政治的にみるべきだと思う。倫理的にも哲学的にもみてはいけない。その点でも、シェフラーは、現実政治の動向との関連を多少なりとも考慮しつつ、政治思想を位置づける人であり、それは、私が好感をもつもう一つの理由である。

ところで、経済学者は、ドゥオーキンやシェフラーがするような種類の解釈の余地がある用語を使わない。だから、equality の意味も明確である。たとえば、アマルティア・センは、何の平等かについて語る文脈で「equality は、特定の空間において求められている[74]」とのべている。この equality は、数学的な「等しさ」であり、一点のまぎれもない。もちろん、潜在能力

---

73 『ロールズとデザート』補論参照。
74 Sen（前掲注 23), p. 13, 邦訳 18 頁。圏点は、原文イタリック *is* に対応する。

第 5 節　帝国主義から政治哲学を防衛する　143

の等しさを政策として採用せよと主張する場合、センは経済学者としては、それが「平等の最善の解釈」だからだとは主張することはできないし、主張もしない。

　何についての等しさを問題にするかを明確にした上で、その目標を達成するにはどのような条件が必要かについて考える経済学者の研究は、正義論者が制度や政策の問題を考える際に大いに役に立つ。私が反対なのは、経済理論上のモデルの適用条件を考えずに経済学ではこうなるから、こうしましょうという発言をする素人研究者である。

　もう少しひねった理屈を考える人だが、最悪の例は、普通の人が考える「平等」とは何の関係もないのに、「経済市場」は「平等」と不可避的な関係があると強弁するするドゥオーキンである[75]。さすがにシェフラーは、市場に関するドゥオーキンの叙述には一切言及していない。経済学者がドゥオーキンの真意にかかわらず、自分の問題関心から適当に換骨奪胎して取り上げる場合は別にして、ドゥオーキンの意図を中途半端に理解あるいは誤解して、「オークション」や「仮想保険市場」を取り上げる解説者の叙述を見るたびに私は絶望的な気分になる。30 年以上を経て、さすがに最近では、そのような叙述を目にすることは少なくなった。英語圏の正義論業界も捨てたものではなく、悪貨を駆逐するだけの力はまだ残っているのであろう。

　ともあれ、本章では、「何の平等か」をめぐる論争についても、運平等主義者間の内輪もめについても本格的に取り上げることはできなかった。運平等主義が駆逐される運命にあるのかどうかを探るため、もう少し勉強してみたいと思っている。

75　本書第 1 章参照。

第3章　厚生の平等

　私は第1章[1]において、R. ドゥオーキンの「資源の平等」論文を取り上げ、彼の主張ないし結論だけはどうにか理解可能であるものの、その結論に至る理由づけは不在か、理解不能か、間違いかのいずれかであることを力の及ぶかぎり明らかにした。

　そこでものべたように[2]、「資源の平等」論文は、「平等とは何か」と題する二部構成の論文の後半部分であり、前半部分として「厚生の平等」論文がある[3]。この論文は、「厚生の平等」という平等観がドゥオーキンの支持する

1　元になった論文については、「初出一覧」参照。
2　本書5頁。
3　Ronald Dworkin, "What is Equality? Part 1: Equality of Welfare," *Philosophy & Public Affairs* 10 (1981): 185-246, reprinted in his *SV*, 11-64; "What is Equality? Part 2: Equality of Resources," in *Philosophy & Public Affairs* 10 (1981): 283-345, reprinted in his *SV*, 65-119. 略記については、本文に先立つ「略号等についての注記」参照。
　　以下では、これらの論文の参照は、ごくわずかの修正があるものの、著書から行い、原論文の参照頁は省略する。以下、同書所収の論文については、本文または注において参照を指示する場合、「/」の前に原著書の頁、後に邦訳頁として、（　）内に並べて示すことにする。句点の後に括弧がある場合、その直前の一文だけでなく、関連する二つ以上の文または段落もしくは文章全体に対応する該当箇所をさす。なお、私による翻訳は、邦訳を大いに参考にしたが、必ずしもそれに従っていない。翻訳文章中の〔　〕内は、私による補いを示す。
　　「厚生の平等」論文へ言及する論考と「資源の平等」論文に言及する論考とはほとんど重なっているので、前者についても、さしあたり第1章4頁注12で挙げた諸論考を参照されたい。そこで見落とした論文として、以下のものを補っておく。藤岡大助「分配的正義における平等論の検討――資源アプローチの擁護」国家学会雑誌115巻11・12号（2002年）131-196頁、同「エガリタリアニズムは存在するか？」亜細亜法学48巻1号（2013年）113-142頁、同「難破船とキャンプ旅行」亜細亜法学48巻2号（2014年）1-32頁、同「ドゥオーキンの資源主義擁護論」亜細亜法学49巻1号（2014年）1-23頁、深田三徳『現代法理論論争――R. ドゥオーキン対法実証主義』（ミネルヴァ書房、2004年）137-143頁、瀧川裕貴「〈平等〉の論理――リベラ

「人々を平等者として扱う」という平等理念から見てなぜ間違っているかを論じるものであり、ドゥオーキンが支持する「資源の平等」の見方へと読者を誘う前座のような役割を与えられている。

「厚生の平等」論文の狙いは、「厚生の平等」に属するあらゆる平等観を退けることであり、「分配の平等」に関するドゥオーキンの積極的な主張をともかくも理解することに読解の目的を限定する場合、「資源の平等」論文に比べればその重要度は低い。率直にいって、「厚生の平等」論文を読まなくても、ドゥオーキンが「資源の平等」に関し何を言いたいかは十分に理解できる。とはいえ、「厚生の平等」論文においても「資源の平等」論文と同様、ドゥオーキンの鬼面人を威すような思考力は遺憾なく発揮されている。仮想敵の主張――この場合は「厚生の平等」のさまざまな解釈――を奇妙奇天烈な主張に再構成した上で、それを却下するという論破（？）の方法も一貫している。

にもかかわらずというべきか、それゆえにというべきか、本章では、第1章に続き、「厚生の平等」論文を真剣に読むことをあえて試みたい。私には「厚生の平等」論文についてもまた理解に苦しむ箇所が多々あったからである。読み方の方針は、「資源の平等」論文を扱った第1章と同じく、最大限ドゥオーキンに有利に解釈した上で、彼の意図を探り、意味不明であるところに関してはその理由を明らかにするというものである。さっそく本論に入ろう。

第1節　厚生と厚生の平等

1. 厚生の平等は資源の分配によって達成される

ドゥオーキンによれば、「資源の平等」は、「資源の分配または移転を、それ以上移転しても総資源からの人々の分け前がそれ以上平等にならない点まで続けるとき」に達成される。他方、「厚生の平等」は、「人々の間での資源の分配または移転を、それ以上移転しても人々の厚生がそれ以上平等になら

リズムとの関係を軸にして」土場学・盛山和夫編著『数理社会学シリーズ4　正義の論理　公共的価値の規範的社会理論』（勁草書房、2006年）第3章79-100頁。

ない点まで続けるとき」に達成される（12/20）。「厚生の平等」の達成においても、直接に分配されるのは資源である点に注意されたい。

ドゥオーキンはなぜ「厚生の平等」は「各個人の厚生量が等しいとき」達成される、と簡明に言わないのだろうか。資源を各個人に分けて行く際、どうやっても、「厚生」の「平等」——ここでは、数量の点で「等しい」ということ——にそれ以上近づくことができない場合があり、その場合は、最大限近づけばそれで「分配の平等」が達成されたことにしてよい、ということが言いたいのかもしれない。さしあたり、そう理解しておこう。

なお、分配の原資となる資源としては、それに対してだれも所有権を主張できない国民総生産＝国民総所得のようなものが暗黙裡に想定されていることに注意されたい。多くの分配的正義論者と同じく、ドゥオーキンにおいても、正義にかなった分配に先立ち、分配されるべき物についての私的所有権が存在しないことは当然視されている。資源の所有権は、何らかの「分配の平等」の原理に従った分配がなされた後にはじめて定まるものと想定されているからである。

2. 厚生の個人間比較は可能と仮定する

ドゥオーキンは「厚生」という概念（concept）について、次のように説明している。

> 厚生という概念は、経済学者たちによって発明、あるいは少なくとも採用された。その目的はまさに、単に手段的なものをではなく、むしろ、生命（life）において何が根本的かを記述するためであった。事実、厚生の概念は、資源に適切な価値を割り当てるための metric を提供するために採用された。資源は、厚生を生産するかぎりで価値がある[4]。（14/23）

metric は、数学では「計量」または「距離」と訳され、厳密かつ明確な意味をもっている。ドゥオーキンがそのような専門用語を用いたのは、数学ないし経済学に無案内な読者に、ドゥオーキンの文章内容に疑問を抱くと

---

[4] このような考え方の典型例として、メンガー（安井琢磨・八木紀一郎訳）『国民経済学原理』（日本経済評論社、1999年。原著は1871年）第1章参照。その紹介として、『法哲学』279-292頁参照。

き、それは読者自身の知識不足によるのかもしれないと思わせるためかもしれない。だがここでは、もっと好意的に、かつての経済学では、「厚生」が計量できるものと考えられていたという事実をのべているものと理解しておこう。

それよりも重要なのは、「資源」を人の life（「生命」、「人生」、「生活」等どう訳しても同じ内容）に投入すると「厚生」が生産されるという考え方である。「資源」と「厚生」の関係については、この最も単純な関係さえ理解しておけば、後に登場するドゥオーキンの混乱させる叙述に戸惑うことはないであろう。

ドゥオーキンは、厚生の概念にはさまざまな解釈—— conception と呼ばれる——があること[5]を前提とした上で、「厚生」の計量について、一見不可解な次のような文章を書いている。

> ……厚生についてのよく知られた概念内容（conception）のどれも、異なる人々の厚生水準を検知し比較することに関し明白な概念上および実際上の問題を引き起こす。……二人の人について、いずれも他方よりも厚生が少なくないのに、両者の厚生は等しくないということがしばしば[6]あるであろう。しかし、だからといって、厚生の平等という理想が（そのどのような解釈によるにせよ）不整合もしくは使えなくなるわけではない。というのは、その理想は、可能なかぎり、だれも他のだれかよりも厚生が少なくあってはならないという政治的原理をのべるものだからである。（16/25-26）

上の文章中の二番目の文は、二人の人の厚生の大きさをそれぞれ a、b とすると、$a \geq b$ かつ $a \leq b$ であれば、論理必然的に $a = b$ となるところ、しばしば $a \neq b$ であるとのべている。その文を理解可能にするためには、ドゥオーキンは、厚生の個人間比較ができない場合がある、ということが言いたいのだと解するほかないように思われる。つまり、彼はその文で、「二人の人について、『いずれも他方よりも厚生が少ない』と言えないのに、『両者の厚生は等しい』とは言えないことがある」と言いたいのだと解釈するほかない、ということである。厚生の個人間比較ができない場合、「両者の厚生

---

[5] concept と conception の区別という考察方法に私が反対であることについては、『ロールズとデザート』66-67 頁参照。

が等しい」とも「等しくない」とも言えないことは当然である。

　しかし、人々の間で厚生の比較ができないのであれば、「厚生の平等」という政治的原理も「使えない」ことは必然である。そうだとすれば、「厚生の平等」（を批判する）論文自体が無意味なものになってしまう。だから私なら、「以下の議論は、厚生の個人間比較が可能であることを仮定する」とのべて、それでさっさと次に行く。しかし、ドゥオーキンは、どこにおいても、決してそうは明言しない。

　上記引用文章の「しかし、だからといって」以下の叙述は、厚生の個人間比較が可能であることの論拠となっていない。ドゥオーキンは続けて、「これらの〔＝厚生の個人間比較が理論上無意味な〕事例が無数といえるほど多くないのであれば、その〔厚生の平等という〕理想は、実際上も理論上も重要である」とのべているが (16/26)、これも、厚生の個人間比較が可能である場合が多いと仮定しているだけで、厚生の個人間比較が可能であることの論拠ではない。

　ドゥオーキンはどうして「厚生の個人間比較は可能と仮定する」と簡明に書かなかったのだろうか。わかりにくい文章作成を好む[7]という彼の嗜好を度外視すれば、そう書けば、現代の経済学者の圧倒的多数が「厚生」（ほぼ同義だが、この文脈では「効用」と言われることのほうが多い）の個人間比較ができないことを前提に理論を組み立てていること[8]を知っている読者の一部

6　あまりにもおかしいと思ったか、邦訳（26頁3行目）は、原文 often を「時として」と訳している。

7　引用文章中最後の文における「だれも他のだれかよりも厚生が少なくあってはならない」は、わざと難しく書いてあるが、「全員の厚生が等しくないといけない」と同義である。「だれも他のだれかよりも厚生が多くあってはならない」と書いても同義のはずである。（前述のように矛盾命題も堂々とのべることから推して）同義でない可能性もあるかのように思わせるドゥオーキンの文章は不適切である。実際、別の文脈ではドゥオーキン自身、「……の側面で人々をできるだけ等しくするように分配がなされるべきである」（圏点は亀本による）(17/27) と素直にのべている。

8　Hal R. Varian, "Dworkin on Equality of Resources," *Economics and Philosophy* 1 (1985): 110-125, at 110 参照。効用の個人間比較が可能という立場をとる経済学者の一例として、John C. Harsanyi, "Cardinal Welfare, Individualistic Ethics, and Interpersonal Comparisons of Utility," *Journal of Political Economy* 63 (August, 1955): 309-321, at 316-320; "Can the Maximin Principle Serve as a Basis for

が、以後、読むのをやめることを恐れたのかもしれない。だからこそ、前述のような一見した矛盾命題を示して、それが理解できないのは読者の経済学水準が低いためだと誤信させる必要があったのかもしれない[9]。

それはともかく、厚生の個人間比較も厚生の計量も可能である場合、「厚生」の概念（concept）にさまざまな解釈（conception）があるにしても、厚生の「等しさ」はつねに判定可能と仮定してよい。それゆえ、「厚生」の諸解釈のみを取り上げれば、「厚生の平等」の問題も同時に取り上げたことになるはずである。しかし、ドゥオーキンはそのようなわかりやすい説明方法を採用せず、以下でその例をたびたび見るように、厚生の解釈とその平等の解釈とをつねに絡めて説明するというやり方で、読者の理解をいたずらに混乱させる。

第2節　厚生の諸解釈

1. 成功としての厚生

ドゥオーキンは、「厚生とは何か」という問いに対する答え、すなわち、「厚生」の解釈（コンセプション）を、まずは二つのグループに分類する。ただし、「文献に現れるすべての理論が、どちらか一方のグループにぴったり分類されるとは考えていない」(16/26) と言う。

この但し書きは、素直に読めば、二つのグループのいずれにも分類しにくい厚生の解釈が文献上見られることを意味する。だがそれは、ドゥオーキン以外のだれがのべているのかよくわからないような厚生解釈を取り上げて、それをドゥオーキンのグループ分けに無理矢理あてはめる作業をこれからやりますよ、という親切な予告と理解したほうがよい。

第一グループは、「厚生の成功理論」と呼ばれる。

> これらの理論においては、個人の厚生は、その人の選好、目標または野心の充足（fulfilling）において、その人がどれほど成功したかという問題であ

Morality? A Critique of John Rawls's Theory," *American Political Science Review* 69 (1975): 594-606, at 600-601 参照。

9　この見方が浅いことについては、後述第2節4の最後の段落参照。

る。したがって、厚生の平等の一コンセプションとしての成功の平等は、資源の分配および移転を、それ以上移転しても、そのような成功の点での人々の間の不平等の程度がそれ以上減少しないところまで続けることを推奨する。しかし、人々は異なる種類の選好をもっているので、成功の平等のさまざまなヴァージョンが原理的にありうる。(17/26)

　第一文には「選好、目標または野心」とあるのに対して、最後の文には「選好」しか書いてない。ここではさしあたり、「目標および野心」は、（広義の）「選好」に吸収されるものと理解しておこう。「成功理論」と命名するよりも、「選好充足理論」と呼んだほうが、よりわかりやすかったように思われる。違う名称を用いたドゥオーキンの意図は、経済学者や倫理学者が知っているような「選好充足理論」と、自分の「成功理論」とは同じではない、ということを強調することにあったのかもしれない。

　「選好」（prefer A to B）とは、日常英語の意味でも、経済学の意味でも、もともとは、選択肢 A と B のどちらを選ぶかという問題である[10]。ドゥオーキンが「選好」という言葉で正確には何を意味しているのかは、その充足の程度が量的に判定できると想定されているという点を除き、今のところよくわからない。さしあたり（後に必ずしもそうではないことが判明するが）、日常言語で「欲求」または「欲望」と呼ばれるものを意味すると考えておけばよかろう。したがって、「成功理論」または「選好充足理論」よりも、「欲望充足理論」という用語で理解したほうが、もっとわかりやすいかもしれない。

2. 選好の三種類

　ドゥオーキンは、厚生の成功理論の内部で、選好をさらに三種類に区別す

10　ドゥオーキンも、もちろんそのことを知っていると思われるが、邦訳（44頁下から5行目から3行目）が、「選好は一つの判断から生じる結果を表現し、人が欲求するものを一層具体的に決めていく過程から生じた結果を表現している」（後述第4節3の最初の引用文章第三文および第四文と同じ原文に対応）の前に、「選好とは、あるものを別のものより良いとして選択することである」という原論文（前掲注3、*Philosophy & Public Affairs* 10 (1981), p. 206）にはあったが、著書（SV, 30）では削除された文を挿入したことは、経済学に無案内な一般読者のためとはいえ、ドゥオーキンの考えの正確理解のためによいかどうかは微妙である。

る。選好の第一の種類は、ドゥオーキンが「政治的選好」(political preference)[11]と呼ぶものである。それは、「共同体の財、資源または機会が・他・の・人・々・にどのように分配されるべきかに関する選好」(圏点は亀本による)(17/26)と定義される(「資源」以外に「財」と「機会」が挙げられているが、さしあたり、どれも広義の「資源」の一種と考えておこう)。そのさらなる下位項目として「フォーマルな政治的選好」と「インフォーマルな政治的選好」があり、前者の例として「メリットまたはデザート(＝道徳的な立派さ、能力、努力、貢献等、人に帰せられる何らかの価値)に応じた分配をよしとする選好」が、後者の例として「自・分・が・好・き・な人やシンパシーを感じる他人に多くを分配することをよしとする選好」(圏点は亀本による。「利他的えこひいき選好」とでもいったほうがわかりやすいか)が挙げられている(17/27)。

「政治的選好」は、ドゥオーキンの定義によれば、「他の人々」すなわち自分以外の人々への資源分配または処遇に関する選好である。上記の「インフォーマルな政治的選好」の一例として挙げられた、いわば「利他的えこひいき選好」は、この定義に問題なく当てはまる。しかし、「フォーマルな政治的選好」の一例として挙げられた「デザートに応じた分配の選好」においては、分配先に(当該社会の一員としての)自分も含まれると考えるのが普通の読み方だと思われる。だから、「政治的選好」という言葉でドゥオーキンが何を言いたいのかは正確にはわからない。

たとえば、「共同体への貢献に応じて資源を分配する」という「政治的選好」をある人がもっている場合、その人の貢献が一番大きかったにもかかわらずその人への分配量はゼロのときでも、他の人々全員について「貢献に応

---

11 これは、ドゥオーキンがかつて、「個人的選好」(personal preference)と対比して「外的選好」(external preference)と呼んでいたものである。「政治的選好」(political preference)という用語も使われていたが、それは本文中ですぐ後に登場する「フォーマルな政治的選好」をさすものとして使われ、「インフォーマルな政治的選好」をさすものとしては「利他的またはモラリスティックな選好」という用語が使われていた。Ronald Dworkin, *Taking Rights Seriously*, Cambridge, Massachusetts: Harvard University Press, 1978, pp. 234-235, 木下毅・小林公・野坂泰司訳『権利論〔増補版〕』(木鐸社、2003年)315-316頁参照。そこでは、「非個人的選好」は取り上げられていない。

第2節　厚生の諸解釈　153

じた分配」が達成されていれば、その人の「政治的選好」は充足された、ということになるのだろうか。こうした疑問は、ドゥオーキンの議論をもう少し聞いた後で取り上げることにしよう（後述第3節2参照）。

　選好の第二の種類は、「非個人的な選好」（impersonal preference）と呼ばれ、「人々の生活や状況以外の事柄に関する選好」（圏点は亀本による）とされる（17/27）。その例として、科学的知識の進歩（それを自分が成し遂げるのではないとしても）を願う選好と、美を（それを自分が決して目にしないとしても）保存したいという選好とが挙げられている。選好ないし欲望の対象が、人の状態に直接には関係しないという点が要点である。

　選好の第三の種類は、「個人的選好」（personal preference）と呼ばれ、自分の経験または状況に関する選好である。その例としては、ドゥオーキンが挙げている例ではないが、「法哲学の教授になりたい」とか、「（たとえば年収1億円以上の）金持ちになりたい」といった欲望を考えればよいであろう。資源の一種として金を考えれば、後者の欲望は、十分に多くの金をその人に分配しさえすれば直接に成就するが、前者の欲望は金さえあれば成就できるというものではない。しかし、ドゥオーキンは、そのような問題にここでは触れていない。ドゥオーキンの叙述を容易に理解可能なものにするために、資源が十分に多く分配されれば、いかなる個人的選好の成就も可能である、とここでは仮定しておこう。

　ドゥオーキンは、現実に個人が抱く選好によっては、以上の三種の選好[12]

12　経済学の知識が多少なりともある人であれば、だれでも想像がつくことだとは思うが、ドゥオーキンがこれら三種の選好の区別をどうして思いついたかについて、推測をのべておこう。
　「政治的選好」および「非個人的選好」は、おそらく社会的選択理論の文献（SV, chap. 1, n. 4 and 7; chap. 2, n. 7 にその一部が挙げられている）の（たぶん意識的な）「誤読」に由来する。社会的選択理論において、選択ないし選好の対象は、社会の状態である。だれが何をもっているかいないかとか、原子力発電所があるかないかといった社会のあらゆる状態が二者択一的選択の対象になる。ドゥオーキンは、そこから「外的選好」、または「政治的選好」および「非個人的選好」という観念を着想したのであろう。他方、個人的選好は、ミクロ経済学に登場する消費者の選好というところから示唆を得たのであろう。
　いずれにせよ、社会的選択における選択対象と消費者の選択における対象とをごっ

が重なり合う可能性があること、および、どの種類にも分類されないことがあることを認めるとともに、そのことは以下の議論に影響しない、としている。

3. 成功の平等の三ヴァージョン

以上に取り上げた三種の選好との絡みで、「成功の平等」にもさまざまなヴァージョンがありうることになる。ドゥオーキンは、どの選好も許容するヴァージョンを「無限定な形態の成功の平等」と呼ぶ。「より限定されたヴァージョン」として、政治的選好以外のもの——つまり非個人的選好と個人的選好——を考慮に入れるものと、個人的選好のみを考慮に入れるものとが挙げられている。(17/27)

「成功」概念の分類と「成功の平等」概念の分類とがずれていることに注意されたい。「成功」は、どのような選好の成就にかかわるのかに応じて三種類に分類される。これに対して、「成功の平等」のヴァージョンは、政治的選好を含むか否かに応じてまず二分され、政治的選好を含まないヴァージョンについて、非個人的選好を含むか否かに応じて、さらに二分される。

4. 意識状態としての厚生

厚生解釈の第二グループは、「意識状態理論」(conscious-state theories) と呼ばれる (17/27)。ベンサムその他の初期の功利主義者のように「意識状態」を「快」「苦」のような観念で表すことから生じる諸問題にかかわることを避けるため、ドゥオーキンは、意識状態を表すものとして、「喜び」

ちゃにして論じる経済学者は存在しない。社会的選択理論においては、ドゥオーキンのいう「個人的選好」の対象も、(全個人の選択に由来する) 社会的選択の対象となる。両者を別種の選好とした上で、それぞれの選好充足を個人内で総合するドゥオーキンの奇怪な「無限定な成功」理論から学問的に有意味な帰結が生じることは考えにくい。「無限定な成功の平等」の理論についても同様である。

ミクロ経済学にせよ社会的選択理論にせよ、経済学者の関心が通常、厚生の最大化 (あるいはパレート最適) にあるのに対して、ドゥオーキンの関心は厚生の平等にあるという根本的な問題関心の違いにも注意されたい。ここでは、平等にもウェイトを与える社会的厚生関数の話題などは取り上げる必要はない。

（enjoyment）と「不満足」（dissatisfaction）という新奇な用語を採用する。ドゥオーキンは、次のように説明している。

> どのような意識状態が重要だとするかは、厚生の平等の意識状態理論によって異なるであろう。したがって、私は以下では、「喜び」と「不満足」という言葉を、それらの理論内容の異同にかかわらず、望ましいまたは望ましくない意識状態もしくは情動の全範囲をさすものとして用いることにする。……「喜び」と「不満足」という言葉は、人々が、それ自身のために持とうとする、または避けようとする意識状態をさすと同時に、内観によって同定可能な状態をささなければならない。(18/28)

最後の文にある「それ自身のために」という表現は、倫理学上の定型句で、「それが究極目的であって、別の目的のための手段ではない」ということを意味する。「内在的に」（intrinsically）という倫理学者が使うジャーゴンと同じ意味である[13]。したがって、「喜び」が別の目的のための手段である場合は、ドゥオーキンの定義する「喜び」から排除される。同じ文中の「内観によって同定可能な……」は、自分でわからないような「喜び」または「不満足」は、ドゥオーキンの定義するそれらから排除されるということであろう。

このように正確に説明すると、ドゥオーキンが厚生の意識状態理論について深く考えているという印象をもつ読者もいるかもしれない。しかし、事実はその逆であり、ベンサムの主張どおり、究極の善は快であり、究極の悪は苦であると理解してなんら差支えない。そう考えても、厚生のどのような解釈を採用しようと、厚生の量が測定可能であり、個人間比較が可能であるという仮定をドゥオーキンが採用しているとすれば（前述第1節2参照）、以下のドゥオーキンの議論にはいかなる悪影響も及ぼさないはずである。

ドゥオーキンが厚生の意識状態理論に言及する際の最も重要な点は、「意識状態の平等」についても、「成功の平等」の分類とパラレルに、（政治的な選好を含む）「無限定的な形態」と、（政治的選好を含まない）「限定的な形態」があるという点である。「成功の平等」理論におけるのと同様、「限定的な形

---

13 『ロールズとデザート』9頁参照。

態」の下位分類として、非政治的選好（＝非個人的選好および個人的選好）のみ、あるいは個人的選好のみを考慮して、「喜び」の平等をめざすという形態が挙げられている。(18/28)

　一般の読者にとっては、「厚生の成功」概念よりも、「厚生の意識状態」ないしは「厚生の快苦」概念——たとえば、お金がたくさんもらえればうれしい——のほうが理解しやすいと思われる。先にのべたように、厚生の個人間比較と厚生量の測定が可能と仮定してよいかぎり、以下で展開されるドゥオーキンの本筋の議論にとって、どちらの概念を採用するかは瑣末な問題である。

　にもかかわらずというべきか、だからこそというべきか、ドゥオーキンは、よりわかりにくい「厚生の成功」概念に基づいて、その平等の問題をまず取り上げた後に、「厚生の意識状態」概念を採用する場合についても同様のことが言えるという議論の組み立てを採用する。読者は、「厚生の成功」概念に基づくドゥオーキンの説明がわかりにくければ、それを「厚生の意識状態」概念ないしは「厚生の快苦」概念に基づく説明に適宜読み換えてよいように見える。

　しかし、ドゥオーキンは決してそう言わない。それはなぜか。理由を私なりに推測してみよう。ドゥオーキンはおそらく、意識状態としての厚生の平等の場合、喜びないし不満足の大きさを、個人間で共通の物差しで測ることができることを前提している。だが、成功の平等の場合、そのような物差しは必ずしも必要ない。個人の成功の大きさが、個人が抱く全選好からなる集合に属する選好のうち、その何パーセントの選好が実現（＝充足）されたかという観点から計測されるとすれば[14]（後述第4節2〜4も参照）、異なる個人の厚生の絶対値を計測する共通の尺度は必要ないからである。この点が、意識状態としての厚生と、成功としての厚生との決定的な違いであるように思

14　この考え方は、パレート改善ないし最適の考え方とも相性がよい。したがって、経済学者がいう意味での効用（＝厚生）の個人間比較が不可能であっても、個人間で相対的成功度を比較することはできる。とはいえ、選好を実現するのに、100万ドル（または非常な努力）がかかる選択肢と1ドル（または微小な努力）しかかからない選択肢があった場合、両者の成功のウェイトづけをどうするのか、といった疑問は残るが。ドゥオーキンにとっては瑣末な問題なので無視する。

われる（ドゥオーキンは明言しないが）。そうだとすれば、両者を安易に読み換えることはできないのである。

5. 二種類のややこしさ

ドゥオーキンは、厚生解釈の第三グループを「客観的解釈」（objective conception）と呼び、それおよびその平等を後に考察するとしている（後述第4節10参照）。そして、以上で取り上げた三グループの厚生解釈のいずれかに基づく「厚生の平等」解釈が、「分配理論を構成するための最も有力な候補である」と言う（18-19/29）（まとめとして、次の図参照）。

厚生と厚生の平等の関係と種別

厚　生 { 成　功 / 意識状態 / 客観的解釈 } の平等 { 無限定…政治的，非個人的，個人的選好の総合 / 限定的 { 非個人的および個人的選好 / 個人的選好のみ

ドゥオーキンは続いて、二種類の「ややこしさ」について付言する。第一のややこしさは、次の点にあるとされる。

> 第一に、私がこれまで区別したコンセプションおよびヴァージョンの多くは、そのコンセプションにおける平等が達成されるのは、人々がそのように解釈される厚生に関し事実等しいときか、それとも、人々が重要な関連をもつ事実を十分知っていたとすれば、厚生に関し等しいだろうときか、という問題を提起する。(19/29)〔圏点は亀本による〕

圏点を付した部分は、原文では仮定法過去で書いてある。それは、「現実には、人々が……事実を十分には知っていなかった」ことを示唆する。その文章だけではわかりにくいと思ったか、ドゥオーキンは、おそらく同じ問いの一具体例のつもりで、次のように続けている。

> ある人が、成功の平等という目的からみて、ある特定の成功水準に到達するのは、その人が自分の選好がその程度まで充足されたと信じているときか、それとも、その人が事実を知ったとしたら、そう信じるだろうときか。(19/29)〔圏点は亀本による〕

前の引用文章には、「信じる」という文言はなかった。だから、後の引用文章が、前の引用文章における疑問の具体化であるようには見えない。しかし、ドゥオーキンは、後にわかるように、各人の厚生量およびその平等の判定について、前述の「客観的解釈」の場合を除き、社会の各構成員の判断に依存するという意味で「主観的な」判定方法を採用している。それゆえ、「信じる」いう言葉が文末についていてもいなくても、結局は同じことになる。

問題とされているのは、そのような主観的判定にとって、各人が関連する事実を十分に知っていることが不要か否かということである。ドゥオーキンは、この選言が議論に影響を及ぼす場合、両方の可能性を取り上げる場合と、文脈上より重要なほうの可能性だけを取り上げる場合とがあることを予告している。現時点ではあまり気にする必要はないと思われる。

第二のややこしさは、人生のどの時点での厚生の平等を問題にするのか、という時点に関する問題である。これに関してドゥオーキンは、彼の提出する議論がその問題に左右されないと予告している。生まれてから死ぬまでの厚生の平等を問題にしないといけないのではないか、といった疑問を抱く読者もいるかもしれないが、予告であるから、本当にそうであるのかどうかは、ドゥオーキンの後の議論を聞いてから判定すればよいであろう。

6. 厚生の最善の解釈とその平等との関係

ドゥオーキンは、次に、前項で述べたものよりも重要と思われる予備的問題の説明に入る。それは、ドゥオーキンがこれまで説明した「厚生」の諸概念（conceptions）と、まだ十分には説明していない「厚生の平等」の諸概念（conceptions）ないし諸ヴァージョンとの関係にかかわる。議論の前提を一つひとつ明らかにした上で、議論を着実に積み上げて行くという論述を嫌い、議論の前提を曖昧にした上で、前提に関する議論を後でもたびたび蒸し返すという思考を好むドゥオーキンは、ここでも同様の論述法を採用しているように思われる。

そうだとすれば、本項で取り上げる予備的考察は、一回読んで即座に理解できるようなものではない。それゆえ、本項については、私による解説がよくわからなければ、とりあえず飛ばし読みし、後に取り上げる「厚生の平

等」に関するドゥオーキンの主張をひととおり聞いた上で、再び読み返していただくことを希望する。

もとに戻ると、彼は次の二つの問いは区別することができると主張する（わかりやすくするため、原文にない改行を施した）。

 (1)　ある人の全体的厚生——本質的福利——は、本当に、その人の選好充足の点でのその人の成功の量（あるいは、その人の喜び）の問題であるのか。
 (2)　分配上の平等は、本当に、上の意味での成功（または喜び）の点で人々を等しくすることをめざすことを要求するのか。(19/29-30)

ドゥオーキンの説明によると、(1)は、個人の厚生が重要な道徳的および政治的な概念であることを認めた上で、厚生概念の解釈として、どの解釈が最善かという問題である。「全体的厚生」(overall welfare)[15]とか「本質的福利」(essential well-being)[16]というわかりにくい言葉が何の説明もなく唐突に用いられているが、ここではその意味を深く追求せず、いずれの言葉も「最善の厚生解釈は何か」を問うという文脈で用いられる用語だと理解しておけばよかろう。

これに対して(2)は、どの厚生解釈をとるにせよ、分配の平等は、はたして厚生の平等を要求するのかという問題である。ドゥオーキンによれば、(2)の問いを問う者は、(1)の問いを問う必要はないし、(1)の問いを問うことを無意味と考えてさえいてもよい。

15　後に見るように（第4節2参照）、この言葉は二重の意味で使われている。ここでは、「人生に価値を与えるのは何か」についての自分の考え方、その意味での「人生観」をさす。
16　「どうすれば、あるいは、どうなれば、自分の人生がよくなるか」についての考え方をさす。前注で説明した「全体的成功」と同じ意味である。ただし、厚生の平等のために社会が採用する厚生観と自分の本質的福利の見方が異なることはある（後述第5節1参照）。そのかぎりで、「自分の本質的福利」とは言っても、「社会の本質的福利」とは言わない。

 ちなみに、功利主義における well-being の意味については、Ben Eggleston and Dale E. Miller (eds.), *The Cambridge Companion to Utilitarianism*, New York: Cambridge University Press, 2014 所収の次の二論文参照。Chris Heathwood, "Subjective Theories of Well-Being" and Ben Bradley, "Objective Theories of Well-Being."

ドゥオーキンは例によって難解な説明を続けているが、彼の言いたいことを私なりに最も単純に解釈してみよう。人によっては、何が厚生の最善の解釈かといったことを問題とせずに、政治的・道徳的にみて、成功の平等が大事だとか、喜びの平等が大事だと主張する者もいる。そのような論者も、「厚生の平等」の主張者だとみなす、ということをドゥオーキンは言いたいだけである。(19-20/30)

ドゥオーキンによれば、厚生の平等の特定の解釈を擁護する戦略には二つある。第一に、厚生が大事だと認めた上で、平等は人々の厚生に関する平等を要求するという立場をとり、最善の厚生解釈として成功や喜びを採用するという戦略。第二に、厚生が政治的道徳的に大事かどうかにかかわらず、成功の平等や喜びの平等といったものが政治的道徳的に要請されると主張する戦略。第二の戦略で登場する成功や喜びも、厚生の一解釈かと問われれば、ある意味でそのとおりであるが、それは厚生の最善の解釈とは何かという問いに答えるものではない、という点が第一の戦略における厚生解釈との決定的な違いである。(20/30-31)

わかりにくいのは、上記の(1)および(2)の問いと、第一および第二の戦略との関係である。注意するべきことに、それらは、パラレルに対応しているわけではない。ドゥオーキンは、それについては当然理解できるはずだと思ったか(あるいは理解を難しくすることを狙ったか)、いっさい説明していない。

これに関する暫定的な私見を開陳しておこう。厚生の平等の特定の解釈を擁護するための二つの戦略は両方とも、直接には(2)の問い——「分配の平等は成功の平等(あるいは、喜びの平等、あるいはまた、それらの下位ヴァージョン)を要求するのか」という問い——にかかわるものと考えてよい。両戦略の違いは、第一の戦略が(1)の問い——「厚生とは何か」あるいは「厚生の最善の解釈は成功か意識状態か(いずれについてもそのさまざまなヴァージョンがあるから、そのどれか)」という問い——に必ず答えるのに対して、第二の戦略は(1)の問いに答える必要はないという点にある。

ドゥオーキンは、厚生の平等の特定の解釈の擁護論を検討する際、両方の戦略を考慮する必要はなく、第二の戦略だけ考慮すればよいと主張する。そ

の理由は、第二の戦略を打ち負かせば、(「少なくともある特定の意味において」) それは第一の戦略をも打ち負かしたことになるからだとされる (20/31)。それがどのような「特定の意味において」かについて、ドゥオーキンは、次のように説明している。

　　私は、さまざまな解釈が可能な概念であるところの本質的福利という観念が無意味である、したがって、第一の戦略は、それが無意味でないとしら結局第二の戦略になる、ということが言いたいのではない。反対に私は、その観念は、少なくとも特定の文脈によって定義される場合、重要な観念だと……考えている。私は、人々がある特定の厚生解釈の点で等しくされるべきでないという結論から、その厚生解釈が……よくないという帰結が出てくるとも考えない。
　　私はむしろ、その反対の主張のようなものを否定したいのである。その反対の主張のようなものとは、ある厚生解釈がよい厚生解釈であれば、人々はそのように解釈された厚生の点で等しくされるべきことになる、という主張である。そのような推論はできない。私はたとえば、各人が各人の諸選好からなる特定の集合の達成の点でだいたい等しく成功しているとき、人々は本質的福利の点で等しいという命題を受け容れるが、だからといって、そのような状況への前進が、そのかぎりにおいてさえ、本物の分配的平等への前進であるという命題は受け容れない、ということもありうる。私が最初は両方の命題を受け容れたとしても、その後、人々をその種の成功の点で等しくするのはよくないという、政治道徳上のよい諸理由があり、それらの理由が、前者の命題が正しかろうが正しかるまいが妥当するということに納得すれば、私は後者の命題を放棄しなければならない。したがって、人々を成功の点で等しくすることをめざす分配はいけないという政治道徳上の強い理由があることを示すことによって第二の戦略を打ち負かすことのできる議論は、必然的に、第一の戦略を打ち負かす強い議論でもある。第一の戦略の暫定的結論――本質的福利は成功にある――を打ち負かす議論でないことは当然であるにしても。以下では、そのような仕方で、第二の戦略への論駁を試みる。(20-21/31-32)〔叙述の便宜上、原文にない改行を施した〕

私ならば、取り上げるに値する厚生の解釈としては、成功理論と意識状態理論ならびにそれぞれに属するいくつかのヴァージョンに尽きるのであるから、それぞれの厚生解釈に基づく「厚生の平等」の全解釈を撃破すれば、(「何が最善の厚生解釈か」という問いにも答える) 第一の戦略を使う「厚生の

平等」の全解釈も当然に撃破したことになる、と説明するであろう。しかし、よく読むとドゥオーキンは、そのような主張はしていない。彼は何が言いたいのか[17]。

　ドゥオーキンの叙述を普通に読むと、第一の戦略と第二の戦略の違いは、前者が「厚生」が政治道徳的に重要であるとするのに対して、後者は必ずしもそうしないという点と、前者が「厚生とは何か」という問いに答えるのに対して、後者は答える必要はないとする点とにある、という印象を受ける。しかし、よく読むと、両者の最も重要な違いは、第一の戦略が「なぜ厚生の平等か」という問いを扱わず、ただ「厚生は平等であるべきだ」と前提しているだけであるのに対して、第二の戦略は、その政治道徳的根拠を問うという点にある。

　だからドゥオーキンが言いたいのは、どのような厚生解釈をとろうが、その意味での厚生が人々の間で等しくあるべきことの政治道徳的根拠が薄弱である場合、厚生の平等の主張は否認される、というだけである。政治哲学的に正義にかなった「分配の平等」を問題にしている以上、当然の主張であるように思われる。これを、議論のポイントをわかりにくくする二つの戦略の違いによって説明して何になるのか、私にはわからない。

第3節　成功の平等

1. 厚生の平等の実行可能性の問題は軽視する

　以上の予備的考察の後、ドゥオーキンは、すでに紹介したさまざまな厚生解釈に基づく「厚生の平等」理論の検討に入る。その際、各理論を適用する際の実際上の困難さは軽視し、当該厚生解釈に基づく厚生の平等が実現可能だと（いわば反事実的に）仮定して、その実現が「平等」（明言されていないが、「人々を平等者として扱う」こと）という観点からみて望ましいかどうかという問題に考察を限定することを断っている（21/32-33）。

17　ちなみに、上記引用文章の最後から三番目の文における「必然的に」が成立するためには、第一の戦略と第二の戦略で取り上げられた厚生解釈の集合が一致する必要があると思われる。

第3節　成功の平等　163

その一帰結として、特定の厚生の平等を現実に達成しようとすると、他の重要な政治道徳上の価値が犠牲にされるという論拠を、その厚生の平等論を否定するための論拠としては使わない、ということがある。ここから、ドゥオーキンが、彼の支持する平等の理想からみて、あらゆる「厚生の平等」理論がその実行可能性の問題を無視する理想論としても魅力的でないという主張をこれから展開しようとしている、ということがわかる。

2. 無限定な成功の平等における第一の困難

まず取り上げられるのは、すでに触れられた（第2節3参照）「最も無限定な形態の成功」——つまり、非個人的選好および個人的選好とならび、政治的選好をも含む選好の充足——の平等の理論である。ドゥオーキンは、その理論が最初に直面する困難のうち第一のものについて、次のようにのべている。

> この平等解釈を次のような共同体〔community：society（社会）と互換的に用いられており、両者をとくに区別する必要はない〕に適用する際に最初に出会う困難について注意しておく必要がある。どのような共同体かというと、何人かの人々が自分の政治的選好として、まったく同一の政治理論を抱いているような共同体である。役人たちは、その理論を抱く一人の人の政治的選好が充たされたかどうかを、彼ら〔＝役人たち〕による分配が全員の選好——先の人の政治的選好を含む——を等しく充足したかどうかを知るまでは知ることができない。そうだとすると、そこでは循環が生じるおそれがある。しかし、（そのように解釈された）厚生の平等は、そのような社会でも試行錯誤により達成されうると仮定することにする。資源は、最も無限定な解釈に基づく成功の平等が達成されたと全員が宣言するまで分配がくり返されることになろう。(22/33)〔圏点は亀本による〕

圏点を付した「まったく同一の政治理論」(exactly the same theory) が何をさすのかは、原文でも翻訳でも、わかりにくい。可能な解釈の候補としては、どのような政治理論でもよいが、社会の何人か（二人以上）が同一の政治理論を抱いているということをさすという解釈と、政治的選好を含む無限定の成功の平等理論を社会内の何人か（一人以上）の人が政治的選好として抱いていることをさすという解釈とがありうる。邦訳は、後者を採用してい

る。後に「循環」に言及されていることから推して、その解釈が正しいと思われる。

そうだとして、循環が生じる原因は、普通の人の「無限定な成功」の成功度は、他の人々の「無限定な成功」の成功度から独立に判定できるのに対して、「無限定な成功の平等」（次の人にとっては、これ自体が成功の目標であることに注意されたい）という政治的選好を抱く人の「無限定な成功」の成功度は、他の人々の「無限定な成功」の成功度と自分の「無限定な成功」の成功度と（の等しさの程度）に依存し、しかも、最後の「無限定な成功」の成功度が、その人の個人的選好および非個人的選好の充足度だけでなく、先行するはずの「無限定な成功の平等」の成功度にも依存するところにある。上記引用文章第三文も、これと同じことが言いたいように見えるが、非常にわかりにくい。

いずれにせよ、ドゥオーキンは結論的に、そのような循環の問題は、主観的判定方式に基づく試行錯誤によって切り抜けることができると仮定するのであるから、それは、ここでは重要な問題ではないように思われる。

上記引用文章中、より注目するべき箇所は（上記説明の過程ですでに取り上げてはいるが）、第三文におけるダッシュで挟まれた部分である。そこでは、政治的選好の充足の程度の判定において、その政治的選好を抱いている人自身の政治的選好の充足も考慮される、と明言されている。

それは、「資源が他の人々にどのよう分配されるべきかに関する選好」という政治的選好の定義[18]（前述第2節2参照）に反するようにも見える。だが、そのような定義は、ドゥオーキンのいう「個人的選好」との区別を明瞭にする意図から出たものと解するのが穏当であろう。つまり、「個人的選好」は自分の状態だけに関心があるのに対して、「政治的選好」は自分を含めた全員の状態に関心があると考えれば、「他の人々」という表現の真意も理解できるということである。したがって、「他の人々」には、文言上は無理が

---

18 無限定な成功の平等を政治的選好として抱く人の選好対象は、資源ではなく、成功（ないし厚生）の平等であるから、この定義と目下の問題との間には若干のずれがあるように見えるが、成功の平等は究極的には資源分配によって決定されると考えれば、齟齬は解消されよう。

あるが、「自分」も含まれると考えてよい。

　「フォーマルな政治的選好」については、たしかにそれでよいように思われる。だが、「インフォーマルな政治的選好」あるいは、その一例としての「利他的えこひいき選好」は、分配先から選好者本人を明らかに排除するので、「政治的選好」の定義にとって「他の人々」という文言は不可欠であるように思われる。まさにそのとおりであり、だからこそ、フォーマルなそれとインフォーマルなそれを含む「政治的選好」の定義に、「他の人々」という文言をドゥオーキンは入れたのであろう。別々に明瞭に定義した上で、両者を含めて「政治的選好」と言うと説明するほうがよりよかったように思われる。

　ドゥオーキンがフォーマルな政治的選好をも含めるにもかかわらず、あえて「他の人々」と明言して政治的選好を定義したことについては、エゴイズムを政治的選好から排除するという意図があったからだという推測も可能である。エゴイスティックな厚生の平等——たとえば、社会の全員がすべての資源は自分に集められるべきだというエゴイスティックな政治的選好を抱いており、各人の選好が等しい程度充足される（「充足されない」と言っても同じ）状態——というものも理論上は考えられる。だが、ドゥオーキンがエゴイズムを分配の正義の理論から排除していることは明らかである（「利他的えこひいき選好」はエゴイズムの一種ではないかという疑問は残るが）。したがって、上記のような推測は、さしあたり無視してよいと思われる（後述本節4も参照）。

3. 無限定な成功の平等における第二の困難

　ドゥオーキンは続いて、無限定な成功の平等理論を採用するとき、最初に直面する第二の困難に言及する。

> メンバーが、分配の正義に関し非常に心酔し、しかも互いに非常に異なる政治理論を抱いている、そのような共同体においては、最も無限定な選好充足と解釈された厚生の点での相当程度の等しさに試行錯誤の方法によっても到達することがおそらく不可能であることが判明するだろう。われわれにとって可能などのような財の分配に対しても、それとはまったく異なる分配を

政治理論上の理由から熱烈に支持する集団は、彼らが個人的にはいかに暮らし向きがよいとしても大いに不満足であり、他方で、他の集団は、その分配状態をよしとする政治理論を抱いているがゆえに大いに満足する、ということもあるかもしれない。

しかし、私は、実際上のまたは偶然的な困難さを無視することを提唱するから、人々の無限定な選好が充足される量の点でのだいたいの平等を達成することが可能な社会を仮定することにする。つまり、無限定な選好の充足という意味での成功のだいたいの平等は、次の二つのいずれかの場合に達成される。第一に、人々の全員がだいたい同じ政治理論を抱いている場合。第二に、政治理論について人々が意見を異にするとき、政治的根拠に基づく分配に不満足な人は、その不満足分を、その人の個人的状況につき優遇されることで補償されるが、そのことで無限定な成功の平等が破綻するほど大きな敵愾心を他の人々に引き起こさない場合。

しかし、後者の可能性——自分の支持する政治理論が却下された人々は、補償という仕方で自分に、より多くの財が与えられる——は、厚生の平等のこの解釈〔＝無限定な成功の平等理論〕を即座に魅力のないものにする。(22/33-34)〔説明の都合上、原文と異なる改行を施した〕

第一段落では、各人の抱く政治的選好ないしは政治的選好としての政治理論[19]があまりにも違うために、政治的選好の充足度だけをとって、その平等を実現することがきわめて困難な場合があることがのべられている。

疑問が二つある。第一に、各人が抱く政治理論のめざす分配がいかに異なろうと、少なくともその不充足の程度を等しくすることは可能だと思われる。極端な場合、全員の政治的選好の充足度をゼロとすれば、全員の政治的選好は平等に充足されたことになる。ドゥオーキンの叙述に反し、政治的選好充足の平等実現はそれほど困難ではない。それともドゥオーキンは、「厚生の平等」概念に、「厚生量の個人間での等しさ」に加えて、「厚生の増大」

---

19 政治的選好と政治理論とは、だいたい同じだと考えてよい。政治的選好としての政治理論の例としては、「デザートに応じた資源分配」などフォーマルな政治的選好の諸例を考えればよい。問題は、政治理論でない政治的選好の実例である。ドゥオーキンは触れていないが、その最も極端な例は、全員についてその資源の割り当て量を具体的数値で厳密に指定する政治的選好であろう。インフォーマルな政治的選好には、この個別指定型政治的選好と、多少なりともルール化できる——そのかぎりで「理論」と呼べる——ような政治的選好との両者が含まれると思われる。

第3節　成功の平等

という要請も暗黙裡に忍び込ませているのだろうか。

　第二に、ここでは、無限定な成功の平等を問題にしているのであるから、政治的選好の平等だけに注目して議論することは不適切である。「補償」に言及する第二段落以下を読めば、ドゥオーキンがまさにそのことを認めていることがわかる。個人的選好充足の不足を政治的選好の充足で補償するという議論も可能である。だから、上記引用文章第一段落は、議論をドゥオーキンにとって都合のよい方向に導くための仕掛けである。

　第二段落に目を向けていただきたい。政治的選好を含む無限定な成功の平等が達成可能とされる第一の場合については、現実にありそうなこととして、さしあたり認めてよいように見える。

　ところで、ドゥオーキンは、第一段落に見られる「非常に心酔し」とか「熱烈に支持する」といった表現によって、無限定な成功のなかに占める政治的選好のウェイトが非常に大きいことを示唆している。よって、政治的選好の充足度と非政治的選好の充足度の間に、トータルの成功度との関係でトレード・オフ関係があることを、ドゥオーキンも暗黙裡に認めているように思われる。

　それゆえ、全員の政治的選好が同じだったとしても、無限定な成功を構成する政治的選好の充足と個人的選好の充足のトレード・オフ比率——上記引用文章におけるドゥオーキンと同様、単純化のため、以下しばらく、非個人的選好はないと仮定して考える——が個人ごとに非常に異なれば、事はそう簡単ではないように思われる。第一の場合は、無限定な成功における政治的選好のウェイトが、全員についてほぼ等しい場合を想定しているように思われる。

　第二の場合について検討しよう。政治的選好の不充足を個人的選好充足の面で補償することによって無限定な成功の平等が達成可能とする第二の場合については、その意味がやや不明確であるように思われる。というのも、政治的選好の充足いかんは、自分が抱く（資源分配の正義に関する）政治理論と、（自分への分配量も含めた）社会全体の分配状態との関係で決まるはずであるからである。

　わかりやすさのため、政治理論の具体例として、「資源の（数量的意味で

の）平等分配」と「デザートに応じた分配」（デザートとして道徳的メリット、能力、努力等々何を選んでもよい）とを考えよう。単純化のため、社会がAとBの二人のみからなるとし（分配を行う「役人」はさしあたり度外視する）、それぞれ、政治的選好として、「資源の平等分配」と「デザートに応じた分配」を支持しているとしよう。社会内での資源を分配し尽くした後、「資源の平等分配」のほうが「デザートに応じた分配」よりも大きい程度実現され、政治的選好の充足度もAのほうがBよりも高かったとしよう。

この場合、政治的選好における不充足を個人的選好の充足で補償するため、Aの保有資源の一部がBに移転されることになりそうである。この移転は即座に、AおよびBの政治的選好の充足度に影響を及ぼす（前述第2節2の最後に触れた「選好が重なり合う可能性」の承認は、ドゥオーキンがそれを知っている可能性を示唆する）。それゆえ、政治的選好をも含む無限定な成功に関するAB間の平等の達成には微妙な調整を要し、それほど簡単ではない。社会の人口が増えれば、そうした調整がますます困難になることも容易にわかる。しかし、ドゥオーキンは実行可能性の問題は軽視する、とくり返し明言しているのであるから、その問題は考慮するに及ばない。

問題は、前段落冒頭でのべた場合に、AからBに資源が移転されることには必ずしもならないという点である。無限定な成功には個人的選好も含まれるのであるから、たとえば、Aが年収1億円（ほしい）、Bが年収100万円（ほしい）という個人的選好をもっているような場合（厚生の意識状態理論を採用して、AはBに比べて、貨幣から「喜び」への変換効率がきわめて悪い、と考えても同じことである）、最初の資源分配終了時においてAの政治的選好の充足度はBのそれに比べて相当高いにしても、Aの個人的選好の充足度がきわめて低く、かつ、Aの無限定な成功に占める政治的選好充足のウェイトが相当に低く、結果的に、Aのトータルの無限定な成功の程度がBのそれに比べて低いとき、（資源保有量はBよりもAが多いにしても）無限定な成功の平等の達成のために、BからAへの資源の移転が要請されることもありうる。

このことから、AもBも何ら政治的選好を抱いていない場合、両者の個人的選好が上記と同じとし、さらに、現在Aの年収が1000万円、Bの年収

が200万円であるとすれば、収入の少ないBから収入の多いAへの資源移転（少なくとも100万円）が要請されることは、いっそう明白にわかる。このことは、個人的選好のみを考慮に入れる成功の平等理論もまた魅力的でないことを示唆する。だが、ドゥオーキンは、その種の成功の平等理論が魅力的でないことを後に論じる際、そのような簡明な議論を採用していない（後述第4節参照）。

これまでの私の議論の要点を整理しておこう。出発点となる分配状態が所与として、どのような資源移転が要請されるかは、各人が抱く政治的選好と個人的選好だけでなく、両者のトレード・オフ比率（とその変化）、ならびに、投入資源量と個人的選好充足度の関係にも依存している。個人的選好充足の不平等を、社会全体の分配の変化を通じた政治的選好充足の調整によって補償するということもありうる。

4. 政治的選好の不充足を個人的選好の充足で補償することはなぜおかしいか

前項で私が取り上げたような諸論点のほとんどは、ドゥオーキンからすれば瑣末な問題であろう。彼は、政治的選好充足の不平等を個人的選好充足のための資源移転によって補償するのはおかしいというみずからの主張を根拠づけるために、人種的偏見を例にとって次のようにのべている。

> そのどのような解釈にせよ、厚生の平等という考え方が普通は魅力的だと思っている人々でさえ、たとえば人種的偏見に由来する厚生の得失を計算に入れたいとはおそらく思わないであろう。したがって私は、ほとんどすべての人は、成功の平等を少なくとも次のような但し書きによって限定することを望むと仮定する。すなわち、人種差別主義者は、黒人が白人と同じだけの財をもつという状況を、その差を補償するのに十分ほど個人的状況の面で優遇されないかぎり、自分が是認しないという事実のゆえに、他の人々よりも多くの財をもつ、ということがあってはならない、という但し書きである。(22/34)

最後の文に登場する「その差」が何をさすのかはわかりにくい。素直に読めば、人種差別主義者が抱く政治的選好が充足された場合の厚生と、役人た

ちが採用する実際の社会的分配——上の文章では、黒人と白人の間の財の平等分配が出発点として想定されている——における人種差別主義者の政治的選好（不）充足における厚生との差、ということであろう[20]。だが、平等分配における人種差別主義者の無限定な厚生の量と、平等分配にそれほど不満を抱かない人々の無限定な厚生の量との差、と容易にわかるような文を書いた方がよりよかったと思われる。後者の人々の厚生量は、人によって異なるから調整はなかなか大変なはずである。

また、前項で触れたように、個人的選好充足を通じた補償のための資源移転は、同時に政治的選好充足度に影響するから、それについても、「その差を補償する」ためには微妙な計算または試行錯誤が必要となる。それゆえ、「その差を補償する」という表現は、複雑微妙な調整過程を一言でのべたものである。だが、その点は、ドゥオーキンの主要な主張に直接関係するものではないから、ここでこだわるのはやめよう。

それよりも注意するべきことは、同じく最後の文において「是認しない」（disapprove）という表現が使われている点である。このことは、選好循環に試行錯誤的に対処する際にドゥオーキンが採用した厚生の平等の判定方法（前述本節2参照）と同じく、今回も彼が各人の厚生量およびその個人間の等しさの判定を各人の主観的判断に依存させていることを意味する。

厚生の平等の達成の実際的困難さを軽視するのなら、そのようなことはどうでもよいはずである。厚生およびその平等は、「厚生計」のようなものによって客観的に判定可能だと想定したほうが、話が明快になってよりよかったように思われる。にもかかわらず、ドゥオーキンがなぜ「是認」という言葉で表現される厚生の主観的判定方法にこだわるのか、その理由は後々明らかになるであろう（後述第4節参照）。

もとに戻ると、上記引用文章に続けて、彼は次のようにのべている。

> しかし、この但し書きが、人種差別的偏見にだけでなく、成功の平等という一般的理想と対立するあらゆる政治理論にも適用されるべきであるとなぜされないのか、その理由は明らかではない。その但し書きは、……政治道徳の

20　実際、邦訳も、「〔人種差別主義者の〕不満に由来する福利〔＝厚生〕の低下を償うほど十分に」というかたちで、そのような解釈を採用しているように思われる。

問題として、才能に優れた人々はより多くをもつべきであると考える能力主義者にも同様に適用されるべきであろう。

　実際、その但し書きは、人々は政治的選好を含むすべての自分の選好の充足の点で等しくあるべきだと考えるのではなく、むしろ、個人的生活において各自がもつ資源もしくは喜びまたは成功の点で等しくあるべきだと考える平等主義者に対してさえ適用されるべきであろう。もちろん、これらの〔無限定な成功の平等理論からみれば〕「間違った」平等主義的理論は、前者の平等解釈〔＝無限定な成功の平等〕を受け容れている役人たちからすれば、人種差別的理論や能力主義的理論よりも尊重に値するものに見えよう。しかし、間違った平等主義者についてさえ、そうしないと、彼らによる社会状態の全体的な是認の程度が、正しいとされる政治理論を抱く人々による是認の程度よりも低くなってしまうという事実を補償するためだけに、個人口座への振り込みというかたちで、彼らに特別の資源が与えられるということ、そして、特別資源への彼らの請求権が今のべた同じ事実にある意味で依存しなければならないということ、これはおかしいように思われる。

　なぜおかしいと思われるかというと……、善い社会とは、その社会が是認する平等の解釈を、何人かの人々がもつ選好〔の対象〕としてではなく、……それが正しいがゆえに全員によって受け容れられるべき正義の問題として扱う社会であるからである。そのような社会は、その基本的な政治的諸制度がそれを抱くのは不正だと断じるところの選好を抱く人々に補償はしないであろう。(23/34-35)〔わかりやすくするため、原文にない改行を施した〕

若干わかりにくいので、前に引用した文章も含め、このあたりのドゥオーキンの議論の流れを箇条書きで整理してみよう。

①厚生の平等の一ヴァージョンとしての無限定な成功の平等理論は、政治的選好の不充足を個人的選好充足のための資源移転によって補償する点で魅力的でない。

②魅力的ない理由は、それが不正な政治的選好をも、補償を通じ考慮に入れる点にある。

③不正な政治的選好を一つひとつ排除しようとする但し書き戦略は、きりがなくなる。

④何が正しい平等の解釈かを政治的選好の考慮によって決めることはできない。それは、（選好とは独立の）正義の問題として扱われるべきである。

⑤よって、正義にかなう平等の解釈が、正義に反する政治的選好の不充足

172　第3章　厚生の平等

を補償することはない。

　①から③までの議論の流れは比較的なめらかである。だが、③についていえば、但し書き戦略に終わりがないことが問題なのではなく、無限定な成功の平等理論が不正な政治的選好にもウェイトを与える点こそが問題であるように見える。そのとおりであるが、不正な政治的選好を排除するには、但し書きを延々と付ける必要がある。かくして、③の内容に相当する長い文章が書かれたと思われる。

　注意するべきことに、③と④の間には断絶がある。③の但し正し書き戦略の代わりに、いわば「最善の平等解釈戦略」をとることもできた[21]。つまり、唯一の正しい政治的選好のみを考慮するという無限定な成功の平等理論を採用することによって、問題に対処することもできた。その戦略は結局、人々の政治的選好を考慮しないことに等しい。これは、④の内容とも等しい。

　最善の平等解釈は政治的選好から独立であるという内容をもつ④は、①から③の内容と独立である。④から⑤が導かれるとすると、結論的には同じに見える⑤は、実のところ、①から③の議論とは性格を異にする。①から③では、無限定な成功の平等理論を、そこから種々の不当な帰結が生じてくるがゆえに魅力的でないという論法[22]を使って否認しようとしていた。これに対して、④から⑤では、「政治的選好を考慮する平等理論は間違っている。しかるに、無限定な成功の平等理論は政治選好を考慮する。ゆえに、無限定な成功の平等理論は間違っている」という演繹的三段論法が使われている。この推論が認められるのであれば、①から③の議論は不要である。①から③と、④は論理的にはつながらない。

　そこに見られる議論の不自然さを目立たせないためか、ドゥオーキンは議論の方向を突如変える。

　　　……何人かの人々が単に利己的であり、広い意味での政治的信念さえ、それを一切もっていないとしよう。したがって、分配後の状態に対する彼らの

21　このことと、前述第2節6で取り上げたドゥオーキンの戦略の話とは関係しているように見えるが、おそらく直接の関係はない。

22　法学、倫理学等において頻繁に用いられる論法である。私はこれを「帰謬法によって正当化される帰結主義論法」と呼ぶ。『法哲学』56-58頁、84頁参照。

全般的是認は、自分の私的状態の問題にすぎないことになる。他方で、他の人々は善意ある人々であり、彼らの全般的是認は、たとえば、社会から貧困がなくなればなくなるほど増大する、と仮定しよう。善意を成功の積極的源泉として考慮することをわれわれが拒否しないかぎり、つまり、善意ある人々の選好全般が充足されたことを彼らの成功とみなすかぎり、利己的な人々により多くを与えることで、他の人々が善意にかなった分配から手にした成功〔と同程度の成功に至るだけの分〕を補償される、ということになろう。しかし、ある人々が平等を否認すればするほど、あるいは、平等を気にしなければ気にしないほど、彼らに多くが与えられるという分配を推奨するという平等のコンセプションは、それがいかなる平等のコンセプションにも反しているという印であることは争えない。(23-24/35-36)

この文章には、「正義は選好（ないし厚生）の問題ではない」という根本的な主張に向けてせっかく前進した議論を、再び「補償を許す無限定な成功の平等理論は間違っている」という、より重要でない主張の方向に引き戻す効果がある。私にとってはじれったい、こうした議論の進め方をドゥオーキンは好むのである。もっとも、上記の根本的命題を認めれば、厚生が正義と関係あるとするあらゆる理論が——したがって、あらゆる「厚生の平等」理論も——即座に否定され、ドゥオーキンが長々と論文を書く意味がなくなるが。

上記引用文章に戻ろう。「利己的な人々」の代わりに、「人種差別主義者」を入れれば、すでに見た議論とほぼ同じものになる。違いは、人種差別が政治的選好であったのに対して、利己主義が個人的選好に分類されている点だけである（利己主義を政治的選好に分類することも可能なことについては、前述本節2の最終段落、本書165頁参照）。利己主義者は、不平等な分配を直接の目標とするわけではないが、結果的に不平等な分配を帰結するという点を利用して、平等の擁護論を展開して何になるのか私にはわからない。

利己主義者の政治理論が社会で実行された場合、善意ある人々が補償を受けるということになるが、ドゥオーキンは、その補償をも批判しなければならないはずである。そのことに触れてこそ、無限定な成功の平等を否認するドゥオーキンの立場は、よりいっそう明らかになったはずである。

5. インフォーマルな政治的選好を含む無限定な成功の平等理論の問題点

ドゥオーキンは続いて、これまでと同様な議論を、彼が「インフォーマルな政治的選好ないし政治理論」と呼ぶものにも拡張する。たとえば、「孤児は優遇されるべきだ」という政治理論についていえば、それが実現された場合、他の不遇な集団、たとえば身体障碍のある人々が犠牲になる一方、孤児優遇理論が実現されなかった場合、その理論を抱く者は補償を受けることになる。「このいずれの結果も、平等主義的理論の名声を高めるものではない」とされる。(24/36)

そのとおりだと思う。しかし、だれも主張しないような無限定な成功の平等理論を自分で提出しておいて、それは間違った政治的選好の不充足にも補償を与えるから、それはおかしいでしょ、というドゥオーキンの論法には付き合いきれない。くり返すが、無限定な成功の平等理論を主張する人は、ドゥオーキンの頭のなかにしか存在しない[23]。

だれも主張しない平等概念の否認が、ドゥオーキンが支持する平等概念——いまのところ、それが何かはよくわからないが——の正当化にならないことだけは確かである。もちろん、ドゥオーキンはそうは言わずに、次のように結論づける。

> したがって、成功の平等の無限定なコンセプションを拒否するためのよい理由をわれわれはもっていることになる。すなわち、比較的な成功の計算から、フォーマルな政治的選好とインフォーマルな政治的選好を両方とも排除しなければならない。このことは、その成員が両種の政治的選好について、異なる選好をもつ共同体については、すなわち、われわれが関心をもつであろうほとんどすべての共同体については少なくとも妥当する。(24/36)

第一文にみられるドゥオーキンの推論は、例によって論理的ではない。無限定な成功の平等が「補償」を許すという点のみをドゥオーキンが問題視しているとすれば、成功概念のなかから、個人的選好の充足を排除するという逆の方法もある。既述のように（本節3の引用文章直後に提起した第一の疑問に触れる段落、本書166頁参照）、成功を政治的選好充足に限定しても、平等

23　前掲注12参照。

第3節　成功の平等　175

のためなら成功度をいくら低くしてもよい——これが「いかなる平等のコンセプションにも反する」（前項の最後の引用文章の最後の文、本書173頁参照）とはさすがのドゥオーキンも主張できないであろう——とするかぎり、成功の平等を達成することはつねに可能であるからである。

6. 無限定な成功の平等が限定的な成功の平等に変容する場合

　前項で引用した文章の最後の文に再び目を向けていただきたい。それで議論を打ち切ってもよさそうである。ところが、ドゥオーキンはあえて、実際にはありそうもない共同体、すなわち、全員が同一の政治的選好をもつ共同体にも言及する。何のためにそうするのだろうか。まずは、ドゥオーキンの説明を聞いてみよう。

> 　ほとんどの人々が同一の政治的選好を抱いている共同体を想像しよう。その共通の選好が政治的選好における成功を含む成功の平等を支持するものである場合、その理論は、すべての実際上の目的にとって、より限定された理論になってしまう。つまり、人々は非政治的選好の点で等しい程度成功するべきであるという理論になる。というのは、第一に、全員がだいたい等しい程度に全体的〔＝政治的選好と非政治的選好を総合考慮した〕是認を与える分配が達成されたとし、第二に、その分配を自分がどの程度是認するかに関する各人の判断における政治的確信の力が、自分以外の全員がその分配を等しい程度是認するがゆえに自分もその分配を是認するということと同じである場合、その分配は、各人が自分の非個人的選好および個人的選好も等しい程度充足されたとみなすような分配であるからである。
> 　アーサーの非個人的選好および個人的選好がベッツィーのそれよりも満足させられていないとしよう。アーサーは仮定により、そのような点〔＝非個人的および個人的選好〕でベッツィーより満足度が低い分配を正当化または要求することのできる政治的理論または態度を抱くことはできない。よって、アーサーはその分配を、ベッツィーと等しい程度、全般的ないし全体的に——政治的評価と非個人的評価と個人的評価を総合して、という意味——是認する理由をもちえない。(24–25/37)〔説明の都合上、二段落に分割した。圏点は亀本による〕

　ほとんど全員が共有するとされる政治的選好とは、ここでは、無限定な成功の平等理論である。どうしてそれが、（政治的選好を含まないという意味で）

限定的な成功の平等理論に等しくなってしまうのか[24]。

　もし、社会のだれも政治的選好を抱いていないのであれば、全員の無限定な成功の程度が等しくなるのは、非政治的選好（＝非個人的選好および個人的選好）の充足度が等しいときである。その場合、無限定な成功の平等は、限定的な成功の平等に等しくなる。しかし、ドゥオーキンは、そのような場合に言及しているのではない。彼が言及するのは、全員が無限定な成功の平等という同一の政治的選好を抱いている場合である。

　その場合、各人の無限定な成功の成功度（＝厚生値）は、政治的選好の充足度と非政治的選好の充足度の総合であるから、両充足度のトレード・オフ比率がどうしても問題になる（前述本節3参照）。その比率が人によって異なるかぎり、非政治的選好の充足度が等しければ無限定な成功の成功度も等しくなるとは言えない。ここでも（前述本節3参照）、ドゥオーキンの主張を有意味にするために、トレード・オフ比率は、非政治的選好の充足度のあらゆる値について全員同一という、ありそうもない仮定を採用しておこう。

　それでもなお、気にかかるところがある。それは、第一段落の「というのは」に始まる文である。ドゥオーキンは相変わらず、厚生値ないしその等しさの判定を各人の主観的判断に依存させているが、各人の厚生値を客観的に測定する「厚生計」——厚生の個人間比較が可能であるなら、そのようなものの存在を仮定してよいはずである——があるとすれば、「第一に、……分配が達成されたとし」までで十分であり、「第二に、……是認することと同じである」という部分は不要なはずである。その部分は何を意味しているのか。

　そこでは、難解な表現ではあるが、無限定な成功の平等という自分の政治的選好の充足度が、自分以外の人々のそれ（と同じもの）にかかっている、とされている。それに先立つ「第一に」以下の部分から、当該分配においてすでに無限定な成功の平等が達成されていることがわかるから、これは結局、無限定な成功の平等が達成されたという各人の判断は、自分以外の人全員が無限定な成功の平等が達成されたと判断したと自分が判断することに等

---

[24] なお、第二文の「すべての実際上の目的にとって」という留保は、冒頭の（全員ではなく）「ほとんどの人々」を受けたものであり、重く受け止める必要はないと思われる。

しい、ということを意味する。

　無限定な成功の（全員の間での）平等を判定するのに、どうして自分のそれを判定対象から排除するのか、私にはそれが理解できない[25]。たしかに、循環は生じるが、ドゥオーキン自身がのべていたように（前述本節2参照）、それは試行錯誤によって切り抜けることができるものではないのか。また、自分を除くということが、無限定な成功の平等が非政治的選好の成功の平等に等しくなるという結論に影響するとも思われない。わざわざ議論を混乱させるために、厚生の主観的判定方法を採用したのか、と邪推したくなる。

　実際、第二段落に登場するアーサーは、自分の無限定な成功の成功度とベッツィーのそれとを比較しているように見える。ただし、第二文の「仮定により」の「仮定」が何をさすのかは若干わかりにくい。おそらく、「アーサーはベッツィーと同じく、無限定な成功の平等を支持する政治的選好をもっているのであるから」ということであろう。

7. 全員が共有する政治的選好が非平等主義的理論である場合

　ドゥオーキンは上記引用文章に続けて、全員が同一の政治的選好を抱くもう一つの場合についてのべている。

> 　しかし、共通の政治理論が、全体的是認の等しさという理想ではなく、上のような理由〔＝非政治的選好の充足の面では不平等であるにもかかわらず、全体的成功の面では平等と評価する理由〕を提供しうる、他の非平等主義的理論であるとしよう。全員がカースト制の理論を受け容れているとしよう。その場合、アマルティアは他の人々よりもちょっと貧乏であるが、その分配は彼の全体的選好を他の人々の選好と同程度満足させている。彼は、自分は下位カーストの一員であるから、分配分は分相応に少なくあるべきなのに、もし、それより多くもてば、自分の全体的選好の充足は悪化する、と信じているからである。上位カースト出身のビマルもまた、アマルティアがもっと多くもつようなことがあれば、全体的な満足度が下がるであろう。〔原文に反し、説明の都合上ここで改行する〕

25　ここで、「資源……が他の人々にどのよう分配されるべきかに関する選好」(17/26) という政治的選好の定義（前述第2節2参照）が効いてくるのかもしれないが、「他の人々」に限定しないほうがよいことについては、すでに論じた（前述本節2参照）。

この状況では、無限定な成功の平等は、他のいかなる厚生の平等のコンセプションも推奨しない分配を推奨する。しかし、まさにそれゆえに、無限定な成功の平等は受け入れがたい。非平等主義的な政治システムは、全員が間違ってそれは正義にかなうと信じているという理由だけで、正義にかなうものになることはない。
　無限定な成功の平等が受容できるのは、人々がたまたまもっている政治的選好が、妥当であるときに限られるのであって、それが単に人々に支持されているということは関係がない。もちろん、このことは、無限定な成功の平等が結局のところ空虚な理想であって、それが役に立つのは、より限定的な成功の平等のコンセプションまたはその他の政治的理想によって、人々の支持とは独立に、正義にかなうとすでに完全に証明された分配に、あとから何も考えずに認め印を押す場合に限られる、ということを意味する。(25/37-38)

　最初に登場する「全体的是認の等しさという理想」という言葉は、これまで何度も登場した「無限定な成功の平等（理論）」と同義だと思われる。ところが、第二段落以下で登場する「無限定な成功の平等」は、それと意味は同じだが、政治的選好ではないのである。説明しよう。
　第一段落冒頭の部分では、全員が支持する政治的選好として、前項で取り上げた無限定な成功の平等理論に代えて、非平等主義的な政治理論を取り上げてみようと提案され、一例として、カースト理論が取り上げられている。
　それに続くアマルティア[26]に言及する最初の文は、彼自身が「無限定な成功の平等」（ここでは「全体的成功の平等」と同じ意味）を求めていると誤解されかねない表現で書かれているが、彼自身はあくまで、自分の全体的成功（そのなかにはカースト理論という政治的選好の充足も含まれる）の最大化をめざしているのである。ビマルについても同様である。
　第二段落で登場する「無限定な成功の平等」は、そのようなかたちで達成される各自の「全体的成功」が全員について等しくなることを求める政治理論であって、各自が抱いている政治的選好ではない（だれが抱いているかと

---

[26] 平等主義に与する社会的選択理論の大家、アマルティア・センを意識しているとすれば、一種のジョークである。Amartya Sen, *Inequality Reexamined*, Oxford: Oxford University Press, 1992, 池本幸生・野上裕生・佐藤仁訳『不平等の再検討』（岩波書店、1999年）参照。

問われれば、社会の外に立つ役人である)。各自が共通に抱いている政治的選好は、仮定によりカースト理論である。

それゆえ、「無限定な成功の平等は他のいかなる厚生の平等のコンセプションも推奨しない分配を推奨する」という言い方は、著しくミスリーディングであって、「無限定な成功の平等は、非平等主義的な政治理論をも許容する」というほうが(定義上当然であって、具体例を挙げて長々と論じる必要はまったくないが)正確である。他方、非平等主義的な政治理論が非平等主義を推奨するのは当たり前である。

最終段落では、前述本節4ですでに私が指摘した④(本書171頁)と実質的に同じ内容が、より明示的にのべられている[27]。すなわち、正義にかなう平等な分配が問題なのであって、それへの政治的選好が問題なのではない、と。そうだとすれば当然、政治的選好を考慮に入れる「無限定な成功の平等」は間違っていることになる。にもかかわらず、ドゥオーキンは、考慮に入れられる政治的選好がたまたま正義にかなっている場合は、「無限定な成功の平等」は(空虚だが)役に立ちうるとのべることによって、再び議論を曖昧にすることに努めている。

なお、第一段落と第二段落で登場する「信じている」という表現は(前述第2節5参照)、おそらく選好充足ないし厚生の主観的判定方法に言及するものであるが[28]、「選好」自身も、信念(belief)の一種と解する余地があるため、これもまた、ドゥオーキンの意図を曖昧にするのに貢献している。無限定な成功の平等理論が二重に信念に依存していることを強調したところで、その理論を否認する議論の説得力が増すわけではない。

8. 非政治的選好の充足の平等

ドゥオーキンは、以上で紹介したような議論によって、政治的選好充足を考慮に入れる無限定な成功の平等理論に不適格との烙印を押した後、非個人的選好と個人的選好のみを考慮に入れる「より限定的な成功の平等理論」の

---

27 このように、同じ主張を論証なしに、間をおいてくり返すことで読者を説得しようとする論法は、ドゥオーキンの最も得意とするところである。前述第1章91頁参照。
28 これに対して、第三段落で登場する「人々の支持」は、政治的選好をさしている。

検討に向かう。これも、非個人的選好の不満足を個人的選好の満足で補うという魅力的でない帰結を伴うという理由で却下される。表現の仕方は多少なりとも異なるが、却下するための理屈は、無限定な成功の平等理論を却下する際にドゥオーキンが提出した理屈と実質的に同じであるから、その批判的検討は省略したい。

ただし、ドゥオーキンの最終的な主張にとって一番重要だと私が考える④（前述本節4および7参照）と実質的に同じ主張が再び登場していることは、触れておく価値があろう[29]。彼は、次のようにのべている。

> しかしなお、私の議論は、……それが満たされないとき、補償を通じた尊重を共同体に期待するのが不合理な（unreasonable）非個人的選好を人々がもっていることを前提している、と反論する人もいるかもしれない。私の議論は、合理的な（reasonable）非個人的選好であっても、補償によって尊重されるべきでないことは証明していない、と。しかし、そのような反論は、〔補償による成功の平等の実現とは〕まったく異なる考え方を論争に導入するものである。というのは、われわれは今や、どのような場合に非個人的選好は合理的といえるのか……に関する独立の理論を必要とするからである。そのような理論は、各個人の関心事に社会的資源の公正な分け前が与えられるべきである……ことを仮定するであろう……。（27/40-41）

自分が強調したいはずの独立の理論の必要性を仮想敵の主張のせいにしているところなど、いかにもドゥオーキンらしい。

第4節　個人的成功の平等

1. 個人的成功の平等が前提とする人間観

ドゥオーキンは、これまでと対照的に、とくに理由をのべることもなく、厚生の平等を個人的選好充足の平等に限定することは魅力的だと断言して（27/41）、「個人的成功の平等」、もっと正確にいえば、個人的成功のみを考慮する「最も限定的な成功の平等」の検討に向かう。「個人的成功の平等」は「自・分・の・生・活および状況（circumstances）に関する選好の充足度が個人間

---

[29] 前掲注27も参照されたい。

第 4 節　個人的成功の平等　　181

でほとんど等しくなるような分配を要求する」(28/42) と改めて明言した上で、その平等観が前提とする人間観に思いついたかのように突然言及する。以下の文章は、読者を戸惑わせるものとして注目に値する。

　　厚生の平等のこの見方（conception）は、特殊ではあるがもっともらしい哲学的心理学理論を前提している。それは、次のような能動的な行為者（active agent）を前提している。すなわち、その人は、自分に個人的に可能な選択肢のなかから選択と決定をして成功するかしないかということと、世界全体をトータルでみて是認するかしないかということとが違うということがわかった上で、何が人生を善くし、何が悪くするかについての自分の考え方に従って自分の人生をできるだけ価値あるものとするよう努める。しかもその際、そのような自分の目標の追求にあたって道徳的制約があること、そして、自分の非個人的な選好に由来するそれと競合する目標も存在すること、この二つのことについても多分わかっている。……〔このような人間観は、〕一番有力かつ多分それよりもよく知られたモデルよりも、よりよいモデルであるように思われる。(28/42)

ロールズを読んだことがある人であれば、ドゥオーキンが「一番有力なモデル」——明言されていないが、多分、ミクロ経済学の消費者理論で採用されているような「効用最大化人間」をさす——よりもよいとする人間モデルが、ロールズがその正義論の構築にあたって前提とした人間観とよく似ていることに気づくであろう。ロールズは、社会的協働に参与する市民たちがもつと仮定される二つの道徳的能力について、次のように語っている。

　　（ⅰ）そのような能力の一つは、正義感覚への能力である。これは、……政治的正義の原理を理解し、適用し、それに（たんに合致しているだけではなく）準拠して行動する能力である。
　　（ⅱ）もう一つの道徳的能力は、善の構想への能力である。それは、善の構想をもち、修正し、合理的に追求する能力である。そのような構想は、整然とした一群の最終的な目的・目標であり、これが、人生において価値あるものは何か……について、ある人格がもつ構想を明確にするのである。そのような構想の諸要素は、一定の包括的な宗教的・哲学的あるいは道徳的教説のなかに位置づけられ、それによって解釈されるのが通常であり、これらの教説に照らして、さまざまな目的・目標が順序づけられ、理解されるのである[30]。

大きな違いは、ドゥオーキンが、(ロールズの用語を使えば) 各自の「善の構想」の追求を制約するものとして、(「正義感覚への能力」に対応する)「道徳的制約」に加え、非個人的選好[31]を挙げているところくらいである。

しかし、個人的成功の平等に関連する文脈で、すでに排除されたはずの非個人的選好に再び言及している点は、読者をかえって混乱させる。ドゥオーキンの主張を有意味にするためには、非個人的選好は、個人の生き方を制約するだけであって、非個人的選好充足から得られる厚生量が個人的選好充足に算入されるわけではない、とでも考えるほかない（結局、どちらでも同じことのようにも思われるが）。

それはともかく、ドゥオーキンは、「ロールズ的」とでも呼ぶべき上記のような人間観については争わないとのべた直後に、「しかし、人生を自分の目から見て価値あるものにする点での成功の程度をできるだけ等しくするように、共同体の資源を分配するべきであるという提案が、ある困難に出会うことを、われわれはすぐにも注意しなければならない」(28/42) として、そのような困難に出会うのは、あたかも、ロールズ的人間観のせいだと誤解させるような叙述をしている。ロールズは、そのような提案はしていない。

厚生と厚生の平等の区別を曖昧にすることにつねに努めるドゥオーキンの叙述からはわかりにくいが、正確にいうと、ロールズ的人間観は、個人的成功の平等の前提にあるものではなく、個人的成功の前提にあるものである。それゆえ、ロールズ的人間観自体が、そのような困難をもたらすとは言えない。ドゥオーキンも、そのことを知っていたからこそ、ロールズの名を挙げなかったのであろう。しかし、ドゥオーキンの意図が、ロールズを中途半端

---

30 John Rawls, *Justice as Fairness: Restatement*, edited by Erin Kelly, Cambridge, Massachusetts: Harvard University Press, 2001, §7.1. 田中成明・亀本洋・平井亮輔訳『公正としての正義 再説』（岩波書店、2004 年）。*TJ*, 12/11rev., 『正義論』18 頁に、「道徳的人格、すなわち、自分自身の目的をもち、かつ正義感覚の能力がある合理的存在者」という叙述がみられる。*TJ*, 505/442rev., 『正義論』661 頁に、同旨の詳しい叙述がある。

31 「世界を是認するかしないか」ということも、これをさすように思われる。しかし、そうだとすると、政治的選好が抜けているから、なぜ抜かしたのかという無用な疑問を読者に呼び起こす。もちろん、文言上は無理があるが、「世界の是認」に政治的選好をも含めて考える解釈もありうるが。

に知っている読者に向けて、ロールズが前提とする人間観に問題があることを示唆することにもあったことは疑いない。

　もとに戻ると、二つ前の段落で引用した文で言及された「ある困難」とはいったい何か。ドゥオーキンによるわかりにくい原文の翻訳は省略し、それを私なりに簡明に言い換えてみよう。個人間で成功度が等しいことを確かめるには、各人がどのような人生を送るか、すなわち「人生計画」——表現は必ずしも同じではないが、ロールズもドゥオーキンも使う用語——があらかじめ定まっていないといけないが、各人がどのような人生計画を立てるかは、その人が保有する資源に左右される。しかるに、各人の保有資源は、個人間で成功度を等しくする分配をめざす個人的成功の平等の体制によって決定される。したがって、そこに循環が生じる。

　とはいえ、循環という難点を指摘したいだけならば、ロールズ的な人間モデルを前提するよりも、効用最大化人間のモデルを前提したほうがはるかに簡明である。効用の最大化をめざす消費者の消費行動における予算制約の代わりに、人生を最大限価値あるものとしようとする能動的行為者の選択における資源制約をおけばよいだけだからである。その際、効用の最大化と人生価値の最大化の違いに拘泥する必要はない。いずれにせよ、各人の保有する資源に人生計画が制約され、かつ、人生計画の成功度を等しくするように資源が分配されるとすれば循環が生じる。ただそれだけである。

　ドゥオーキンは、循環に関する叙述の途中に、「資源」に関する新たな説明も挿入している。資源のなかには、「富、機会等々」——富と機会の異同については触れられていない——に加えて、「寿命、健康、才能、能力」など「自然的な（≒生まれつきの）ものもある」と (29/43)。「自然的」資源は所与、つまり定数と考えてよいから、先の循環とは直接の関係がない。「説明を最も不適切な箇所に挿入せよ」という課題に対して、ドゥオーキンはつねに100点満点の解答を与えるかのようである。

　それはともかく、ドゥオーキンは、循環にまつわる難点も、「私が先に〔第3節2の引用文章、本書163頁参照〕かかずらわないと約束した種類のテクニカルな問題のもう一つの例」(29/43) にすぎないとして、結局のところ、試行錯誤によって解消可能と仮定する。

2. 相対的成功

続けてドゥオーキンは、つながりがわかりにくい次のような議論を展開する。

> しかし、①実際上の困難のこうした「解消」は、……理論的な問題を表面化させる。②人によって、個人的な成功・失敗に割り当てる価値は異なる。それは、③その人の政治的および道徳的確信ならびに非個人的目標と比べてそうだというだけでなく、④まさに自分の個人的状況ないし状態の一部として〔の個人的成功・失敗についても〕もそうなのである。⑤少なくとも、成功・失敗の一つの意味においてはそうである。
> 　というのも、われわれは、私がこれまで無視してきた重要な区別に今や注意しなければならないからである。人間（少なくとも上述の人間モデル〔＝ロールズ的モデル〕で把握されるような人）は、自分が利用可能な自然的資源および物理的資源を背景に人生計画を選択し、それに応じて、互いに分離した別々の諸目標をもち、別々の選択をする。たとえば、あの職業よりもこの職業を選ぶ。あの地域に住むよりもこの地域に住む。あのような恋人や友人よりもこのような恋人や友人を選ぶ。……等々。……ともかく、人が選択をしたならば、それらの選択によって、選好の集合が特定される。その場合われわれは、どのような選好集合であれ、そのようなかたちで特定される諸選好の充足にその人が成功したか失敗したかを問うことができる。これこそ（私が言うところの）相対的成功――その人が自分で設定した別々の諸目標の充足における成功――の問題である。（29-30/43-44）〔説明の都合上、原文にない改行を施すとともに、第一段落の文または句に番号を振った〕

順番に解説して行こう。①の意味は、現時点では普通の読者にはわからないと思うから、後回しにする。

③は、②と合わせて読むと、個人的成功と政治的・道徳的確信と非個人的目標とのウェイトづけの問題であり、前項で引用した文章と異なり、今回は「選好」という言葉の使用を巧妙にも避けているが、無限定な成功における政治的選好、非個人的選好、個人的選好のウェイトづけの問題と構造上同一であり、最も限定的な成功という意味での個人的成功を論じる文脈で言及することは混乱を招くだけである。言わないほうがよかったし、言うのであれば、もっと前に（私が前述第3節3でそうしたように、無限定な成功の成功度とその内部構成に言及する際に）言うべきであった。しかも、ここで中心的に問

題にしているのは④であるから、ここでは言う必要もなかった。④および⑤の意味もまだよくわからないから、後回しにしよう。

　第二段落に目を向けよう。「これまで無視してきた重要な区別」とは、「相対的成功」（relative success）と「全体的成功」（overall success）の区別のことである。ここでは、前者についてもっぱら論じられている。なお、ここで登場する「全体的成功」は、言葉は同じであるが、無限定な成功の平等の文脈で使われた、政治的選好と非個人的選好と個人的選好の充足を総合したものとしての「全体的成功」とは、さすものが異なることに注意されたい。以後、相対的選好の対立概念としての「全体的成功」のみが問題となる。

　相対的成功における選択対象として挙げられている例は、職業、住所、友人等々である。これも、効用最大化に向けて予算制約内で購入する商品の組み合わせを選択する消費者モデルとのアナロジーで考えたほうが理解しやすい。とはいえ、ドゥオーキンによる差別化の力点は、選択肢が消費者理論におけるように所与ではなく、選択肢（集合）自身が各自の「野心」によって変わってくる、というところにある。だが、その点は、まだ十分にはわからないから、前の引用文章に続く次の文章に目を転じてみよう。

3. 全体的成功

　　しかし、人がそれらの選択を行い、諸選好を形成するのは、それとは異なるより包括的な野心、すなわち、一度しかない人生のうちで何かを価値あるものにしようとする野心の観点からである。この包括的野心を、同じ人がもつ別の選好とみるのはミスリーディングだと思う。……選好とは、決断の結果をいう。つまり、自分の欲求を具体化するプロセスの結果をさす。これに対して、人生に価値を見出そうとする野心（ambition）は、選択肢のなかから選択されるようなものではない……。野心は、計画を具体化するものではない。それは、そもそも計画なるものをもつための条件なのである。試験的なものであれ、部分的なものであれ、人が自分の人生計画を立てたならば、そして、そのようなかたちでその人の別々の諸選好が定まったならば、その人は自分の相対的成功〔の達成度〕を、自分の状況と事前の計画とを照らし合わせることで、かなり機械的に測定することができる。しかし、その人は、価値の発見の点で人生が成功したか失敗したかを、それと同じような仕方で、つまり、自分の達成したことと何らかの標的とを突き合わせることで語るこ

とはできない。人は、自分の人生がもつ価値を発見するためには、人生全体を評価しなければならない。これは、……いかなる人であれ、その個人の人生に何が意味や価値を与えるかに関する哲学的確信と呼ぶのが最もふさわしいような確信に関係するにちがいない判断である。私は、そのような仕方で人が自分の人生に付与する価値〔value: ここでは「値」のほうが日本語としてはわかりやすいかもしれない〕を、その人生の全体的成功（overall success）に関する判断と呼ぶことにする。

全体的成功の達成において相対的成功がどれほど重要かは、人によって異なる。……ある人が、芸術家になろうか法律家になろうか迷っていて、卓越した法律家にはなれるが、芸術家としては月並であろうと信じている場合、その人はそのことを、法律家を選ぶ決定的な理由とするかもしれない。ほかの人であれば、相対的成功に与えるウェイトはもっと少ないかもしれない。その人は、……卓越した法律家になるよりも、並の芸術家になるほうを選ぶかもしれない。その人は、法律家がすることよりも、芸術のほうがはるかに意義深いと考えるからである。(30/44-45)

前項で回答を留保した④の意味の問題に答えるために、まずは第二段落に目を向けていただきたい。②と④を結合させると「個人的状況ないし状態の一部としての個人的な成功・失敗に割り当てる価値は、人によって異なる」という文になる。そこでいう「一部」が、政治的選好、非個人的選好、個人的選好の総合を「全部」とした上での「一部」ではないことは、③からわかる[32]。さらに、本項の引用文章第二段落第一文からすると、上記②と④の結合文における「個人的成功」は、そこでいう「相対的成功」をさすと思われる[33]。⑤は、個人的成功には、相対的成功と全体的成功があるが、少なくとも、個人的成功の一つの意味である相対的成功については④のように言える、と補っているだけである（なぜか、全体的成功については以後放置されたまま──その理由の解答は読者にお任せする）。

上記引用文章第一段落に戻ろう。そこでは、人生計画は選好集合によって

---

[32] だから、本節2の後から三段落目（本書184-185頁）で私がのべた批判はやや厳しすぎ、そこではじめて明言するのは不適切であるにしても、④の意味を明確にするためには、実は言ったほうがよかったのである。

[33] ただし、「個人的状況の一部としての相対的成功」と「全体的成功の達成における相対的成功〔のウェイト〕」とは同じではないから、なお若干の疑問が残るが。

具体的に表現され、選好集合全体の達成度が「相対的成功」と説明されている。これに対して、ドゥオーキンは、「(包括的) 野心」は人生計画を規定するものではあるが、それは、どの人生計画を選ぶかといった「選好」の問題ではないという点を強調した上で、「全体的成功」は、人生に価値を見出そうとする野心の成功をさす、としているように見える。

しかし、そうだとすれば、野心に規定される人生計画の相対的成功と区別される、野心の成功——全体的成功？——とは何であろうか。素直に考えれば、相対的成功と全体的成功の乖離が起こるのは、野心がその野心に忠実でない計画を構想した場合に限られるのではないか。

ところが、第二段落の文頭に再び戻ると、ドゥオーキンは、全体的成功の達成度に相対的成功の達成度が影響を与えるかのようにのべている。これを有意味にするには、相対的成功とは、あくまで、いったん確定された人生計画——それは個々の選好のすべてに還元される——の達成度にすぎないことを理解し、その際、人生計画が野心に規定されているということは忘れなければならない。

それにしても、「相対的成功に与えるウェイト」という言い方は、あまりにミスリーディングではないか。「相対的成功度が高くなる可能性に与えるウェイト」とでも言うべきである。そこでは、そのウェイトと、自分が選ぶ職業の価値に与えるウェイトとを比較する例が挙げられている。職業 (occupation or job) は、相対的成功を構成する選好の例としても挙げられていた（前述本節2の引用文章参照）から若干わかりにくい。それは「パンのための職業」、全体的成功で問題となる職業は「天職」(call) とでも呼ぶべきか。

4. 相対的成功の平等

ドゥオーキンは、前項で引用した文章に、またもやわかりにくい文章を続ける。

　(1) この事実——このように、人によって相対的成功に与える価値が異なるという事実——がここで関連してくるのは、以下でのべる理由による。
　(2) 厚生の平等——私が最初に提示した抽象的な形態のそれ——がもつ基

本的で直接的な魅力は、厚生は人間にとって真に重要なものであって、厚生を生産する道具としてのみ役に立つかぎりで重要なものにすぎないお金や商品とは異なるのだという考え方にある。つまり、厚生の平等は、全員にとって真にかつ根本的に重要なものの点で人々を等しくすることを提案する。

(3) われわれが前にのべた結論は、……その魅力をそぐと考えられるかもしれない。それは、人々が充足度を等しくしようとする選好を、私の言う個人的選好に限定するからである。……ある人々は、別の人々よりも、個人的選好のほうをそれ以外の選好よりも気にかける。

(4) とはいえ、上記の直接的魅力の大半はなお残っている。ポイントは、少しは変わったが。つまり、厚生の平等は（今やそう言えると思うが）、自分の個人的状況にかかわるかぎりで、全員が、等しくかつ根本的に価値ありとするもの（what they all value equally and fundamentally）の点で人々を等しくする。

(5) しかし、厚生の平等が人々を……相対的成功——すなわち、各自が設定する諸目標の達成度——の点で等しくするものと解釈されると、上記の残存する魅力さえなくなってしまう。その解釈によれば、一部の人々が別の一部の人々よりも高く評価する点での平等を達成するために、お金が別の人よりもある人に与えられ、あるいは、別の人のためにある人から取り上げられ、その結果、一部の人々が高く評価するものに関する不平等が犠牲にされることになる。

(6) きわめて乏しい才能しかもっていない人は、ともかくも何かで成功することが大事だという理由で、成功の見込みは高そうだが、非常に平凡な人生を選ぶかもしれない。別の人は、挑戦こそ人生の意義だという理由で、ほとんど不可能な目標を選ぶかもしれない。相対的成功の平等は、両者に、まったく異なる種類の目標の実現の点で成功する同等の可能性を与えるため、多分、第一の人により少なく、第二の人により多くの資源を分配することを提案する。

(7) ……相対的に成功している人生の内在的価値や重要性を無視して、相対的成功にのみ価値を見出すべきだなどと考えることはばかげている。(30-32/45-47)〔説明の都合上、段落を細かく分割し、かつ番号を振った。〕

ここでも、順番に解説して行こう。(1) は、前項で引用した文章の最終段落を一言で要約復唱した上で、なぜそれがドゥオーキンの関心にとって重要な事実になるのか、その理由を以下にのべるという予告である。

(2) は、ドゥオーキンがすでにのべたことのくり返しであるように見え

る。本当にそうであるのか、これを検討してみよう。その第一文は、若干言葉を補って言い換えると、おおむね次のようなことをのべている。「厚生の平等は魅力的である。なぜかというと、厚生に注目して、その大きさが個人間で等しくなることをめざすからである。厚生は、厚生を生み出すための手段にすぎないお金その他の資源とは異なる。厚生の平等は、お金などではなく、厚生という、人間にとって真に重要なものに注目するからこそ、魅力的なのである」と。「つまり」から始まる第二文は、第一文の内容の一部をくり返しているだけである。厚生の平等は厚生——すなわち、「全員にとって真にかつ根本的に重要なもの」——を個人間で等しくすることを提案する、と。

しかし、第二文には、「全員にとって」と「根本的に」という、第一文にはなかった表現が付加されている。ドゥオーキンを真剣に読む者は、「つまり」（that is）で接続されているにもかかわらず、第一文と第二文の間には齟齬があるのではないか、と疑うかもしれない。

「根本的」という表現は、最初のほうで、厚生について説明する文章（前述第1節2の最初の引用文章、本書147頁参照）においてすでに使われていた。だから、驚くようなことではない。問題は、「全員にとって」という、ここで初めて使われた表現のほうである。だがこれも、各個人にとって重要なものは、全員にとっても重要なものであると理解できるかぎりで、新たな内容を付け加えたものではない、と解することができる。ゆえに、(2)は、ドゥオーキンがすでにのべたことをくり返しているように見えるだけでなく、本当にそうなのである。

文意を紛らわしくした原因は、第二文で「全員にとって」という余計な言葉が付加されている点にある。厚生の平等が狙っているのは、全員の間で厚生の大きさを等しくすることであって、どうすれば自分の厚生量が増大するかといった、いわば「厚生の増減方法」を全員の間で等しくすることを狙っているのではない。各人の厚生の増減は、各人が保有する資源と、（各人の人生計画を前提として）その使用方法とにかかっている。あまりにも当然であるからか、ドゥオーキンはまったく触れていない。だが、そのことがわかっていれば、ドゥオーキンの混乱を誘発する表現に惑わされることはない。

とはいえ、(3)をとばして、(4)に目を向けると、そこでもドゥオーキンは、これでもかこれでもかと言わんばかりに混乱を招く表現を付加している。混乱を招く表現とは、第三文中にある「自分の個人的状況にかかわるかぎりで、全員が、等しくかつ根本的に価値ありとするもの」における「全員が、等しくかつ根本的に価値ありとするもの」という部分である。「自分の個人的状況にかかわるかぎりで」という限定句は、(3)を受けて、ポイントが抽象的な「厚生の平等」から「個人的厚生の平等」に変わったことに対応しているだけであるから、ここで注目するには及ばない。「価値あり」という言葉も、前述の厚生を定義する文で用いられた「重要」と同義と考えてよいから、問題にするに及ばない。

問題は、「かつ……価値あり」の前にある「等しく」という言葉である。「等しく価値あり」というふうに素直につなぐと、「全員が、等しくかつ根本的に価値ありとするものの点で人々を等しくする」は、「厚生量の等しい厚生を全員の間で等しくする」という、意味不明なことを意味しているように見える。だがそれは、「厚生はだれもがみな根本的な価値があると考えているものであり、厚生の平等は、全員の厚生の値を等しくすることを狙っている」と解釈するのが正しい[34]。つまり、これまでと同じことをのべているだけである。

(5)の第一文の「相対的成功」は、書いてあるとおり、人生計画の何パーセントが達成されたかということである。第二文前半の「一部の人々が別の一部の人々よりも高く評価する点（での平等）」は、上記の「相対的成功（の

---

[34] ちなみに、邦訳(46頁)では、第三文は次のように訳されている。「福利〔＝厚生〕の平等は、人々の個人的な状態や状況が関係しているかぎりにおいて、人々がすべて同じ程度に、そして根本的に価値があると考えていることに関して彼らを平等にしていく」と。「同じ程度に」(equally)は、「価値がある」に続くと思われるから、厚生は、「人々すべてが同じ程度に価値があると考えているもの」になってしまう。「程度」という言葉がやや紛らわしい。訳者は、同一の表現 (what they all value equally and fundamentally) を別の箇所では、「すべての人々が同じように根本的に価値があると見なすもの」(42/62)と訳している。こちらの訳のほうがよいように思われる。また別の箇所では、'people all do value that state equally and fundamentally' (44/64) という似たような文言もあり、訳者はこれを「すべての人々が同様に喜びの状態を根本的に価値あるものと考えている」と訳している。

平等)」をさすと考えてよかろう。わかりにくいのは、同文後半の「一部の人々が高く評価するものに関する不平等」が何をさすのか、である。素直に考えれば、「野心に関する不平等」または「全体的成功に関する」不平等であろうが、先ほど検討した（4）の第三文中の「全員が……根本的に価値ありとするもの」が「全体的成功」をさすとすれば、「一部の人々が高く評価する」ということと平仄が合わない。この疑問が解消されることを期待して、次の段落（6）の具体例に目を向けてみよう。

　そこでは、才能に乏しく、かつ、成功の確率が高いことを重視する人と、（才能があるかないかはわからないが）成功確率が低くても挑戦が何よりも大事だとする人との相対的成功の達成度——「成功の期待値」というほうがより正確か——を等しくしようとすれば、分配される資源量は、普通は——後者が挑戦しようとする目的に関する才能が異常に高かった場合などは別だが、ということか——後者のほうが多くなる、ということがのべられている。分配される資源はたしかに不平等だが、「一部の人々が高く評価するものに関する不平等」における「一部の人々が高く評価するもの」が資源をさす、というのは不自然であるように思われる。資源に対する評価は、ここでは直接の問題となってはいない。

　いったい何の「不平等」が問題なのか。前者の人は才能が乏しいがゆえに挑戦をあきらめ、後者の人は挑戦する。後者の人は失敗の連続であろうが、資源をより多く分配され、相対的成功の成功度は前者と等しいことが保証される。ドゥオーキンは、それを「不平等」だと言っているように思われる。

　しかし、前者の人が、役人が相対的成功の平等の体制を実施することを知っていたとしたら、才能に乏しくても、失敗確率が高いと思っていても、資源を大量に費やす挑戦を試みた可能性は大いにある。失敗しようが成功しようが、全員に等しい成功の期待値を保証するのが「相対的成功の平等」の体制なのであるから。それでも、前者の人が挑戦しないとしたら、その人は挑戦が大嫌いというだけである。その場合、役人に文句を言う権利はあまりないと思う。いずれにせよ、ドゥオーキンのストーリーが説得力をもつのは、社会構成員が相対的成功の平等が実施されることを知らない場合だけである。

　後者の人についても疑問がある。その人は、その野心に基づき、どのよ

な人生計画を立てるのか。どのような分配体制が実施されるかを——したがって、自分に割り当てられる資源も——知らなければ、普通の人なら、失敗も織り込んで計画を立てるであろう。その場合、ある程度失敗しても、人生計画はそれなりに相対的に成功したことになる。ところが、(6)からわかるように、ドゥオーキンの叙述においては、挑戦者は失敗しても失敗しても挑戦を続ける人であるかのように描かれている。その人は、いくら失敗しても、相対的成功の平等を役人が保証してくれることを、あたかも事前に知っているかのようである。

　ドゥオーキンのトリックは、「人生計画」には「成功」しか書き込まれていないという通念を利用して、相対的成功の平等の体制は、どんなに無謀な人生計画を立てる人についても、他のまともな人々[35]と等しい相対的成功の達成度を保証するという結論を導いているところにある。それがおかしいのは当たり前である。「不平等」というのは、論点を不明確にする表現である。生まれつきの才能の「不平等」についてなら、まだしも使うことはできるが、挑戦好きの人の才能についての言及は、ドゥオーキンの文章にはない。

　以上の私の説明からわかるように、「全体的成功」という概念の居場所は今のところない。この問題への対処を考える前に、本節2でペンディングにした①（本書184頁参照）、すなわち「実際上の困難のこうした「解消」は、……理論的な問題を表面化させる」が何を意味するか、という問題に立ち戻ろう。ドゥオーキンは、次のようなことが言いたかったのではないか。

　自分の野心に応じて人生計画を作るには、その前に自分が利用可能な資源（の質・量）を事前に知っていなければならないが、その資源（自然的資源を除く）は、個人的成功の平等の体制によって決定される。しかるに、その体

35　ちなみに、ロールズは、彼の資源（ロールズでは（社会的）「基本善」primary goods）分配の正義論が、善の構想への能力（前述本節1における（ⅱ）参照）に含まれるものとしての「自分の諸目的に対して責任を負う能力」を前提しているとする。John Rawls, *Collected Papers*, edited by Samuel Freeman, Cambridge, Massachusetts: Harvard University Press, 1999, p. 369 参照。前述第2章126頁も参照。ドゥオーキンは、個人的成功の平等理論がこの「責任」という要素を等閑視するものだという批判を展開することもできたが、ここではしていない。それは、「資源の平等」論文の課題として残された。その点については、前述第1章の全体参照。

制の内容は、全員の人生計画に依存する。こうした循環を試行錯誤によって切り抜け、個人的成功の平等が達成可能と仮定するためには、人生計画を立てる際に、あるいは、その元になる野心を形成する際に、相対的成功の達成度に与えるウェイトが人によって異なるという理論的問題がすでに解決済みと仮定するほかないが、その問題はまだ扱っていないので、以下で扱う、と。

　もっと前に答えられたはずのこのような一見明白な解答を私があえて先延ばしにした理由の第一は、ドゥオーキンが（才能の乏しさに言及していることからして）、資源のなかには物理的資源だけではなく、自然的資源もあることにこだわって、今までは、分配されるべき物理的資源決定にまつわる循環だけを問題にしてきたが、その循環には自然的資源の不平等も大いに関与している、ということを強調したい可能性があることを恐れたからである。理由の第二は、野心との循環も指摘したい可能性もある、と思ったからである。前述のとおり、いずれもどうやら杞憂であった。

　ところで、私がずいぶん分前に提起した（第1節2参照）「ドゥオーキンはなぜ厚生の個人間比較は可能と仮定すると簡明に書かなかったのか」という疑問は、少なくとも相対的成功としての厚生については、すでに氷解した。それは「相対的」という形容詞で表現されているとおり、厚生の絶対水準での比較を要求せず、各人ごとに異なる人生計画に応じて百分率で表せるような達成度の比較の問題であるからである（前述第2節4の最終段落、本書156頁も参照）。全体的成功についても、それとのアナロジーで考えてよいようにも思われるが、まだ断定はできない[36]。いずれにせよ、こうした話をドゥオーキンはどこでも明確にはのべていないから、あまりに不親切だとは思うが。

5. 全体的成功の平等

　ドゥオーキンは、以上で紹介した議論によって相対的成功の平等を却下した後、全体的成功の平等の考察に向かう。その際、全体的成功（の成功度）は、「自分の……哲学的信念の観点から本人自身が判断する」（32/47-48）も

---

[36] 後述本節6参照。

のとされている。これは、選好集合が正確にわかれば、その達成度が外部からも容易に判定可能な相対的成功との違いを際立たせるものである。にもかかわらず、ドゥオーキンは、相対的成功の個人間比較が可能だとされたのと同様の意味で、全体的成功の個人間比較もだいたいにおいて[37]可能であると仮定して（とくに35/52）議論を進める点に注意されたい。

　全体的成功の概念に基づく厚生の平等の体制の下では、「各人が、少なくとも十分な情報をもっているかぎり[38]、……価値ある人生を送る点での全体的成功について同一の評価を申し出る」（32/48）ように資源が再分配されることになる。だが、何を全体的成功と考えるかは、人によって意見の相違がある。ドゥオーキンによれば、これに関して厚生経済学や功利主義の文献は参考にならない[39]。それらに与する学者は、ドゥオーキンからみれば相対的成功を念頭においているからである（32/48）。当たり前である。彼らは、人生計画が100パーセント成功した（あるいは、しそうな[40]）のに、それでも人生の価値は0であると評価するような人間を想定していない。

　かくしてドゥオーキンは、全体的成功についてのさまざまな意見の考察を延々と続ける。それは、彼自身「スクラップのような」（scrappy）（34/51）と形容しているものであり、詳しく紹介する価値はない。曖昧な文章によって読者の頭を混乱させ、回答を先延ばしにして、ドゥオーキンが後に「スクラップとはいえない」主張を提出したときに、読者がそれに飛びつくことを

37　後述本節7において明らかになるように、ドゥオーキンが最も手強いとみなす、合理的遺憾を考慮に入れる成功の平等理論においては、結果的に、厚生理論のみに依存する厚生の個人間比較は不可能ということになる。後掲注50も参照。

38　前述第2節5の最後から二段落目でのべたこと（本書158頁）と関係している。

39　ドゥオーキンが参考にしたのではないかと私が推測する文章の一部をロールズから引用しておこう。「肝心なのは、満足の個人間比較が可能だとしても、その比較が、追求に値する〔各個人からみた〕価値を反映していなければならない、という点である」（*TJ*, 91/78rev.,『正義論』123頁）。

40　前述第2節5の最終段落でのべたこと（本書158頁）と関係している。ドゥオーキンは、いつの時点の厚生の平等を問題にするかは問題にならないとしているから、あまりこだわらないことにしたいが、少なくも各人が主観的に厚生を判断する時点を統一しないと理論が滅茶苦茶になる。厚生経済学者や功利主義者は一般に、各個人が行為する前に予測される効用または厚生を問題にしている。

狙った議論戦略であろう。にもかかわらず、「スクラップとはいえない」主張につながる部分を少しだけ紹介しておこう。それを読む際、読者は、「全体的成功」の意味がよくわからなくても、それが、相対的成功と区別される人生の価値に関する判断だということだけが了解できていればそれでよい。

> たとえば、ジャックは、自分の現在の人生が、想像可能な最悪の人生に比べるとはるかによく、最善の人生に比べるとはるかに悪いと思っており、ジルは、自分の人生が最悪の人生に比べてもそれほどよくなく、最善の人生に比べてもそれほど悪くないと思っていたとしよう。この場合、再分配の方向は、全体の成功の水準を比較する方法として、二つの方法のうちいずれが重要と考えられるかに左右されるであろう。(37/54)

全体的成功の平等の下では、最悪の人生と比べる方法をとると、ジャックからジルへ資源が移転され、最善の人生と比べる方法をとると、ジルからジャックへ資源が移転されることになる。いずれの移転にせよ、それを「平等が要求する」(38/56) と考えるのはおかしい、というのがドゥオーキンのここでの結論——「平等」の定義というべきもの——である。というのは、「ジャックとジルの間にある相違は……彼らの信念の相違であり、……彼らの〔実際の〕人生の相違ではない」(38/56) からである。そこでのべられている「信念の相違」とは、最悪の人生と比べるか、最善の人生と比べるか（および、それぞれの比較方法をとった場合の評価）に関する考え方の違い[41]である。

しかし、「自分の哲学的信念の観点から」全体的成功を判断すれば、そうなってしまうのは当然であろう。これは、私が紹介しなかった議論が不要であることの間接証拠でもある。ともかく、ドゥオーキンは、全体的成功の別の比較方法を唐突に提案する。

6. 合理的遺憾と公正な分配

人生が全体としてどの程度うまくいっているのかに関する判断の違いが、各人の信念の違いではなく、人生そのものの違いであるのは、……それが成就

41　ドゥオーキンはこれを「哲学的信念の相違」とし、それが「ロールズ的人間観」あるいは「能動的行為者モデル」（前述本節1参照）と関連するかのような示唆を与えているが、あまり関連づけないほうがよいと思う。

(fulfillment[42])の違いであるときに限られる。私がいう成就とは、人生がど・うあった・かもしれないかではなく、どうあるべきであったかに関する基準に照らして個人的成功・失敗を計測するという問題である。重要で、目下の問題にとって適切な比較は、次のようなものだと私には思われる。すなわち、自分が人生で何かをしなかったことを合理的に遺憾に思う（reasonably regret）ことができればできるほど、自分の人生がもつ全体的成功は少なくなる。(38/56-57)〔圏点は原文イタリックに対応する〕

この文章の前半部分では、各人の全体的成功の成功度は、想定可能な任意の自分の人生と比べて計測されるのではなく、各人のあるべき人生と比べて計測されるという点が強調されている。もし、成功度が百分率のようなもので表されるとすれば（ドゥオーキンはこの点についてはまったく触れてないが）、個人間でそれを等しくすることは可能ということになろう。

上記引用文章最後の文は、合理的遺憾の量が増加すると全体的成功度が減少するという関数関係が書いてあるだけである。にもかかわらず、単純化のため、さしあたり両者が次の図式で表されるような関係にあるとしよう。そう見ても、以下のドゥオーキンの議論に不利な影響は及ぼさないと思われる。

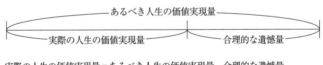

実際の人生の価値実現量＝あるべき人生の価値実現量－合理的な遺憾量

$$全体的成功度 = \frac{実際の人生の価値実現量}{あるべき人生の価値実現量} = 1 - \frac{合理的遺憾量}{あるべき人生の価値実現量}$$

ドゥオーキンの定義によると、合理的遺憾はあるべき人生と比べてのそれなのであるから、両者は実は相関概念である。一方が決まれば他方も決まる。それゆえ、全体的成功度は、合理的遺憾量のみによって決定されると考

42　これは、「選好充足」というときの「充足」と同じ言葉であるから紛らわしい。邦訳に倣って、「成就」という訳語を採用した。いずれにせよ、ドゥオーキンが力説するキーワードは無視するべきであることについては、後掲注81参照。

第 4 節　個人的成功の平等　197

えてよい。実際、ドゥオーキンはそのような前提で議論を展開している。ただし、全体的成功度を他人と比べる場合、正確には、あるべき人生の価値実現量と合理的遺憾量の比が問題になることに注意しなければならない。

　それにしても、「合理的な遺憾」とは何であろうか。ドゥオーキンは、上記引用文章に続けて、その具体例ないし説明のようなものを挙げている。

　　超自然的な身体的ないし精神的力をもっている人とか、メトセラのような長寿をもっている人であれば送れたような人生を自分が送らなかったからといって、だれもそれを、合理的に遺憾に思うことはできない。……しかし、たいていの人がもっている普通の能力や普通の寿命をもっていないことを、人は合理的に遺憾に思うことができる。世界の資源の不公正なほど大きな分け前をもっていたとしたら送れたであろうような生活を、自分が実際には送れなかったからといって、だれもそれを、合理的に遺憾に思うことはできない。したがって、ある人が、そのような状況にあったとしたら自分の人生は今よりもはるかに価値があったと考える一方で、別の人はそう考えないからといって、前者の人の人生が後者の人の人生よりも成功していない、ということにはならない。しかし、人は、どのようなものであれ、自分がもつ権利がある物質的資源の分け前[43]をもっていなかったことを合理的に遺憾に思うことはできるのである。(39/57)

　こうした説明では、あまりにも多くのことが「合理的」という言葉の内容に依存しているように見える。しかし、ドゥオーキンにとっては、ここで「合理的」の内容が明確になる必要はなく、全体の成功の観念が「合理的に遺憾に思うことができる」および、それに直結する「公正な分け前」という観念に圧倒的に依存していることが指摘できれば、それで十分なのである[44]。ドゥオーキンは、上の引用文章に続けて、次のようにのべている。

---

[43] 'entitled to have' という言葉が使われているが、'fair share'（公正な分け前）と同義である。
[44] 邦訳（57頁）では、原文では（紹介を省略したが）今引用した段落の冒頭にある「言うまでもなく、ここでは「合理的」という言葉が非常に重要な意味をもつ」の直後の一文（'But it is all necessary.'）の翻訳がなぜか省略されている。全体的成功の概念にとって、「合理的に遺憾に思うことができる」という考え方は決定的に重要だが、「合理的」の内容については、多少の異論があってもよい、ということである。だから、「ここでは、合理的という言葉の内容はたいして重要な意味をもたない」と

たぶん今やポイントは明らかになったと思う[45]。全体的成功の平等についてどう説明するにせよ、このような仕方で合理的な遺憾という考え方（または類似の考え方）を決定的に重要なものとしない説明の提案は、まともな分配の平等理論と無関係である。……しかし、そのような考え方を決定的に重要なものとする説明はどれも、全体的成功の内容説明のなかに、公正な分配 (fair distribution) とは何かについての仮定を含んでいなければならない。これは、全体的成功の平等は、公正な分配の理論を正当化するのにも、構築するのにも使えないということを意味する。……しかし、その〔＝合理的遺憾の〕観念は、社会的資源の公正な分け前に関する〔全体的成功の平等から〕独立の理論……を必要とする。しかし、その理論は、全体的成功の平等〔の考え方〕と、いくつかのケースにおいてだけではなく、すべてのケースにおいて矛盾するのである。(39/57-58)

　ドゥオーキンはここで、合理的遺憾の観念を含んでいない全体的成功の平等理論は、取り上げるに値する平等理論ではないと断言した上で、合理的遺憾（量）は（したがって全体的成功度も）、公正な分配を前提するとこれまた断言する。論証はなく、前の引用文章最後の文「人は……自分がもつ権利がある物質的資源の分け前をもっていなかったことを合理的に遺憾に思うことができる」の言い換えにすぎない。

　とはいえ、結局のところドゥオーキンは、合理的遺憾ないし全体的成功は、その人が公正な資源をもっていたかどうかに依存するということを強調したいのだ、ということだけはよくわかる。「合理的遺憾」における「合理的」は、「公正な分配」における「公正」に対応しているだけであり、その内容は今のところ不明で差し支えない。しかし、「合理的」が「公正」と同様、規範的な概念であることだけは了解しておかなければならない。

　加えて、ドゥオーキンが、「合理的遺憾」の説明にあたって、ポイントを「あるべき人生」から「もつべき資源」のほうに、わかりにくい言い方で移していることにも注意されたい。つまり、「もつ権利がある物質的資源」を

　　いう訳のほうが適切である。それにしても、「合理的」の内容が重要でないとしつつ、直後に「合理的」の内容を説明するかに見える叙述を続けるという方法は、いかにもドゥオーキンらしい。

45　その前に「ポイントをぼかす議論を経て」と補えば、理解しやすい。前注参照。

もっていたからといって（その人が適切に行為するとか、その他の好都合な条件が必要であるから）、「あるべき人生」を送れたかどうかはわからないが、ドゥオーキンは（明言していないが）「公正な分け前さえもっていれば、あるべき人生を送れた」と仮定しているということである。したがって、合理的遺憾の量も「公正な資源分配」に全面的に依存すると考えてよい。

　全体的成功が「合理的遺憾」によって規定され、「合理的遺憾」が「公正な分配」によって規定されるとすれば、全体的成功の平等の観念によって「公正な分配」を規定することができないのは当然である。合理的遺憾の観念によって全体的成功を定義する「個人的成功の平等理論」は、ドゥオーキンからすれば、彼がこれまで取り上げたなかでは最善の「厚生の平等理論」である。だから、先の理屈を厚生の平等論全体に拡張してよい、ということになろう。そうすると、公正な資源分配の理論が、厚生の平等理論に先立つから、厚生の平等理論（のみ）[46]によっては公正な分配を求めることはできない、ということになる。結論先取り論法の典型である。

　そこでドゥオーキンは、彼の結論を否定する見解、すなわち、公正な資源分配の観念に依存せずに、合理的な遺憾の観念だけを用いて、全体的成功の平等を図ることが可能だとする架空の異論を取り上げ、それを否定することを試みる。これは、ドゥオーキンの「厚生の平等」論文におけるクライマックスであると同時に最も難解な部分である。次項ではそれを、これまでにもまして真剣に読解することにしたい。

　なお、上記引用文章の最後に登場する、全体的成功の平等の観念がいかなるものであれ、公正な分配の理論と矛盾するという話はまだよくわからないと思う。それについても、読解の過程でおのずと解答が与えられるはずである。

46　厚生の平等理論に公正な分配理論が不可欠だとしても、後者だけでは何が厚生の平等かは決まらないから、最終的な公正な分配にとって、厚生の平等理論はなお基底的である、という主張はまだ排除されていない。ドゥオーキンによる以下の議論は、まさにそのような主張を排除するために展開される。

7. 公正な分配の理論なしに合理的遺憾を判定できるか

　ドゥオーキンによれば、公正な分配の理論に頼らずに合理的遺憾だけで全体的成功の平等が達成可能と主張する論者は、合理的遺憾の判定について、次のようなやり方を提案するかもしれない。

　　人は、超自然的力をもつ人の人生を送っていないからといって、もしくは、サディストとして成功した人生を送っていないからといって、それを合理的に遺憾に思うことはできない。あるいはまた、人は、現在よりももっと多くの資源をもっていれば、その分（現在よりも）減らされた資源で他の人々が送る人生に比べて、合理的遺憾の量が少ない生活を達成できたはずなのに、そのような資源をもつ人生を自分が実際には送っていないからといって、それを合理的に遺憾に思うことはできない、と。(40/58)

　だが、ドゥオーキンは、それに続けて「このような主張は役に立たない。われわれは、各人が合理的に遺憾に思わなければならない点で人々を等しくすることをめざしているのである」(40/58) とのべる。これを素直に読めば、その意味は、常識的にみて、合理的に遺憾に思うことができない具体例をいくら挙げたところで、求められているのは、全体的成功の等しさないしは合理的遺憾の等しさであるから、等しさの判定方法に言及しないかぎり「役に立たない」ということであろう。ドゥオーキンは、この議論をおそらく敷衍するつもりで、具体的人物を登場させて話を続ける。

　　ジャックとジルが当初……等しい資源（量）をもっているとしよう。ジャックは、とくに何かの資源に対して権利があると信じているわけではないが、……壮大な野心をもっており、現在よりも多くの資源をもっていないことをつねに遺憾に思うとしよう。われわれが知りたいのは、そうだとしても、彼らが・合・理・的・に遺憾に思わなければならない点において平等か否かということである。(40/58) 〔圏点は原文イタリックに対応する〕

　これは前の文章のくり返しであるかに見える。だれがどういう場合に遺憾に思うかどうかが重要なのではなくて、いつ遺憾量が等しくなるかが重要なのだ、と言っているとすれば。しかし、よく見ると「合理的に」が、原文ではイタリックで強調してある。それはどういう意味か。素直に読めば、合理的遺憾量の平等を図るには、その前に、合理的遺憾量が計量できなければな

第4節　個人的成功の平等　　201

らない、という当然のことを言っているように見える。

　見えるだけでなく、事実そのとおりである。前の引用文章では、遺憾量の「平等」に力点があったが、ドゥオーキンはここでは「合理的」遺憾量のほうに、したがって、その背後にある「公正な」分配にポイントを移しているのである。これも厚生と厚生の平等をつねに絡めてわざと不明瞭に説明するドゥオーキンのなせる業の一例にすぎない。ドゥオーキンもまた、厚生の平等よりも、厚生（ここでは、全体的成功またはそれを規定する合理的遺憾）のほうが基本的な概念であることを知っているのである（前述第1節2の最終段落、本書150頁参照）。

　なお、「合理的遺憾」の用言が「合理的に遺憾に思うことができる」（can reasonably regret）から、「合理的に遺憾に思わなければならない」（have reasonably to regret）に断りなく変更されている。だが、前項で触れたように、「合理的遺憾」はそもそも、「あるべき人生」によって定義される（本節6の最初の引用文章参照）当為概念であるから、両用言は同義である。ドゥオーキンお得意の読者を惑わすレトリカルな修辞法にすぎず、その点をとらえて、何か別のことを言っていると誤解してはならない。

　ドゥオーキンが最強の敵手とみなす先の論者は、ジャックの全体的成功度、したがって合理的遺憾量を「公正な分配」を前提せずに判定できることを示さなければならない。役人は、全体的成功の平等をめざすために、ジャックに（ジルその他の全員にもだが）彼の全体的成功度もしくは（同じことだが）合理的遺憾量を尋ねて回答を得るか、または、ジャックの立場に立って自分で判定しなければならない。（なお、先に私が提示した図式（本書196頁）によれば、全体的成功度は、合理的遺憾量ではなく、その比率に依存するが、以下の文章において、ドゥオーキンは、合理的遺憾の比率ではなく、量で考えている。先の図式における「あるべき人生の価値実現量」を表す直線の長さが全員について同じと仮定すれば、どちらで考えても同じことになる。瑣末な点なので、以下しばらく、ドゥオーキンの議論に合わせ、そのように仮定して考えることにしよう。ただし、合理的遺憾量またはその比率が同じだとしても、それに対応する公正な資源量[47]は人によって異なる点には注意されたい[48]。）

　私見によれば、以下の文章は、「厚生の平等」論文のなかで最も重要な箇

所である。

　　われわれはジャック（または彼の観点から自分）に、次のようなことを尋ねなければならない。あなたが今よりもいくばくか資源を多くもっていたとしたら、合理的遺憾の量が、〔トータルでそれに対応する分だけ資源を減らされた〕他の人々の合理的遺憾の量と同一となる（そのためには資源以外のものも必要でしょうが、それは無視します）、そのような資源量が仮にあったとしましょう。そのような資源量を仮にあなたがもつとしたときにあなたが送る人生と比べて、現在あなたが送ることのできる人生はどれだけ〔全体的成功の量が〕不足ですか、と。ジャックは（われわれもだが）、この質問に答えることができない。〔説明の都合上、原文に反し、ここで改行する〕

　　ジャックは、〔他の人々と合理的遺憾の量が同一となる分配として〕当初の資源の〔数量的意味での〕平等分配とは異なる分配をランダムに取り上げることができる。たとえば、彼は初期分配より100万ドルほど多くもつが、他の人々はトータルで100万ドルほど少なくもつ分配を取り上げることができる。しかし、ジャックが、この新たな分配に基づく人生が、現在の人生を計測する適切なベースラインであるか否かという問いに答えるためには、100万ドル多くもっていたとしたら彼が感じるであろう合理的遺憾の量が、その分資源を減らされた他の人々が感じるであろう合理的遺憾の量より多くないか否かを知っていなければならない。そして、これを知るためには、さらなる新たな分配（たとえば、彼が現在よりも200万ドル多くもつ分配）をランダムに取り上げなければならない。それをベースラインにして、現在より100万ドル多い人生における彼の〔合理的〕遺憾を計測するために。かくし

47　資源の質も問題になるが、目下の文脈では、重要な問題ではないので、以下、両者をあわせて、「資源量」または単に「資源」と表記することにする。

48　だから、邦訳58-59頁の「いま、ジャックが一定量の資源を持てたならば、彼が合理的に遺憾だと思う（自分が持っていなくて残念だと彼が合理的に思う）資源の量は、同じ時点で他の人々がそう思う資源の量と同じくらいになるとする」における「資源の量」は「合理的遺憾の量」としたほうが正確である。邦訳からの上記引用は、次の引用文章（私による翻訳）の第二文に対応する。念のため、拙訳の第一文から第三文に対応する原文（イタリックによる強調は亀本による）を掲げておこう。'we must ask Jack…how far the life he can now lead falls short of the life he would lead if he had (among other things) the amount of resources such that if he had those resources he would have *the same amount reasonably to regret* as others would then have.' もちろん、合理的遺憾量と公正な資源量は相関しているから、一般読者へのわかりやすさを考慮して、邦訳があのような訳を採用した可能性もある。いずれにせよ、ドゥオーキンの主要な主張には影響しない。

て、無限後退に陥る。もちろん、この失敗を……試行錯誤の方法によって切り抜けることはできない。というのは、この問題は、われわれが、テストされるべき最初の分配に到達するための非循環的なアルゴリズムを提示することができないという問題ではなく、どのようにして到達したものであれ、いかなる分配もテストする方法を提示できないという問題であるからである。(40/58-59)〔圏点は原文イタリックに対応する〕

　まず、第一段落に目を向けよう。もし、公正な分配の観念には頼らないが合理的遺憾の観念は用いる全体的成功の考え方によって、合理的遺憾量が全員同一となるような分配が発見できたとしたら、各人は、したがってジャックも、現在の人生と比べて、そのような分配において自分がもつ分け前をもっていたとしたら自分が送れるであろう人生はどれくらい価値があるかを判定できるはずである。判定できないとしたら、そもそも、自分の全体的成功が他人のそれと等しいかどうかも判定できない。ところが、最後の文では、「判定できない」という結論がいきなりのべられている。その結論が正しいとしたら、第一段落の議論は、一種の背理法を構成する。

　だが、「判定できない」ことの論証はまだなく、それは第二段落に委ねられている。そこでは、合理的遺憾の量が全員同一となる資源量をジャックが手当たりしだい探していくという問題設定が採用されている。わかりにくいのは「適切なベースライン」という言葉である。これは、「合理的遺憾に対応する公正な分け前」と実質的に同義である（「実質的に」という意味は、まったく同じでなくても、それと一対一で対応する何かであれば十分である、という意味である）。ドゥオーキンの敵対者は「公正な分け前」という観念を決して用いないとされているのであるから、いかなる増加分（実は減少分でもよい）も適切なベースラインにならないことは当然である。

　まず100万ドル多くもっていたとしたら、どうでしょう。もう100万ドル増やしたらどうでしょうという叙述は読者を欺くものである。「平等」という論点も無関係である。「平等」以前の話である。公正な分配なくして全体的成功は判定できない、ゆえに、公正な分配の観念を含まない全体的成功の観念は成立しない、というこれまでと同じドゥオーキンの主張をくり返しているだけである。背理法でもなんでもない。結論を前提にして結論を導く論

理的に正しい推論にすぎない[49]。

　これは理論的な問題[50]であるから、試行錯誤によって解決できるはずはない。「さらなる」を強調して、100万ドルずつ増やしていくという問題設定は、まったくもって読者を欺くものである。ランダムと言っているのに、どうして方向性があるかのような誤解を与える「無限後退」(infinite regress)という言葉を使うのか。上記引用文章の最後の文は、まさに私の理解が正しいことの証拠である。「非循環的アルゴリズム」も読者を惑わす呪文にすぎない。しつこいが、それに続く文章もあえて紹介しておこう。

　　　合理的な遺憾は、ある遺憾が合理的であるか否かの決定の基準となる分配上の仮定のなかに登場することはできない、と私は結論する。私はまた、そのようなことができる、ほかの全体的成功の平等観念またはその修正版を思いつくこともできない。そうだとすれば、合理的に遺憾に思わなければならない点で人々を平等にするという目標は、私が説明した点で自己矛盾的なのである。(40/59)

　第一文は、合理的な遺憾だけでは、何が公正な分配かを決定できない、ということを難しく言い換えただけである。だが、平等を問題にしていない点は正しい。その直後に平等をまたもやもち出して、正確な理解を妨げてはいるが。

　最後の文中の「自己矛盾的」という言葉は、私がそうではないと言った「背理法」のことをさしているのであろう。敵対者の立場は、自己矛盾的なのではなく、ドゥオーキンの説に矛盾しているだけである。ドゥオーキンがそう定義したのであるから、当たり前である。かくも無残な論証があろうか。

8. 全体的成功の平等は公正な分配を否定するか

　ドゥオーキンは、私からみれば同語反復の反復からなる以上の詭弁を、以

49　本書第1章とくに80頁参照。
50　結果的に、公正な分配理論から独立に、いかなる意味でも厚生の個人間比較はできないことになるが、その原因は、そもそも個人内で厚生が比較も計量もできないことにある。ただし、厚生の個人内および個人間比較はできないが、(厚生の平等のために社会が採用した厚生観とは異なる) 本質的福利については、少なくとも個人内で比較可能とドゥオーキンが考えている可能性は大いにある。前掲注16も参照。

第 4 節　個人的成功の平等　205

下のように彼なりに総括した上で、これから、その総仕上げにかかることを予告する。

> 平等に重要な関連をもつと同時に、分配の平等についての先行的仮定〔＝公正な分配の理論〕から独立の、全体的成功の基準（test or metric）をだれも発明することができないということを私はもちろん証明することはできない。……しかし今、全体的成功の平等を擁護する人が、分配から独立的なそのような基準は発見されえないことを認めたと想定しよう。私はこれまで、そのときその人は、全体的成功の平等が明確な政治的目標としては役に立たないことをも同時に認めなければならない、ということを仮定してきた。なぜかというと、全体的成功の平等が、それが公正だと仮定する独立の分配からの変更を推奨するかぎり、それはそれ自身が不公正だと非難する分配を推奨しなければならないからである。しかし、これは結論を急ぎすぎであろうか。(41/60)

最後の問いに対して、私なら「いいえ急ぎすぎではありません。最初から結論があるのですから」と即座に答える。ドゥオーキンは、全体的成功の平等を達成するために使われる尺度と手段の区別という新奇かつ難解な観念をもち出して、またもや読者を混乱させる。しかも、それをここでも敵のせいにしている。

> 彼〔＝上記の引用文章に登場する人、すなわち、公正な分配から独立な基準（test or metric）はないことを認めるもなお、全体的成功の平等は使えると主張する人〕が、全体的成功の平等を達成するための尺度と手段を区別しなければならないと主張する、としよう。彼はたとえば、以下のように言うかもしれない。人の現在の全体的成功を計測するための公正な分配は、資源の〔数量的意味での〕平等分配である。ジャックとジルの全体的成功を計測するには、資源が仮に平等に分配されていたとしたらあなたが送ることができる最善の人生に比べて、あなたの現在の人生は成功がどれくらい少ないですかと各々に尋ねればよい。このような計測法で測って、ジャックの全体的成功がジルのそれよりも大きければ、われわれは、ジャックからジルへ資源を移転する。……〔結果的に〕ジルはジャックより多くの資源をもつことになろう。しかし、彼らは、合理的遺憾に準拠する適切な仕方で計測された全体的成功の点で（当初の資源平等の分配状態よりももっと）平等になるであろう。平等な資源という観念を内部的に、つまり、全体的成功を決定する尺度

(metric[51])の内部で用い、その上で……、全体的成功の平等が達成されるように実際に〔再〕分配を行うことになんの矛盾もない、と。(41/60-61)

ここでドゥオーキンが敵に帰している尺度(measure：測度)と手段(means)の区別は、非常にわかりにくい(それにしても、数学では明確な意味をもつmetricやmeasureという語を衒学的に弄ぶのは是非やめてほしい[52])。どちらも、最終的に、公正な分配[53]を行うための(ある意味で)手段であるからである。ドゥオーキンも、(自作ストーリーゆえ)当然ながらその点を指摘する。

> しかし、この応答はポイントを外している。全体的成功を決定するための合理的遺憾準拠尺度は、どのような分配が公正であるかに関する、同じことだが、人がそれに対して権利があるところの分配に関する、仮定を採用している。その尺度が、公正な分配として資源の〔数量的意味での〕平等分配を採用し、その後ジルに、等しい分け前よりも多くの分け前が与えられるとすれば、その移転を正当化すると自称する理論的議論がジルの公正な分け前だと言うものより多くのものが彼女に与えられることになる。(41-42/61)

この理屈は、これまでのドゥオーキンの難解な議論に比べるとはるかに簡単である。合理的遺憾に準拠する全体的成功の平等理論は、それに先行する「公正な分配」理論をつねに伴っている。全体的成功の平等理論(あるいは厚生の平等理論一般)は、みずからが公正だとした分配を変更しようという

---

51 これは、文頭に登場するmetric(ひとつ前に引用した文章の第一文に登場するそれを受けている)とは意味が異なり、measureの同義語であるように思われる。
52 前注も参照されたい。
53 最終目的は、「公正な分配」ではなく、(何らかの意味で)「平等な分配」ではないのか、という疑問を抱く読者もいるかもしれない。だが、ドゥオーキンは、公正さの不足の点で全員を等しくする分配などというものを(考えられるにもかかわらず、あるいは、考えられうることを示唆するにもかかわらず)実際にはあまり考えていないから、ドゥオーキンの場合、「公正な分配」と(彼が支持する)「平等な分配」とは一致するとみなしてよい。これは、彼が多くの文において「厚生(または成功)」と「厚生(または成功)の平等」を互換的に使うことの、またそれが可能なことの理由でもある。だから、ドゥオーキンと同じ立場にたたない者は、彼の議論を読むと混乱する。混乱しない一つの方法が、ドゥオーキンの立場を支持することである。ドゥオーキンお得意の論法の一例である。

のだから、自己矛盾的である、ということである。

　しかも、これと同じ内容はすでに語られていた（本項の最初に引用した文章参照）。「全体的成功の平等が、それが公正だと仮定する独立の分配からの変更を推奨するかぎり、それはそれ自身が不公正だと非難する分配を推奨しなければならないからである[54]。しかし、これは結論を急ぎすぎであろうか」（41/60）と。これを読んだ時点では納得できなかった読者も、今や合点がゆくかもしれない[55]。

　その前にあった難解かつ退屈な議論に疲れた読者の多くは、そうした議論は放置し、このわかりやすい理屈に飛びつくであろう。全部同語反復だとは気づかない。それがドゥオーキンの狙いである。

　全体的成功の平等理論が、一応の（prima facie）「公正な分配」から出発するにしても、資源から成功への変換効率が悪い人のことなど――たとえば、後述第5節で扱われる「金のかかる嗜好」や「障碍者」の問題――を考慮して、最終的な（all-things-considered）「公正な分配」を定めるという方法は、なお否定されていないように思われる。それを否定する一番簡単なやり方は、後者の「公正な分配」を前者の「公正な分配」に全部回収してしまうという方法である。ドゥオーキンは結局、そのような方法を採用しているのではないか、という疑問がわく。もしそうだとすれば、理論上残るのは、不毛な水かけ論だけである。

9. 喜びの平等

　これまでドゥオーキンは、厚生の平等の第一グループ（前述第2節参照）である「成功の平等」に焦点を合わせ、彼が取り上げるに値すると考える、そのすべてのヴァージョンないしコンセプションを批判的に検討し、そのすべてを却下した。次いでドゥオーキンは、第二グループ「喜びの平等」に属するすべてのコンセプションの否定にかかる（42-45/61-66）。

　とはいえ、そこでドゥオーキンが使用するほとんどすべての議論は、成功

54　この文の「かぎり」の前と後は、ほとんど同じ内容である。後半部分は、「それが公正だと主張する分配を否定する」と言い換えることができる。

55　私が「準備的洗脳作業」（本書91頁）と呼ぶものの一例である。

の平等理論を批判する際に用いたそれと全面的にパラレルな関係にある。たとえば、無限定な喜びの平等は先と同様の理由で否認され、最も限定的な喜びの平等理論、すなわち個人的喜びの平等の諸理論だけが生き残ることになる。個人的成功の平等を扱う本節の内部であえて、「喜びの平等」をも扱う理由である。

一点だけ注意しておけば、喜びは、個人的成功における相対的成功とパラレルなもの(逆にいうと、個人的成功の一種である全体的成功に対応する喜びの観念はない——人生価値が実現されても人は喜ばないらしい)とみなされている。したがって、先と同様の理屈によって、合理的遺憾ないしは先行する公正な分配のほうが決定的に重要であり、喜びの平等は、それと矛盾すると結論づけられる。詳細な紹介は省略する。

10. 厚生の客観的理論

ドゥオーキンがここまでで取り上げた厚生概念においては、何が自分にとっての成功か、喜びかの判定は——本人が十分な情報をもっているといった条件が必要であるにしても——まずもって本人がするものであり、そのようなものを成功や喜びと思ってはいけない、といった他人の意見は、厚生値の判定に無関係であるとされた。これに対して、厚生の客観的理論とは、本人が抱く厚生ではなく、いわば客観的に正しい厚生概念に基づき、厚生の平等を図ろうとするものである。(45-46/66-67)

このような客観的厚生の平等の見方に対して、「役人は、富の再分配にあたって人生に価値を与えるものは何かに関する自分の判断に頼るべきでない」とか「そのような再分配スキームは自律を侵害するなど、いくつかの点で、正しいリベラル諸原理に反する」といった反論も可能である。しかし、そのような論点はここでは関係ない、とドゥオーキンは切り捨てる。なぜなら、全体的成功の平等の客観的ヴァージョンにも、主観的なそれに向けられたのとまったく同じ論理が妥当する(とされる)からである。すなわち、前者もまた、公正な分配に関する独立の理論を前提しており、それから離れることを勧めるかぎり、自己矛盾に陥る[56]。(46/67-68)

第5節　金のかかる嗜好

1. 厚生の平等は高価な嗜好の育成者に平等な厚生を拒否できるか

　厚生の平等は、その概念内容を特定せず、抽象的に考えただけでも、直観に反するいくつかの反証事例を伴う。なかでも最も有名なのが「金のかかる嗜好」(expensive taste) の問題である。ドゥオーキンは、それを次のように説明している。(なお、以下では、「金の（が）かかる」と「高価な」とを同義語として使用することにする。「金の（が）かからない」と「安価な」とについても同様とする。また、ドゥオーキンに倣って (48/70)、ここでは「嗜好」を、「野心」をも含む広い意味でも使用することにする。)

　　厚生の平等は、シャンパンへの嗜好をもつ人に、それほど高価な嗜好をもっていない人と同水準の厚生に到達するために、より多くの所得を必要とするという理由だけで、より多くの所得を与えることを勧めるように思われる。しかし、これは直観に反するように思われる。……厚生の平等という理想に一般的には魅力を感じている人でも、その理論がそのような帰結を伴わないように、それを限定または修正したいと思うであろう。(48-49/70-71)

　「より多く」が「何に比べて」かは明言されていない。ここでは、「自分ほ

56　それに続いて (46-47/68)、名前を挙げることなく、センの潜在能力の平等理論やロールズの基本善の理論——それが分配の平等をめざす理論と仮定しての話だが——に類似する理論にも言及され、それらの理論は厚生の客観的理論の一種に見えるが、むしろ、資源の平等理論の一種と見るべきものであることが指摘されている。センやロールズ等の理論と厳密に比較したらどうなるかという論点を度外視すれば、この点については、珍しく私にも異論はない。だが、本筋の議論から外れるので、この程度の言及にとどめる。

　さらにその後、節を改めて、これまで却下された厚生の平等のさまざまなヴァージョンを組み合わせたら、魅力的な厚生の平等理論が見つかるのではないかという提案が取り上げられる (47-48/68-70)。しかし、そのようないわば「合同理論」を構成する厚生の平等理論のすべてに、「補償を要求する」とか「みずからが前提する公正な分配理論を否定する」といった致命的な欠陥があるのであるから、そのような試みは必然的に失敗する、というのがドゥオーキンの見立てである。基本的に、ドゥオーキンがこれまでのべてきたことのくり返しであり、そのような論法を用いているという点を除き、紹介する価値はない。

ど高価な嗜好をもっていない他人の所得より多く」と解するのが自然であろう。ちなみに、この事例との区別に触れることなく、すぐ後で登場する「高価な嗜好を新たに身につける」事例では、「当初の自分の所得より多く」と解するのが自然であろう。

　「金のかかる嗜好」の問題に対処するために厚生の平等理論がとる対策は、厚生の平等の例外として、高価な嗜好をもつ人には「より多くの所得」を与えないというもの、したがって、結果的に厚生の平等の原則に反するように見える方法である。ドゥオーキンが最初に立てる疑問は、厚生の平等に与する社会において、本当にそのようなことが許されるのか、というものである。(48-49/70-71)

　　ある特定の社会[57]が、厚生の平等の解釈のどれでもよいが、その社会が選択した解釈に従う厚生の平等を達成したとしよう。さらに、その社会はその状態を、実際には（たぶん単なる偶然だが）全員に等しい富を与える分配によって達成したとしよう。そこで、ある人（以下、ルイという）が金のかかる嗜好または野心を育むことを意図的に[58]始めたとしよう。「金のかかる」とは、そのような嗜好が身につくと、彼は、前よりも多くの富をもらわないと、前と同じだけの厚生——社会が選択した厚生解釈で測る——を得られないという意味である[59]。新しい嗜好は、食べ物や飲み物、スポーツ、オペラへの嗜好、……あるいはまた、芸術、探険、政治に捧げる人生への嗜好かもしれな

---

[57] 「社会」の代わりに（社会の）「役人」（officials）を入れても、ドゥオーキンにおいては同じことである。この点については、本書第2章129-132頁も参照されたい。

[58] 気まぐれ、不注意など「意図的」とはいえない場合は、問題状況が異なることをドゥオーキンは当然視しているが（*SV*, 50/72）、「厚生の平等」論文では深く立ち入っていない。「生まれつきの欲求や社会から課された嗜好」なども含め、*SV*, 52/75-76で軽く触れられているだけである。それは、彼が「資源の平等」論文で強調する「人格と状況の区別」と密接に関係している。それについては、本書第1章39-41頁参照。

[59] ここでは「嗜好に金がかかる」という言葉が、同一人の嗜好の変化において厚生を同一に保とうとすれば、前よりも多くの富を費やさなければならない、という意味で使用されていることに注意されたい。したがって、絶対値で測って、あるいは他人と比べて費用のかかる嗜好を当初もっていた人が、絶対値で測って高額だが前よりも安い嗜好を育んだ場合、「金のかからない嗜好」に変化した、ということになる。「金のかかる」という語をドゥオーキンがあらゆる文脈でそのような意味で使用しているかどうかは、現時点では不明である。その点については、後掲注68参照。

い。より金のかからない嗜好を身につけた人々（あるいは嗜好が当初から変わらない人々）から富を取り上げて、ルイに特別な富を与えることを拒否することは、その社会が採用した厚生の平等の理想と矛盾することにならないか。(49-50/71-72)

　ドゥオーキンは、この疑問に即答せず、ルイが「どうすれば人生がよくなるか」、同じことが「自分の本質的福利[60]はどこにあるか」に関する自分なりの考えをもっており、彼がそのような（あえてロールズの用語でいえば）「善の構想」に従って、「人生をよりよいものにしようと努めている」あるいは「自分の利益のために意図的に行為している」ことは当然の前提とした上で、「彼は、金のかかる嗜好を新たに育むことで、いったい何をしたのか」という、いかにもドゥオーキンらしいひねった問いの検討から始める(50/72)。

　この問いに対するありがちな解答は、ルイは自分の「厚生」——もちろん、上記の社会が選択した厚生解釈で測った厚生のこと（以下しばらく、同様の注記は、とくに必要がないかぎり省略する）——を増大させようとしたのだ、というものであろう。しかし、ドゥオーキンによれば、それは間違いである。その社会では厚生がつねに平等にされるとすれば、ルイは、嗜好を変えても厚生を増大させることはできないからである。社会の総所得一定のもとで、ルイだけが高価な嗜好に変え、所得をそれにつぎ込んだとすると、その分、社会の総厚生は減少し、全員平等とされる一人当たりの厚生も当然減少する。よって、ルイの厚生も減少する。ルイが自分の厚生を増大させようとする以上、そのような行動をすることはありえない。彼には、厚生の平等化のため、前よりも多くの所得が分配されるであろうが、この点に変わりはない。(50-51/72-74)

　したがって、ルイの新嗜好育成の前提には、彼の本質的福利（同義だが、彼の厚生）の見方と、社会の厚生の見方とがずれているということがある(51/74)。ルイは、社会の見方で測った厚生は減少するが、自分の見方で測った厚生が増大するがゆえに、高価な嗜好に変えたのである。

60　前掲注16参照。

ドゥオーキンによる以上の説明は、ルイの新嗜好獲得行動に関しては正鵠を射た説明に見える。しかし、本当の争点は「社会は、金のかかる嗜好の場合にも、厚生の平等の原則を一貫して適用するべきか否か」にあるから、「社会が厚生の平等を、金のかかる嗜好の事例を含め、一貫して適用すること」を仮定した議論は的外れにも見える。ルイは、社会が厚生の平等の原則を自分のケースには適用しないことを知っていれば、新しい嗜好を身につけなかったかもしれないし、身につけたかもしれない。それは彼自身の厚生観に依存し、どちらとも言えない。

それゆえ、ドゥオーキンは当初の疑問に答えるため、これまでの議論となんの論理的関連もなく、「社会は厚生の平等を一貫して適用するべきだ」という前提に立って、「社会は厚生の平等を一貫して適用するべきだ」という結論——ドゥオーキンがこれを支持しているわけではないが——を導く。よって、社会は、高価な嗜好を新たに身につけたルイにも、厚生の平等を保障しなければならないことになる。さわりの部分を紹介しておこう。

> ルイは……新しい嗜好を身につけると人生がよくなると考えている。しかし、それは、社会が……人々を平等にするために採用した厚生〔の見方〕によって、自分の人生価値が計測されるということを彼が受け容れていない[61]からである。彼がそのように考えているからといって、……彼に、より多くの資源を与えるのではなく、むしろ、彼を他の人々に比べて（社会が選択した厚生概念からみて）不平等のまま放置するという決定を正当化することは難しい。
>
> その厚生概念は社会が選択したのであって、ルイが選択したのではない。社会は人々を平等にすることを、みずからの概念においてすることを選んだ

---

[61] このように書かれると、社会がその厚生概念を採用することにルイが反対しているかに見えるが、そのような内容の記述は、先行する文章のどこにも見出されない。社会の厚生概念とルイの厚生概念が異なるという先行する内容を、以下の段落につながりやすいように言い換えているだけである。自分は自分の人生観で自分の厚生を判断するが、社会が平等のためにどのような厚生概念を採用するかは、それとは別の問題であると考える市民もいるであろう。実際、ドゥオーキン自身、別の文脈においてだが、「人々は、増大した費用を自分で負担しなければならないわれわれの社会においてさえ、金のかかる嗜好を身につける」（*SV*, 51/74 の括弧内。*SV*, 55/79-80 の括弧内にも同旨の記述がある）として、それと両立するような内容を指摘している。

のであって、ルイがもっと高く評価する別の概念においてではない。

　そもそも、ルイが新たな嗜好を身につける前の時点でも、〔初期資源の平等分配を〕ルイの概念で測れば、人々が厚生の点で平等であったと考える理由はまったくない。ルイは、新嗜好を身につけた後の時点でも、たとえ、社会が選択した概念で測って平等な状態に彼が置かれたとしても、彼の概念で測ると、厚生が他の人々より少ないという可能性もある。(51/74)〔説明の都合上、原文にない改行を施した〕

　第一段落では、結論がやや弱いかたちでのべられているだけである。理由づけのようなものは、むしろ第二段落で示されている。しかし、そこでのべられているのは、社会が、厚生の平等を図るために、ルイの厚生概念とは異なる厚生概念を選択したという事実だけである。どうして社会がみずからの厚生概念に基づく平等をルイにも適用しなければならないのか、その理由は示されていないように見える。最も好意的に解釈すれば、社会が構成員の厚生概念と異なる厚生概念を採用することは当然ありうるが、いったん厚生概念を決定した以上、せめて、それをだれかれの区別なく、したがって、嗜好に金がかかるかどうかも考慮することなく、一貫して適用して人々の間での平等を実現するべきだ、ということが言外にいいたいのかもしれない（ちなみに、この文の「せめて」の前後に論理的関連はない）。

　しかし、第三段落は、そのような方向には行かず、社会（の役人）はルイの厚生観に反し、（あえて付け加えれば）「勝手に」自分の好きな厚生概念を採用し、強行したのだ、と言わんばかりの（第二段落の文字通りの主張をさらに強化する）叙述が採用されているように見える。しかし、別の箇所(54/78)の要約的記述からすると、第三段落における主張の力点は最後の文にあるように思われる。社会がその厚生概念に基づき、ルイに平等な厚生をもたらしたとしても、ルイの厚生概念——おそらく個人の全体的成功が想定されている——で測ると、ルイの厚生は他の人々よりも低い可能性があるのであるから、せめて社会の厚生概念に基づく平等くらいは保障するのは当然である、という理屈であろうか。勿論解釈[62]の一種であるが、あまり説得力はないように思われる。第二段落の議論と反対に、ルイがルイの厚生概念を

62　平野仁彦・亀本洋・服部高宏『法哲学』（有斐閣、2002年）238頁参照。

採用するのはルイの勝手だが、どうしてそれを社会に押し付けるのか、という理屈も成立するように思われる。

いずれにせよ、金のかかる新嗜好を身につけたルイを例外扱いする必要はないという結論を支持する理屈であるから、「例外扱いする根拠があるのか」を尋ねる文脈で論及する必要はないし、論及すると読者がかえって混乱する話題であることは確かである。しかし、ドゥオーキンの隠された狙いは、その理屈が弱いことを暗示することにあるから、それでよいのである。

2. 全体的成功の平等は自己論駁的でないと仮定する

これまであまり触れなかったが、ドゥオーキンは、厚生の平等の体制の下で社会が採用する厚生概念とルイの厚生概念とが異なるという状況の具体例として、前者については相対的成功または喜び[63]の概念を、後者については全体的成功の概念を念頭においている。たしかに、それが一番わかりやすい。前述第4節で紹介した議論の流れからいっても、少なくともルイ等の個人については、全体的成功の概念を前提として話を展開するべきであろう。では、社会が全体的成功の概念を採用したらどうなるか。ドゥオーキンは、次のように答えている。

> 私は前に、次のように主張した。全体的成功の平等の魅力的なヴァージョンはどれも、合理的遺憾の観念に居場所を与えなければならない。そして、この観念は、資源の公正な分配を定める独立かつ厚生と無関係な理論を前提する、と。これが正しければ、全体的成功の平等によって建前上統治されている共同体においては、金のかかる嗜好に対して特別資源を権利として要求することはだれもできない、ということになる。その人が新しい嗜好を身につける前に、その人の資源の分け前がすでに公正であったとすれば、その人がその嗜好を身につけた後にも、その分け前は依然公正であることになる。

---

63 ドゥオーキンは、両者をあわせて「離散的な (discrete) 概念」(*SV*, 54/78) と呼んでいる。「離散的」(邦訳では「個別的」という訳語が採用されている) は、「全体的」(overall) の反対概念である。個人の相対的成功や喜びの総量は、個々の成功または喜びを、何らかの仕方で加算して計算されるのに対して、全体的成功は、そのような総量に必ずしも比例しない、場合によっては無関係でもよい、といったことが言いたいのであろう。

しかし、本節では、〔この主張から〕独立の議論を提供したいので、以下、私の以前の議論は妥当でなかった、つまり、全体的成功の平等の魅力的な主観的ヴァージョンが自己論駁的でない仕方で展開できる、と仮定する。(52-53/76)〔説明の都合上、原文にない改行を施した〕

　第一段落は、私が前述第4節7および8で読み解いたドゥオーキンの結論をくり返しているだけである。あえて再び紹介したのは、私がクライマックスと呼んだベースラインの無限後退に関する難解かつ無意味な議論が案の定省かれて、優しいほうの理屈が採用されていることに注意を促すためだけである。
　第二段落は、ドゥオーキンがずいぶん譲歩しているような書きぶりである。だが、最も魅力的な成功の平等理論が全体的成功の平等理論だとすれば、これまで彼が社会の厚生観として前提してきた、それ以外のより魅力的でない厚生の諸理論についても、同様な譲歩をすることにどこかで触れるべきであったと思われる。もちろん、ドゥオーキンは、そのようなことはしていない。読者は、ドゥオーキンが同様な譲歩をしていないとすると、社会の採用する厚生概念として相対的成功や喜びをとる厚生の平等理論に言及する論述が無意味になるから、以下で、そのような話題が出てくる以上、理解して当然ということかもしれない。だが私は、そうではなくて、上記の結論を単にくり返したかったのだと邪推する。忘れた頃にくり返し、それを読者の脳裡の片隅に刻み込むのが、そうした論法の要諦である。
　なお、第二段落では「全体的成功の平等の」の後に「主観的」という形容詞が付加されており、紛らわしい。厚生の客観的解釈はすでに却下されたから（前述第4節10参照）、目下の文脈では主観的な全体的成功のみが問題となる。したがって、「主観的」は、あってもなくても同じことをさす。

3. 社会が全体的成功の平等を採用する場合

　ドゥオーキンは上記引用文章において、全体的成功の平等が資源の公正な分配の理論に依存することなく、単独で全体的成功の平等を実現できるという、前述第4節で紹介した彼の結論に反する仮定を採用した上で議論を進めると宣言した後、それに続けて、次のようにのべている。

216　第3章　厚生の平等

　そうすると、社会が選択した概念は今や全体的成功であるから、ルイが新しい嗜好〔全体的成功の場合は「野心」に読み換えたほうがよい〕を身につけたのは、そうすれば、社会の概念で測れば成功量が減るにしても、自分の全体的成功は増えると彼が信じていたからだとは、もはや説明することはできない。
　ルイは、金のかかる嗜好を思いつく前には、自分の人生の全体的成功量が他の全員とだいたい同じであると納得していたとしよう。その後、彼は、金のかかる（たとえば）趣味を始めれば人生がもっと価値あるものになると信じるようになった。われわれは、彼がそうした信念を形成する前の彼の人生の価値について、彼が現在どう考えているか、これを問わなければならない[64]。彼は次のように考えているのかもしれない。以前の人生は、当時の自分がよいと思っていたのとまったく同じ程度によかったし、新しい趣味を始めることができないとしたら、今でも同じだけよかったはずだが、その趣味を始めることができるとしたら、人生はもっとよくなる、と。
　この事例では、金のかかる嗜好の問題は生じない。というのは、ルイは、社会が選択した概念〔＝全体的成功〕で測って、他の人々より多くの厚生をもつために、追加的な資源を権利として要求しているからである。彼は、そのような資源に対する一応の権利さえもっていない。(53/76-77)〔説明の都合上、原文にない改行を施した〕

　第一段落では、ルイの新嗜好獲得行動に関するこれまでの説明はすべて、彼の厚生観と社会の厚生観の差異に基づいていたから、両者が全体的成功で同じと仮定された今回は同様な説明は使えないという、なかば当然のことがのべられている。
　第二段落は、若干わかりにくいので、適当な数値を入れて私なりに言い換えてみよう。高価な嗜好を思いつく前のルイの全体的成功度（正確を期し、量ではなく比率で記すことにする。前述第4節6および7参照）が60パーセントで、他の全員のそれも60パーセントだったとしよう。ところが、ルイが金のかかる新嗜好を（仮に始めることができるとして）始めた後の全体的成功

---

[64] ルイに直接質問しても、彼の立場にたって役人が考えてもよい（前述第4節5、および第4節7の三番目の引用文章、本書202頁参照）。ドゥオーキンも、だれに尋ねるかに言及しない間接話法を使って、そのことが（かろうじて）わかるような表現を採用している。

度は 90 パーセントとなるとしよう。現在のルイからみた過去の全体的成功度も 60 パーセントである。厚生の平等は、全員の全体的成功度を等しくすることを求めるから、ルイに、成功度を上げるための追加的資源が与えられないのは当然である。

　第三段落冒頭の「金のかかる嗜好の問題は生じない」という文は、このことをさしているように思われる。そうだとすれば、それですべてであり、それ以上の理由づけはいらない。だから、その直後の「というのは」(For[65])以下は、理由づけではない。「ルイが追加的な資源を権利として要求している」という記述は、それまでなく、ここで突然登場した。正確には、「ルイが追加的な資源を要求したとしても、厚生の平等の体制はそれを認めない」とでも書くべきであった。おそらく、文末の「一応の権利さえもっていない」という表現を導入するために、「権利」(claim) という言葉を使う文を書く必要があったのであろう。「一応の」は、後に（本節 4 および 6 参照）登場する「妥協」すなわちウェイトづけの考え方を示唆するからである。だが、この文脈で「一応の権利」という言葉を使う意味がまったくないことはだれにでもわかるであろう。

　ドゥオーキンは、上記引用文章に次のように続ける。

> 　しかし、ルイが、かつての人生がもっていた価値について、信念を変えたのであれば話は別である。彼は、前よりも広く書物を読み、反省を深めた結果、従前の人生はそれなりに魅力的ではあったが、本当は無価値で無味乾燥なものであったという結論に到達したのかもしれない。彼は、現在からみてだが、人生の欠陥を修復するために、もっとチャレンジングな新嗜好を身につけることを欲しているのである。彼は自分の人生を、今や覚醒した自分の目からみて、他の人々が人生に見出すのと同等な価値をもつものにするために必要な資源を求めているだけである。この点での平等に与する社会は、どうしたらルイにそのような資源を与えることを拒絶することができるのか。
> 　最善の人生について反省し続けることが間違っているとは言えない。……ルイが初期分配の前に、人生の価値に関する現在の意見に到達していたとすれ

65　いうまでもなく、接続詞の for は、必ずしも理由づけを表さず、同じことのくり返しを示唆することも多いから、ドゥオーキンの言葉遣いに問題があるわけではない。訳さないか、昔風の「蓋し」といった訳語を当てるほうがよいかもしれない。

ば、彼は、今求めている資源を受け取っていたはずである。彼は、今なぜそれを拒絶されるべきなのか。(53/77)〔説明の都合上、原文にない改行を施した〕

「金のかかる嗜好の問題は生じない」とされた前の事例との違いは、どこにあるのだろうか。「信念を変えたのであれば話は別である」というところだけに注目すると、前の事例では信念が変わっていないのに対して、今度の事例では深い反省の結果、それが変わった、というところに違いがあるように見える。だが、前の事例でも、自分の全体的成功度を上げる新嗜好を思いついたという点では、信念は変わっているといえば変わっている。

先ほどと同様な数値を使って考えてみよう。第一の事例では過去の人生価値は過去においても、現在においても60パーセントである。これに対して、第二の事例では、過去の人生価値を現時点でみると0、同じことだが、過去と同じ人生を現在も続けるとその価値は0である。そうすると、現時点で厚生を平等にするためには、新嗜好育成に必要な資源の一部をルイに与えなければならないことになる。その結果、全員の全体的成功度は、60パーセント未満、たとえば50パーセントになるであろう。同様のことは、現在のルイからみた過去と同様の人生を送ることの成功度が60パーセント未満の場合にも妥当する。

注意するべきことに、ルイが深く反省したかどうかは関係がない。厚生の平等の体制下で追加的資源が与えられるかどうかは、過去の人生をこのまま続けると、他の人々の全体的成功度より自分のそれが低くなるかどうかという一点にかかっている。深い反省と関係があるかのような印象を与えるドゥオーキンの文章はミスリーディングである。それとも、反省せずに人生観を変えた人は当然放置されるということが言いたいのであろうか（もっとも、上記引用文章で提示された見解は、後にドゥオーキンが否定するものであるから、理屈が杜撰なほうが都合がよいのだが）。

他方、上記引用文章最終段落にある「ルイが初期分配の前に、人生の価値に関する現在の意見に到達していたとすれば、彼は、今求めている資源を受け取っていたはずである」という文は注目に値する。これは、初期分配の際は、金のかかる人生をよしとしたルイも、金のかからない人生をよしとした

人と等しい厚生を得るように、ルイに多めに資源分配がなされる、ということを意味する。ドゥオーキンは、そうであれば、初期分配以降においても、同様の扱いがなされてしかるべきではないか、ということを示唆したいのであろう。

　しかし、ドゥオーキン自身が先に（本節1の二番目の引用文章第二括弧内、本書210頁参照）のべた「単なる偶然」という言葉からも示唆されるように、資源の（量的な意味で）平等な分配が厚生の平等な社会状態と一致するのは特殊な状況である。厚生の平等の体制下で、そのような分配が帰結するのは、資源から厚生への変換効率[66]がたまたま全員同じと想定されているからである。ドゥオーキンはほとんどの場合、この状態を初期状態として議論を展開する。そのような特殊な初期状態を前提とすると、嗜好の変化において「金がかかること」を問題にしている以上、それは本来、「自分の過去の人生に比べて金がかかること」を意味するべきであるのに、「他人の人生と比べて金がかかること」をも同時に意味することになってしまう。これは、読者の直観的判断を惑わす可能性が高い。

　ドゥオーキンがここでは挙げていない例（実は彼は、実質的に同じ例を「金のかかる嗜好の問題」に論及する最後の部分で挙げる。後述本節7参照）として、たとえば、初期状態においてルイの変換効率が非常によかったため、他の人々に比べて10分の1以下の資源しか分配されなかったが、その後、ルイの人生観の変更によって、変換効率が低下し（＝前よりも高価な嗜好を身につけ）、他の人々の平均の半分くらいの資源を権利として要求したが、厚生はまだ他の人々の平均の2倍以上あるという理由で拒否された、といったものも考えられる。

　この事例が直観に反するという理由だけで、厚生の平等を拒否してもよさそうである。だが、ドゥオーキンはあえて、初期状態として直観に反しなさそうな状態を想定して、それからの変化において厚生の平等が直観に反する事態を帰結するという問題設定を採用している。読者におかれては、そうした作為的初期状態がなぜ直観に反しないかを考えていただきたい。読者のな

---

[66] 後掲注68参照。

かにある「人並の生活」の観念——本当の争点とは関係がないと同時に、後に登場する「公正な分け前」の観念に漠然とつながる——を利用して、ドゥオーキンの支持する結論に誘導しようとしているのでないか、という疑惑を禁じえない。

　もう一つ、ドゥオーキンが用いるルイの事例にまつわる根本的な疑問も提起しておこう。そこでは、ルイだけが金のかかる嗜好に変えたと一貫して想定されている。しかし、いやしくも「平等」という以上、厚生の平等の体制下では、ルイだけでなく、だれでも金のかかる新嗜好を身につけてよいはずである。少なくとも、それを禁じる記述はどこにもない。そのことを読者がつねに強く意識していれば、ドゥオーキンの叙述から受ける印象は相当に変わってくるであろう。ルイ・だ・け・が高価な嗜好を身につける、という偏った問題設定には疑問を感じざるをえない。にもかかわらず、以下では、ドゥオーキンのために、その点はあえて軽視することにしたい。

4. 功利主義は高価な嗜好に平等な厚生を保障しない根拠となるか

　社会が相対的成功または喜びの概念で測った厚生の平等を採用するとき、その社会を構成する個人が、全体的成功で測った自己の厚生の改善に向けて高価な新嗜好を育む場合、社会は、その個人に他の人々と等しい（社会の概念で測った）厚生を保障するために、そのために必要な追加的資源[67]を提供しなければならない。他方、厚生の平等に与する社会と、個人とがともに、全体的成功を厚生の概念として採用するとき、高価な新嗜好の育成が、過去の人生価値の全否定に起因する場合も同様である。いずれの場合も、厚生の平等の体制をとることに決めた社会が、新たな嗜好を育んだ人に対して、他の人々と等しい厚生を達成するのに前よりも金がかかるという理由で、上記

67　すでに了解されていると思うが、念のため付言しておくと、「追加的」というのは、「厚生の平等がいったん実現された資源分配を初期状態（平等分配に限らない）として」という意味である。したがって、金のかかる新嗜好を育む人に対して、厚生を平等にするのに十分な追加的資源が与えられたとしても、その人が他の人より（絶対値で測って）多くの資源をもっているとはかぎらない。ただし、そのような結果状態を実現するために、初期状態にある他の人々からいくばくかの資源が取り上げられることは確かである。

第 5 節　金のかかる嗜好　221

のような補償を拒否することはできない。

　以上が、ドゥオーキンが厚生の平等理論から帰結するとみなす、これまでの論旨の要約である。次いで彼は、そのような帰結を回避できそうな根拠として、「社会の平均厚生は……できるだけ高いほうがよいとする普通の功利主義的原理」(54/78) を取り上げる。

　「金のかかる嗜好は（定義上[68]）、所与の資源ストックから生産可能な総厚生を減少させる」(54/78) から、功利主義からみて、金のかかる嗜好に補償しないほうがよいことは明らかであろう。だが、ドゥオーキンが指摘するとおり、ここで問題になっているのは、厚生の平等の原理を功利主義原理によって（ある程度）制約する——ドゥオーキンは「妥協させる」(compromise) という表現を好む——ことではなく、厚生の平等の原理が単独で、高価な嗜好を育成した人への補償を拒否することができるかどうか、ということである。だから、功利主義原理は、本当の争点とそもそも関係がない。(54-55/78-79)

　これで議論を終了させてもよさそうである。にもかかわらず、ドゥオーキンはあえて、（厚生の平等原理に付加されるべき）功利主義原理だけからしても、高価な嗜好を身につけた人への補償の拒否が正当化されるとは限らないという主張を展開する。

68　ドゥオーキンは、「定義上」という言葉からして、前掲注 59 に対応する文章（前述本節 1 の二番目の引用文章、本書 210 頁参照）中で「金のかかる」をすでに定義したというつもりであろうが、わかりにくい表現であったことは確かである。彼は、各学問分野で確立された定義を他分野の人に向けて最もわかりにくく言い換える才能に長けている。その才能は、すでに紹介した厚生の諸定義などに示されているように、「厚生の平等」論文の全体を通じ遺憾なく発揮されている。ただし、ほとんどの場合よく読むと、間違いとは決して言えない点に注意されたい（ドゥオーキンを見くびってはいけない）。「資源の平等」論文におけるその典型例として、本書第 1 章 65 頁参照。

　ともかく、ドゥオーキンはここでは、「金のかかる」の定義を、再び間接的にではあるが、より明確にのべている。経済学者からみても常識的な定義ではあるが、「投入貨幣 1 単位当たりの厚生の生産量が少ない」ということである。貨幣その他の資源からの「厚生の生産効率（＝コスト・パフォーマンス）が悪い」といってもよい。「高価な」は、単に価格の絶対値が高いことを意味する含みが強いので、「金のかかる」という訳語のほうが、いずれかといえばよい。

その例証としてドゥオーキンは、それまでの嗜好にかかる費用よりも少しでも高い嗜好を新たに身につけた人には補償を全面的に拒否するという功利主義政策をとる社会をもち出す。ドゥオーキンによれば、そのような政策が成功すれば「退屈で、順応主義的で、想像力に欠け、それでなくても魅力的でない社会、そして長期的な効用が低い社会」(55/80) になる可能性が高いとされる。

これについてドゥオーキンが指摘するのは、次の二点である。第一に、最初はごく少数の人々が身につけ始めた高価な嗜好が、後に彼らに倣う人が増えてポピュラーになれば、やがて安価になることもある、という非功利主義政策のメリット。第二に、退屈で順応主義的な社会では、だれも何事にも大きな喜びを見出すことはなく、また、人生の目標は自分で培ったものではなく、他人から機械的に受け継いだものにすぎないから、目標の達成に熱心になることはない、という普通の功利主義政策のデメリットである。いささか陳腐な指摘に見えるが、要するにドゥオーキンが言いたいのは、短期的な功利主義政策は、長期的効用の面では失敗する可能性が高いということである。そうだとすれば、功利主義原理すら補償の拒否を正当化するとは限らない、ということなる。(55-56/80-81)

「長期的効用」という言葉がいかにも素人的で漠然たる意味で使用されていること、また、これまでは総資源一定の下での分配問題だけが考察されていたはずなのに、「長期的」問題を扱い出すと、財の生産の問題はおろか、経済的あるいは文化的な成長の問題にも手を伸ばさなければならなくなり、結果的に、厚生の平等をめぐる論議が混乱することなど、気になる点は多々ある。しかし、そのような点にはこだわらないことにする。ドゥオーキンの議論拡散戦術にはまらないよう注意したい。やがてわかるように、ドゥオーキンの主要な狙いは、功利主義を肴にして、原理の「妥協[69]」について、ひとこと語るということにあった。

---

69 ドゥオーキンは、この文脈のだいぶ前の箇所 (49/71) ですでに、「原理の妥協と原理の矛盾とを慎重に区別しなければならない。妥協は、独立かつ競合する別の原理のウェイトを反映する。矛盾は、そうではなく、もともとの原理の否定を反映する限定である」と力説している。

5. 他人を犠牲にして金のかかる人生を送る人は補償に値しない

　瑣末な論点に言及して読者の目をそらした後、ドゥオーキンは本筋の問題に戻る。そこでまず彼は、ある論者——明言されていないが、私の解釈によれば、厚生の平等の原理を支持しつつも、金のかかる新嗜好獲得者に補償するべきでないとする者——が、次のような議論を展開したと想定する。

> 　ルイは、たとえば喜びの平等を採用する社会で自分が何か高価な嗜好を身につけると、しかも、それに補償が与えられるとすると、他の人々の喜びが減ることを現に知っているか、少なくとも知っていてしかるべきである。ルイがそれを知った上で、前よりも金のかかる人生を選択したとすれば、彼は補償に値しない。彼はもはや、人生において平等な喜びに値する人々からなる仲間の一員ではない。
> 　ルイは、選択に直面している。彼は、現在の平等な資源〔前述本節1で二番目に引用した文章でのべられた初期状態、すなわち富の平等分配が仮定されている〕はそのままで、喜びの量も変わらないが、新しい嗜好や野心はあきらめた人生を送ることに決めるかもしれない。あるいは、現在の資源はそのままで、自分からみれば今よりも全体的成功量が多いが、喜びの量は少ない人生を送ることに決めるかもしれない。ルイに次のような第三の選択肢が与えられるのは、まったくもって不公正である。すなわち、他の人々を犠牲にする一方で、自分の喜びの量は犠牲にしない（at no sacrifice of enjoyment to himself）人生、しかも、他の人々より[70]金がかかる人生を、この人生は上記の二つの選択肢よりも全体的成功量が（当然ながら）多いと考えるという理由だけで、送るという選択肢。……最初の二つの選択肢が彼にあるのは正しいが、第三の選択肢についてはそうではない。(56-57/81-82)〔圏点は原文イタリックに対応する〕

　これら三つの選択肢はいずれも、紛らわしいが、よく読むと、これまでのドゥオーキンの叙述では一度も登場しなかったものである。第一の選択肢は、喜びの生産効率は悪いが、全体的成功に寄与する新人生を始めたいのだが、そうしても補償されないので、今までどおりの人生を送るというものである。第二の選択肢は、上記の新人生を、補償されぬまま、あえて始めると

---

[70] 「他の人々より金がかかる」と「前よりも金がかかる」がたまたま同じことについては、前述本節3の後から四段落目、本書219頁参照。

いうものである。第三の選択肢は、喜びの平等の体制の下であれば、ルイに追加的資源が与えられたとしても、彼の喜びは減少するところ、(なぜか)[71] それ以上の資源がさらに追加的に給付されて、当初からの自分の喜びは減少せず、代わりに、他の人々の喜びは減少し、そのことがわかった上で、上記の新人生を始めるというものである。

　第一の選択肢では、不承不承にというべきか、喜び——社会が選択した厚生概念——の平等が結果的に達成されているのに対して、第二、第三の選択肢においては、喜びの平等は達成されていない。前述本節1の最後の引用文章（本書212-213頁）では、第二の選択肢においては、喜びの平等くらいはせめて補償されなければならないのではないか、といった議論が取り上げられていたが、ここではそれは忘れろ、ということであろう。くり返しになるが（本節3の後から三段落目以下、本書219-220頁参照）、厚生の点では平等であるルイの初期資源の絶対量が、他の人々の平均の10分の1以下であったらどうか、考えていただきたい。第三の選択肢についても同様に。

　それはともかく、ドゥオーキンの作意からみて最も注目するべき点は、第一および第二の選択肢と第三の選択肢との違いである。前二者では、ルイの分け前は初期分配のときと変わっていないのに対して、第三の選択肢においては、全体的成功の増大をめざして高価な嗜好を育成したルイに、他の人々から資源の一部が取り上げられ、ルイに再分配される。この点（および初期資源の分配がたまたま等量分配である点）を利用して、ドゥオーキンは、以下で議論を転換する。

　しかし、私からみて最も注目するべき点は、第三の選択肢は、社会が選択した厚生概念であるところの喜びが、ルイに不平等に多く与えられているから、そもそも厚生の平等の体制の下で許されうる選択肢ではないということである。論外の権利主張であるから、その一点だけで、第三の選択肢が取り上げるに値しない選択肢であることは明白である。にもかかわらず、なぜかドゥオーキンは、第三の選択肢に対する先の論者の異論は「強力かつ……重要である」(57/82) として、以下で、その解釈を試みる。私には、最初から

71　後掲注74参照。

厚生の平等とは無関係な話をしているとしか思えない。にもかかわらず、ドゥオーキンのために、ここでも、致命的な疑問は忘れることにする。

6. 公正な分け前の観念は厚生の平等の概念と矛盾する

　ルイに第三の選択を許すことへの異論は、次のように言い換えるのが最も自然である。ルイは、社会的資源の公正な分け前を使って彼に可能な最善の人生を……送る点で自由であるべきである。しかし、他人の公正な分け前を侵害するのは自由であるべきではない。それは、他人に対して不公正だからである、と。

　しかし、議論のポイントがこのようなかたちで明確になると、それは当然ながら[72]、高価な嗜好の問題に合わせて厚生の平等を妥協させるための議論であるわけにはいかなくなる。というのは、その場合、公正な分け前という観念は、人々に平等な厚生——社会が選択した厚生概念〔ここでは喜び〕で測った厚生——を与えるところの分け前を意味することはできないからである。なぜなら[73]、社会が選択したその厚生概念は、特別資源を求めてルイが訴えかける概念[74]であって〔本来の意味での公正な分け前の概念ではない〕からである。だが、公正な分け前というものが、社会が選択した厚生概念から独立に決定された分け前であるとすれば、公正な分け前という観念を使用するいかなる〔厚生の平等理論の〕妥協も、矛盾となる。(57/82)〔説明の都合上、原文にない改行を施した〕

　以上は、ドゥオーキンによる先の論者の主張の解釈である。第一段落に見られる、先の異論のドゥオーキンによる言い換えは、私には最も不自然なも

---

[72] このような自分の主張が明らかであることを示唆する法律家（だけではないが）の用語法が、往々にして議論の薄弱さの自白であることについては、『法哲学』63-64頁参照。

[73] 理由づけのように書いてあるが、前の文と同じ内容である。この点でドゥオーキンの文章は一貫している。

[74] 先の第三の選択肢においては、ルイが喜びの平等に訴えるとすると、他の人々と喜びを等しくするのに必要な特別資源はもらえるにしても、彼の喜びは減少するはずだから、「自分の喜びの量は犠牲にせずに全体的成功の量を増やすこと」はできない。私には、このあたりはよく理解できない。もちろん、「自分の喜びの量は犠牲にしない」という文言が、「他人と同一の喜びの量は保障される」と同義であれば、理解可能である。しかし、そのような解釈は、ドゥオーキンの原文を真剣に読むかぎり、無理であるように思われる。

のに思われる。前項で紹介したその文章に、「公正な分け前」という言葉は一回も現れなかったからである。だからこそ、ドゥオーキンは、「公正な分け前」の観念を、その文章で言及された初期分配（たまたま資源平等分配）における各自の分け前のなかに無理やり読み込むことになる。

　ちなみに、「自由である」という言葉も読み込まれている。こちらは、いずれかというと自然な解釈であるように思われる。つまり、先の論者の議論は、いったん自分に割り当てられた資源をどう使おうが自由であるが、自分だけ得するために、他人から資源を取り上げて自分が使うのは「不公正」ではないか、という議論に訴えていると読むのである。この議論もある種の「公正さ」にかかわる議論ではあるが、ドゥオーキンが問題にする初期分配の公正さにかかわる議論ではない。ドゥオーキンの巧みさは、「公正」という呪文を唱えた上で、自然な解釈と不自然な解釈を組み合わせて、読者を煙に巻くところにある。

　本項で引用した文章の第二段落に目を向けていただきたい。そこでは、結論がくり返しのべられているだけである。理由づけ風に書いてあるが、そう思って読むと理解が難しくなる。要するに、金のかかる人生に補償を与えるべきかどうかは、ひとえに「公正な分け前」の観念にかかっているところ、「厚生の平等」のいかなる概念からも、「公正な分け前」の観念の内容を導くことはできない、ということである。この結論――ドゥオーキンの場合、前提でもある――が、全体的成功の平等理論は必ず「公正な分配」理論を伴う（が、それを否定するから自己矛盾に陥る）という既述の結論（第4節8参照）と本質的に同じものであることはだれにでもわかるであろう[75]。

　「妥協」とか「矛盾」とか[76]、混乱を招く言葉が濫用されているが、無視するのが最善である。とはいえ、手短に解説しておこう。妥協とは、二つ以上の原理――ここでは「厚生の平等」と「公正な分配」の二つ――をどのよ

75　なお、このあたりで、ドゥオーキンが議論のはじめに宣言した「全体的成功の平等は自己論駁的でない」という仮定（前述本節2参照）は、すでに放棄されているようにも見えるが、ドゥオーキンなら、別個の議論であるから、それは誤解であると応えるであろう。どちらでもよいのだが。

76　前掲注69参照。

うにウェイトづけするのが総合的に考えて最善か——だから普通は、背後に最大化原理がある——という問題である。たとえば、すでにドゥオーキンが触れていたように（本節4参照）、厚生の平等原理と功利主義原理を組み合わせて、両者をウェイトづけて総合する関数の最大値を求める、といった問題である。

　これに対して、矛盾とは、両方の原理が同時に真であることも、各原理の否定命題が同時に真であることもない、ということである。論理学的意味での「否定」と同じ意味である。ちなみに、公正な分配の原理として、資源の（量的）平等原理を採用すれば、ドゥオーキンがつねに持ち出す資源平等な初期分配の事例では、公正な分配原理の帰結と厚生の平等原理の帰結は矛盾しない。にもかかわらず、ドゥオーキンは、これも両原理の「矛盾」とみなしているのであろうか。

　私は、「矛盾」についてドゥオーキンが何を考えているのか、よく理解できない。足し算の（演算）原理を使えば「$2 + 1 = 3$」である。掛け算の原理では「$2 \times 1 = 2$」である。ドゥオーキン流にいえば、足し算の原理と掛け算の原理は矛盾することになるのか。しかるに、「$2 + 2 = 4$」で「$2 \times 2 = 4$」である。両原理は、矛盾していないように見える。その原因は、両原理が独立でない——掛け算は足し算のくり返しだから——ことによる、とでも言いたいのであろうか。次に行こう。

　妥協と矛盾の間に直接の関係はない。ドゥオーキンは、妥協において、ある原理——この場合は「厚生の平等原理」——のウェイトをゼロとしたときは、その原理を否定したのと同じになるとみなして、奇妙な文章を作っているだけである。少し後（本書229頁）で引用する文章の（4）にある「なぜなら、独立の説明は、「厚生の平等」概念が自分のものだと称する空間のすべてを占領するからである」という文は、前の文の理由をのべているのではなく、「矛盾」の意味をわかりにくく説明しているだけである。

　もとに戻って、上記引用文章の最後の文に目を向けよう。公正な分け前が厚生の平等の原理から独立であれば、両者は矛盾すると書いてある。「観念や理論が相互に独立であれば、両者は矛盾する」と一般的に言うことはできない（たとえば$2 \times 1 = 2 \div 1 = 2$）。ドゥオーキンは何を言っているのであ

ろうか。前段落でその例を引用したように、おそらくドゥオーキンの頭のなかでは、「独立」と「矛盾」は同じ観念とされているのであろう[77]。そうだとすれば、「公正な分け前」の観念が「厚生の平等」の観念から独立だとすれば、相互に矛盾することになる。逆にいうと、「公正な分け前」の観念を「厚生の平等」の観念から導くことができれば、独立でないことになり、ドゥオーキンの結論（＝前提）は否定されることになる。

　これでご理解いただけたとは思うが、「矛盾」や「独立」が何を意味しようが本筋とは関係がないのである。理由は理解不能だが、そのことを読者に悟られないために、ドゥオーキンは「妥協」と「矛盾」の違いを再三にわたって強調した[78]としか思えない。いうまでもなく、本当の争点は、「公正な分け前」を「厚生の平等」から導くことができるかどうか、である。ドゥオーキンは、これをすでに否定したのだが、彼はなおも、そのような導出に挑む厚生の平等理論の支持者を取り上げ、それに論駁しようとする。結論がすでにあるのであるから、やっても無意味な気がするが、ともかく、彼の「論証のようなもの」を紹介しておこう。

　　(1) そのような矛盾に陥らないため、社会が選択した概念で測って平等な厚生を生産する分け前を即公正な分け前とするのではなく、社会の厚生概念を公正な分け前との矛盾を避けるように使用して、公正な分け前の観念を定義することが可能であろうか。
　　(2) いま、ある人の公正な分け前とは、社会の概念で測って平等な厚生を生産する分け前と……考えられているとしてみよう。この考え方は、社会が選択した概念が全体的成功であり、かつ、ルイが、新しい嗜好を身につけないときに送る人生の全体的成功度が、他の人々が自分はこの程度だと信じている全体的成功度より少ないと信じている場合には、すでに見たように〔前述本節3、および4の第一段落参照〕役に立たない。社会が選択した概念が喜びといった離散的概念[79]である場合も、公正な分け前を上記のようなかたちで定義することは役に立たない〔前述本節1、および4の第一段落参照〕。
　　(3) 私が先に強力であると言った議論〔前述本節5参照〕は、公正な分け

77　そうでないかもしれないが、これ以上の追及は断念する。
78　前掲注69およびそれに対応する本文参照。
79　前掲注63参照。

前という観念を、その議論が推奨する厚生の平等に対する制約を記述するにとどまらず、その制約を正当化するためにも使用しているのである。その議論は、……公正についての独立かつ無矛盾の考慮が、厚生の平等を妥協させることを正当化するのはなぜか、その説明を試みている。

(4) しかし、公正な分け前の定義が、上記の妥協が何かよくわからない理由で公正だと単に仮定しているだけだとすれば、公正な分け前の援用は、即座に循環に陥らない正当化を提供することはできない。公正な分け前の観念がいやしくも働くためには、その観念は、分配の公正に関する何か独立の説明に訴えかけなければならない。しかも、すでにのべたように、そのような独立の説明はすべて、それが付加される「厚生の平等」概念と矛盾する。なぜなら、そうした独立の説明は、「厚生の平等」概念が自分のものだと称する空間のすべてを占領するからである。

(5) ちなみに、私が最も説得力があると考える独立の説明は、……資源の平等の考え方である（もちろん、……デザート[80]に応じた分配等の候補もあるが）。(57-58/82-83)〔説明の都合上、原文にない改行を施すとともに、各段落に番号を振った〕

(1) は、すでにのべたドゥオーキンの今回の問題提起であるから、説明はくり返さない。(2) の第二文および第三文の文末にある「役に立たない」が何をさすのかは、例によって大変わかりにくい。問題提起に直接応える「厚生の平等から公正な分け前を導出するのに役に立たない」ということではなく、「すでに見たように」とあるからには、「厚生の平等の体制の下で補償を否定するのには役に立たない」をさす、というのが素直な解釈であろう。だが、おそらくドゥオーキンは、補償を否定することは公正な分け前を前提しているはずだから、補償を否定できない以上、その厚生の平等の考え方は、公正な分け前を伴っていない、という論理必然的でない推論をもほのめかしているのであろう（そのような推論を普通の読者は「すでに見て」はいないと思うが）。そうであれば、「役に立たない」は二重の意味をもっていることになる。

(3) の第一文では、「記述ではなく正当化」などということが力説されて

---

80 ドゥオーキンは merit という言葉を使っているが、実力主義をさしているのか、道徳的立派さ等々をさしているのか不明なので、もっと広い意味を表す「デザート」という語を当てた。

いるが、正当化であるのは当然である。いったい「記述」がどこで問題になったというのか。だから、それは、「公正な分け前」の「公正な」という言葉につなげる呪文にすぎない。なお、ここでは「妥協」という言葉を、ウェイトづけなど関係なく、単に「例外を認める」くらいに理解すればよいことがわかろう。すでにのべたように、「独立」、「無矛盾」、「妥協」は無視すればよい[81]。

(4) では、第三の選択肢への異論を提出した論者を、「公正な分け前」に言及している（既述のように、私の読み方だと言及していないが）点でいいところまで行ったが、例外を「何かよくわからない理由で公正だと単に仮定しているだけ」であるとみなしている。「循環に陥らない正当化を提供することはできない」とは、たとえば、厚生の平等に従う初期状態が「公正な分け前」だとしたら、なぜそれが公正なのかを、厚生の平等に従う別の分配に照らして判断しなければならない、以下同様、どこまで行っても、「公正な分け前」にたどりつくことができない、ということが言いたいのであろう（前述第4節7ですでに見た無意味な論証と同型である）。ドゥオーキンは、「厚生の平等」と「公正な分け前」を、そのようにあらかじめ定義しているのであるから、当然の結論である。

(4) の残りの部分もこれまでと同様、同語反復である。というより「異語同語反復」とでも言うべきか。「矛盾」や「妥協」などという（ドゥオーキンが使うときは）曖昧な言葉を使用しなくても、ドゥオーキンの叙述と同内容のことは明快に言える、ということをご理解いただけたであろうか。

7. 公正な分け前の先行性を直観的に説得する方法

ドゥオーキンはその後、厚生の平等から公正な分配を導くことができないことに読者がほぼ納得したと想定して、私がすでに本節3の最後のほう（本書219頁）で触れたのと同様な例をだめ押しとして持ち出す。すなわち、当初は資源から厚生への変換効率が高かったがために他の人々よりはるかに少ない所得しか分配されていなかった人が、前よりも高価な嗜好を伴う新人生

---

[81] 私は本書81頁において、「ドゥオーキンを読む場合、間違っても、彼の使用するキーワードの意味を真剣に考えてはならない」とすでに注意した。

を欲し、より多くの所得を権利として要求したが、なおそれは他の人々の所得に比べると低く、にもかかわらず、彼の厚生は他のだれよりも高いという事例である（58-59/83-84）。

たしかに、この事例はドゥオーキンの言うとおり「公正な分け前」（ここでは「資源の平等」）という観念を呼び起こすかもしれない。だが、そうだとすると、これまでの議論は何のためだったのか、ということになる。ちゃんとした理由づけによって説得されたという印象を読者に与えるためには、最後にもってくる必要があったのである。

念のため、ここでも、全体的成功の平等に先立つとされる「公正な分配」に関してのべた（前述第4節8の最終段落、本書207頁参照）のと同様な疑問をくり返しておこう。一応の「公正な分け前」から出発するにしても、資源から厚生への変換効率の悪い人——「金のかかる嗜好」をもつ人だけでなく、「障碍者」も含まれる——のことを考慮して、最終的な「公正な分け前」を定めるという方法は、定義によって否定するという方法をとるのでなければ、なお否定されていないように思われる。これが肯定される場合、ドゥオーキンの支持する資源の平等は、「一応の」公正な分配という位置づけであるから、「最終的な」公正な分配に（ドゥオーキン風にいえば）「矛盾」する——本当は、資源の平等と厚生の平等が「妥協する」と言ったほうがよいが——ことになる。かくして、障碍者の問題にどう対処するかがドゥオーキンの残された課題となる。

8. 障碍者を厚生の平等理論によって例外扱いする試み

これまでの議論を前提とすれば、身心障碍者の問題も、金のかかる嗜好の問題と同様に解決される、すなわち、その問題への解答も、厚生の平等から独立な「公正な分配」に依存するのであるから、厚生の平等の出る幕はない。私は、ドゥオーキンはそう主張するのではないかと予想した。ところが、例によって彼は、一見それと関係ないように見える議論を長々と展開する。何の意味があるのか私にはわからない。「論点はぐらかし戦術」とでも呼ぶべきか。

喜びにせよ、相対的または全体的成功にせよ、どの厚生概念で測っても、

障碍者の厚生は、概して健常者の厚生よりはるかに低い。そうだとすれば、厚生の平等理論は、たとえ他の公正な分配理論を例外的に限定ないし補完するものとしてであれ、少なくとも障碍者の問題に対処するためには役割を果たす余地がある。

このような通念に対して、ドゥオーキンは必ずしもそうではないと反論する。第一に、同じ役割を果たすものとして、資源の平等の理論も考えられる。第二に、障碍者が一般に厚生が低いというのは単なる偏見ではないか。幸福な人もたくさんいる。第三に、資源を投入すれば着実に、しかしごくわずかずつ厚生が増加しはするものの、資源投入効果がきわめて低い障碍者に、少しでも厚生の平等に近づけるために、どこまでも資源を投入するというのか。(59-61/85-88)

この種の反論に注目するのはあまり賢明ではない。しかし、ドゥオーキンがここで一番強調する第四の反論は注目に値しよう。彼はそれを、次のような事例を使って提出する。これまでと違い、やや要約的に紹介しよう。

対麻痺を患う障碍者がいた。その患者を、今よりもはるかに普通の生活に近づけることができる高価な医療機器があった。社会は、その装置を購入するとしたら、他の必要や計画を大幅に犠牲にしなければならなかったが、やってやれないというほどではなかった。社会は、件の機器を先の患者に提供するため、特別税を課すかどうかを投票にかけることにした。ところが、その患者は、バイオリン一筋の卓越した音楽家であり、同じ金をもらえるのなら、ストラディヴァリウスを買いたいと言った。(61/88)

ここでドゥオーキンが第一に提起するのは、「社会は、この選択を拒否できるか」という問いである。厚生のどのような概念で測っても、対麻痺患者の厚生が、上記の医療機器の利用よりもバイオリンの保有のほうが大きいのなら、障碍者にだけ例外的に適用される厚生の平等は、それを拒否できないのではないか。

続いてドゥオーキンは、第二の問いを提起する。拒否できないとすると、何にも増してストラディヴァリウスが欲しいと思ってはいるが、他の健常者全員と同量の富しかもっていないので、それが買えないがゆえに、厚生水準が低い健常者がいたとして、その人は、対麻痺患者のバイオリニストだけ例

外扱いするのはおかしいと言う権利があるのではないか。

　さらにドゥオーキンは、第三の問いを提起する。しかし、社会が対麻痺バイオリニストに医療機器の購入を強制すれば、その障碍者の平均以下の厚生を増大させる目的で特別資金を提供する一方で、自分の厚生を可能なかぎり増大させる権利をその人から奪うことにならないか。(62/89)

　以上の問いに対する解答を、ドゥオーキンは明示的にはどこにも書いていない。私ならどう答えるか。

　第一の問いに対する解答は、次のようなものである。障碍者を例外扱いして社会が補償を提供する目的が、障碍者の厚生を健常者の厚生と可能な限り等しくすることにあるとすれば、障碍者に提供された金によって生産される厚生が、そのときの健常者の厚生値をこえないかぎり、かつ、障碍者の当初の厚生値より低下しないかぎり、障碍者がその金をどう使おうが自由である。問題なのはむしろ、障碍者が後者の条件を破るような金の使い方をしたときである。出題者は、最も重要な問題を出題していない。そうしないと、厚生の平等の問題と選択の自由の問題が分離されない。

　第二の問いに対する解答は、次のようなものである。障碍者を例外扱いするという前提での話であるから、健常者の意見を聞く必要はない。いやもっと正確にいえば、健常者は例外扱いされないのであるから、今問題になっているすべての問いの埒外にいる。健常者は、自分が障碍を負っていないことを忘れて、補償を受ける障碍者より厚生が低いと文句を言っているからおかしい、などといった解答は、障碍者以外は、厚生の平等と「矛盾」する原理で扱われているという前提を看過するものである。それでもなお、バイオリン・フェチの健常者が食い下がったら、「あなたが健常者であることの不運について、当局は責任を負えません」とでも回答するほかない。

　第三の問いに対する解答は、第一の問いへの解答によって、すでに答えた。

　本項の最初にのべたように、ドゥオーキンが、「公正な分配」の理論が先行しないと、厚生の平等理論は例外的といえども使えない、したがって、全然使えない、という結論に向かう解答を読者に期待していたのは疑いない。分配の正義にかかわる理論で、「直観に反する」と称する事例を挙げえない理論を私は知らない[82]。

234　第3章　厚生の平等

9. 厚生の平等理論は人々を平等者として扱っていない

　ドゥオーキンは、「厚生主義」（welfarism）と題する「厚生の平等」論文最終節を、「私が厚生の平等に反対して提出した以上の諸議論が、他の形態の厚生主義への反論としても有効かどうか、とりわけ功利主義への反論としてどこまで有効か」これを手短に考察することに当てると言う (62/89)。

　しかし、ドゥオーキンの目的は、厚生主義や功利主義について論じることにはない。そのことを理解していただくために、きわめて難解な論文最終段落にいきなり目を向けてみよう。

> 　厚生主義的理論を正当化する二つのタイプの根拠づけの違いは、功利主義以外の厚生主義の形態については、それほど明白でないように思われるかもしれない。しかし、そのような区別は、少なくとも原理的には可能だと私は考える。
> 　厚生の平等の少なくともいくつかの解釈については、その目的論的擁護論を構築することが可能である。たとえば、人々が等量の喜びをもつことは、喜びは人生において根本的に重要なものであることに全員が合意していようがいまいが……、端的に善いことだと言う人がいるかもしれない。
> 　私がこれまで提出した〔厚生の平等の〕擁護論は、人々を平等者として扱うことに関する理論としての厚生の平等にまでは到達していない。厚生の平等は、そのような理論として考えると、われわれが当初考えたよりも弱いものである。資源の平等は、それよりも強いか。(64/91-92)〔説明の都合上、原文にない改行を施した〕

　この引用文章冒頭にある「厚生主義」について、それが何を意味するかを深く考えてはいけない[83]。「厚生」という言葉を使う分配の正義論全般をさ

82　私が「特殊事例直観主義」と呼ぶ方法に対する全般的な批判については、『ロールズとデザート』146-147頁参照。

83　ドゥオーキン自身は、「厚生主義」を「分配の正義は、個人厚生の何らかの関数を定めることによってもっぱら定義されなければならないとする一般理論」と定義するアマルティア・センの説明を援用すると言う (SV, 62/89)。ドゥオーキンが参照した Amartya Sen, "Utilitarianism and Welfarism," *Journal of Philosophy* 76 (1979): 463-489 において、センは次のようにのべている。「厚生主義（定義）　択一的な状態 (states of affairs) の相対的善さの判断は、各状態における個人効用の各集積 (collections) の増加関数であって、また、そうした集積にのみ基づかなければならない」(p. 468)、「厚生主義は本質的に、状態についての道徳的判断に対する情報制

第5節　金のかかる嗜好　235

す、とでも浅く理解するのが最善である。個人厚生を何らかの仕方で加算して求められる社会厚生を最大化することを善しとする功利主義と、個人間で厚生を等しくすることを善しとする厚生の平等理論全般が、ドゥオーキンの見方では厚生主義に属することだけを了解しておけばよい。

正当化の二つのタイプとは、目的論的正当化と「ドゥオーキン流平等主義的正当化」と呼ぶべきものとである。たとえば、功利主義に従うことがなぜ正しいかを、それが「それ自身において善いこと」（前述第2節4、本書155頁参照）であるところの効用または厚生を増大させるからだ、と説明すれば、それは目的論的正当化である。

他方、後者のタイプは、「人々を平等者として扱う」というドゥオーキンが与する平等理念によって厚生主義的理論を正当化するものである。ドゥオーキンによれば、功利主義も、各人に等しいウェイトを与えて、効用の最大化をめざす点で、「人々を平等者として扱う」という理念によって（一部）正当化される。(62-64/89-91)

「功利主義以外の厚生主義」という言い方は、そのような厚生主義が多々あることを示唆する。だが、実際に問題にしているのは、厚生の平等の諸理論のみである。第一段落では結局、厚生の平等理論についても、目的論的正当化とドゥオーキン流平等主義的正当化とがありうる、と断定されているだけである。

ところが、それに続く第二段落では、後者については言及されず、厚生の平等理論の一例として喜びの平等理論が取り上げられ、それが正しいのは、

約である」(p. 472)、「厚生主義は、状態の善さが究極的に、各状態における個人効用にのみ依存すると主張する」(p. 487)と。ドゥオーキンによる理解は、セン自身の強調点と若干のずれがあるのではないか、といった（正しい）疑問をもつ人もいるかもしれない。だが、そのような疑問を抱くとドゥオーキンの術中にはまる。前掲注81も参照。

ちなみに、センは同論文において、「合計のランクづけは効用の不平等に鈍感 (insensitive) である」(p. 468) という文脈で、後にドゥオーキンが愛用するinsensitiveという言葉をすでに用いている。またセン (p. 470n. 9) は、ドゥオーキンの外的選好排除論（前掲注11参照）を選好の充足度ではなく、いわば質に注目するものとして、反厚生主義の一例とみなしている。だが、選好の種類を対象によって定義するドゥオーキンの態度は改まらない。

全員の喜びの量が等しいことはそれ自身において善いからである、それ以外のことは関係がない、と主張する目的論的正当化のみが挙げられている。「ドゥオーキン流平等主義的正当化」の話はどこにあるのかと、読者はいぶかしがるであろう。

　それは、文章表現からは一見してわからないようなかたちで第三段落に登場する。ドゥオーキンが言いたいのは、次のことである。厚生の平等の諸理論は、それを支持する諸議論を詳細に検討してみたが、「人々を平等者として扱う」という平等の真の理想によって、いまだ正当化されていない[84]。

　読者のなかには、厚生の平等理論の目的論的正当化の話は、第二段落で中途半端に途切れており、どこに行ったのか、という疑問を抱く人もいるかもしれない。そのとおり、何も語らずに否定されているのである。厚生の等しさはそれ自身において善いから、厚生の平等理論は正しいという目的論的正当化は、政治道徳的正当化ではない、ということが無言で語られている。ここで初めて、ずっと前にドゥオーキンがわかりにくい仕方でのべた前置き（前述第2節6、とくに最後の二段落、本書162頁参照）が効いてくるのである。最初から、厚生の平等の全理論は否定されるべき運命にあった。

　最後に、第2部で論じる「資源の平等」理論は、「人々を平等者として扱う」という理念によって完璧に正当化されるものだということがほのめかされて、「平等とは何か」の第1部「厚生の平等」論文は終結する。同論文最終節において最終段落に至る中間的議論は（紹介しなかったが）全部、以上に解説した内容を、容易には理解しがたくするドゥオーキンのなせる力業である。

　私は、ドゥオーキンと異なり、言葉によってではなく、概念によって思考するので、彼の真意を読み誤ることはない。資源の平等が人々を平等者とし

84　ちなみに、邦訳（92頁）は、上記引用文章第三段落第一文を次のように訳している。「私が提示した様々な反論は、このような仕方で理解され擁護された福利〔＝厚生〕の平等にまでは及ばない」と。「このような仕方」は、目的論的正当化をさすと思われるから、私の読み方とまったく逆である。なお、小林公教授による邦訳は、ドゥオーキンの難儀な文章を深く読み込んでいることが明白で、まことにすばらしい。私も九分九厘、解釈を同じくした。それがなければ、本書の内容はまったく異なったものになっていたと思う。心から感謝したい。

て扱うとは、その言葉の単なる定義である。実際、全員に等しい資源が分配されるわけではない[85]。

本章のむすびにかえて

「厚生の平等」論文の結論かつ前提をくり返しておこう。厚生の平等に属するすべての理論は、それと「矛盾」する公正な分配の理論を先行的に伴うから、厚生の平等理論は、分配の正義の理論としては成立しない。

私がその論文を真剣に読んだ理由の一つは、以上と異なる見解についてドゥオーキンの名前を挙げて説明する学者があまりにも多いからである。「平等な配慮と尊敬」とは、いい言葉である。私は、ドゥオーキンの語る一言一句に「平等な配慮と尊敬」を払って読んだ。

---

[85] 本書第1章参照。私は、この点でドゥオーキンを、「何の等しさか」が分配の正義の中心問題だと考える「平等主義者?」に比べてきわめて高く評価している。本書第2章111頁参照。

第4章　ローマーからの批判

ロールズ以降の正義論に造詣の深い[1]経済学者ローマーは、論文「才能の平等」(1985年)[2]において、ドゥオーキンが提唱する「資源の平等」(本書第1章参照)を、「厚生の平等」を支持する立場から比較的早くに取り上げ、その不整合を徹底的に批判した。「資源の平等」の狙いは、ハンディキャップのある人や金を稼ぐ能力の低い人に相当な補償を行うことにあったはずなのに、ローマーの論証によれば、ドゥオーキンの提唱する保険メカニズムは、そのような狙いを必ずしも達成しないからである。

ドゥオーキンからすれば、ローマーが批判する保険メカニズムは自分が提案したものではなく、見当違いの批判になる可能性も大いにある。しかし、そうだとしても、あるいは、そうであるからこそ、ドゥオーキンの仮想保険を参照する資源再分配構想がどのようなものなのか、これを正確に理解するために、ローマーの批判を参照することは大変役に立つと私は考える。それはなぜか。

本書第1章で私は、ドゥオーキンの「資源の平等」論文をほとんどそのテキストだけを頼りに真剣に読むことを試みた。だが、彼の仮想保険の構想だ

1　それを示す代表的な著書として、John E. Roemer, *Theories of Distributive Justice*, Cambridge, Massachusetts: Harvard University Press, 1996(木谷忍・川本隆史訳『分配的正義の理論：経済学と倫理学の対話』木鐸社、2001年)参照。

2　John E. Roemer, "Equality of Talent," *Economics and Philosophy* 1 (1985): 151-187, excepting Appendices, reprinted in his *Egalitarian perspectives: Essays in philosophical economics*, New York: Cambridge University Press, 1994, pp. 119-147. 以下、この論文の参照頁は、本文中および脚注において、括弧内に適宜付記することにする(「/」の前は原論文、後は論文集の頁。「/」がない場合は、原論文付録の頁を示す)。なお、同論文集に再録されたこれ以外の論文の参照は、上記論文集から行う。
　前掲注1で挙げた著書(とくに第7章)でも、上記論文と重なるドゥオーキン批判が展開されているが、その正確な紹介・検討のためには、ローマーが提案する厚生の平等の公理系に立ち入る必要があることもあり、本章では、それを断念する。

けは、どうしてもよく理解できなかった。その後、経済学の初学者にもわかるように配慮されたローマーの明快な経済学的分析に出会い、ドゥオーキンの「資源の平等」論に対する理解は格段に深まった。第1章で私も、素人ながら経済学的視点も入れて検討したが、いささか不細工であった。それを書いた時点で、ローマーの論文の存在を知っていたにもかかわらず、その圧倒的な重要度に気づかず、読むのを後回しにしたことを大いに後悔した。

ともかく、それを読んで、ドゥオーキンのめざす「資源の平等」の制度化構想にとって、保険による再分配メカニズムは有害無益であるという点で、私の見方とローマーの見方が結論的に一致していることを知って、私は安心した。

このようなしだいで、本章では、ローマーの上記論文を中心に、ドゥオーキンの「資源の平等」論に対するローマーからの批判を祖述に近いかたちで紹介した（第1節〜第7節）後、その後のドゥオーキンの応答らしきものにも言及しながら、仮想保険の問題点に焦点を絞って、若干の考察（第8節および第9節）をしてみたい[3]。

第1節　資源主義と厚生主義

1. 厚生主義は資源主義に属する

「厚生主義[4]」とは、社会的厚生または分配的正義が社会に属する人々の個人効用のみに依存すると考える立場である。その否定——すなわち、個人効用以外の要素が社会的厚生または分配的正義に影響すると考える立場——が

3　ただし、ローマーが与する「厚生の平等」ないしは「厚生への機会の平等」という立場の詳細については本章では扱わない。それについては、前掲注1および注2で挙げたもののほか、以下の文献参照。John E. Roemer, "Equality of Resources Implies Equality of Welfare," *Quarterly Journal of Economics* 101 (1986): 751-784; *Equality of Opportunity*, Cambridge, Massachusetts: Harvard University Press, 1998; "Three Egalitarian Views and American Law," *Law and Philosophy* 20 (2001): 433-460; "Egalitarianism against the Veil of Ignorance," *Journal of Philosophy* 99 (2002): 167-184.

4　前述第3章注83参照。

「非厚生主義」である（152/119）。

　ローマーの定義によれば、分配の正義をめぐる「厚生主義」と「資源主義」の対立は、そのような矛盾関係には立たない。彼は、何を正義にかなった分配とするかにかかわらず、正義にかなった分配を実施するためのメカニズムが、資源配分に関する情報を用いる場合、それを「資源主義」と呼んでいるからである[5]。それによれば、厚生主義も資源主義の一種となる。個人効用は、人々が保有する資源の関数であるからである。したがって、ともに厚生主義に属する功利主義も厚生の平等主義も、それが最善とする分配を、資源配分の情報を利用して実行するから、資源主義の一種ということになる。

2. 戦術としての資源主義の定義

　とはいえ、資源再分配メカニズムに着目する、このような奇をてらった定義によれば、ほとんどすべての分配的正義論は資源主義に属することになる。何を「資源」とみるかにもよるが[6]、社会の資源配分に関する情報をまったく利用せずに、「分配の正義」を実現しようとする正義論者を私は知らない。ハイエクのように、「正しい行為のルール」（rules of just conduct）に従うことが正義であると考える立場は[7]、そもそも「分配の正義論」ではなく、むしろその否認である[8]。

　財産保有に関する過去から現在までの経緯が取得および移転の正義原理にかなっていたかどうかのみを問題にするノージックの権原理論[9]も基本的に

5　前述第3章第1節1の第一段落も参照。

6　ことに「資源」のなかに自由権的な諸権利や、さまざまな意味でのパワー（power）などをも含めると、話があまりに複雑になるので、ここでは取り上げないことにする。「才能の平等」論文（155/123）では、ローマーも同様の立場をとっている。

7　F. A. Hayek, *Law, Legislation and Liberty*, vol. 2, *The Mirage of Social Justice*, London: Routledge & Kegan Paul, 1976, pp. 62-65, 篠塚慎吾訳『法と立法と自由〔II〕社会正義の幻想』（新版ハイエク全集第I期第9巻、春秋社、2008年）89-93頁参照。

8　『法哲学』431頁参照。略記については、本文に先立つ「略号等についての注記」参照。

9　Robert Nozick, *Anarchy, State, and Utopia*, New York: Basic Books, 1974, pp. 150-153, 嶋津格訳『アナーキー・国家・ユートピア』（木鐸社、上巻は1985年、下巻は

は、ハイエクの正義論と同様、「手続的正義論[10]」あるいは「プロセス正義論[11]」の一種であり、「分配の正義論」ではないとみるべきであろう[12]。

ただし、ノージックは、過去のプロセスが「取得の原理」または「移転の原理」に違反していた場合、それを矯正することをも正義の名で要求する。そうした違反の判定に際し、現在の資源配分の情報が利用されることがあるかもしれない。しかし、権原理論に含まれる矯正原理は、（実際には不可能であるにしても）現在の財産保有に至る歴史を巻き戻して、正義に反する財産保有プロセスを取得および移転の正義原理に従わせ、その結果生じるであろう資源配分をそのまま肯定するものである。そこでは、原理的には、資源配分の情報を利用する必要はない。この点に注目するかぎり、権原理論を資源主義に分類することは適切でないように思われる[13]。

ローマーは、上記ハイエクやノージックのような立場を非資源主義的な「分配の正義論」と考えているのかもしれない。しかし、そうだとしたら、それは、正義論全般についての分類にすぎず、私が定義する意味[14]での「分

1989年出版であり、その後合本されて一巻本となった。以下の引用は、合本版第7版第1刷2004年から）255-260頁参照。

10 『法哲学』488頁参照。

11 Serge-Christophe Kolm, *Modern Theories of Justice*, Cambridge, Massachusetts: MIT Press, 1996, pp. 78-79の分類表によれば、ノージックは「私的な完全なプロセスリベラリズム」に分類されている。ちなみに、ドゥオーキンの資源の平等主義は、「資源主義」（ローマーのものと定義が異なる）に分類されている。ただし、分配の正義の基本理念を「平等」にみるコームは、平等化の対象に、資源配分だけでなく権利（とくに自由な交換の権利）も含めるので、私見と異なり、ノージックの正義論も「分配の正義論」の一種とされる。

12 『法哲学』482-484頁参照。嶋津格は、左の拙著への好意的な書評（法律時報84巻3号、2012年、108-111頁）のなかで（同110頁）、ノージックの権原理論を「分配の正義論」とみるべきことを指摘したが、それは嶋津も認めるように定義による（これ以外の点では嶋津の指摘は全部正しく、私に異存はない）。私は、ノージックの権原理論のように、分配プロセスに関心をもつが、分配の結果には直接の関心をもたない「分配の正義論」を、「分配の正義論」に分類しないのである（いかなる正義論も、分配上の含意ないし帰結をもつことはいうまでもない）。私は、私の定義する意味で「分配の正義」を正義の観念として認めるか否かで、正義論をまず二分する定義のほうが正義論の歴史を描く上で適切だと判断したのである。

13 前掲注11も参照。

14 前掲注12参照。

配の正義論」についての分類ではない。いずれにせよ、「才能の平等」論文におけるローマーによる資源主義の定義は、「資源の平等」だけでなく「厚生の平等」も「資源主義」であることを強調して、敵方であるドゥオーキンのような「資源の平等主義者」を混乱させる戦術の一つであるように思われる。

　ローマーの狙いは、分配の正義について「厚生の平等」を支持する平等主義的立場を「厚生主義」と呼び、「資源の平等」を支持する平等主義的立場を「資源主義」と呼んで両者を敵対的に捉えた上で後者を支持する平等主義者たちに向けて、「厚生の平等主義も資源主義である。だから、厚生の平等を支持する私の立場も、あなた方が支持する「資源主義」——実は、これは「資源の平等主義」という意味での「資源主義」ではなく、ローマーが定義する意味でのそれをさす——の一種である。それゆえ、厚生の平等主義は、あなた方の立場と矛盾しない。むしろ、「資源主義」のなかでは、以下で論証するように、厚生の平等主義のほうがはるかに優れている」といった暗示をかけることにある。このような定義の相違を利用する論法は、学問的にあまりほめられたものではない[15]。

　ローマーの定義する「資源主義」という言葉は、彼が上記論文では、「非資源主義」——再分配メカニズムにおいて資源配分の情報を一切使わない立場——との対立を扱っていない以上、無用の長物であり、使わないほうがよかった。にもかかわらず、以下では、「厚生の平等」と「資源の平等」の対立を、「厚生主義」対「資源主義」の対立としてではなく、「厚生主義」対「非厚生主義」——後者の一種として、ドゥオーキン的な「資源の平等主義」は位置づけられる——の対立という定義のずれた対立としてとらえるローマーの用語法にあえて従うことにする。

15　分析哲学の元祖の一人とされる G. E. ムーアも、同様の定義論法を濫用する。『ロールズとデザート』8-15 頁参照。なお、この戦術は、「資源の平等主義者」たちにまったく効果がなかったこともあってか、ローマーは、その後、そうした混乱を招く「資源主義」の定義を強調することはなくなった。

3. 非厚生主義的平等主義

ローマーによると、資源主義の内部で対立するのは、厚生主義と非厚生主義である。非厚生主義は、分配的正義の判定にあたって個人効用を媒介させる厚生主義と異なり、「直接に」資源配分のパターンを問題にする (153/121)。

ローマーはこのような言い方をするが、「非厚生主義」の定義のポイントは、分配の正義の判定にあたり、個人効用の情報以外の情報を（も）用いるという点にあったことを想起されたい（前述本節1参照）。効用情報以外の情報には、資源配分以外の情報も含まれるから、ここでも彼は、定義を微妙に操作して、不正確な印象を読者に与えようとしていることが判明する。

ローマーは、厚生主義的ではない資源主義の例として[16]、基本財（主として所得および富）の束の分配を格差原理、すなわち、最下層集団の基本財指数の最大化という基準に従って可能な限り平等化しようとするロールズ[17]、基礎的潜在能力（basic capabilities）を平等化する資源分配を提案するセン[18]、そして、厚生の平等を否認し、資源の平等を力説するドゥオーキンを挙げている[19]。

ローマーによれば、センのものを除き、これらの非厚生主義的資源主義はいずれも、資源——その内容に多少の違いがあるにしても——を平等化しようとするものである。これに対して、センにおいては、平等化の対象は基礎的潜在能力であり、資源は基礎的潜在能力を生産する投入物にすぎない (154n. 1/122n. 1)。したがって、センの非厚生主義的平等主義は、資源から生産される結果（センにあっては基礎的潜在能力、厚生主義にあっては個人効用

16　厳密にいうと、資源配分だけでなく、個人効用も計算に入れる非厚生主義的な資源主義もありうるが、その例は挙げられていない。

17　*TJ* 参照。私の理解については『格差原理』参照。

18　ローマーは、Amartya Sen, "Equality of What?" in his *Choice, Welfare and Measurement*, Oxford: Basil Blackwell, 1982, pp. 353-369（初出は、*The Tanner Lectures on Human Values*, Volume 1, Cambridge: Cambridge University Press, 1980）を挙げている。

19　ローマーはこれら以外に、譲渡可能な生産資産の平等を要求する、かつての彼自身の立場も挙げているが、本章では触れないことにする。それについては、Roemer（前掲注2), *Egalitarian perspectives*, Part 1 所収の諸論文参照。

〔顕示選好の実現というよりも、むしろ結果的満足によって測られる〕）に焦点が当てられている点では、厚生主義と同じである[20]。

　ローマーのもともとの定義によれば、非厚生主義には、「直接に資源配分のパターンを問題にする」以外のヴァージョンも含まれるはずである。まさにその一例が、センの分配的正義論である。それは、ローマーの用語法にならえば、「非厚生主義的資源主義の非直接的資源主義の平等主義」の一種といった難解な呼び方をするしかない。

　そのような用語上の難点もあってか、ローマーが非厚生主義的資源主義の例として明示的に取り上げているのは、個人効用を無視し、資源配分のパターンのみに注目するロールズ[21]とドゥオーキンだけである。しかも、両者はともに、資源配分の平等を志向する。

　ローマーは、ロールズが格差原理において分配の対象としたのが所得や富などの移転可能な（transferable or alienable）資源のみであったのに対して、ドゥオーキンが、才能や心身能力など移転不可能な（nontransferable or inalienable）資源[22]も「資源の平等」の射程に入れている点にとくに注目し

20　ローマーは、それを「結果主義」（outcomism）と呼ぶ。Roemer（前掲注2），*Egalitarian perspectives*, p. 151 参照。

21　これは、ロールズが所得分配における手続的正義を強調している点（*TJ*, §14）を軽視する理解である。格差原理はたしかに、（社会的協働に参加できる人々のなかで）最も恵まれない人々の基本財指数の最大化を求めるが、正義の二原理に従って社会の基本構造がいったん確立された後は、個々の市民は、基本構造に含まれる所得分配の（とくに税金と福祉給付を含む補助金とに関する）ルールに従って自由に人生を送ることになる。たとえば、稼得能力が高い人が、趣味の生活に没頭したいがために、あまり働かない場合、所得が最下層以下なっても、正義に反するわけではないし、その人が直ちに最下層階級に属することになるわけでもない。『法哲学』528-529頁、『格差原理』41-42頁、『ロールズとデザート』61頁、114頁参照。

　いうまでもなく、ローマーは、ロールズの真意を理解することに関心はないので、自分の主張のためにローマーのようなロールズ解釈をすることは可能であり、完全な間違いともいえない。

22　人間の外部にあるか、内部にあるかに着目して、それぞれ「外的（external）資源」、「内的（internal）資源」と呼ばれることも多い。たとえば、Philippe Van Parijs, "Equal Endowments as Undominated Diversity," *Recherches Economiques de Louvain* 56 (1990): 327-355 参照。ドゥオーキン自身は、それぞれ「非個人的（impersonal）資源」、「個人的（personal）資源」という用語も用いる。たとえば、

ている。(以上 153-154/121-122. ただし本節 2 を除く)

4. 資源主義とデザート論

　ここで、ローマーがほとんど関心のない論点についても触れておこう。厚生主義の立場にたつにせよ、非厚生主義の立場にたつにせよ、資源主義の特徴は、分配の正義が社会の資源配分の状態の関数であるところにある。別の言い方をすれば、社会全体の資源配分をみる前に、個々のローカルな資源分配が何ゆえに生じたかを問わないのである[23]。

　この点は、ノージックの権原理論よりも、デザートに応じた分配をよしと

　SV, 486n. 7/323n. 7, 300/403, and 322-323/432 (本書 293 頁の引用文章最終段落) 参照。

[23] 私はこのような傾向を「厚生経済学的イデオロギー」と勝手に呼んでいる。センもローマーも、当然ながらそれに染まっている。正義論の分野に進出する厚生経済学者たちは、「厚生」という言葉の代わりに、最初は遠慮がちに「衡平」(equity) という言葉を、いまや堂々と「正義」という言葉を (「平等」だけでなく「自由」――ただし、「行動の幅」とでも呼ぶべきもので、「国家からの自由」の観念は含まない――の観念をも取り込んで) 入れようとするが、正しくは、「厚生」のさまざまな解釈とみるべきものである。この点では、私はドゥオーキン (前述第 3 章参照) におおむね賛成なのである。
　なお、私が使う「イデオロギー」という概念は、基本的に業界内でのしきたり・作法・教育の問題であり、業界内ではコミュニケーションと行動の予測可能性を容易にするものとして不可欠の機能を果たす。それは、ミッシェル・フーコー的な意味での discipline の概念と大幅に重なる。私の「イデオロギー」の用法については、とりわけ「法における」それだが、亀本洋『法的思考』(有斐閣、2006 年) 222-223 頁、平野仁彦・亀本洋・服部高宏『法哲学』(有斐閣、2002 年) 196-197 頁も参照。私は特定の業界内イデオロギーが、ロールズ的な意味での「政治的」領域で、あたかも真理問題であるかのように幅を利かすことを、権力問題と捉えて警戒しているのである。
　経済学が完璧に標準化された現在、「厚生経済学的イデオロギー」から免れている経済学者は非常に少ない。完全に免れている、というよりも強硬に反対した経済学者の代表がハイエクである。前述第 2 章 111-112 頁で「経済学者としてのイデオロギー」および「経済学的世界観」と私が呼んだものの主要な成分は、「厚生経済学的イデオロギー」である。
　ちなみに、このような経済学の侵攻を許した責任は、経済学者にではなく、「国家からの自由」というリベラリズムにとって一番重要な論点を軽視して正義論を語ってきた政治哲学者ないし法哲学者にある。経済学者の多くは、ロールズが正義の第一原理において、なぜあれほど良心の自由と寛容を重視したか (TJ, §§33-35 参照)、そ

する伝統的なデザート的正義論と比べたときに、いっそう明白になる。デザート論では、たとえば努力や貢献に応じて所得が分配されるとき、それは正義にかなうとされる。デザート論も、結果として生じる分配状態にも目を向けるが、それはその状態が分配の根拠（「デザート」または「デザート根拠」と呼ばれる）に応じているかどうかを確かめるためだけである[24]。

しかも、現代的なデザート論では、デザート根拠から、家柄や身分など本人のせいにすることができないものは排除される。したがって、デザート根拠は、「その人がした」と言えるものでなくてはならない。少なくともそのような弱い意味で、「責任」はデザートに応じた分配をするための前提である[25]。

さらに、典型的なデザート根拠である努力と貢献を例にとれば、問題になっている人がどれだけ努力したか、どれだけ貢献したかということが、それに応じてなされるべき処遇ないし受け取るべき資源の分け前の根拠となる。そうしたデザート根拠を、強い意味での「責任」と考えることもできよう[26]。

次節で論じるように、ローマーは、ドゥオーキンが行為者たる個人の「責任」の要素を分配の正義論にもち込んだことを高く評価している。ロールズが登場するまで、倫理学における正義論の分野では、デザート論と功利主義

の心が理解できない、というよりも関心がない。
24 デザート論をこのように位置づけるかぎりで、それを分配状態にもっぱらかかわる分配的正義論の一種とみるハイエク（前掲注7）と、私は意見を異にする。
25 前述第2章第2節5参照。
26 ちなみに、ローマーは、「厚生への機会の平等」の強調へと立場を微修正して以降、彼が「努力」(effort) と呼ぶデザートの一種も考慮する、いわば「統計的な」「機会の平等論」を提案している。Roemer（前掲注3）, "Three Egalitarian Views and American Law," pp. 448-458参照。Roemer（前掲注2）, *Egalitarian perspectives*, pp. 184-193も参照。その際、分配の平等化のために何を「努力」すなわちデザートとみるべきかは、ロールズの有名な言葉を借用して、「形而上学的にではなく、政治的に」決定されるとしている。ただし、「政治的」の意味は、ロールズのそれと異なる。独裁者でも、大統領でも、議会議員でも、大臣でも、役人でも、ともかくも事実上の政治的な決定権限をもつ者が決めればよい、ということである。ローマーには、政治的決定の正統性や決定者の責任への関心はない。これも「厚生経済学的イデオロギー」（前掲注23参照）の現われではあるが、「政治的」領域から距離を置く点では経済学の分を守っている。

とが対立していた[27]。デザート論は、上記のように強弱両方の意味で「責任」を考慮する。これに対して、功利主義は、全員の個人効用のみに注目して、その総和たる厚生の最大化をよしとする厚生主義であり、個人の責任を直接に問題にすることはない——個人に責任を課す制度が社会的厚生の増大に寄与する場合などは別ということ——。功利主義を批判したロールズも、その点では功利主義と同じ路線を継承している。少なくとも格差原理では、移転可能な基本財の分配パターンだけに注目して正義を判定したからである。

ドゥオーキンは、(ローマーが言うように)もし彼が本当に「責任」に注目しているとすれば、個人の責任を考慮するデザート論、個人責任を無視する功利主義、功利主義を引き継ぐロールズという正義論の歴史を忘却した上で、古代以来の正義論の重要論点の一つ、「責任」を正義論に再導入したともみることができるかもしれない。

以上、正義論ないし正義論史をいかにみるべきかに関する私自身の見方も絡めて、ローマーの基本的見地を説明した。そのため、彼自身の立場がかえってわかりにくくなったかもしれない。しかし、次節以下で紹介する彼によるドゥオーキン批判の要点を理解するためには、私の見方がよく理解できなくても、それほどの支障はない。

第2節　選好の責任

1. 資源を分配される個人の責任

普通の厚生主義の立場からは、いわゆる「金のかかる嗜好」をみたすために多くの資源を要求する者と、ハンディキャップのゆえに同様の要求をする者とを区別できない。両者とも、資源から効用への変換効率が悪いという点では同じであるからである。だが、平等主義に与する人々の多くは、後者の人には責任がないから資源を多めに分配することはよしとするが、前者の人は自己責任であるから、資源を多めに分配する必要はない、と考えるであろう。ローマーは第一に、ドゥオーキンがこのような問いを提起して（本書第1

---

27 『ロールズとデザート』第3章参照。

章および第3章参照）、個人の責任を問題にした点を高く評価する[28]（153/121）。

2. 薄い無知のヴェール

　第二にローマーは、ロールズの有名な「無知のヴェール」との対比でもドゥオーキンを高く評価する。ロールズの原初状態において、正義原理の採択にむけた合意のために集められた各階層の代表者たちは、「無知のヴェール」をかぶせられ、現実の社会で自分が保有する「資源」（所得や富だけでなく、金を稼ぐ生まれつきの能力――以下「才能」という――も含む）についてだけでなく、自分の人生計画、したがって自分の選好についても知らない[29]。

　これに対して、才能の欠如に備えるためのドゥオーキンの仮想保険において人々は、自分が保有する「資源」については知らないものの、自分の選好については知っている[30]。そのかぎりで、ローマーの表現によれば、ドゥオーキンの「無知のヴェール」は、ロールズのそれよりも「薄い[31]」（158/126）。

---

[28] Roemer（前掲注2）, *Egalitarian perspectives*, pp. 179-180; Roemer（前掲注3）, "Three Egalitarian Views and American Law," pp. 438-439 も参照。

[29] *TJ*, 136-137/118 rev., 『正義論』184-185頁参照。

[30] *SV*, 94/132-133, 前述第1章59-64頁参照。

[31] 注意するべきことに、瀧川裕貴「〈平等〉の論理――リベラリズムとの関係を軸にして」土場学・盛山和夫編著『数理社会学シリーズ4　正義の論理　公共的価値の規範的社会理論』（勁草書房、2006年）90頁や、瀧川裕英・宇佐美誠・大屋雄裕『法哲学』（有斐閣、2014年）114頁において「薄い無知のヴェール」と呼ばれているものとは、「薄い」の意味が異なる。たしかに、自分の才能について完全に無知であることと、自分の才能が生み出しうる所得のみについて無知であることとを比べれば、後者のほうが「薄い無知のヴェール」だとは言える。しかし、ドゥオーキン（*SV*, 94/132）は、才能が野心ないし選好――これについては責任をもつ必要がある――を相当程度規定するから、どのような才能を自分がもっているかは事前に知っていなければ野心を形成できない、それゆえ、（稼得能力についての情報を除く）「才能」については知っていなければならないとしたのである。これは、「稼得能力としての才能」について事前には無知であるがゆえに保険をかけるということと直接の関係はない（前述第1章58-59頁参照）。同旨の指摘として、Roemer（前掲注3）, "Three Egalitarian Views and American Law," p. 439n. 3 参照。

　もちろん、ローマーは、ロールズとドゥオーキンとで「無知のヴェール」に与えた役割が異なることは承知している。前者は、正義原理導出のためのものであり、後者は、仮想保険の保険料と保険金の算出のためのものである。Ibid., p. 439n. 4 参照。ドゥオーキンは、（原初状態という）仮想状態を正義原理の正当化のために使うことは

3. 個人責任をめぐるロールズの原初状態とドゥオーキンの仮想保険の違い

　ロールズの正義論においては、正義の二原理に従って構築された現実の社会で市民は人生計画に、したがって、各自の選好に基づく選択に責任を負うべきものとされているのに[32]、原初状態では、市民の代表者は自分の選好を知らず、したがって、その選択に責任を負いようがないものとされている。ローマーは、この不整合を批判する[33]。

　対照的に、ドゥオーキンの仮想保険の購入者たちは、自分の才能（＝稼得能力）については知らないが、選好については知っている[34]。したがって、

　許されないが、保険料・保険金の計算のために（仮想保険市場という）仮想状態を使うことは問題がないとしたのである。これは、仮想保険は、ドゥオーキンが推奨する「資源の平等」にかなった資源分配を正当化するものではないことを含意する。前述第1章第5節10、本書91頁も参照。
　「無知のヴェール」の方法論全般への批判については、Roemer（前掲注3）, "Egalitarianism against the Veil of Ignorance" 参照。

32　John Rawls, *John Rawls: Collected Papers*, edited by Samuel Freeman, Cambridge, Massachusetts: Harvard University Press, 1999, pp. 371 and 407, 前述第2章126頁も参照。

33　Roemer（前掲注3）, "Three Egalitarian Views and American Law," pp. 435-438 も参照。これに対して、ロールズなら、社会の基本構造を律するべき正義原理を選択する局面と、いったん選択された正義原理に従う社会制度の制約内で、人々が責任をもって自分の人生を形成する局面とは違う、と反論するであろう。さらに、ローマーが無視しているロールズ正義論のもっと重要な側面には、次の二点がある。第一に、原初状態の代表者は、自分が代表する人々の人生計画やそれに応じる選好については知らないが、「自由で平等な人格としての市民」がもつ二つの道徳的能力（前述第3章181頁参照）に応じて、正義の二原理によって保障されるべき各種の基本善（基本的な権利・自由と公正な機会と所得・富）へのいわば「根本的な選好」（後掲注65参照）をもっている。第二に、原初状態の代表者は、無知のヴェールが取られて現実の自分の状態を知った人々が、代表者によって選択された正義原理をみて、それに従う気がしなくなるような正義原理に同意してはいけない（「コミットメントの緊張」と呼ばれる）、という意味での「責任」を被代表者に対して負っている。ロールズは、代表者と被代表者とをほとんど同一視して、「自己責任」（*TJ*, 423/371rev., 『正義論』556頁）という言葉を用いて説明しているが、思考実験装置としての原初状態において代表者がどう考えるかは、生身の市民であるわれわれが原初状態に身を置いて自分で考えるしかないので、代表者が被代表者に対して負う責任は、結局のところ「自己責任」となる、という説明のほうが優ると思われる。『格差原理』90-95頁、108-111頁も参照。

保険購入について自分の選好に基づく責任を負いうる。すでに触れたように（前節4の後から三段落目以下および本節1、本書247-249頁参照）、ローマーは、ドゥオーキンの仮想保険の構想が、ロールズの原初状態の構想と対照的に、選好に対する「責任」——選好の結果を自分で引き受けること——の要素を取り込んだ点を高く評価している[35]。

なお、そこでは選好は選択に直結するものと想定されており、「選好」と異なる「選択をする」という事態も、「選好」を「選択する」という観念も想定されていない。したがって、ローマーの文脈では、「選好の責任」といっても「選択の責任」といっても同じことになる。

第3節　保険と功利主義

1. 移転可能な資源と移転不可能な資源

すでに触れたが（第1節3の最終段落参照）、ローマーはまた、ロールズが格差原理に従って分配されるべき資源として、所得や富など、移転可能な財だけを問題にしていたのに対して[36]、ドゥオーキンが移転不可能な資源、すなわち「才能、障碍その他、その保持に対して本人に責任があるとは考えることができない生まれつきのさまざまな性質」（154/122）をも問題にした点も高く評価する。

しかし、ローマーは、「才能」等の移転不可能な資源の平等分配のために、ドゥオーキンが保険の考え方を援用したことには断固反対する。才能欠如に備える保険メカニズムは、後述するように、ある意味で「不平等な」分配を帰結するからである。

2. 移転可能な資源に対する保険

その論証のため、ローマーは、ドゥオーキンの主張（とローマーが理解す

34　Roemer（前掲注3), "Three Egalitarian Views and American Law," p. 439. 前述第1章58-59頁も参照。
35　前掲注28も参照。
36　『格差原理』36-44頁参照。

るもの）に従って、各自が自分の選好に（ローマーのいう意味で）「責任」をもちつつ、事前には無知の自分の（移転不可能な）才能に保険をかけるとどうなるかを説明しようとした。その準備作業としてローマーは、私のように経済学に無案内な読者に保険の基本的メカニズムを理解させるために、まずは（より簡単な）移転可能な資源に保険をかける場合について、期待効用理論に基づき解説する。

期待効用理論による保険の説明は、行動経済学等から異論がありうるにしても（159/ 127）、保険数理計算は今なおそれに基づいている[37]。また、ドゥオーキン自身も「私が自分の家に保険をかけるのは、火事による損失を補償されないことから生じる限界効用の損失が、保険料の効用上のコストより相当に大きいからである[38]」などとのべているところからして、期待効用理論に基づく保険の考え方を採用している、と推測してよいであろう。したがって、期待効用理論を前提として保険の仕組みを説明することは適切であるように思われる。

3. 保険の基本的仕組み

保険の仕組みを最も単純に説明するために、ローマーは次のような状況を想定する。世の中には、（移転可能な）コーン（＝トウモロコシ）という1財しかない。全住民はコーンに対して同一の選好をもっている。その選好は、厳密に凹の基数効用関数（本書270頁、後掲図2の曲線と同様、消費量の増加に伴い限界効用が逓減する普通の効用曲線）$u(C)$ で表される。住民は100万人（＝非常に多く）おり、コーンは「天から」、量の水準においてのみ相違する n 種類の塊に分かれて各住人の下へ「ランダムに降ってくる」(182)。住民の p_i 割が、量 C_i のコーン塊に当たるとする（$i = 1, \cdots, n$）。住民は「薄い無知のヴェール」──「薄い」とは、自分の選好は知っているという意味──の下で、どの塊に当たるのかはだれも知らない。

ここでローマーは、住民はどのような保険証券を最適として選択するかを問う。各人が C_i に当たる確率は p_i である。保険証券は、各人が C_i に当たっ

---

[37] Roemer（前掲注3）, "Three Egalitarian Views and American Law," p. 444.
[38] SV, 97/136.

たときに受け取る移転分 T_i というベクトル（組合わせ）で表すことができる。T_i は、保険というギャンブルに負けたときマイナスで、勝ったときプラスとなる。つまり、T_i は、保険料と保険金（目下の例では、いずれもコーンで支払われるが）を差引き計算したものである。保険料＋保険金は、自分に当たるコーン塊が判明した時点で一括して「支払われる」と考えればよい。以上の状況の下で最適な保険は、次の条件をみたすベクトル（T_1, T_2, $\cdots$, T_n）である。

$$\max \Sigma\, p_i u(C_i + T_i) \qquad (ただし\ \Sigma\, p_i T_i \leq 0)$$

つまり、自分に当たるコーンの量 C_i と、そのときの保険料＋保険金 T_i とを足したものの消費から得られる効用 $u(C_i + T_i)$ に、C_i に当たる確率 p_i をかけたもの、すなわち期待効用が最大となるベクトル（T_1, T_2, $\cdots$, T_n）は何か、という問題である。但し書きは、保険料＋保険金の期待値すなわち平均値が0以下でなければならないという実行可能性の制約である。保険料よりも保険金のほうが平均して多ければ、保険会社の経営は成り立たない。

仮定により、コーン消費の限界効用は逓減するから、保険購入者にとって最適な保険証券は（保険会社の利潤は0と考える）、$(C_i + T_i) = \Sigma\, p_i C_i$、すなわち保険料＋保険金の支払い後のコーン保有量が、自分に降ってくるコーンの期待値すなわち平均量となるような移転分ベクトルである。すなわち、保険会社が、平均より多く降ってきた人から、平均との差額を保険料として支払わせ、平均より少なく降ってきた人には、平均との差額を保険金として支払うような保険ということである。平均より少ない人の限界効用と平均より多い人の限界効用を比べると、前者のほうが大きいから当然のことである。

こうした最適な保険においては、事後的（つまり保険の清算後）には、各人のコーン保有量が同じになるだけでなく、効用の平等も実現される。ローマーがくり返し注意を促すのは、各人の期待効用を最大化するということは、人口一定のもとでは総効用を最大化することに等しいから、この保険は結局、功利主義に基づいているという点である。（以上 159-160/127-128）

4. 人によって選好が異なる場合

今までは、全員の選好、したがって効用関数が同じと仮定されていた。

人々が異なる選好をもっている場合、最適な保険はどのようなものになるのだろうか。この場合も、考え方は上記のものと基本的に異ならない。たとえば選好のタイプが二つあるとすると、選好を同じくする集団が一つの保険集団を形成し、各集団内部で、保険清算後のコーン保有量が天から降ってくるコーン塊の平均量になるような保険を購入する、というだけである。

ローマーは、この考え方を「選好同一集団ごとの功利主義」(sectional utilitarianism) と呼ぶ[39]。目下の例では、コーン塊の分布は両集団を通じ同じであるから、結局、選好のタイプにかかわらず、全員がコーン量の平均を保証してくれる保険を購入することになる。

だが、この場合、両集団を合わせた効用は最大化されない。(効用の個人間比較が可能だとして) それを最大化するためには、コーンから効用への変換効率が高い集団に属する人のほうに、より多くのコーンを分配する必要がある (後述第7節3も参照)。ただし、それは、だれも自分の選好を知らないロールズ的な「厚い無知のヴェール」の下での最適保険の話であって、ドゥオーキンの「薄い無知のヴェール」の下での話ではない。後者においては、各人は自分の選好を知っているから、上記の「選好同一集団ごとの功利主義」が妥当する。(以上 161-163/128-130)

第4節　才能保険

1. 才能と余暇を導入する保険モデル

移転可能な財コーンを例にとって、保険についての一般的説明を終えた後、ローマーは移転不可能な資源、たとえば才能 (=稼得能力) を導入して、その不足にかける保険の説明に移る。それは、ドゥオーキンの意図としては、「才能」すなわち移転不可能な資源の不足を、移転可能な資源の再分配によって補おうとするものであった (前述第1章第4節7以下参照)。ローマーは、最も単純なモデルとして、次のようなものを採用している。

世の中には生産および消費される財としては、コーンしか存在しない。

39　Roemer (前掲注1), p. 153 n. 7, 邦訳 188 頁注7 によると、ローマーはその後、考えを改めたが、本章では立ち入らない。

人々は、労働からコーンを生産する生まれつきの能力、すなわち才能の点で異なっている。人が「余暇」（同じことだが「労働」）をコーンに変換する率を、その人の現物賃金（real wage）s（ベクトル）とする。それで才能の大きさが測られる。コーンと余暇に対して全員が同一の効用関数 $u(C, \ell)$ をもっているとする。さらに、各人は、0単位のコーン、1単位の余暇、異なる才能 s をもって生まれるとする（したがって、人々が労働を始めるまではコーンは存在しない）。当然ながら、生産されたコーンの再分配がないとすれば、才能が高い人ほど暮らし向きがよい、ということになる。なお、才能を行使すること自体からは効用は生じない（＝「労働の喜び」はない）と仮定する。

才能について生まれのくじ運が悪いことに備えて、人々はどのような保険を買うのが最善と考えるのか、これがここでの問題である。才能 s に当たる確率を $p(s)$ とする。各人は、才能のくじを引く前に保険証券 $\{T(s); s=s_1, ..., s_r\}$ を買うことに決める。それは、その人が才能 s に当たったときの移転分の一覧である。その人は、s_1 から s_r のどれかの才能に当たる。前節3で説明したように、その人が最適として選ぶ $T(s)$ は、その人の期待効用を最大化するものである。

2. 最適な才能保険とその含意

ところで、才能 s に当たって移転分 $T(s)$ を得た（既述のように、移転分はマイナスであることもある）後で、その人は労働する量を決め、労働1単位当たり s の量のコーンを稼ぐことになる。ここで、$e(s, T)$ を、移転分 T を受け取った、才能 s をもつ人が提供する労働量としよう。つまり、e は、その人の労働の供給関数である。そうすると、ここでの問題は、次の条件をみたす移転分のベクトル $\{T(s); s=s_1, ..., s_r\}$ を求めるという問題となる。

$$\max_s \sum p(s)u(T(s) + e(s, T(s))s, 1-e(s, T(s)))$$

（ただし $\sum p(s)T(s) \leq 0$）

コーンと余暇の保有量によって規定される効用関数 u の内部の第1項に目を向けると、$T(s)$ は移転分であり、$e(s, T(s))s$ は労働供給量に現物賃金率をかけたものであるから、その人の労働によって生産されるコーンの量にほかならない。両者を足したものは、その人が保有するコーンの総量とな

る。

　第2項に目を向けると、それは最初に与えられた1単位の余暇から、労働供給量（時間で測ればよい）を引いたもの、すなわち、最終的な余暇の保有量ないし消費量である。こうして決定される効用 u に、才能 s に当たる確率 $p(s)$ をかけると、当該人物の期待効用となる。その値を最大にする移転分ベクトルはどのようなものか。証明（185-186）の紹介は割愛するが、ローマーによると次のような定理が導かれる。

> **定理1**　$u(C, \ell)$ がコーンと余暇について分離可能であるとすると、才能にかける最適な保険は次の三つのことを含意する。
> ①保険決済後、全員が同量のコーンを保有する。
> ②才能が高い人ほど、労働時間が長くなる。
> ③才能が高い人ほど、保険決済後の効用が低くなる。

　①については、前節で説明した功利主義的な保険の仕組みから、②については、同じ時間働くなら、才能が高い人ほどコーンの生産量が多いということから、直観的に理解できるであろう。保有するコーンが同量で、長時間働くなら、効用も低くなるであろう。したがって、①と②から③は当然に導かれる。

　そうだとすれば、そのような才能保険は、才能がある人にそれを隠す誘因を与える。それゆえ、ここで扱っている才能保険では、移転分支払い時点で各人の才能が正確に特定されている（つまり、ごまかしは効かない）ことが仮定されている。

　ここでローマーが注意を促すのは、各人が供給する労働は「強制されたものではない」ということである。それは、自分への移転分と自分の現物賃金率を所与とした上で、自分が決定した最適な（＝効用を最大化する）労働供給量であるからである。（以上 163-164/130-132）

　とはいえ、「強制されたものではない」という言い方は、各人は自分の効用を最大化しようとして労働量を選択しているだけだ、という意味ではたしかにそうだが、ややレトリカルな感じがしないでもない。

3. 功利主義と保険

それはともかく、最適な才能保険は、才能の高い人々の長時間労働を通じて生産されたコーンの一部を、「運悪く」才能に欠如したがゆえに短時間労働ですむ人々に移転して、両者のコーン保有量を同じにする。しかも、才能に劣る人の効用は、才能に優る人の効用よりも高い。才能に劣る人々は「運が悪い」のではなく、「運がよい」のではないか。「運が悪い」人に補償しすぎではないか、という声が上がっても当然であろう。

そのようになる原因は、ここでモデルとされた保険メカニズムが、全員の選好が同一と仮定されている以上、前節3で説明したモデルと同様、功利主義に基づいているからである。ただ、目下のモデルでは、選好は同一だが、先のモデルと異なり、才能が異なるがゆえに、効用は平等にはならない。

ローマーによれば、才能のある人が才能のない人よりも効用が低くなってしまうこと自体に本質的な問題があるわけではない。彼はむしろ、選好が同一——ローマーは明言していないが「責任[40]が同一」を強く示唆する——であるのに、効用(=厚生)が結果的に異なるという点を問題にする。彼は、次のようにのべている。

> 才能問題において、才能の高い人々は、〔才能という〕資源のくじ引きで運よく当たりを引いたことに対して厚生で支払いをさせられているのであって、コーンと余暇に関する自分の選好に対して支払いをさせられているわけではない。選好は、全員同一であるからである（165/132）。

今までは、選好が全員同じと仮定した議論であった。選好が人によって異なる場合はどうなるのだろうか。その場合も、集団間で才能の分布が同一であるとすれば、前述（第3節4参照）の「選好同一集団ごとの功利主義」に従って最適保険は選択され、各集団の内部では定理1が依然として成立する（166/133-134）。

---

[40] 責任をもっぱら選好に結びつけるローマーの責任観念が、この点で、行為者が何をやったか、どれほどやったかを問題にするデザート論の責任観念と異なること注意されたい。微妙な言い方をすれば、ローマーにおいては、「どれほど働いたか」ではなく、「どれほど働きたいと思うか」が責任と関係づけられる。

4. 高価な余暇

　人は、他人の余暇を直接消費することはできない。したがって、全員「同一の」選好を表すとされた前述の効用関数 $u(C, \ell)$ における ℓ を、「その人しか使えない余暇」とみることもできる。その場合、才能の高い人は心ならずも、自分の余暇という財への「高価な嗜好」(expensive taste)をもつ人ということになる[41]。その人の余暇は、社会によって高く評価される代替的用途（＝より多くのコーンの生産のための使用）をもつからである。かくして、最適保険は、定理1でのべられているように、才能のある人がない人よりも長時間労働する（＝余暇が短くなる）ことを求め、また、保険清算後のコーン保有量が同一であるところから、才能のある人の効用のほうが低くなる。その意味で、「功利主義的世界で才能がある人々はハンディキャップを負っている」(166/134) とさえ言える。

　厚生の平等を支持するローマーが提起する疑問は、たまたまもった才能に由来する「高価な嗜好」のゆえに、才能をもつ者の効用が低くなる保険はおかしくないか、というものである。くり返すが、その原因は、保険というものがすべて、ドゥオーキンが反対するところの功利主義的な考え方に基づいているところにある[42]。（以上 165-166/132-134）

第5節　資源の平等分割メカニズム

1. 資源の等分割から出発する競争均衡

　ところで、ドゥオーキンが資源の平等化のための仕組みとして取り上げているものには、保険メカニズムだけではなく、むしろ、それに先立って、「資源の平等分割」とでも呼ぶべき方法があった。

　ドゥオーキンは、難破して無人島に流れ着いた人々の間での資源分配のためのオークションを、貨幣の等量分配から始めさせた。貨幣の等量分配は、

41　前述第1章101頁も参照。

42　同旨の指摘として、Marc Fleurbaey, "Equality of Resources Revisited," *Ethics* 113 (2002): 82-105, at 90. そのような見方が誤りだという指摘については、前掲注39で挙げた箇所参照。混乱するので、立ち入らないが。

島にあるすべての種類の資源の等分割と等価である。オークションの終了は、資源の等分割から出発し、交換を通じて到達される競争均衡（ワルラス均衡）[43]——いうまでもなくパレート最適である——と等価である（前述第1章第2節参照）。ローマーは、そのようなやり方を、競争均衡に至るまでを含めて「平等分割メカニズム」(157/125) と呼ぶ。

そのやり方は、物理的に分割可能な移転可能な資源についてだけでなく、分割が難しい移転可能な資源および分割不可能な移転不可能な資源についても応用することができる。島にある全資源を全員に、人口分の1ずつの権利として分割した上で、オークションを始めればよいだけだからである。ドゥオーキンは、各人の労働能力ないしは才能という移転不可能な資源について、そのような方法を用いることに反対していた（前述第1章第4節6参照）。それは、いわば「相互的奴隷制」だと誤解する者もいるかもしれない。だが、正当にもローマーは、「他人の労働から生じる所得への請求権をもつことは、その他人がするすべてのことに対して完全な権利をもつことと同じではない、それに及ばない」(157/125) と指摘している。

それゆえ、移転不可能な資源を含む全資源の平等分割メカニズムも、ドゥオーキンの考えに反し、資源の平等化のための方法として考慮に値する。しかも、競争均衡は、各人の選好を基礎に達成されるから、「平等分割メカニズム」は、保険メカニズムと同様、ローマーの意味で「責任」を考慮するものとなる。

2. 才能の平等分割

移転可能な資源についての平等分割メカニズムについては、「物理的に分割不可能なものは権利で分割する」というルールを付加すれば、ドゥオーキン流オークションで問題はない。問題は、各人の才能など、移転不可能な資源も含めて、それをやったらどうなるか、という点である。ドゥオーキンは、「農業の才能は高いが、金にならない詩を書いて暮らしたい人は、そのための余暇をあきらめるか、平等に分配された初期資源から大金をはたいて

---

[43] *SV*, 478n. 2/165n. 2 参照。

余暇を買わなければならなくなるので、奴隷状態に陥る[44]」などと言うだけで、この問いにまじめに答えていない（170-171/138-139）。ローマーは、その問いに答えるために、次のような最も単純なモデルを設定する。

社会には、低い才能 s_1 をもつ人 1 と、高い才能 s_2 をもつ人 2 がいる。s_i（$i = 1, 2$）は、人 i の労働（したがって余暇の労働への転用）1 単位あたりのコーンの生産量で測った現物賃金である。考慮する財は、コーン、人 1 の余暇、人 2 の余暇の三つだけだとする。平等分割メカニズムは、各人にまず、これら三つの初期資源に対する平等な所有権を与える。コーンは、最初はなかったとする。各人は最初、1 単位の余暇をもっていたとする。二人とも「同一の」——前節 4 で触れたように、ℓ を時間で測れば「同一」だが、各人は自分の余暇しか直接消費できないということ。「対称的」と同義——選好 $u(C, \ell)$ をもっているとする。

よって、最初に与えられた社会の全余暇の価値は、コーンで測ると、($s_1 \times 1$) + ($s_2 \times 1$) である（かけられている 1 は、最初に与えられた余暇の量）。各人には、その半分ずつへの権利がまず与えられることになる（これが後述の予算制約となる）。競争均衡の問題は、以下のような三条件をみたす、人 1 のコーンの保有量 C^1 と余暇の保有量 ℓ^1 の組合せ、ならびに、人 2 のコーンの保有量 C^2 と余暇の保有量 ℓ^2 の組合せを求める、というものになる。なお、保有量と消費量は同じと考えてよい。

人 1 は、次のようなコーンと余暇の配分を選ぶ。

$\max u(C^1, \ell^1)$　　（ただし $C^1 + s_1 \ell^1 \leq \dfrac{1}{2}s_1 + \dfrac{1}{2}s_2$）

人 2 は、次のようなコーンと余暇の配分を選ぶ。

$\max u(C^2, \ell^2)$　　（ただし $C^2 + s_2 \ell^2 \leq \dfrac{1}{2}s_1 + \dfrac{1}{2}s_2$）

---

[44] SV, 90/127 に現れる文章の一部を私が、ドゥオーキンにできるだけ有利に要約したもので、原文に直訳的には対応していない。ドゥオーキンも、才能の高い人の余暇が高価であることは、当然ながら知っている。それを「金のかかる嗜好」とは明言していないが。

均衡においては需要と供給が一致しなければならないから
$C^1 + C^2 = s_1(1 - \ell^1) + s_2(1 - \ell^2)$

　各人は、最初に等分割された資源（への権利）、すなわち、予算の範囲内でコーンと自分の余暇を買わなければならない。くり返すが、各人の予算（＝初期所得）は、各人の余暇への半分ずつの権利である。上記括弧内の但し書きは、コーンの保有量と（コーンで測った）余暇の保有量の合計が、各人の（コーンで測った）予算、すなわち（$\frac{1}{2}s_1 + \frac{1}{2}s_2$）の制約内に収まるべきことを表している。

　買い戻されない余暇（＝労働時間）は、コーンを生産するのに使われる。需給の均衡を表す最後の式の左辺は、コーンの需要の合計である。右辺は、才能 s_i と労働時間（$1 - \ell^i$）をかけたもの、すなわちコーンの供給、の合計である。

　ローマーによれば、この均衡問題は単純である。余暇の均衡価格は、労働の限界生産力——目下のモデルにおいては、労働1単位の増加によって増加するコーンの生産量——であることが知られている。したがって、上記モデル上の仮定により、人1の余暇の均衡価格は s_1、人2のそれは s_2 ということになる。コーンの価格も、モデルの設定上1である。

　ローマーによれば、標準的な選好（したがって無差別曲線）を想定すれば、均衡は存在する。上記人1の予算制約の等式と人2のそれとを足すと、一番下の需給均衡式になる。これは、各人が予算を全部使い切ったところで需給が均衡することを示している。よって、「上記効用最大化問題の解となるペア（C^1, ℓ^1）とペア（C^2, ℓ^2）は、均衡における配分を構成する」(167/135)。

3. 才能のある人のほうが厚生が低くなる

　ローマーがここで強調するのは、才能の高い人2のほうが、才能の低い人1より、効用で測ると暮らし向きが悪くなるということである。なぜだろうか。

　コーンで測ると両者は同額の予算をもっている。だが、それで余暇を買おうとすると、人2は人1よりも多くのコーンを費やさなければならない。s_2

$> s_1$ だから、人2の余暇は人1のそれよりも高価なのである。そのことを、ローマーは下の図1を使って示している。予算線とコーンの保有量を表す縦軸との交点は両者とも同じだが、余暇の保有量を表す横軸との交点は、人2のほうが左にある。これが、人2のほうが余暇が高価であることを表している。

　無差別曲線に目をむけると、人2の予算線は、効用が低いほうの無差別曲線と接している。競争均衡において、人2は人1よりも効用が低いということである。その点では、保険メカニズムと同じであるが（前節参照）、コーンの分け前については、保険メカニズムと異なり、才能の高い人と低い人とで同じになるとは一般的に言うことはできない（後述第6節4参照）。

　さらにローマーは、以上の平等分割メカニズムの説明は、人によって選好が異なる場合にも妥当することを付言している。競争均衡は、個人間比較の不可能な序数効用についても存在するからである。（以上 166-168/134-135）

第6節　資源の純粋交換モデル

1. 生産を含まないモデルへの転換

ローマーは、分析をさらに単純化するために、第4節および第5節で取り

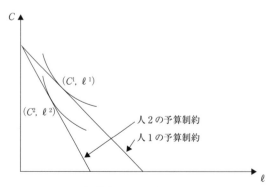

図1　才能の平等分割おける才能と効用の関係
（Roemer, "Equality of Talent," p. 167 より）

上げた生産を含むモデルを、交換だけを問題にするモデルに転換することを試みる。交換だけが問題になるということは、すべての財が移転可能な財であるということを意味する（156/124）。したがって、移転不可能な財を移転可能な財に転換する必要が生じる。ローマーによれば、そのようなモデル変更を行っても、（移転不可能な資源の代表としての）「才能」が異なる場合の資源平等化問題の倫理的性質が変わるわけではない。

これまでの説明からわかるように、才能問題の本質は、才能の高い人が高価な財への嗜好、すなわち、その人しか使用することができない高価な余暇への嗜好をもつということにある。ローマーは、その点を捉える交換モデルを提案する。

さしあたり、登場人物はアンドレアとボブの二人だけとする。消費財は C と G_1 と G_2 の三つだけ、また、社会が保有するそれぞれの総量は、$\bar{C}$ と $\bar{G_1}$ と $\bar{G_2}$ とする。アンドレアは C と G_1 に対してだけ、ボブは C と G_2 に対してだけ嗜好をもつとする。だが、それ以外の点では両者の効用関数は「同一」（＝対称的）とする。彼らの効用関数はそれぞれ、$u(C, G_1)$、$u(C, G_2)$ とする。ただし、$\bar{G_1} > \bar{G_2}$ と仮定する。つまり、G_2 のほうが希少ということである。したがって、ボブは希少財への嗜好を有するということになる。

前述第4節4または第5節2で扱ったモデルの用語でいえば、C は両者とも消費できるコーン、G_1 はアンドレアの余暇、G_2 はボブの余暇に対応している。G_1 と G_2 をそれぞれアンドレアとボブにとってだけでなく、社会的に価値あるものにするためには、経済学者がよくそうするように、選好に関し、アンドレアと同じタイプの人間が100万人、ボブと同じタイプの人間が100万人いることにすればよい。

2. 交換モデルの下での保険メカニズム

こうした純粋交換モデルの下で保険メカニズムによる最適分配はどうなるのだろうか。従前のモデルにおいて「才能を知らない」ということは、純粋交換モデルでは、G_1 と G_2 のいずれの消費を欲するのか知らないということ、つまり、自分がアンドレアの選好タイプであるのか、ボブの選好タイプ（以下、「タイプ」は適宜省略する）であるのか知らないということに転換され

る。こうして、「才能の無知」がいわば「財への選好の部分的無知」に転換された点に注意されたい。

仮定により、G_1 はアンドレアにしか効用をもたらさないから、$\bar{G}_1$ は全部アンドレアのところに行く。同様に、$\bar{G}_2$ は全部ボブのところへ行く。そうしないと、$\bar{G}_1$ と $\bar{G}_2$ が浪費されるだけだからである。ここでの保険の問題は、$\bar{C}$ を原資にして、次の条件をみたす最適な配分 (C_1, C_2) を求めるという問題になる。なお、アンドレアになるかボブになるかは五分五分だとする。

$$\max \frac{1}{2}\left[u(C_1, \bar{G}_1) + u(C_2, \bar{G}_2)\right] \quad (ただし C_1 + C_2 = \bar{C})$$

効用関数 u が C と G_1 または G_2 との間で分離可能であるとすれば、期待効用は、二つのタイプをまたいでコーンの限界効用が等しいときに最大となる。よって、最適配分は、$C_1 = C_2 = \frac{1}{2}\bar{C}$ である。したがって、最適保険において、アンドレアタイプの人とボブタイプの人のコーン保有量は最終的に等しくなる。また、才能のあるボブらの効用は、才能のないアンドレアらの効用よりも低くなる。仮定により $\bar{G}_2 < \bar{G}_1$ であるから、$u(\frac{1}{2}\bar{C}, \bar{G}_2) < u(\frac{1}{2}\bar{C}, \bar{G}_1)$ であるからである。

かくして、前述（第4節2、本書256頁参照）の定理1の③と質的に同じ結論が得られた。生産を含むモデルを純粋交換モデルに転換しても、ローマーの言うとおり、倫理的に重要な性質は失われない、ということである。以後、ローマーは、より単純な純粋交換モデルを使って説明を続ける。

3. 交換モデルの下での平等分割メカニズム

平等分割モデルは、上記三つの財への所有権の等分割から出発する。したがって、アンドレアとボブの資源の初期保有は $(\frac{1}{2}\bar{C}, \frac{1}{2}\bar{G}_1, \frac{1}{2}\bar{G}_2)$ である。G_1 と G_2 の価格、p_1 と p_2 は、コーンの価格1に準拠して測られている。よって、各財の均衡価格 $(1, p_1, p_2)$ が所与であるとすると、前述第5節2におけるのと同様、次の三つの条件をみたす資源配分の問題には解が存在する。

1. (C_1, X_1) をアンドレアの C と G_1 への需要とする。この需要は、次の条件をみたす。

$$\max u(C_1, X_1) \quad (ただし\ C_1 + p_1 X_1 = \frac{1}{2}\bar{C} + \frac{1}{2}p_1\bar{G}_1 + \frac{1}{2}p_2\bar{G}_2)$$

2. (C_2, X_2) をボブの C と G_2 への需要とする。この需要は、次の条件をみたす。

$$\max u(C_2, X_2) \quad (ただし\ C_2 + p_2 X_2 = \frac{1}{2}\bar{C} + \frac{1}{2}p_1\bar{G}_1 + \frac{1}{2}p_2\bar{G}_2)$$

3. 需給均衡条件：$C_1 + C_2 = \bar{C}$, $X_1 = \bar{G}_1$, $X_2 = \bar{G}_2$

さて、以上から何がわかるのか。アンドレアとボブは同一の予算から出発する。両者の効用関数は「同一」（＝対称的）であり、仮定により G_2 は G_1 より希少であるから、競争均衡においては、$p_2 > p_1$ となる。したがって、均衡において、アンドレアはボブより効用が高くなる。前掲の図1に描かれているのとまったく同じ状況である。妙な言い方だが、アンドレアとボブは「同じ嗜好（＝効用関数）」と「同じ予算」をもっているが、アンドレアは安い財 G_1 を好み、ボブは高い財 G_2 を好む。そのため、交換をくり返して均衡に至ると、才能のあるボブの暮らし向きは、効用で測ると、才能のないアンドレアよりも悪くなる、ということである。（以上 168-170/136-138）

4. 才能のある人にとって保険メカニズムは最悪

平等分割メカニズムによるにせよ、保険メカニズムによるにせよ、選好が（したがって「責任」も）同じであるにもかかわらず、才能の高い人のほうが、低い人よりも暮らし向きが悪くなることが判明した。ここでローマーは、ドゥオーキンが才能の平等化に関しては、平等分割メカニズムよりも保険メカニズムを推奨していることを意識して、どちらのメカニズムのほうが、才能の高い人の暮らし向きをより悪くするのか、という嫌味な問題を取り上げる。ドゥオーキンも、才能の平等分割メカニズムが才能の高い人に不利であることを認めていた（前述第1章第4節6参照）から、彼の主張を粉砕するためには、そのような問題を取り上げる必要があったのである。

あらかじめのべれば、ローマーは、ドゥオーキンが労働（＝余暇）のオークションに反対した理由は「もっぱら、才能の高い人の効用が低くなること

にある」(171/139) と解釈した上で[45]、その点では、ドゥオーキンの推奨する保険メカニズムのほうが才能の高い人の状態をもっと悪くする可能性があると結論づける。彼は、その例証のために、これまでと同じく、「同一の」(=対称的な) 選好をもつ、才能の低いアンドレア (人1) と才能の高いボブ (人2) だけが登場するモデルを取り上げ、その効用関数を次のようなものと仮定する。

$$u(C, G_i) = \rho^3(C^\rho + G_i^\rho) \quad -\infty \leq \rho \leq 1$$

ローマーによれば、この効用関数は「凹の単調に増加する効用関数であり、加法的に分離可能である」(171/139)。言いかえれば、C または G_i が増えれば、他方の量に関係なく、効用も単調に増加し、限界効用は逓減する。保険メカニズムの下では、前述本節2におけるのと同様に、保険決済後、アンドレアは $\bar{G}_1$ の全部を、ボブは $\bar{G}_2$ の全部を保有し、両人とも $\frac{1}{2}\bar{C}$ を保有することになる。

他方、平等分割メカニズムの下では、アンドレアとボブに $\bar{G}_1$ と $\bar{G}_2$ の全部がそれぞれ行く点では同じであるが、コーン C の配分がどうなるかははっきりしない。ローマーによると、ρ の値に応じて、ボブは $\frac{1}{2}\bar{C}$ を得る場合と、それよりも多くを得る場合と、それよりも少なくを得る場合がある。当然、アンドレアについても同様である。

ところで、保険メカニズムの場合は、両人ともつねに $\frac{1}{2}\bar{C}$ を得る (前述本節2参照)。よって、保険メカニズムの結果は、いずれの人にとっても、平等分割メカニズムの結果よりもよい場合と、同じ場合と、悪い場合がある、ということになる。ローマーは、これらの場合のうち、才能の高いボブが平等分割メカニズムの下でよりも、保険メカニズムの下で、より悪くなる場合にとくに注目して、ボブが平等分割メカニズムの下で、ドゥオーキンが言うように「才能の奴隷になる」とすれば、保険メカニズムの下ではボブは「ますます奴隷になる」と主張する (172/139)。

証明 (187-188) は省略するが、ローマーは、上記のモデルについて、次のような定理を導いている。

---

45 この解釈は、ドゥオーキンの意図からすれば間違いだと思われるが、ここでは不問にする。

> **定理2**
> ① $\rho<0$ の場合、「才能がある」行為者は、保険よりも「平等分割」競争均衡の下でのほうが厚生で測って暮らし向きが悪くなる。
> ② $\rho=0$ の場合、いずれの制度も同一の結果を生む。
> ③ $0<\rho<1$ の場合、「才能がある」行為者は、平等分割よりも保険の下で暮らし向きが悪くなる。

(以上 170-172/138-140)

ρ が0の場合は、いくら資源があっても効用が0という場合であるから、考慮する必要はないであろう。ρ が負の場合も、効用が負であり、財の増加に伴い、負の数の絶対値が次第に小さくなるという形の凹関数であり、かなり不自然なものであるように思われる。③の場合が普通であろう。通常の効用関数がそのような形をとるとすれば、上記のようなドゥオーキン批判は、正鵠を射ていることになろう。

第7節　資源平等化メカニズムによる才能のない人の悪化

1. 才能の平等化は才能のない人の厚生の改善を含む

これまでは、ドゥオーキンが与する資源の平等主義に基づく二つのメカニズムのいずれも才能のある人に不利であるという話であった。だが、資源の平等主義にとって、より重要なのは、才能のない人、その意味で保有資源の少ない人が資源の平等主義の二つのメカニズムのいずれかによって改善されるかどうかである。

ローマーは、「改善」ということを厚生（＝効用）の増大にみている。彼は、「資源の平等主義」が厚生の平等をめざさないとしても、それが才能の不足する人に援助をしようとする狙いをもつ以上、それはその人の厚生の改善という要素を必ず含むものと解釈している（173/141）のである（ドゥオーキンがそう考えていないことについては、前述第1章および第3章参照）。

以下、ローマーは、平等分割メカニズムと保険メカニズムが、才能のない人をどう扱うかを順に検討する。

2. 平等分割メカニズムの不整合

ローマーはここで、次のようなモデルを設定する。アンドレアとボブがコーンという1財への選好をもっており、おのおのの効用関数がそれぞれ $v(C)$, $w(C)$ であるとする。コーンの社会的保有量は $\bar{C}$ とする。この場合、平等分割メカニズムは、コーンを等分割して、それで終わりである。交換は起こりようがないからである。

そこで、アンドレアはボブよりも、コーンからつねにより多くの快を得るとしよう。つまり、すべての C について、$v(C) > w(C)$ としよう。ところが、アンドレアがボブより高い効用を得る原因が、脳内化学物質エンドルフィン G の保有量の多さにあることがわかったとしよう。両者が「同一の」（＝対称的な）効用関数 $u(C, G)$ をもっていると仮定すると、状況は次のように記述できる（$\bar{G}_1$ と $\bar{G}_2$ は、各人の第2財エンドルフィンの量の水準を表す）。

$$v(C) = u(C, \bar{G}_1) \text{ および } w(C) = u(C, \bar{G}_2), \qquad \bar{G}_1 > \bar{G}_2$$

エンドルフィンの水準は、コーンから効用への変換効率を規定する生まれつきの特性であるから、「才能」とまったく同じようなものである（174/142）。ただし、これまでと反対に、ここではボブのほうが「才能」が低い人とされていることに注意されたい。

平等分割メカニズムを、この新たに発見された「才能」にも及ばせる場合、それは三つの財すなわち、両人とも消費する C と、アンドレアのエンドルフィン G_1 と、ボブのエンドルフィン G_2 をどのように再分配するであろうか。

これは、前節4の後半（本書266頁）で触れた問題とまったく同じ問題である。平等分割メカニズムは、各財への権利の等分割から出発する。仮定により、G_1 はアンドレアにとってしか効果がなく、G_2 はボブにとってしか効果がない。競争均衡はパレート最適であるから、均衡において、G_1 は全部アンドレアに、G_2 は全部ボブに行くはずである。だが、コーンの配分が半々になる、と一般的に言うことはできない。ボブが半分未満のコーンしか保有しないことも大いにありうる。その場合、「資源平等主義の射程がエンドルフィンにまで拡張されず、コーンが両人の間で分割されるだけだったとすれば、ボブの暮らし向きはもっとましであったであろう」（174/142）。

第7節　資源平等化メカニズムによる才能のない人の悪化　269

要するに、ローマーは、才能に劣るボブに補償する目的で、平等分割メカニズムを才能の原因物質にまで拡張すると、かえって補償の目的が阻害されることがあるということを指摘しているのである。注意するべきことに、そのような不整合が生じるために、問題となる財がエンドルフィンのように完璧に個人化されたものである必要はない。先の例でいうと、アンドレアが G_2 への嗜好を、ボブが G_1 への嗜好を多少なりとももっていてもよい。連続性によって、同様の不整合が生じるはずだからである。（以上 174-175/141-142）

3. 保険メカニズムの不整合

保険メカニズムについてはどうなるのだろうか。アンドレアとボブの効用関数がそれぞれ、$v(C)$, $w(C)$ である場合、第3節4でのべたように、保険決済後、両人はコーンの半分ずつを保有することになる。

先と同様、エンドルフィンが発見されたとしよう。コーン、アンドレアのエンドルフィン、ボブのエンドルフィンという三つの財の分配に関して、彼らはどのような保険に加入するのであろうか。両人の効用関数は、先と同じく、それぞれ、$u(C, \bar{G}_1)$ と $u(C, \bar{G}_2)$ とする。この問題も、前述第3節4の最終段落ですでに扱われた。両人の限界効用が等しくなるようなコーン分配のとき、彼らの期待効用は最大化される。

ここで、ローマーはまことに適切にも、両人の効用関数が図2に描かれたような曲線で表される場合を想定して説明を行っている。グラフから明らかなように、限界効用（二つの曲線の接線の傾き）を等しくする分配 (C_1, C_2) は、能力の高いアンドレアに、能力の低いボブよりも多くのコーンを与える。

エンドルフィン（したがって才能）を無視して最適な保険を求めれば、全員が等量のコーンを得たはずである。ところが、保険をエンドルフィンにまで拡張すると、不運なボブのコーン保有量と彼の効用はもっと少なくなってしまう。平等分割メカニズムにおいてそうであったのと同様、同じく不運な人に補償することを目的にしたはずの保険メカニズムによって、不運な人の暮らし向きがいっそう悪くなってしまうとはおかしくないか。ローマーは、この不整合を再び批判しているのである。（以上 175-176/143-144）[46]

270　第4章　ローマーからの批判

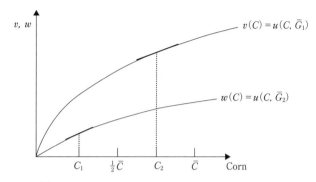

図2　全コーン $\bar{C}$ の分配 (C_1, C_2) は、$v'(C)$ と $w'(C)$ 〔二つの曲線の傾き〕を等しくする

(Roemer, "Equality of Talent," p. 176 より)

第8節　仮想保険の二重構造

1. ローマーによる批判の要点

　以上、ローマー自身の厚生の平等の立場の積極的基礎づけについては、あえて省略したが、彼によるドゥオーキン批判については、いささか詳しすぎるかと思われるほど忠実に紹介した。資源の平等に与するドゥオーキンが提案した平等分割と保険という二つの再分配メカニズムによって、移転可能な財の生産の才能が高い者と効用生産の才能が低い者との厚生がいかに悪化させられるかを、単純な純粋交換モデルの表記法の解釈を少し変えるだけで明快に説明するローマーの論証の見事さを理解していただきたかったからである。きつねにつままれたかのような感覚をもった読者もいるかもしれないが、ローマーの論証に間違いはない。それによって、はたしてドゥオーキンは打ち負かされたのか。
　以下では、二つの資源平等化メカニズムのうち、ドゥオーキンの積極的な

46　Roemer（前掲注3), "Three Egalitarian Views and American Law," pp. 440–445 も参照。

主張にとって、より重要な保険メカニズムに話題を限定したい。それに関して前節の最後にのべたような不整合が生じる原因は、はっきりしている。保険というものが、期待効用最大化の論理に基づいているからである。ローマー自身よく承知していたように (160/128, 175/143-144)、ドゥオーキンが提案した仮想保険は所得の最低保証を狙いとするものであり、それについての彼自身の論述[47]も期待効用最大化の観点からは理解に苦しむものである（前述第1章55-98頁参照）。

2. 仮想保険は期待効用理論に基づいていない

期待効用最大化に基づく保険はどうしても功利主義的なものになる。だから、保険が「資源の平等」にせよ「厚生の平等」にせよ、分配の平等主義からみて許容しがたい帰結を伴うのは、むしろ当然のことであろう。仮想保険も保険の一種であるとすれば、その実行がもたらすまずい帰結に対する批判は、経済学者でなくても、いくらでも可能であろう。その種の批判に対するドゥオーキンの応答を一言でまとめれば、仮想保険構想は期待効用理論に基づくものではない[48]、ということのようである[49]。彼はたとえば、『主権者の徳』第2章で提案した仮想保険構想を具体的に敷衍する目的で書かれた同書第9章「正義・保険・運」の最終節で次のようにのべている。

> 誤解されないために、次のことを最後に強調しておかねばならない。本章で展開した平等な配慮の解釈は、保険アプローチの事前的な諸利点を強調するものではあるけれども、それは資源の平等を、功利主義を含む厚生主義のいかなる形態にも転換するものではない。(*SV*, 349/463)

---

47 *SV*, chaps. 2, 8 and 9 の関連箇所参照。
48 その点については、以下で引用する文章のほか、Ronald Dworkin, "*Sovereign Virtue Revisited*," *Ethics* 113 (2002), pp. 106-143; "Response," *Boston University Law Review* 90 (2010), p. 1081; *Justice for Hedgehogs*, Cambridge, Massachusetts: Harvard University Press, 2011, pp. 358-362 も参照。
49 もちろん、ドゥオーキン自身の奇妙な論述に適合するような効用曲線——たとえば、限界効用が逓減から、途中で一定または逓増に変化するような曲線——を想定すれば、彼の仮想保険を期待効用理論で無理やり説明することができるかもしれない。しかし、そのような試みをしても、ドゥオーキンの真意の理解の役には立たないであろう。

その一方で、たとえば2006年に刊行された『民主主義はここ〔アメリカ合衆国〕で可能か[50]』のなかでは、「期待厚生」や「平均厚生」という言葉を用いて、仮想保険が期待効用理論に基づくかのような説明もなお行っている。

> 一例を挙げれば、そのような〔＝人々がだいたい等しい富をもち、保険事故に遭うリスクも等しい仮想的状況における〕市場において人々が支払う保険料が、各自の将来の所得に依存することは明らかであるように思われる。つまり、稼ぎの多い人ほど、同額の保険金に対して、より多くの保険料を支払うことになる。
> 経済学者は、これを「期待厚生」（expected well-being）という別の用語を使って、それがなぜなのかを説明する。あなたの期待厚生は、あなたの人生がさまざまに異なるコースをたどったとしたらあなたの暮らし向きはどうなるかをまず想像し、次いで、それらの異なる人生の生起する確率を考慮に入れて平均厚生（average welfare）を決定することによって計算される。
> 人々は、自分の期待厚生を考慮して保険を買う。彼らは、悪いことが起こったときにあまりにも暮らし向きが悪くならないことを欲する。しかし、それと同時に、悪いことが起こらなかったときに、保険料を支払っていなかったとしたらそうであったであろう暮らし向きに比べて暮らし向きがあまりにも悪くならないことをも欲する。
> われわれは今、人々が生産的才能に乏しいとき、運悪く失業したとき、あるいは、金のかかる重病や重大事故に遭ったときの厚生（well-being）を守るために保険を買う場合を想像している。そのような保険は高価であろう。だから保険購入者は、保険料の実際の費用（real cost）——保険料支払いが自分の期待厚生に及ぼす影響——をできるだけ低くしようと努めるであろう。……[51]。

最初の二段落までは、稼得能力が高い人ほど厚生が低くなりうることをドゥオーキンが無視している点を除き、おおむね期待効用理論にそった記述のように見える。しかし、第三段落から、ドゥオーキンの仮想保険は、「平均厚生」への言及があるにもかかわらず、それを最大化する保険ではないこと

---

[50] Ronald Dworkin, *Is Democracy Possible Here?: Principles for a New Political Debate*, Princeton: Princeton University Press, 2006, 水谷英夫訳『民主主義は可能か——新しい政治的討議のための原則について』（信山社、2016年）。

が判明する。悪いことが起こったとき、厚生が平均厚生より低くなり、悪いことが起こらなかったとき、厚生が平均厚生より高くなるような、普通に考えれば「非効率な」保険である。

第四段落以下（省略した部分も含む）では、才能保険等の保険料が高いことを説明なしに強調した後で、real cost という新奇な概念を使って、結果的に所得が少ない人ほど同額の保険料が厚生に及ぼす悪影響が大きいので、保険料は所得が低い人ほど安くなり、所得が高い人ほど高くなるという、もって回った説明が展開されている。本章をここまで読み進めた読者ならおわかりのように、そのこと自体は、期待効用理論ですっきりと説明できる。だが、なぜ平均厚生未満の保証しかしない保険を人々が買うかについての説明はない。

3. 保険が「高い」理由

それはひとまず置くとして（後述本節4以下参照）、「保険が高い」ということについては思い当たるふしがある。ドゥオーキンは、「資源の平等」論文その他における保険の説明に際して、「保険はそもそも損な買い物なのだ」ということをしきりに強調していた[52]。なぜ「損」かというと、支払うべき保険料総額と保険金の期待金額とを比べると前者のほうがつねに大きい（それでもなぜ人々は保険を買うのかを説明するためにこそ期待効用理論が使われるのだが、その点は可能な限り軽視して）、おまけに、保険の運営には多くの費用がかかるからである。

それなら、普通の人は保険を買わないという結論になってもよさそうだが、それでもなお、心身障碍や失業、才能欠如に備える保険をたいていの人または平均的な人は[53]、所得が現状よりも平等ならば買うはずだと強弁する

---

51 Ibid., pp. 116-117, 邦訳189-191頁。最初の三段落については、説明の都合上、原文にない改行を施した。なお、私による翻訳は、邦訳に準拠していない。

52 *SV*, 95-97/133-137, and 334-335/446-447. ほとんどすべての経済学者と同じく、私も当初、保険を期待効用理論によって理解していたので、ドゥオーキンを最初に読んだときには、その真意がよくわからず、「経済学的にみて問題のある混乱した叙述」（前述第1章69頁）として切り捨て、詳しく説明しなかった。「経済学的にみて問題がある」こと自体は真実であるが。

のがドゥオーキンお得意の逆転論法である。

4. 全員に平均的な所得があれば、ほとんどの人は保険を買うはず

それは、失明保険が提供されているのに、それを買わなかった人に対して、その人が失明事故に運悪く遭っても他の人々は補償を与える必要はないと主張しつつ[54]、結論的には、累進的所得税を原資とする強制保険制度によって補償を与えるべしとする際の論法と同じである（前述第1章第3節～第5節参照）。

その理屈は、貧富の格差の著しい現状と異なり、「全員に平均的な所得がある」との想定に立つ仮想保険においては、現状では貧乏な人々も非常に高い確率で、平均所得より低いが現状の社会保障水準よりは高い最低保証をしてくれる保険を買ったはずだから、あるいは、買わなかった人が若干いるとしても、それがだれかを知ることができない以上、そのような人も買ったとみなすのが「公正[55]」だから、というものである。

5. 仮想保険は平均未満の所得しか保証しない

たしかに、ここには期待効用の話は出てこない。ドゥオーキンが、期待効用理論が勧めるよりも低い保証額を推奨する根拠は、保証額が高くなると保険料も高くなって「損」が拡大するから、平均人は所得が平均所得にもっと近くなることを保証する保険は買わないだろうという憶測にあるらしい。いずれにせよ、保険決済後、全員に「平均所得」は保証されていない。そうだ

---

53 ドゥオーキンはこれに prudent という形容詞をつけることもあるから（*SV*, 311-318/418-424, and 334/446）、ますます誤解を誘う．それは、経済学者が想定するような「効用最大化人間」ではない。

54 *SV*, 76-77/109-110.

55 *SV*, 345/458, Dworkin（前掲注50), p. 168n. 19, 邦訳189頁注19参照。保険を買わなかった人も買ったとみなすのがなぜ「公正」と言えるのか、依然（前述第1章第5節9参照）私にはわからない。買ったか買わなかったかがわからない場合は、多数事例と同じとみなすのが「公正」ということかもしれないが、それなら「合理的」とでも言うほうがよい。保険購入に優る選好対象をもつ人の選好は無視して、パターナリスティックな介入をするのが「公正」ということなら、まだしも理解できるが、ドゥオーキンはそのような説明はしていない。*SV*, 342/455, cf. *SV*, 319/426; Dworkin（前

とすれば、仮想保険市場の前提になっている「全員に平均的な所得がある」という上記（本書272頁の引用文章冒頭における〔　〕内参照）の想定は、仮想保険が実行されると成立しないことになる。奇妙な感じもするが、矛盾ではないので、さしあたり追及しないことにしよう。

　ただし、仮想保険を参照して構築された所得税を原資とする現実の社会保険制度の下で圧倒的に多くの人々がどのような保険を買うかという、「現実的な」問題設定をしてはいけない。なぜなら、仮想保険の下では、平均所得より低いが現状より高い最低所得が保証されるだけであって、全員に平等な所得が保障されているわけではないからである。それゆえ、前述本節3の最終段落で圏点を付した「所得が現状よりも平等ならば」は、「仮想保険を参照する社会保険が実行されたならば」を決して意味しない、ということに注意されたい。念のため、「正義・保険・運」から再び引用しておこう。

　　現在のアメリカでは、……富はわれわれの間で公正に分配されておらず、継続的失業の事前リスクは人口の特定部分が他の部分よりもはるかに高い。にもかかわらず、われわれは次のような思考実験をすることができるであろう。すなわち、たいていのアメリカ人がもつ嗜好と野心の混合物を代表するような混合物をもつ人々が……、われわれの間で現在平均的であるところの富をもっていたとしたら、かつ、賢く行為するとしたら、彼らはどのような失業保険を買うだろうかを問うのである。……
　　この想像上のケースで、ほとんど全員が特定の一般水準の失業保険を買ったということが真実であるとすれば、現実のわれわれの世界で特定個人がそのような保険を買わないという事実は状況（circumstances）……のせいであると、われわれは自信をもって想定することができる。現実のわれわれの世界と想像上の世界との相違は、まぎれもなく、人々の状況の相違に由来するからである。つまり、富の格差、教育の機会および社会的機会の格差に由来する。そうした格差こそが、われわれの社会の一部——保険数理上の一集団——の保険事故の発生確率を前もって高めるのである。したがって、資源の平等の一般目標——分配は選択には応じるべきだが、状況には応じるべきでない——は、保険が平等な条件で入手できるならば人々が享受したはずと

掲注48)、*Justice for Hedgehogs*, pp. 361-362参照。いずれにせよ、保険を買っていない人を買ったとみなす場合には、特定個人の「選好の責任」という要素が消えていることだけは確かである。

われわれが想定する状況に彼らを置く福祉計画によって達成される。(*SV*, 333-334/444-445)

　この文章は、現実の世界で一部の人々が失業保険を買わない大きな原因の一つが貧富の格差にあることを指摘し、仮想保険はその解消をめざすものであるかのような印象を与える。しかし、仮想保険は貧富の格差の軽減をめざすだけで、解消を目標とはしない[56]。したがって、上記引用文章の最後の一文にある「平等な条件」が所得の（だいたいの）平等まで含むとすれば、その条件は仮想保険によっては永遠に達成されないし、（状況に起因する所得格差を否認すると同時に、選択に応じる所得格差を要求するドゥオーキンの考えによれば）達成されるべきでもない、ということである。

　福祉プログラムの変更によって変わるはずの各種の変数をあえて不変と仮定した上で、達成されるべきでない（ほぼ）所得平等な状態の仮想から、達成されるべき所得不平等な状態を導くという、ドゥオーキンらしい、なかなか凝った理屈である。言いたいことは、（最低保証額を平均所得まで行かないよう注意しながら、現状より上げることを通じて）所得格差を小さくしよう――しかも、その値はよくわからない――という結論だけなのに、仮想保険という正当化機能はなく、せいぜい計算機能しかない[57]装置を絡めて何になるのか、私には依然わからない。

　なお、ドゥオーキンが現在の貧乏人が保険を買わない理由としているのは、「保険が高い」ということであるから、保険を買うようにするためには、彼らの所得を上げて保険を買いやすくする必要がある。ドゥオーキンは、現在のアメリカの国民総所得を前提として、所得が平均化されれば、低所得層の所得が当然に上昇すると仮定しており、ドゥオーキンの推奨する保険政策の実行によって、国民総所得が急激に減少し、平均所得が従前より低くなるような事態は想定していない。貧富の格差の解消と貧困層の所得上昇とは無条件に直結するものではない点に注意されたい。

56　*SV*, 341/454.
57　前掲注31の第二段落参照。

6. 特定個人ベースと平均人ベース

　ここで、前述した本節4に立ち返っていただきたい。もう一度読んでいただくと、仮想保険の構想が、特定個人ベースのものと、集団ベースないし平均人ベース——ドゥオーキンはしばしば「統計的」（実際の統計データがあるわけではないが）と形容する[58]——のものとの二重構造になっていることがわかるであろう。この二重構造こそ、ドゥオーキンの仮想保険の構想を支持しない者が、仮想保険を理解するための鍵である。本書の第1章（とくに第4節7以下）を注意深く読んでいただいた方は、その点がなかなかわからず、私が苦しんだことを了解されるであろう。

　当該個人の選好や野心の観点からみて保険に入らなかったと思われる人にも補償を行う統計的な仮想保険構想のほうが、現実の制度化提案との関係では圧倒的に重要である。特定個人ベースの仮想保険の購入においては、選好ないしは選択の責任を問いうるとしても、現実の制度構想に直結する統計的な仮想保険においては、個人の責任はそもそも問うことはできない。この段階では、ドゥオーキンが個人の選択の責任という要素を分配の正義論に導入したというローマーの評価はむなしいものとなるように思われる[59]。

7. ローマーの誤解

　ローマーは、こうした仮想保険構想の二重構造に気づいていなかったと思われる[60]。大金がかかるエベレスト登山が人生において何よりも大事と考えている人の選好をドゥオーキンの保険システムは考慮することができない、という批判をローマーが別の論文[61]においてしていることがその一つの証拠である。

　ローマーの保険においても、ドゥオーキンの保険においても（おそらく）、

58　*SV*, 345/458; Dworkin（前掲注48），"*Sovereign Virtue Revisited*," p. 111; Dworkin（前掲注48），*Justice for Hedgehogs*, p. 362.
59　この点についてのいっそう立ち入った検討は、別の機会に譲りたい。
60　もちろん、ローマーの狙いは、ドゥオーキンを批判することにではなく、ドゥオーキンをいわば「だし」にして、みずからの「厚生の平等」の構想を前面に押し出すということにあるから、それはそれでかまわない。私と違い、ローマーは、ドゥオーキンの真意などに関心はない。

保険に加入したら、たまたま高所得に当たったとき、高額の保険料を取られるから、エベレストに登る資金がなくなってしまう。低所得に当たったときも、せいぜい平均所得しか保証してくれないから、エベレストに登る資金に足りない。それゆえ、そのような選好をもつ人は、そもそも保険を買わない[62]。このような指摘は、特定個人の選好に焦点を合わせたものとしては正しいが、その場合、ドゥオーキンは統計的ヴァージョンをもち出して、そのような例外的な選好は無視するべきだと反論するであろう。

　もう一つの証拠は、所得と（効用生産）能力とを変数とする特定の効用関数を取り上げ、それを前提とする保険が、初期所得平等の下で、能力の低い者から能力の高い者への所得移転を帰結することを論証――前節3におけるのと本質的に同種の論証――した上で[63]、「選好がそのようなものだったとしたら、私は保険メカニズムを使用しなかったであろう」という言質をドゥオーキンから引き出したことを勝ち誇っているローマーの態度である[64]。これも前と同様、統計的ヴァージョンによって反論されるはずである。

　少なくとも仮想保険の制度化においては、特定個人ベースの「選好の責任」ということは問題とならないのである。所得とリスクが平等なら、圧倒的に多くの人が、ドゥオーキンの主張にとって都合のよい仮定の下で、ドゥオーキンにとって都合のよい保険を買うだろうという根拠薄弱な――実験や統計によって証拠づけることは不可能という意味――推測があるだけである。ドゥオーキンも「仮想的質問に唯一の正しい答えはない」（*SV*, 333/445）ことを認めているが、仮想的質問のデータを収集する経験科学的方法はない、と言うほうが正確であろう。それゆえ、仮想的問いへの答えは、事実問題ではなく、規範的問題、あるいはせいぜい提案なのである。ドゥオーキン

61　Roemer（前掲注3), "Three Egalitarian Views and American Law," p. 442.
62　Ibid. ローマーは「条件つき請求権」（contingent claim）としての保険という経済学的概念を用いて、もっと正確に説明しているが、本章で紹介したローマーによる保険の説明に合わせて読み換えた。
63　Ibid., pp. 442-448.
64　Ibid., p. 448n. 10. ただし、ローマーの提示する保険モデルのすべてが、可能なかぎり単純なモデル設定によって、ドゥオーキンの要求する所得およびリスクの平等という条件をみたしている点は見事である。

のやっていることが、アメリカ市民への提案ないし説得であることは最初から明らかではあるが（誤解を与えないため付言しておくが、そのようなことをするべきでないと言う意図は毛頭ない）。

ところで、ドゥオーキンは、仮想保険の内容の特定をめぐって、仮定法を用いて「ほぼ全員が平均的な保険を買ったとしたら」という言い方をしばしばする。だが、リスクと所得の平等の仮定の下でも、ローマーが指摘しているとおり（前述第3節4、および第4節3の最終段落参照）、選好が同一の（または、せいぜい近似する）人々が同一の保険集団を構成すると考えるのが正しいと思われる。そうだとすれば、ほぼ全員が同一の平均的保険を買うという想定は、ほぼ全員の選好が（ほぼ同一の平均的保険を買いたいという選好を含め）ほとんど等しいとの仮定に基づくか、ローマーが言うところのドゥオーキン的な「薄い無知のヴェール」をドゥオーキン自身が放棄して、ロールズ的な「厚い無知のヴェール」に移行したことを前提しているか、いずれかであろう。

後者の場合、各人は自分の選好——たとえばエベレストに登りたいか否か——を知らないということになり、どのような保険を自分が買いたいかもわからない、ということになる。だから、各人は、自分の選好を根拠に、仮想状況では自分はこれこれの保険を買うはずだという主張をすることはできなくなる。各人の選好が仮想保険の購入につき特権的地位をもたない場合、ドゥオーキンなど他人があなたはこれこれの保険を買うはずだという主張は、本人の同様の主張と同等の地位にたつ——いずれの主張も無根拠という点で同じ——から、ドゥオーキンにとって都合がよいであろう。各人が自分の選好を知らないとされる「厚い無知のヴェール」の下でも、仮想市場において、平均的な保険を買うという「根本的な[65]選好」を全員がもっていると仮定すれば、一応の筋は通るが、それは仮想保険への言及が何の意味もないことの自白となる。ともかく、ローマーがドゥオーキンについて注目した「選好の責任」という観念は、ここに崩壊した。

---

[65] ロールズの原初状態の代表者たちが考慮するべき、「市民の根本的利益」(fundamental interests of the citizens) という用語をまねた。John Rawls, *Justice as Fairness: A Restatement*, edited by Erin Kelly, Cambridge, Massachusetts: Harvard

280　第4章　ローマーからの批判

第9節　仮想保険への疑問

1. 厚生の生産能力がたまたま低い人は「犠牲になる」

　くり返しになるが、心身障碍者など、人並の生活を送るために「金がかかる」人々——それをローマーが言うように、厚生の生産能力が低い人々とみてよいとすればだが——に補償を与えるための保険が、かえって彼らを不利な状況に陥らせることがある、ということはローマーの言うとおり（前述第7節3参照）であろう。

　どうしてドゥオーキンは、そう考えなかったのだろうか。これまでくり返し指摘してきたように、彼の仮想「保険」は、期待効用理論に基づく保険ではないからである。しかも、彼の才能「保険」は、保険料が安い代わりに、才能がないときにもらえる保険金もあまり高くない。したがって、結果的に低い才能（ここではとくに厚生の生産能力）に当たった人がいわば「犠牲になる」。そのような言い方をすると、自分と別な人のために犠牲になるかのように聞こえるが、どのような才能に当たるかは、「薄い無知のヴェール」の下では「全員共通」——ドゥオーキンの好む「リスクの平等」という言葉を受けて、「全員平等」と言ったほうがよいかもしれない——の確率分布の問題であるから、犠牲になるかどうかも自分が当たる確率の問題であって、自分と別な人のために犠牲になるわけではない。

　　University Press, 2001, p. 106, 田中成明・亀本洋・平井亮輔訳『公正として正義 再説』（岩波書店、2004年）188頁参照。また、ibid., p. 107, 邦訳189頁および192頁には、「〔原初状態の代表者が行う正義原理の選択をある種の効用関数で表現できるとして〕この構成された効用関数は、そのような〔＝前述第3章第4節1（本書181頁）で紹介した、二つの道徳的能力をもつ〕人格として構想された市民のニーズや要求——根本的な利益——に基づいているのであって、人々が実際にもっている選好や利益に基づいているのではない。」とある。

　　もっとも、このような類比は、ドゥオーキンが無知のヴェールを用いた原初状態の構想による正義原理の正当化を是認していないこと（前述第1章第3節7の後から二段落目、本書35頁参照）および、仮想保険には（あるとしても計算機能しかなく）正当化の機能がないこと（前述第1章第5節10、本書88頁以下も参照）を考えれば、問題がないわけではない。

ドゥオーキンの仮想保険の狙いの一つは、厚生の生産能力の低い障碍者には相応の補償を提供するが、同じように厚生の生産能力の低い「金のかかる嗜好」（たとえばビールよりもシャンパンを好む嗜好）をもつ者にはそのような補償を提供しないというものである。両者の扱いの違いを「資源の平等」論から説明するために、「平均厚生」（前節2、本書272頁参照）などという期待効用理論的保険を彷彿させる言葉を使うのは一切やめたほうがよい。端的に、障碍者には相応の補償を提供するが、シャンパンなどの高級品の愛好者には補償を提供しないとあらかじめ宣言すればそれでよい。そのようなやり方を「保険」と呼ぶかどうかは、単なる言葉の問題である。

2. 事前の平等の限界

仮想保険のもう一つの狙いは、才能不足のゆえに低賃金に甘んじる者や運悪く失業した者への補償である。これについても、第一の狙いについてのべたのと同様のことが言える。仮想保険と無関係に、相応の補償をすることをあらかじめ決めておけばそれで十分である。仮想保険に、数値決定の能力がないことについてはくり返さない。

ドゥオーキンは、「事前の平等」と「事後の平等」を対照して[66]、後者の考え方によると、最大限の補償を要求するかのように語るが[67]、あらかじめどこまで保証するかを常識的に決めておけばよいだけの話である。最もうまく行った場合の水準まで補償する必要はない。それが政治問題化するという指摘は正しいが、想定外の事故が起こった場合や、大地震など、想定できたがだれも真剣に対策を考えなかった場合などでは、そもそも「事前の平等」は意味をなさない（本書31-32頁参照）。

3. 余暇が高価な人が労働する場合としない場合の扱いの非対称性

ここで「金のかかる嗜好」について補足しておこう。前述第4節4および第5節3でのべたように、才能の高い人は自分の余暇に対して「金のかかる」――これは、文字どおり市場価格が高いという意味であり、厚生への変

---

66 *SV*, 346/459; Dworkin（前掲注48）, *Justice for Hedgehogs*, pp. 358-360.
67 *SV*, 341-342/454.

換効率が悪いという意味ではない——嗜好をもつことになる。保険メカニズムを使うとそのような人も不利に扱われることになるが、ドゥオーキンの仮想保険ではそのような扱いがなされていない。

彼の叙述（前述第1章第5節6、本書78頁以下参照）からすると、高価な余暇という資源をもつ者は、それを労働に転化して高額所得を稼いだときは、相対的に高い所得の保持を許されるにしても、高額の所得税を取られるのに対して、余暇を余暇として消費したときは、消費税を少しも課せられない、ということのようである。労働には責任がある（からそれに応じた所得は許容される）が、余暇を労働のために使わないことには責任がない、という余暇の使用に関する非対称的な考え方をドゥオーキンはとっているのであろうか。

映画スターになる才能をもたないクロードがもらす不平が本当に「強力な不平だ」（前述第1章95頁）とドゥオーキンが信じているのなら、「平等を根拠に」（同96頁）、高価な余暇の保持者に、どうして余暇消費税（＝能力税）[68]を課すべきだ、という結論にならないのだろうか。（もっとも、高額所得者の所得税率がわからなければ、余暇消費税のような話をしてもあまり意味はないが。同じ人から同額の税金をとるのであれば、その名目は何でもあまり違いはないからである。）

以上でのべたような点も、ドゥオーキンがどのような意味で「保険」を捉えているのか、理解を困難にする。いずれにせよ、ローマーの理解する保険メカニズムによる再分配と比べて、ドゥオーキンの仮想保険参照社会保険においては、才能に恵まれた者が相当優遇されていることは確かである。例証のため、前節5で引用した文章（本書276頁）に続く部分を引用しておこう。

> このようにして成立した福祉給付制度は、……個人的選択が働く余地、性格が影響を与える余地、そして、ギャンブルの魅力と効用が働く余地を残すであろう。その制度は、……人格や人生から違いを一掃することはない。イニシアティブをくじいたり、社会を平準化したり、自由のまともな観念を弱めたりすることもない。それはただ、公正さの否定しがたい信条と思われるもの

---

68 『ロールズとデザート』194頁参照。

に固執するだけである。すなわち、社会は、人々が現にもつ選択肢に、状況が今よりももっと平等に近かったとしたら人々が手にするであろう選択肢を加えるとき、人々を平等者として扱うことに近づくという信条である。(*SV*, 334/445)

　加えられる選択肢が、仮想保険に基づく失業保険その他の社会保険による貧困者向けのものであるとすれば、最低保証額が平均所得より相当低いことを勘案すると、加えられる選択肢は大したものではない。実際、ドゥオーキンがその直後の段落で[69]、最低保証額を可能な限り引き上げようとする「マキシミン低所得政策」(＝格差原理政策) を批判していることから、それがわかる。

　しかし、所得保証額が比較的低いということは、保険料もその分安くなるから、納税者の手元に多くの可処分所得が残るということでもある。その結果、失業していない人々の選択肢が大いに広がる、という解釈もありうる。くり返しになるが、高額所得者の所得税率が不明なので決定的なことは何も言えないが、少なくともロールズに比べれば、ドゥオーキンは高額所得者の選択の余地を多く残そうとしているように思われる[70]。もちろん、アメリカの現在の金持ちが有する選択肢に比べれば、その選択肢は大いに減ると思われるが。

　高所得を稼ぐために市場で投資やギャンブルをして、運よく勝った人には相応の高所得を許し、また、運悪く負けた人には相応の低所得を許す、ということであろう。それは、ギャンブルへのインセンティブ付与によって、国民総所得を増やして分配の原資を増やすためではなく、各人の野心ないしは選択に応じるためである。仮想保険の局面と異なり、この局面では、ドゥオ

69　*SV*, 334–335/446.
70　ドゥオーキンの政策提案は、理屈づけは異なるが、私が『ロールズとデザート』141–149 頁で紹介したスターバの提案する必要原理と実質的に近いように思われる。James Sterba, "Justice as Desert," *Social Theory and Practice* 3 (1974): 101–116, reprinted in Chandran Kukathas (ed.), *John Rawls. Critical Assessments of Leading Political Philosophers*, vol. 2, *Principles of Justice* 1, London: Routledge, 2003, pp. 280–291 参照。

ーキンは、特定個人ベースの「選好の責任」の要素を強く肯定しているとは言える。

4. 平等な市場

オークションの場面でも、仮想保険においても、ドゥオーキンはくり返し「平等な市場」ということを強調した（前述第1章参照）。その「平等」は、資源ないし所得の初期分配の等しさを含意する。しかし、すでに何度ものべたように、仮想保険によって資源の等しさは達成されない[71]。よって、「平等な市場」は永遠に達成されない。ドゥオーキンは、現実の社会保険制度によってそれをめざすことさえしていない。これが「妥協」（本書88-89頁参照）の意味だったのである。

---

71 ドゥオーキンは、「仮想保険戦略の効果は、自然の悪運（brute bad luck）の結果を一掃することにではなく、……それを緩和することだけにある。」（SV, 341/454）とか、「〔資源の平等という〕平等の見方は、市民の非個人的な資源〔＝移転可能な資源（前掲注22参照）〕を時を経て平等化することはないであろう。ある人々は、高収入の職を選択したり、寸暇を惜しんで働くことを選択したり、あるいは、投資ギャンブルに成功したりして、他の人々よりも多くの所得を稼ぐであろう。……こうして、時が経つにつれて、ある市民たちは他の市民たちよりも金持ちになるであろう。」（SV, 346/459-460）とのべている。

第5章　ドゥオーキン対シェフラー論争

ドゥオーキンは、第2章第2節および第3節（本書116頁以下）で紹介したシェフラーの論文「平等主義とは何か[1]」に対して、政治哲学の専門誌[2]において、とくに自分に言及する部分について反論している。これに応えて、シェフラーも、同誌上[3]で再反論を行っている。この分野の論争のご多分にもれず、必ずしも生産的な論争ではない。にもかかわらず、両者の論争を取り上げることは、資源の平等に関するドゥオーキン自身の考え方をいっそう明確にするためには、多少なりとも役立つと思われる。

このような理由もあって、以下、適宜コメントをはさみつつ、上記論争の要点を紹介しておきたい。主要な争点を、節に分けて取り上げた。

第1節　ドゥオーキンは運平等主義者か

1. ドゥオーキンは運平等主義者ではないと言う

ドゥオーキンの第一の反論の要点は、シェフラーは自分を運平等主義者といっしょにしているようだが、自分は、ほかならぬシェフラー自身の定義に

---

[1] Samuel Scheffler, "What Is Egalitarianism?" *Philosophy & Public Affairs* 31 (2003): 5-39, reprinted in his *Equality & Tradition: Questions of Value in Moral and Political Theory*, New York: Oxford University Press, 2010, pp. 175-207. 以下、この著書を *ET* と略記して、参照頁を適宜括弧内に付記する（原論文の参照頁は、原則として省略する）。句点の後に括弧を付したときは、直前の文だけでなく、その前の部分をも含む参照頁であることを示す。この種の括弧の使い方については、以下同様とする。

[2] Ronald Dworkin, "Equality, Luck and Hierarchy," *Philosophy & Public Affairs* 31 (2003): 190-198. 以下、この論文をELHと略記して、参照頁を適宜括弧内に付記する。

[3] Samuel Scheffler, "Equality as the Virtue of Sovereigns: A Reply to Ronald Dworkin," *Philosophy & Public Affairs* 31 (2003): 199-206. 以下、この論文をEVSと略記して、参照頁を適宜括弧内に付記する。

従えば、運平等主義者ではない、というものである。シェフラーによると運平等主義の中心的な考え方——以下「コア・アイデア」という——（本書116頁参照）に、「人々の状況の選択せざる特徴に由来する不平等は正義に反する」(*ET*, 176) ということが含まれる。だが、ドゥオーキンに言わせれば、自分はそのようなコア・アイデアを『主権者の徳』（以下、原則的に *SV* と略記する）のなかで擁護したことはない。

ドゥオーキンは言う。自分は、「資源の平等の一般的野心は、……ある適切な羨望テストのヴァージョンのもとで、状況を平等にすることである」と *SV* でのべ[4]、その後で、「多くの紙数を費やして、そのテストの適切なヴァージョンは、シェフラーのいうコア・アイデアが示唆するように、いかなる悪運でも、それが起こった後で、それを完全に補償することを要求するものではなく、それが可能であるかぎり、悪運が起こる前にそれに保険をかける、またはそれに備える、平等な機会の点で人々を平等にすることを要求し、それが可能でない[5]場合、人々がそのような〔平等な〕機会をもっていたとしたらかけたであろう保険の補償が彼らに与えられることを要求する、ということを主張した」(ELH, 191) と。

これは、シェフラーがあまり注目していない「事前の平等」と、「事後の平等」との対比[6]をもち出して、シェフラーのコア・アイデアは、今のべた意味での「事後の平等」を含意する、という主張である。

---

4 ドゥオーキンは、ELH, 191n. 5 で、そうのべた箇所を *SV*, 140 と注記しているものの、そこにまったく同じ表現は見出せない。だが、*SV*, 141 の3行目から始まる文に同一の表現が見出せる。

5 「それが可能である」とか「それが可能でない」における、「それ」が何をさすのかはわかりにくい。素直に読めば、「保険をかける機会を平等にすること」をさすということになろう。保険をかける機会の平等化のための必要条件は、所得のほぼ完全な平等ということである。「それが可能であるかぎり」に続く文章には、万一そのような事態が達成されたならば、各自が保険に加入するか否かは各自の任意という含みもあるように思われる。しかし、所得税を利用する仮想保険参照保険は強制加入である。それゆえ、ドゥオーキンが実際に論じているのは「それが可能でない場合」だけである。「資源の平等」論文（前述第1章参照）には、「それが可能である場合」についての叙述はない。

6 前述第4章第9節2の本文ならびに注66および注67参照。

第1節　ドゥオーキンは運平等主義者か　287

　ここで注意するべきことは、「事前の平等」と「事後の平等」には三重の意味が含まれている、ということである。「事前の平等」には、第一に、自分に悪運が降りかかる確率は全員等しいと仮定して、事故が起こる前に保険料と保険金を決めておくという意味、第二に、保険加入時の所得をできるだけ平等にするという意味、第三に、保険料および保険金は、完全な満足を得られるほど高くないという意味が含まれている。これに対応して「事後の平等」には、第一に、平等化のためにどれほどの補償をするべきかを事故前に決めておかないという意味、第二に、事故が起こった後で、平等化のためにどれほど補償をするべきかを考えるという意味、第三に、事故に対する補償が完全な満足を得られるほど多いという意味がある。「事前」と「事後」という言葉は、上の第一ないし第二の意味を強く示唆する。にもかかわらず、コア・アイデアとの関係でとくに問題になるのは第三の意味である。

　ドゥオーキンはさらに、自分と運平等主義者をごっちゃにするのが誤りであることの根拠を、シェフラーが「平等主義とは何か」でのべたいくつかの片言隻句に求めている。その第一の例は、次のようなものである。「運平等主義は、人の生まれつきの才能、創造性、知能、技術革新の能力、企業家的能力が正統な不平等の根拠になりうることを否定する」(*ET,* 176) とシェフラーは言うが、「私は、そのような不平等は、再分配的課税スキームがそのような諸技能を欠く人々に、公正な[7]条件で保険が入手可能であったとしたら、彼らのほとんどがかけたであろう保険の保険金額に相当する補償を与えることによって、そのような不平等を緩和する適切なものであるかぎり、完全に正統であると主張した」(ELH, 191)。

　これは、自分は運平等主義者と異なり、ドゥオーキンのいう「状況」に属するように思われる技能の高さに由来する高所得も、彼の推奨する再分配システムが実施されているかぎり認めるという主張である。他方でドゥオーキンは、「選択」に由来する所得は課税対象からはずすという (*ET,* 176, 本書117頁参照) 運平等主義の立場と異なり、自分は、そのような免除を伴わない、トータルの所得にかかる累進所得課税を擁護したと主張する (ELH, 191

---

[7] すでにその実例が何度も出てきたように、この文脈では、「公正な」(fair) の代わりに「平等な」(equal) を使用することも多い。

-192)。これは、ドゥオーキンの支持する「資源の平等」は、所得の原因が「状況」に由来するか、「選択」に由来するかを問わないという主張であるように見える。

第二の例は、次のようなものである。シェフラーによると、運平等主義者は、緊急の必要が自己利益をめざしたよく考えた上での選択の結果である場合、援助への権利を自動的に失うと考えている（ET, 188, 本書119頁参照）とされるが、ドゥオーキンに言わせれば、「平等な配慮は、すべての人に仮想保険体制の便益——シェフラーが念頭におく「緊急の必要」をみたす便益——が与えられることを要求する」（ELH, 192）から、自分は運平等主義者ではない。

「緊急の必要」については、仮想保険体制と結びつけて論じるよりも、人道上の問題として扱うほうがよいように思われるが、どうであろうか（これはシェフラーの主張についても向けられる疑問）。運平等主義者を自任する者も、拳銃をもった犯人が警官から撃たれたが助かる可能性がある場合、放置するべきだとは主張しないように思われる。それは、そもそも正義とは関係がない[8]。

第三の例は、シェフラーが運平等主義の欠陥として指摘したモラリズムに関するものである。ドゥオーキンは、それに反論する。運平等主義は「仲間の市民の最も深い側面を探索し、その人が自分の不運に対して負う責任の程度についてきわめてモラリスティックな判断を行うことを奨励する」（ET, 191, 本書120頁参照）とされるが、自分の推奨する保険スキームは、他の保険スキームと同様、うそをつかないこと以上の道徳的要求をするものではないから、自分は運平等主義者ではない（ELH, 192）、と。

2. ドゥオーキンはそれでも運平等主義者である

以上のようなドゥオーキンの反論に対して、シェフラーは、ドゥオーキンが仮想保険スキームを援用することによって、運平等主義のコア・アイデアを修正したと認めるものの、ドゥオーキンが、自分はコア・アイデアを受け

---

8 ただし、人道と正義との線引きはむずかしい。『ロールズとデザート』74頁も参照。

容れていないし、運平等主義者では全然ないと言うのはミスリーディングであると再反論している。その根拠をシェフラーは、ドゥオーキン自身が SV で展開した理論の一般的狙いを、シェフラーがコア・アイデアを記述する際に用いた言葉とほとんど同じ言葉で語っていることに求めている。すなわち、その理論は「人々の非個人的な資源〔後述第2節3の引用文章最後の文参照〕が選択に応じるが、状況には応じないようにすることを狙っている」(SV, 323/433) とか、「資源の平等の一般的目標」は「分配は選択に応じるべきだが、状況には応じるべきでないということ」である (SV, 334/445)、という趣旨のことをドゥオーキンはくり返しのべている (EVS, 200)。

ここで短評すれば、仮想保険スキームを含むドゥオーキンの資源の平等論全体を、コア・アイデアを単に「解釈」ないしは「洗練」(EVS, 200) したものとシェフラーが見ているところから、彼が、運にかかわる状況と選択との区別の教説と、仮想保険構想の間に決定的な断絶があることを理解していないことがよくわかる。選択と状況は、個人ベースで判定されるものであるのに対して、仮想保険スキームは、前章でみたように基本的に集団ベース——ありていにいえば、個々人に降りかかる多少の運・不運は気にしない——のものであるから、選択と状況の区別と直接につながらないのである。

シェフラーも、多くの運平等主義者と同様、まともな研究者には理解不能な仮想保険構想を真剣に読んでいないのである（当然ながら、それを非難するつもりはない）。ともかく、この点だけからでも、論争が永久にかみ合わないことが予想される。

第2節　選択と状況の区別

1. 選択と状況の区別を堅持するとドゥオーキンは言う

ドゥオーキンは、運平等主義のコア・アイデアは否定するものの、それに含まれる選択と状況の区別が「正義にとって中心的な重要性をもつ」(ELH, 192) ことは断固肯定する。これは、ドゥオーキンは、コア・アイデアにあるような、選択と状況の区別に完全に応じる課税免除や補償は求めないが、いわば「不完全な」それは求めるということを含意しそうである。そうだと

すれば、争点は運平等主義の程度問題だった、ということになる。したがって、前節で紹介したドゥオーキンとシェフラーの言い分は、どちらもそれなりに正しい、ということになりそうである。その確認もかねて、ドゥオーキンの主張を聞いてみよう。

　　私の考えでは、人々は、障碍を負っていたり、市場で売れる才能に欠如していたりするときには、何らかのかたちの補償を受ける権利をもっている。だが、彼らの嗜好や野心が、それをみたすのに金がかかるものである場合は、そのような権利をもっていない。〔わかりやすさのため、ここで原文にない改行を施した。〕
　　この区別は正当化されると私は主張する。なぜなら、人々は自分の金がかかる野心をみたすかどうかを選択することができるからである。人々は、障碍をもつことを選択することができないのと同様、高価な野心をもつことを選択することもできない、と異論を呈する論者もいる。私はそれに同意する。しかし、私は、（多くの理論家の意見には反するが、常識に従って——と思うが）問うべき問題は、人が何らかの属性をもつことを選択したか否かではなく、その属性をもっていることが、そのような属性がなければ、そこから自由に選択することができるところの職業と所得の組合わせから選択することを不可能にするか否かである、と応える。
　　深刻な障碍を負っている者や市場価値のある才能を多くもっていない者は、そのために、他の人々には選択可能な多くの職業を選択することができない。生まれつき目が見えない人は、美術史家になることはできない。それは彼のなした選択の結果ではない。しかし、レジャー三昧の生活を切望する人……は、にもかかわらず、他のさまざまな仕事とそれがもたらす報酬から選択することができる。……ほとんどの怠け者は、怠け者になることを選択したわけではない。しかし、彼らは、みずからの怠け癖を克服することができる。そのために「厚生」を犠牲にして過分の努力を払わなければならないことがあるとしても。
　　選択と状況の区別は日常生活において……周知のものである。だが、……いくつかの野心は実際に脅迫観念であり、いくつかの不幸な性格特性は、実際に心の病である。私は、それらのケースには特別な考慮が払われなければならないことを認める。いくつかのケースで先の区別がむずかしいことも認める。だが、仮想保険装置は、これらのケースのいくつかにおいて線引きをすることを不必要にするかもしれない、と私は付言した。(ELH, 192-193)

この文章自体は全体として、常識にかなった主張であるように思われる。研究者が注目するべきは、最後の一文だけである。それは、仮想保険が選択と状況の区別を結局のところ無視する、という自白である[9]。

2. シェフラーは文脈を誤解したとドゥオーキンは言う

ドゥオーキンは、シェフラーが選択と状況の区別の困難さを指摘する際、上に引用したようなドゥオーキンの本丸の主張を取り上げるのではなく、それとは別の文脈でのべた「独立のコメント」(ELH, 193) に注目して、批判を展開したことに大いなる不満をもらしている。

第一に、シェフラーは、人の性格特性（シェフラーからみれば、選択に分類される）は「その人の野心の追求に影響を与える」(SV, 322/432) という文言をとらえて、人の才能やその欠如（シェフラーからみれば、状況に分類される）も「野心の追求に影響を与える」点で同様だと批判している (ET, 189)。これに対して、ドゥオーキンは、その文言は、性格と野心の関係について論じる文脈で使われているのだ、と反論する。したがって、ドゥオーキンに言わせれば、選択と状況の区別という文脈で、性格と才能の欠如を区別する意図はなかった（両者が人の成功に影響を与えるのは当然である）、ということになる (ELH, 193-194)。

第二に、シェフラーは、人々は、通常みずからの野心を「自分と同一化」しており、「自分のパーソナリティに対して結果責任を負っている」(SV, 290/390-391) というドゥオーキンの文言に注目した上で、「多くの人々はまた、自分の例外的に大きな才能に対しても、それが生み出すすべての所得を自分が保有するに値すると考えるがゆえに、結果責任を負っている」(ELH, 194)[10] と主張している。ドゥオーキンは、そう理解した上で、それに対し

---

9 上記引用文章最後の文における「線引き」に役立つものとして、ドゥオーキンは当初、自然運（状況に属するので、悪運に遭遇したとき補償される）と、選択運（選択に属するので、悪運に遭遇したとき補償されない）との区別を用意したと思われるが（前述第1章第3節参照）、現実所得に基づいて再分配を行う仮想保険参照強制保険にいたって、その区別は無意味化した、ということである。

10 ドゥオーキンが ELH, 194n. 19 で参照箇所として挙げた "What Is Egalitarianism?"（前掲注1), p. 20 には、似たような文章はあるが、まったく同じ文章はない。正確に

て、自分がそこで言いたかったのは、普通の人々は、自分が行為した動機を自分が選択したわけではないからといって、自分の道徳的責任が免除されるとは考えていない、そして、そのことは、自分の才能を発揮する際に自分がする選択にも当てはまる、ということだけだと反論している。

　ドゥオーキンは、だめ押しとして、次のように付言している。人々が自分の例外的な才能を自分と同一化しているというのは、シェフラーの言うとおりだが、それは、彼らがそうした才能を、保持し続けることを欲するアドヴァンテージ、また、自分の人生にとって何が重要で中心的かを定義するのに役立つアドヴァンテージとみなしているという意味でそうであるにすぎない。しかし、人々が自分の障碍や才能欠如を自己同一化しているとはいえない。これこそが争点なのである（ELH, 194）、と。

3．自分のほうが文脈の正しい理解だとシェフラーは言う

　シェフラーは、選択と状況の区別とは直接関係のない片言隻句をとらえたために誤解した、というドゥオーキンの異議に対して、「SV, 322 における、性格特性が野心の追求に影響を及ぼす仕方についての彼のコメントは、性格と野心の関係についての独立の観察として提示されたものではなかった。それは、……性格特性——野心とは似ているが、才能とは似ていない——がなぜ「状況」の項目ではなく「選択」の項目に分類されるのか、その説明を提示するものであった」（EVS, 201）と、それを全否定している。どちらが正しいかを確認するために、問題の箇所を引用しておこう。

　　人々の運命は、選択と状況によって決定されている。選択は、パーソナリティを反映する。パーソナリティ自身は、野心と性格という二つの主要構成

は、次のような二つの文がある。「〔ドゥオーキンによれば〕人々は通常、パーソナリティのそれらの側面を自分と同一化しており、それを保持する費用を負担しなければならないことを予期しているという意味で、自分をそれらの側面に対して「結果責任」をとらなければならないものと見ている。」（ET, 189）および「多くの人々はまた、みずからの才能に対して、そのような才能が可能にする差別的報酬への権利があると自分が信じているという意味で、「結果責任」をとることを予期している。」（ET, 190）。内容的に問題はないが、「例外的に大きな〔才能〕」という表現は、ドゥオーキンが付け加えたものである。

要素の問題である。私はここで、野心という言葉を非常に広い意味で使っている。野心は、その人の全生涯の計画だけでなく、嗜好、選好、確信のすべてを含む。野心は、あれではなくこれを選択するための理由ないし動機を供給する。性格は、次のようなパーソナリティ特性からなっている。それは、その人に動機を供給しないが、にもかかわらず、野心の追求に影響を与える。そうしたパーソナリティ特性には、専心努力する傾向、活力、勤勉さ、根気強さ、そして、遠い将来の報酬のために現在働く能力が含まれる。これらのどれも、だれにとっても、プラスに働くこともあれば、マイナスに働くこともある。

　人の状況は、個人的資源と非個人的資源からなる。個人的資源は、身体的・精神的健康および能力である。それは、……富を稼ぐ才能――すなわち、他者がそれにお金を払う財やサービスを生産する生得能力――を含む……。非個人的資源は、人から人へと割り当て直すことができる資源である……。(*SV*, 322-323/432)〔わかりやすさのため、原文にない改行を施した。〕

　たしかにドゥオーキンは、性格特性が野心の追求に影響を与えることと、才能が野心の追求に影響を与えることとをパラレルに論じているわけではない。しかし、ドゥオーキンが性格特性を選択の項目に分類していることは、シェフラーの言うとおりであろう。個々のコメントの直接の言及対象が何かということについては、ドゥオーキンが正しい。だが、上記文章が「全体として、選択と状況の区別の一般的説明を提供する」（*EVS*, 201）というシェフラーの主張もまた正しい。

　前項で紹介したドゥオーキンの第二の反論、すなわち、自分は「普通の人々は、自分が行為した動機を自分が選択したわけではないからといって、自分の道徳的責任が免除されるとは考えていない、そして、そのことは、自分の才能を発揮する際に自分がする選択にも当てはまる」ということが言いたかっただけだ、という反論に対して、シェフラーは、「私が言いたかったのは、自分と同一化している……個人的特性が、（補償されるべき）状況の項目ではなく、（補償されるべきでない）選択の項目に分類されるべきだとしたら、ドゥオーキンが公言する立場に反し、才能と、障碍でさえ、選択に分類される必要がしばしばあるだろう、ということである」と応じている。これは、「平等主義とは何か」における同様の主張（*ET*, 189-190）を反復しただ

けであり、シェフラーはいささかの譲歩もしていない。

シェフラーの主張のポイントは、個人的性格特性であれ、才能または障碍であれ、それを自己同一化しているかぎり、ドゥオーキンの理論によれば、選択に分類されなければならないはずである（したがって、才能による高所得には課税されず、障碍者に補償は与えられないことになる）、ということにある。これに対して、ドゥオーキンの主張は、自己同一化にこだわるのは的外れであり[11]、仮想保険参照保険が実施され、時に応じて清算された後の、各人の行為の結果については各人が責任を負うのだ——つまり、あらかじめ決められた保険料を支払い、あらかじめ決められた保険金を受け取る、というだけであり、補償が安すぎるとか、所得税が高すぎると文句を言うことはできない——ということである。

この点に関しては、ドゥオーキンの主張に忠実だという意味では、ドゥオーキンの反論のほうが正しいように思われる。こうした理解の差が生じるのは、すでにのべたように、仮想保険スキームが運のよしあしに完全に応じるようには設計されていないこと、つまり、そのスキームが、ある程度の不運に甘んじなければならない代わりに、ある程度の幸運の果実を得ることができるような仕組みであること（前述第1章第5節13で触れた映画スターをうらやむクロードの不満——それをうらやんではいけないとするのが、前述本章第1節1の二段落目の引用文中の「ある適切な羨望テストのヴァージョン」である——を想起されたい）をシェフラーが理解していないからである。

第3節　行政的平等観

1. 経済的平等の重要性

ドゥオーキンの理解によれば、シェフラーは、平等には、社会的平等、政治的平等、経済的平等という競合する三つの次元があるとした上で（ELH,

---

[11] ドゥオーキンは、本節2の最後で触れたように、障碍者は障碍を自己同一化していないと主張しているように見えるが、別の箇所（SV, 60/86, 本書232頁も参照）では、多くの障碍者は必ずしも不幸ではないとのべていることもあり、あえて、その主張は軽視した。そのほうがドゥオーキンにとって有利と考えたからである。

190)、経済的平等を社会的・政治的平等の下位にくるものとみている。したがって、ドゥオーキンが『主権者の徳』の最初の二章で経済的平等を強調したのは、社会的平等と政治的平等に無関心な証拠だとして批判している（ELH, 195）。

これに対して、ドゥオーキンは、平等に競合する三次元があるという想定は危険な想定だと反批判している（ELH, 195）。彼はまた、最も基礎的なニーズを保障すれば十分だ——シェフラーもそのような主張をしていることを示唆して——ということはなく、社会は市民としての平等な地位の問題として、経済的平等の問題——すなわち「全員の基礎的ニーズはみたされているが、一部の市民が他の市民より人生をはるかに面白く、生産的で、変化に富んだものにする機会をもっている場合に、そのような結果を伴う資源分配を行う法律が正当化されるかどうかという問題」——に取り組まなければならないことを強調している（ELH, 198）。

以上のようなドゥオーキンによる批判に対して、シェフラーは、平等の三次元が競合的で、経済的平等は社会的・政治的平等に従属するなどと言ったことも、基礎的ニーズの充足で十分だなどと言ったこともない[12]、と反論している。シェフラーからみれば、意見の相違は、平等のさまざまな次元の相対的重要度に関するものではなく、それらすべての次元の根底にある一般的理想の性質に関するものである。（EVS, 203）

この話の続きは、これまでのように、ドゥオーキンの反論とシェフラーの反論とを別々の項に割り振るのではなく、ドゥオーキンの反論に再反論するシェフラーの見解を紹介するかたちで、以下では、人別に項を分かたずに取り上げることにする。

12　シェフラー（EVS, 203）は、次の箇所を挙げている。"What Is Egalitarianism?"（前掲注1）, p. 23（*ET*, 192）. そこでシェフラーは次のようにのべている。「基礎的ニーズがみたされたとしても、個人が自分の最も大切な目的の追求のためにもつことのできる資源が、市場の諸力のなすがままに完全に委ねられるなら、そのような社会は平等者からなる社会ではありえない」と。

2. 平等のより一般的な理想

ドゥオーキンは、「彼の平等主義的な分配原理を、もっと一般的な平等の理想に繋留することを追求する」というシェフラーによる（ドゥオーキンを並の運平等主義者から差別化する、そのかぎりで好意的な）解釈（前述第2章第3節4、本書129頁参照）には反論せず、ただ、異なった平等主義は異なった問い「から出発」しなければならないというシェフラーの意見に反論するのみである（EVS, 203）。

たしかに、ドゥオーキンは、『主権者の徳』は「一つの政治的価値を根本的なものとして選び、それ以外の価値をそれに従属するものとするのではなく——つまり、一つの価値を「出発」点として設定するのではなく——、政治的諸価値の間の相互関係と相互依存を強調する解釈的方法によって」書かれているとのべている（ELH, 196-197）。しかし、ドゥオーキンは、ほかならぬ『主権者の徳』第4章冒頭において、次のようにものべているのである。

> 私は、一つの原理から出発する平等の観念を研究してきた。それは、抽象的な平等主義的原理であって、その観念をその最も抽象的なかたちでのべるものである。この原理は、政府は市民の人生をより善いものにするように、また、各成員の人生に対する平等な配慮をもって行為しなければならないと定める。われわれは、この原理の具体的な諸解釈——コンセプション——を構成しテストすることを通じ、どのコンセプションがすべてを考慮した結果最善かを決定することによって、平等が何を要求するかに関する有用で実際的な理論に到達する。(SV, 184/256)〔圏点は亀本による〕

シェフラーは、この一節が、ドゥオーキン自身も、さまざまな平等の次元の根底にある「平等のより一般的な理想」を立てている証拠であることを強調する[13]。ドゥオーキンがそこから出発するところの理想とは、「抽象的な平等主義的原理」の表現としての「平等な配慮」という観念である。(EVS,

---

[13] 「から出発する」という表現にこだわる点については、シェフラーの反論はあまり成功していない。ドゥオーキンは、平等を経済的、政治的、社会的など、いくつかの次元に分けて、どこかから出発するという平等論（私見によれば、シェフラーのそれはそのようなものではないが）が間違っていると主張しているだけで、全次元を包括する抽象的な平等から出発することは、むしろ積極的に肯定しているからである。

204)。

3. 行政的な平等の見方

シェフラーはここで、自分がドゥオーキンとは異なる平等主義を支持しており、したがって、異なった問いから出発することを再度明らかにする（一度目については、前述第2章第2節4、第3節4、および第4節5参照）。引用しておこう。

> ドゥオーキン的な平等主義と対照的に、多くの平等主義者は、平等はその最も基礎的ないし抽象的レベルにおいて、主権者の特別な徳ではなく、むしろ、人間関係の規範的理想だと信じている。この見方によれば、解釈を要する最も基本的な問いは、政府が人々を平等な配慮をもって扱うとはどういうことかという問いではなく、むしろ、人々が平等者として互いに関係するとはどういうことかという問いである。この問いの特殊事例は、……平等者からなる社会とはどのようなものか、そしてとりわけ、どのような社会的、政治的、経済的諸制度がそのような社会にふさわしいか、というものである。
> ドゥオーキンも、先の応答において、それらと同じ問いに取り組むことを意図していたとのべている〔ELH, 196〕。しかし、彼の本が明示的に取り組んでいる問いは、市民を平等な配慮をもって扱うために政府はいかに行為しなければならないか、というものである。ドゥオーキンは、この問いを平等主義的理論が取り組まなければならない根本的な問題と見定めているがゆえに、私は彼が平等の「行政的コンセプション」を抱いていると記述するのである。（EVS, 204-205）〔わかりやすさのため、原文にない改行を施した。〕

シェフラーは、ドゥオーキンが市民に平等な配慮をすることが要求される主体を「政府」と言ったり、「〔政治的〕共同体」（たとえばSV, 209-210/289）と言い換えたりしていることを承知している（EVS, 205）。後者の用語を使用する場合、シェフラーが嫌う「お上が下々を（平等な配慮をもって）扱う」という含みは弱くなる。それでもなお、シェフラーは、平等な配慮という観念は、平等者間の人間関係に焦点を合わせるものではなく、ドゥオーキンを含む平等主義者たちが関心をもつ平等のさまざまな次元のすべてを説明することはできない、と批判する（EVS, 206）。

それはそのとおりであろうが、ここでの争いは、根本的な問題関心の違い

とみたほうがよいように思われる。ドゥオーキンは、政府による権力行使の道徳的正統性を、分配の平等という観点から扱っているだけである。人間関係の規範的理想として平等を捉えたときでも、アナーキストでないかぎり、ドゥオーキンが取り組んだのと同じ問題に政治哲学者は取り組まなければならない。「平等者からなる社会に、どのような制度がふさわしいか」という問いかけは、政府による権力行使の正統性問題を忘却させる、いかにも倫理学的な問い方である。もっとも、正統性問題を道徳的正統性に限定している点では、ドゥオーキンも、五十歩百歩に見えるが、その問題を中心に据えている点では[14]、法哲学者に近づいていると言ってよいであろう。

本章のむすびにかえて

ドゥオーキンはシェフラーに対して、言葉尻をとらえる言いがかりと表現するのが適切であるような批判を嫌味たらしくしばしば展開している（それに応じてか、シェフラーも、彼らしくなく、似たような論法をしばしば使う）。そのレトリックと理屈を詳細に説明するには、本書第1章や第3章に匹敵するほどの退屈な分析を要するので、本章では、そのごく一部を、折に触れて説明抜きに紹介しただけである。

ドゥオーキンがそのような議論を一般的に好むという点は別にして、彼がシェフラーに対して言いがかり的批判を展開した遠因は、「運平等主義」を命名したエリザベス・アンダーソンの論文[15]にあると私は推測している。そこでは、ドゥオーキンも含め、運平等主義者たちは十把一絡げに馬鹿にされる対象として扱われている。おそらく、ドゥオーキンはその無理解に怒っており、アンダーソンに比べればはるかにドゥオーキンをよく理解している（しかも、ドゥオーキンはそのことをよく承知しているはずである）シェフラーに対して、その怒りの一端をぶつけた、ということではなかろうか。最もよ

---

14 *SV*, 1/7 参照。
15 Elizabeth Anderson, "What is the Point of Equality?" *Ethics* 109 (1999): 287–337. ちなみに、運平等主義の最近の入門書として、Kasper Lippert-Rasmussen, *Luck Egalitarianism*, London: Bloomsbury, 2016 がある。

く理解しているシェフラーを批判すれば、あとは言わずもがな、ということかもしれない。

　シェフラーの論文「平等主義とは何か」におけるドゥオーキンへの言及、引用の仕方も、ドゥオーキンをよく読んでいない読者には、アンダーソン論文が狙ったのと同じような印象を与えるおそれもあり、ドゥオーキンの非友好的な反撃にも理由がないとは言えない。

文献一覧

Anderson, Elizabeth, "What is the Point of Equality?" *Ethics* 109 (1999): 287-337.
Arneson, Richard J., "Equality and Equal Opportunity for Welfare," *Philosophical Studies* 56 (1989): 77-93.
────── "Egalitarianism and the Undeserving Poor," *Journal of Political Philosophy* 5 (1997): 327-350.
────── "Equality of Opportunity for Welfare Defended and Recanted," *Journal of Political Philosophy* 7 (1999): 488-497.
────── "Egalitarianism and Responsibility," *Journal of Ethics* 3 (1999): 225-247.
────── "Luck Egalitarianism and Prioritarianism," *Ethics* 110 (2000): 339-349.
────── "Luck and Equality II," *Proceedings of the Aristotelian Society*, Supplementary Volume 75 (2001): 73-90.
────── "Justice is not Equality," *Ratio (new series)* 21 (2008): 371-391.
────── "Luck Egalitarianism-A Primer," Carl Knight and Zofia Stemplowska (eds.), *Responsibility and Distributive Justice*, New York: Oxford University Press, 2011, 24-50.
Bennett, John G., "Ethics and Markets," *Philosophy & Public Affairs* 14 (1985): 195-204.
Berlin, Isaiah, "Equality," *Proceedings of the Aristotelian Society* 56 (1955-56): 301-326 (河合秀和訳「平等」福田歓一・河合秀和編『時代と回想〔バーリン選集2〕』岩波書店, 1983 年, 301-337 頁).
────── *Four Essays on Liberty*, London and New York: Oxford University Press, 1969 (小川晃一・小池銈・福田歓一・生松敬三訳『自由論』新装版, みすず書房, 1979 年).
Bradley, Ben, "Objective Theories of Well-Being," B. Eggleston and D. E. Miller (eds.), *The Cambridge Companion to Utilitarianism*, 220-238.
Brandt, Richard Booker, *Ethical Theory: The Problems of Normative and Critical Ethics*, Englewood Cliffs, N. J.: Prentice-Hall, 1959.
────── *Theory of the Good and the Right*, Oxford: Clarendon Press, 1979.
Burley, Justine (ed.), *Dworkin and His Critics with Replies by Dworkin*, Oxford: Blackwell, 2004.
Campbell, Tom D., "Humanity before Justice," *British Journal of Political Science* 4 (1974): 1-16.
Casal, Paula and Andrew Williams, "Equality of Resources and Procreative Justice," J. Burley (ed.), *Dworkin and His Critics*, 150-169.
Christofidis, Miriam Cohen, "Talent, Slavery, and Envy," J. Burley (ed.), *Dworkin and His Critics*, 30-44.
Clayton, Matthew, "Liberal Equality and Ethics," *Ethics* 113 (2002): 8-22.
Cohen, G. A., "On the Currency of Egalitarian Justice," *Ethics* 99 (1989): 906-944, reprinted in his *On the Currency of Egalitarian Justice, and Other Essays in Political Philosophy*, edited by Michael Otsuka, Princeton and Oxford: Princeton University Press, 2011, 3-43.
────── *If You're an Egalitarian, How Come You're So Rich?* Cambridge, Massachusetts:

Harvard University Press, 2000(渡辺雅男・佐山圭司訳『あなたが平等主義者なら、どうしてそんなにお金持ちなのですか』こぶし書房, 2006 年).

―――― "Expensive Taste Rides Again," J. Burley (ed.), *Dworkin and His Critics*, 3–29, reprinted in his *On the Currency of Egalitarian Justice*, 81–115.

―――― *Rescuing Justice and Equality*, Cambridge, Massachusetts: Harvard University Press, 2008.

Dworkin, Ronald, *Taking Rights Seriously*, Cambridge, Massachusetts: Harvard University Press, 1977 and 1978(木下毅・小林公・野坂泰司訳『権利論〔増補版〕』木鐸社, 2003 年).

―――― "What is Equality? Part 1: Equality of Welfare," *Philosophy & Public Affairs* 10 (1981): 185–246, reprinted in his *Sovereign Virtue*, 11–64.

―――― "What is Equality? Part 2: Equality of Resources," *Philosophy & Public Affairs* 10 (1981): 283–345, reprinted in his *Sovereign Virtue*, 65–119.

―――― *Sovereign Virtue: The Theory and Practice of Equality*, Cambridge, Massachusetts: Harvard University Press, 2000(ロナルド・ドゥウォーキン(小林公・大江洋・高橋秀治・高橋文彦訳)『平等とは何か』木鐸社, 2002 年).

―――― "*Sovereign Virtue* Revisited," *Ethics* 113 (2002), 106–143.

―――― "Equality, Luck and Hierarchy," *Philosophy & Public Affairs* 31 (2003): 190–198.

―――― "Ronald Dworkin Replies," J. Burley (ed.), *Dworkin and His Critics*, 339–395.

―――― *Is Democracy Possible Here?: Principles for a New Political Debate*, Princeton: Princeton University Press, 2006(水谷英夫訳『民主主義は可能か――新しい政治的討議のための原則について』信山社, 2016 年).

―――― "Response," *Boston University Law Review* 90 (2010): 1059–1087.

―――― *Justice for Hedgehogs*, Cambridge, Massachusetts: Harvard University Press, 2011.

Eggleston, Ben and Dale E. Miller (eds.), *The Cambridge Companion to Utilitarianism*, New York: Cambridge University Press, 2014.

Fleurbaey, Marc, "Egalitarian Opportunities," *Law and Philosophy* 20 (2001): 499–530.

―――― "Equality of Resources Revisited," *Ethics* 113 (2002): 82–105.

Guest, Stephen, *Ronald Dworkin*, 2nd ed., Edinburgh: Edinburgh University Press, 1997.

Harsanyi, John C., "Cardinal Utility in Welfare Economics and in the Theory of Risk-Taking," *Journal of Political Economy* 61 (October 1953): 434–435.

―――― "Can the Maximin Principle Serve as a Basis for Morality? A Critique of John Rawls's Theory," *American Political Science Review* 69 (1975): 594–606.

―――― "Bayesian Decision Theory and Utilitarian Ethics," *American Economic Review* 68 (1978): 223–228.

Hayek, F. A., *Law, Legislation and Liberty*, vol. 2, *The Mirage of Social Justice*, London: Routledge & Kegan Paul, 1976(篠塚慎吾訳『法と立法と自由〔Ⅱ〕社会正義の幻想』新版ハイエク全集第Ⅰ期第9巻, 春秋社, 2008 年).

Heathwood, Chris, "Subjective Theories of Well-Being," B. Eggleston and D. E. Miller (eds.), *The Cambridge Companion to Utilitarianism*, 199–219.

Hinton, Timothy, "Must Egalitarians Choose Between Fairness and Respect?" *Philosophy & Public Affairs* 30 (2001): 72–87.

Hurley, S. L., *Justice, Luck, and Knowledge*, Cambridge, Massachusetts: Harvard University Press, 2003.
Jacobs, Lesley A., "Justice in Health Care: Can Dworkin Justify Universal Access?" J. Burley (ed.), *Dworkin and His Critics*, 134–149.
Kagan, Shelly, "Equality and Desert," Louis P. Pojman and Owen Mcleod (eds.), *What Do We Deserve? A Reader on Justice and Desert*, New York: Oxford University Press, 1999, 298–314.
Kamemoto, Hiroshi, "Responsibility of the Planner," Yasutomo Morigiwa and Hirohide Takikawa (eds.), *Judicial Minimalism–For and Against*, Stuttgart: Franz Steiner Verlag, 2012, 73–74.
Knight, Carl, *Luck Egalitarianism: Equality, Responsibility, and Justice*, Edinburgh: Edinburgh University Press, 2009.
Kolm, Serge-Christophe, *Modern Theories of Justice*, Cambridge, Massachusetts: MIT Press, 1996.
Kymlicka, Will, *Liberalism, Community, and Culture*, Oxford: Clarendon Press, 1989.
——— *Contemporary Political Philosophy: An Introduction*, Oxford: Clarendon Press, 1990（岡﨑晴輝・木村光太郎・坂本洋一・施光恒・関口雄一・田中拓道・千葉眞訳『現代政治理論』日本経済評論社，2002年）.
——— *Contemporary Political Philosophy: An Introduction*, 2nd ed., New York: Oxford University Press, 2002（訳者代表千葉眞・岡﨑晴輝『新版 現代政治理論』日本経済評論社，2005年）.
Lippert-Rasmussen, Kasper, *Luck Egalitarianism*, London: Bloomsbury, 2016.
Mapel, David, *Social Justice Reconsidered: The Problem of Appropriate Precision in a Theory of Justice*, Urbana and Chicago: University of Illinois Press, 1989.
Nozick, Robert, *Anarchy, State, and Utopia*, New York: Basic Books, 1974（嶋津格訳『アナーキー・国家・ユートピア』木鐸社，合本版第7版第1刷，2004年）.
Otsuka, Michael, "Liberty, Equality, Envy, and Abstraction," J. Burley (ed.), *Dworkin and His Critics*, 70–78.
Parfit, Derek, *Equality or Priority?* The Lindley Lecture, Lawrence: University of Kansas, 1995, reprinted in Matthew Clayton and Andrew Williams (eds.), *The Ideal of Equality*, New York: Palgrave Macmillan, 2002, 81–125.
——— "Equality and Priority," *Ratio (new series)* 10 (1997): 202–221.
Parijs, Philippe Van, "Equal Endowments as Undominated Diversity," *Recherches Economiques de Louvain* 56 (1990): 327–355.
——— "Equality of Resources Versus Undominated Diversity," J. Burley (ed.), *Dworkin and His Critics*, 45–69.
Rakowski, Eric, *Equal Justice*, Oxford: Clarendon Press, 1991.
Rawls, John, *A Theory of Justice*, Cambridge, Massachusetts: Harvard University Press, 1971.
——— "Reply to Alexander and Musgrave," *Quarterly Journal of Economics* 88 (1974): 633–655, reprinted in his *Collected Papers*, 232–253.
——— "Social Unity and Primary Goods," Amartya Sen and Bernard Williams (eds.),

　　　　　Utilitarianism and beyond, Cambridge: Cambridge University Press, 1982, 159-185, reprinted in his *Collected Papers*, 359-387.
　──── *Political Liberalism*, New York: Columbia University Press, 1993 (Paperback Edition, 1996).
　──── *A Theory of Justice*, revised edition, Cambridge, Massachusetts: Harvard University Press, 1999 (川本隆史・福間聡・神島裕子訳『正義論　改訂版』紀伊國屋書店, 2010年).
　──── *John Rawls: Collected Papers*, edited by Samuel Freeman, Cambridge, Massachusetts: Harvard University Press, 1999.
　──── *Lectures on the History of Moral Philosophy*, edited by Barbara Herman, Cambridge, Massachusetts: Harvard University Press, 2000 (坂部恵監訳, 久保田顕二・下野正俊・山根雄一郎訳『ロールズ哲学史講義　上・下』みすず書房, 2005年).
　──── *Justice as Fairness: A Restatement*, edited by Erin Kelly, Cambridge, Massachusetts: Harvard University Press, 2001 (田中成明・亀本洋・平井亮輔訳『公正としての正義 再説』岩波書店, 2004年).
Ripstein, Arthur, "Lberty and Equality," Arthur Ripstein (ed.), *Ronald Dworkin*, New York: Cambridge University Press, 2007, 82-108.
Roemer, John E., "Equality of Talent," *Economics and Philosophy* 1 (1985): 151-187, excepting Appendices, reprinted in his *Egalitarian perspectives*, 119-147.
　──── "Equality of Resources Implies Equality of Welfare," *Quarterly Journal of Economics* 101 (1986): 751-784.
　──── *Egalitarian perspectives: Essays in philosophical economics*, New York: Cambridge University Press, 1994.
　──── *Theories of Distributive Justice*, Cambridge, Massachusetts: Harvard University Press, 1996 (木谷忍・川本隆史訳『分配的正義の理論：経済学と倫理学の対話』木鐸社, 2001年).
　──── *Equality of Opportunity*, Cambridge, Massachusetts: Harvard University Press, 1998.
　──── "Three Egalitarian Views and American Law," *Law and Philosophy* 20 (2001): 433-460.
　──── "Egalitarianism against the Veil of Ignorance," *Journal of Philosophy* 99 (2002): 167-184.
Sadurski, Wojciech, *Giving Desert Its Due: Social Justice and Legal Theory*, Dordrecht: D. Reidel Publishing Company, 1985.
Scheffler, Samuel, "Responsibility, Reactive Attitude, and Liberalism in Philosophy and Politics," *Philosophy & Public Affairs* 21 (1992): 299-323, reprinted in his *Boundaries and Allegiances*, 12-31.
　──── *Boundaries and Allegiances: Problems of Justice and Responsibility in Liberal Thought*, Oxford: Oxford University Press, 2001.
　──── "What Is Egalitarianism?" *Philosophy & Public Affairs* 31 (2003): 5-39, reprinted in his *Equality & Tradition*, 175-207.
　──── "Equality as the Virtue of Sovereigns: A Reply to Ronald Dworkin," *Philosophy*

& *Public Affairs* 31 (2003): 199-206.
――― "Choice, Circumstance, and the Value of Equality," *Politics, Philosophy & Economics* 4 (2005): 5-28, reprinted in his *Equality & Tradition*, 208-235.
――― *Equality & Tradition: Questions of Value in Moral and Political Theory*, New York: Oxford University Press, 2010.
Sen, Amartya, "Utilitarianism and Welfarism," *Journal of Philosophy* 76 (1979): 463-489.
――― "Equality of What?" *The Tanner Lectures on Human Values*, Volume 1, Cambridge: Cambridge University Press, 1980, reprinted in his *Choice, Welfare and Measurement*, Oxford: Basil Blackwell, 1982, 353-369.
――― *Inequality Reexamined*, Oxford: Oxford University Press, 1992 (池本幸生・野上裕生・佐藤仁訳『不平等の再検討――潜在能力と自由』岩波書店, 1999年).
Spiegelberg, Herbert, "A Defense of Human Equality," *Philosophical Review* 53 (1944): 101-124.
Sterba, James, "Justice as Desert," *Social Theory and Practice* 3 (1974): 101-116, reprinted in Chandran Kukathas (ed.), *John Rawls. Critical Assessments of Leading Political Philosophers*, vol. 2, *Principles of Justice* 1, London: Routledge, 2003, 280-291.
Sunstein, Cas R. & Richard H. Thaler, "Libertarian Paternalism Is Not an Oxymoron," *University of Chicago Law Review* 70 (2003): 1159-1202.
Tan, Kok-Chor, *Justice, Institutions, and Luck: The Site, Ground, and Scope of Equality*, Oxford: Oxford University Press, 2012.
Temkin, Larry S., *Inequality*, New York and Oxford: Oxford University Press, 1993.
Vallentyne, Peter (ed.), *Equality and Justice*, Volume 4, *Distribution of What?* New York and London: Routledge, 2003.
Van der Veen, Robert, "Equality of Talent Resources: Procedures or Outcomes?" *Ethics* 113 (2002): 55-81.
Varian, Hal R., "Equity, Envy, and Efficiency," *Journal of Economic Theory* 9 (1974): 63-91.
――― "Dworkin on Equality of Resources," *Economics and Philosophy* 1 (1985): 110-125.
Watson, Gary (ed.), *Free Will*, Oxford: Oxford University Press, 1982; 2nd ed., New York: Oxford University Press, 2003.
White, Stuart, *Equality*, Cambridge: Polity, 2006.
Wolff, Jonathan, "Fairness, Respect, and the Egalitarian Ethos," *Philosophy & Public Affairs* 27 (1998): 97-122.

飯田文雄「運命と平等――現代規範的平等論の一断面」日本政治学会編『平等と政治　年報政治学2006-Ⅰ』(木鐸社、2006年) 11-40頁。
井上彰「平等主義と責任――資源平等論から制度的平等論へ」佐伯啓思・松原隆一郎編著『〈新しい市場社会〉の構想――信頼と公正の経済社会像』(新世社、2002年) 275-333頁。
―――「平等」有賀誠・伊藤恭彦・松井暁『現代規範理論入門――ポスト・リベラリズムの新展開』(2004年、ナカニシヤ出版) 41-60頁。
―――「平等・自由・運――ドゥオーキン資源平等論の再検討」萩原能久『ポスト・ウォー・シティズンシップの思想的基盤』(慶應義塾大学出版会、2008年) 121-139頁。
―――「厚生の平等――「何の平等か」をめぐって」思想1012号 (2008年) 103-130頁。

―――――「ドゥオーキンは平等主義者か？」宇佐美誠・濱真一郎編著『ドゥオーキン　法哲学と政治哲学』（勁草書房、2011 年）189-205 頁。

―――――「平等――なぜ平等は基底的な価値といえるのか」橋本努編『現代の経済思想』（勁草書房、2014 年）173-201 頁。

―――――「分析的政治哲学の方法とその擁護」井上彰・田村哲樹編『政治理論とは何か』（風行社、2014 年）15-45 頁。

井上達夫『世界正議論』筑摩書房、2012 年。

ヴァリアン，ハル・R（佐藤隆三監訳）『入門ミクロ経済学［原著第 7 版］』勁草書房、2007 年。

宇佐美誠編著『グローバルな正義』勁草書房、2014 年。

門脇俊介・野矢茂樹編・監修『自由と行為の哲学』春秋社、2010 年。

亀本洋『法的思考』有斐閣、2006 年。

―――――『法哲学』成文堂、2011 年。

―――――『格差原理』成文堂、2012 年。

―――――『ロールズとデザート』成文堂、2015 年。

クーター，ロバート・D，トーマス・S・ユーレン（太田勝造訳）『新版法と経済学』商事法務研究会、1997 年。

嶋津格「ブックレビュー　亀本洋著『法哲学』」法律時報 84 巻 3 号（2012 年）108-111 頁。

シュンペーター，J. A.（東畑精一・福岡正夫訳）『経済分析の歴史（上）』岩波書店、2005 年。

スミス，アダム（大河内一男監訳）『国富論Ⅰ』『国富論Ⅱ』中公文庫、1978 年。

瀧川裕貴「〈平等〉の論理――リベラリズムとの関係を軸にして」土場学・盛山和夫編著『数理社会学シリーズ 4　正義の論理　公共的価値の規範的社会理論』（勁草書房、2006 年）79-100 頁。

瀧川裕英・宇佐美誠・大屋雄裕『法哲学』有斐閣、2014 年。

田中成明編『現代理論法学入門』法律文化社、1993 年。

那須耕介「公教育と機会の平等――現代正義論に対する厚生経済学の影響の一側面」宇佐美誠編著『法学と経済学のあいだ　規範と制度を考える』（勁草書房、2010 年）141-159 頁。

長谷川晃「仮想的保険と倫理的リベラリズム―― R・ドゥオーキンの平等論の一断面」『法の理論 23』（成文堂、2004 年）13-36 頁。

ハッキング，イアン（出口康夫・大西琢郎・渡辺一弘訳）『知の歴史学』岩波書店、2012 年。

濱真一郎『バーリンの自由論――多元論的リベラリズムの系譜』勁草書房、2008 年。

平野仁彦・亀本洋・服部高宏『法哲学』有斐閣、2002 年。

広瀬巌「平等論の展開――ロールズ以降の「運の平等主義」の基本問題」川崎修編『岩波講座　政治哲学 6　政治哲学と現代』（岩波書店、2014 年）29-48 頁。

深田三徳『現代法理論論争―― R. ドゥオーキン対法実証主義』ミネルヴァ書房、2004 年。

藤岡大助「分配的正義における平等論の検討――資源アプローチの擁護」国家学会雑誌 115 巻 11・12 号（2002 年）131-196 頁。

―――――「エガリタリアニズムは存在するか？」亜細亜法学 48 巻 1 号（2013 年）113-

142 頁。
―――「難破船とキャンプ旅行」亜細亜法学 48 巻 2 号（2014 年）1-32 頁。
―――「ドゥオーキンの資源主義擁護論」亜細亜法学 49 巻 1 号（2014 年）1-23 頁。
細見佳子「民主主義的平等論の可能性―― E. アンダーソンの「平等論の論点は何か」」九大法学 103 号（2011 年）104-126 頁。
―――「「運の平等主義」をめぐって――ステュワート・ホワイトによる検討」九大法学 109 号（2014 年）61-74 頁。
マーシャル（永澤越郎訳）『経済学原理　第一分冊』岩波書店、1985 年。
メンガー（安井琢磨・八木紀一郎訳）『国民経済学原理』日本経済評論社、1999 年。
ロビンズ（中山伊知郎監修、辻六兵衛訳）『経済学の本質と意義』東洋経済新報社、1957 年。
若松良樹『センの正義論　効用と権利の間で』勁草書房、2003 年。

人名索引

【ア行】

アーヌソン（Richard J. Arneson） 2n, 106, 108n, 113n, 117n, 140n
アンダーソン（Elizabeth Anderson） 1, 107, 114, 298-299
飯田文雄 4n
井上彰 4n, 106n, 110n, 111n
井上達夫 110n
ヴァリアン（Hal R. Varian） 10n, 149n
ヴァレンタイン（Peter Vallentyne） 110n
ウィリアムズ（Andrew Williams） 4n
宇佐美誠 4n, 110n, 249n
ウルフ（Jonathan Wolf） 107n
オーツカ（Michael Otsuka） 4n
大屋雄裕 4n, 249n

【カ行】

カサール（Paula Casal） 4n
門脇俊介 136n
亀本洋 4n, 114n
キムリッカ（Will Kymlicka） 3, 32, 118n, 124-129
キャンベル（Tom D. Campbell） 105n
クーター（Robert D. Cooter） 65n
クリストフィーディス（Miriam Cohen Christofidis） 4n
クレイトン（Matthew Clayton） 107n
ケーガン（Shelly Kagan） 109n
ゲスト（Stephen Guest） 4n
コーエン（G. A. Cohen） 3, 4n, 26n, 32, 35, 73, 106, 108n, 113n, 119, 132n, 137n
コーム（Serge-Christophe Kolm） 242n
小林公 236n

【サ行】

サドゥルスキ（Wojciech Sadurski） 138n
サンスティン（Cas R. Sanstein） 114n
ジェイコブス（Lesley A. Jacobs） 4n
シェフラー（Samuel Scheffler） iii, 2n, 106n, 114n, 115-143, 285-299
嶋津格 242n
シュンペーター（J. A. Schumpeter） 51n
スターバ（James Sterba） 283n
スピーゲルバーグ（Herbert Spiegelberg） 3n, 122n
スミス（Adam Smith） 46-48, 51
セイラー（Richard H. Thaler） 114n
セン（Amartya Sen） 5, 112n, 118n, 142-143, 178n, 209n, 234-235n, 244-245, 246n

【タ行】

瀧川裕貴 145n, 249n
瀧川裕英 4n, 249n
田中成明 4n
タン（Kok-Chor Tan） 2n, 116n
テムキン（Larry S. Temkin） 109n, 110n
ドゥオーキン（Ronald Dworkin） i-iii, 3-102, 106, 110n, 111, 113n, 114, 118n, 119-120, 124-125, 128-133, 141-143, 145-237, 239-240, 243-245, 246n, 247-252, 254, 258-259, 260n, 265-267, 270-299

【ナ行】

ナイト（Carl Knight） 2n, 116n
那須耕介 4n
ノージック（Robert Nozick） 42n, 52, 67n, 99, 241-242, 246
野矢茂樹 136n

【ハ行】

ハーサニ（John C. Harsanyi） 37, 61n, 141, 149n
パーフィット（Derek Parfit） 108-110n
バーリン（Isaiah Berlin） 113, 114n
ハーレー（S. L. Hurley） 136n
バーレー（Justine Burley） 4n
ハイエク（F. A. Hayek） 61n, 241-242, 246n, 247n
長谷川晃 4n
ハッキング（Ian Hacking） 112n
服部高宏 4n
濱真一郎 114n
バリー（Brian Barry） 133
パリース（Philippe Van Parijs） 4n, 245n
ヒースウッド（Chris Heathwood） 159n

平野仁彦　4n
広瀬巌　1n, 107n
ヒントン（Timothy Hinton）　107n
ファン・デル・フェーン（Robert van der Veen）　107n
フーコー（Michel Foucault）　246n
深田三徳　145n
藤岡大助　145n
ブラッドリー（Ben Bradley）　159n
ブラント（Richard Booker Brandt）　141n
フロベイ（Marc Fleurbaey）　107n, 258n
ベネット（John G. Bennett）　8n
ペリー（Stephen Perry）　131
ポズナー（Richard A. Posner）　13n
細見佳子　1n, 107n
ホワイト（Stuart White）　107n

【マ行】

マーシャル（Alfred Marshall）　112n
ムーア（G. E. Moore）　243n
メイプル（David Mapel）　4n
メンガー（Carl Menger）　147n

【ヤ行】

ユーレン（Thomas S. Ulen）　65n

【ラ行】

ラコウスキ（Eric Rakowski）　107n, 118n
リッパート＝ラスムッセン（Kasper Lippert-Rasmussen）　298
リプスティン（Arthur Ripstein）　4n
ローマー（John E. Roemer）　iii, 239-271, 277-280, 282
ロールズ（John Rawls）　i-iii, 2, 3, 5, 35, 37, 42, 48, 61n, 91, 99, 100, 101n, 105-107, 110, 111n, 113-118, 122-129, 133, 139, 141-142, 181-183, 192n, 194n, 195n, 209n, 244-245, 246n, 247n, 248-251, 254, 279, 283
ロック（John Locke）　51-52
ロビンズ（L. C. Robbins）　109n

【ワ行】

若松良樹　112n
ワトソン（Gary Watson）　136n

事項索引

【ア行】

悪運　17, 284n, 286-287, 291n　→「不運」も見よ
意識状態理論　154-157
運　i, 1, 19-21, 27, 68, 95, 100, 108, 120n, 125, 294　→「偶然」「自然運」「選択運」も見よ
　——の悪さ（が悪い）　28-29, 31, 32, 35, 57, 70, 128, 257, 283
運平等主義（者）　i, ii, 1-3, 16, 17, 24, 32, 101, 102, 105-143, 285-289, 296, 298
　——と経済学　111-113
　——と政治哲学　111-115
　——のコア・アイデア　116, 133, 286-289
　——は何のための分配の平等かを軽視　101n, 111, 117, 140
　ロールズと——　124-129
エゴイズム　37, 165, 172-173
オークション　5-16, 24, 27, 29, 36, 41, 50, 52-55, 58, 60, 62, 91, 96, 100, 143, 258-259, 284
　——によっては私的所有権は確立されない　24, 46, 53, 54
　——は完全競争市場と等価　8, 259
　——は自由な交換と等価　8, 11, 42, 259
　貨幣等量——　6-11, 258-259　→「平等分割メカニズム」「初期貨幣の平等」も見よ
　初期——　25, 27, 29, 42, 44-46, 53-55, 58, 60, 76n, 95
　同時——　7, 29
　平等な——　12n, 52, 53, 76n
　労働の——　54-55, 259-261, 264-266

【カ行】

解釈的方法　ii, 296
外的選好　152n, 235n
格差原理　iii, 3, 37-38, 42n, 99, 109n, 125-128, 244-245, 248, 251, 283
確信　119, 186, 293
　政治的——　184
　哲学的——　186　→「哲学的信念」も見よ
　道徳的——　184
確率　17, 18, 32, 59, 61, 63, 83, 84, 252-253, 255-256, 272, 274, 276, 280
　——が使えない　18, 73n
　客観的——　59, 61n
　主観的——　61n, 64, 97
　等——仮定　28, 29, 58, 61-62, 63, 64, 97
仮想的契約　35
仮想的質問　278
仮想的選択　35, 41, 71, 84, 88, 90-92
仮想保険　iii, 32-102, 143, 249-251, 271-284, 286, 288, 290-291　→「保険」「所得の最低保障」も見よ
　——に入る平等な機会　97, 272, 275-276, 286
　——には数値決定の能力がない　278, 281
　——の世界では才能がより平等に分割されている　97
　——の平均値モデル　86
　——の平均の計算方法　60-65, 72-73
　——は期待効用理論に基づくものではない　271-273, 280
　——は計算のためのもので正当化のためのものではない　71-73, 83-84, 250n, 276, 280n
　——は個人の選択・野心に応じない　72-73, 75, 98, 289
　——は有害無益　35, 92, 99, 102, 240, 257-258, 265-266, 269-270
　稼得能力欠如にかける——　59-98, 249, 272-274　→「才能保険」も見よ
　障碍にかける——　32-35, 38-43, 58, 91, 273
　統計的（集団ベース，平均人ベースの）——　277-278, 289
　統計的——では個人の責任を問うことはできない　277, 278
　特定個人ベースの——　86, 277-278
　能力（技能）欠如にかける——　58-59
仮想保険税制　78, 83, 88-89, 274, 287, 294　→「所得の最低保障」も見よ
　——は運のよしあしに完全には応じない　289, 294
　——は才能に恵まれた者を相当優遇する　282-283
　——は所得が状況に由来するか選択に由来す

事項索引　311

るかを問わない　288, 291
　　——は選択と状況の区別とつながらない　289
仮想保険の保険料　62, 66, 83-84, 272
　　——は同じ保証水準については全員同じ　62
　　——は現実所得に応じる　74, 87, 272-273
　　——は将来の所得から支払われる　62, 64, 272
　　——は安い　72, 75, 280, 283, 287　→「保険は高い」も見よ
　　税金としての——　33, 72-98
仮想保険の保証水準　67-71
　　——は全員同じ　72-73
　　——は相当高い　67, 69, 76, 86-88, 92, 274-275
　　——は相当低い　69, 76, 83-84, 87-88, 280, 283, 287
　　——は平均所得より低い　87, 274-276, 283
仮想保険の（保証水準の）平均値　86-92
　　——では低すぎる　93-97
　　——の採用は仮想的選択によっては正当化されない　90-92
　　——の採用は規範的要求　89
　　——の採用は平等の二つの要求の妥協である　88-91, 93
　　——の採用は平等の二つの要求の妥協ではない　92
　　——は便法　91n, 98
カタラクシー　61n, 71, 82
稼得能力　66, 70, 76-78, 84, 92, 95, 250, 254　→「金を稼ぐ能力」「才能」も見よ
　　——（才能）が高い人は余暇の価格も高い　80n, 258, 262, 263　→「才能の高い人は高価な嗜好をもつ人」も見よ
金のかからない　130, 209
　　——嗜好　126
　　——人生　218
金のかかる　130, 209, 210, 220-221, 280, 281-282, 290
　　——生き方（人生）　78, 101, 218, 230
　　——医療　113, 129, 272
　　——価値観　120
　　——嗜好　40, 90, 117-118, 120, 129, 207, 209-233, 248, 254, 258, 281-282, 290
　　——嗜好の問題が生じない場合　216-217
　　——野心をもつかどうかを選択することができる　290

自分の過去の人生と比べて——　210, 219
他人と比べて——　209-210, 219
金のかかる嗜好の育成者
　　——に厚生の平等を拒否することができない場合　212-213, 217-219, 220-221
　　——に厚生の平等を拒否することができる場合　216-217, 223-225
　　——は一人だけ　220
金を稼ぐ能力　55, 57, 59, 68, 69, 72, 95, 96, 239, 249, 290, 293　→「稼得能力」「才能」も見よ
　　——に劣る者の不運　95
　　——に優る者の不運　54, 69-71, 80n, 257, 261-262
　　——の奴隷になる　66, 70, 259-260, 266
　　——は自然運の問題　95
　　——は需要（の偶然）に依存する　57, 68, 95, 101
貨幣等量分配　6, 9, 258　→「オークション」「初期貨幣の平等」も見よ
　　——は資源等分割と等価　9, 10, 258-259
機会　152, 183, 275
　　——の格差　275
　　平等な——　27-28, 97, 287
機会の平等　47-53
期待厚生　72, 272
期待効用最大化　18-20, 25, 70, 72, 84, 253-254, 255-256, 264, 269, 271
期待効用理論　17n, 37, 252, 271-273, 280, 281
　　——による保険の基本的仕組みの説明　252-254
期待値　17-18, 28, 64, 191, 253
基本善（財）　126-128, 192n, 209n, 244, 250n
ギャンブル　17-19, 21-28, 45, 52, 65, 71, 253, 282-283
　　——選好　25
　　——の結果を平等化すれば——をする人はいなくなるだろう　27, 52, 71
　　——の費用　25　→「選択の費用」も見よ
　　同じ——をする機会　27-28
　　経済活動はすべて——　18
　　初期オークションにも——の要素がある　27
　　人生は——　45
行政的な平等観　132, 297
競争　15
　　——均衡　12, 259, 262, 265, 268

事項索引

完全—— 8, 62n, 69
偶然 40-41, 44, 45, 57, 97, 101, 119, 121, 125, 127-129, 142 → 「運」も見よ
経済 61, 81-83
——人 81, 82 → 「効用最大化人間」も見よ
経済学（者） 8, 11-16, 22n, 23, 25, 27, 36, 42n, 47, 60, 62n, 69, 80, 82, 86, 100, 109n, 111-113, 115, 141-143, 147-150, 153-154n, 181, 239-240, 252, 263, 272, 273n, 274n
——帝国主義 142
——的世界観 112, 246n
——のつまみ食い 16, 110n, 141-143, 153-154n
非——的 70
経済的格差の是正 → 「貧富の格差の緩和」を見よ
結果責任 → 「責任」を見よ
——の問題は保険と無関係 32
結論
——くり返し論法 69, 90-91, 179n, 203, 207, 209n, 215, 226 → 「同語反復」も見よ
——先取り論法 41, 53, 199, 228, 230
——を前提にして——を導く論理的に正しい推論 41, 80, 203-204, 212, 226, 237
権原理論 241-242, 246
現実所得 74-75, 78, 85, 97, 291n
原初状態 125, 249-251, 279n, 280n
権力行使の道徳的正統性 298
高価な → 「金のかかる」を見よ
貢献 152, 247
公正（な） 10n, 11-13, 15, 198, 214, 226, 229-230, 274, 282, 287 → 「呪文」も見よ
公正な価格 24
公正な資源（量） 198, 201
公正な配分 10n, 11-13
公正な分配 198-201, 203-208, 226, 230-231 → 「公正な分け前」も見よ
——に関する独立の説明は厚生の平等の概念と矛盾する 229, 237
——の観念を含まない全体的成功の観念は成立しえない 198, 203, 226
——の理論なしに全体的成功の平等を達成する試み 199-206
——の理論は全体的成功の平等と矛盾する 198-199, 226
一応の—— 207, 231
最終的な—— 207, 231

公正な分け前 128, 180, 197-199, 206, 225-231 → 「公正な分配」も見よ
——の観念を使用する厚生の平等理論の妥協は矛盾となる 225
厚生 97, 147, 234, 257
——解釈 → 「厚生のコンセプション」を見よ
——概念 → 「厚生のコンセプション」を見よ
——観 → 「厚生のコンセプション」を見よ
——計 170, 176
——の意識状態理論 → 「意識状態理論」を見よ
——の客観的理論 157-158, 208, 209n, 215
——の計量 148, 150, 155
——の個人間比較 148-150, 155, 176, 193 → 「効用の個人間比較」も見よ
——のコンセプト 147-150
——の最大化 117, 118n, 248
——の主観的判定方法 158, 164, 170, 177, 179, 208, 215 → 「信じている」も見よ
——の成功理論 150-151, 156, 159-161
——の生産効率 223 → 「資源から厚生への変換効率」を見よ
——の生産能力 280, 281 → 「厚生の生産効率」も見よ
——の増大 166, 267
——の見方 → 「厚生のコンセプション」を見よ
——の離散的概念 214n, 228 → 「相対的成功」「喜び」も見よ
——の理論 → 「厚生のコンセプション」を見よ
——は資源の投入によって生産される 148
社会的—— 37, 82, 141, 235, 240, 248
全体的—— 159 → 「本質的福利」も見よ
平均—— 221, 272-273, 281
厚生経済学（者） 37, 141, 194, 246n
——的イデオロギー 246n, 247n
厚生主義 5, 118, 234-235, 240-241, 243-246, 248, 271
——は資源主義に属する 241
非—— 241, 243, 244-246
厚生のコンセプション 150-162 → 「厚生の

成功理論」「意識状態理論」「厚生の客観的理論」も見よ
　個人が選択した―― 211-214, 216, 217-218
　最善の―― 159, 160
　社会が選択した―― 210-216, 220, 224-225, 228
　社会の――と個人の――とのずれ 211, 214, 216
厚生の平等 5, 36-37, 40, 109, 112, 117, 123, 145-237, 239, 240n, 243, 258, 270
　――が富の平等分配と一致するのは単なる偶然 210, 219
　――主義 241, 243
　――とは無関係な話 223-225
　――の実行可能性の問題は軽視する 162-163, 168
　――の問題と選択の自由の問題の分離 233
　――は資源の分配によって達成される 146-147, 241
　――も資源主義に属する 243
　エゴイスティックな―― 165
　個人的―― 190 → 「個人的成功の平等」を見よ
　社会が選択した厚生解釈に基づく―― 210, 224, 225, 228
　抽象的な―― 148, 160, 187, 209 → 「厚生のコンセプト」も見よ
厚生の平等のコンセプション 151, 157, 158 → 「成功の平等」「喜びの平等」「厚生の客観的理論」も見よ
　いかなる――からも公正な分け前の観念を導くことはできない 226 → 「公正な分配」「公正な分け前」も見よ
厚生への機会の平等 109, 240n, 247n
効用 22n, 149, 252-258, 261, 264-269
　――関数 60, 252-253, 255, 258, 260, 263-270, 280n
　――曲線 22n, 42n, 65, 252, 269-270, 271n
　――最大化人間 19, 25, 72, 181, 183, 185, 256 → 「期待効用最大化」も見よ
　――の個人間比較 254, 262
　――の平等 253
　限界―― 67, 118n, 252, 253, 264, 266, 269
　個人―― 234-235n, 240-241, 244-245, 248
　序数―― 262
　長期的―― 222

平均――最大化 37
功利主義（者） 5, 13n, 117-118, 141, 159n, 194, 221-222, 227, 234-235, 241, 247-248, 253, 256-258, 271
　――的世界では才能がある人々はハンディキャップを負っている 258
　――も人々を平等者として扱う 235
　選好同一集団ごとの―― 254, 257
効率性 5, 10n, 13n, 89 → 「パレート最適」も見よ
効率的 36, 42 → 「パレート最適」も見よ
合理的遺憾 196-206
　――が増大すると全体の成功が減少する 196
　――は公正な分配を前提する 198, 214
功利の化け物 117
個人的成功 180, 182, 184, 186, 196
　――には相対的成功と全体的成功がある 186
　――に割り当てる価値は人によって異なる 184 → 「相対的成功」も見よ
　――の平等 → 「成功の平等」を見よ
　――の平等の体制 183, 192 → 「資源制約」も見よ
個人的選好 152n, 153, 156, 163-164, 167-171, 174-176, 179-180, 182, 188 → 「補償」も見よ

【サ行】

財 43, 56, 152, 166, 222, 252, 254, 260, 263-265, 268-269, 270
消費―― 40, 48, 56
才能 48, 54, 56, 59-61, 69-70, 78, 91, 97, 117, 120, 121, 127, 135, 136, 138, 171, 183, 191-192, 245, 249, 250, 251, 254-270, 280, 287, 290-294 → 「金を稼ぐ能力」「稼得能力」「能力」「移転不可能な資源」も見よ
　――と野心の相互浸潤的関係 59, 60, 70
　――に応じない 84 → 「生得資質に応じない」を見よ
　――の高い人にとって保険メカニズムは最悪 265-267
　――の高い人の余暇は高価 80n, 258, 260n, 262, 263, 281-282
　――の高い人は高価な嗜好をもつ人 258, 263, 281-282 → 「金を稼ぐ能力に優る者の不運」も見よ

314　事項索引

──の低い人の厚生は平等分割メカニズムによって悪化しうる　268-269, 270
──の低い人の厚生は保険メカニズムによって悪化する　269, 270
──の無知　→　「無知」を見よ
市場で売れる──　290, 293　→　「生産的才能」も見よ
生産的──　272　→　「金を稼ぐ能力」「稼得能力」を見よ
保険メカニズムでも平等分割メカニズムでも──の高い人ほど効用が低い　256-258, 261-262, 264, 265, 270, 272
才能保険　254-258, 263-264, 269-270, 280　→　「才能」「保険メカニズム」「仮想保険」「補償」も見よ
──では才能の低い人ほど運がよい　257
資源　112-113, 152, 183, 241n
　──は天から降ってくる　123, 147, 252, 254
　移転可能な──　245, 251-252, 254, 259, 263, 270
　移転不可能な──　245, 251-252, 254, 259, 263
　外的──　245n
　個人的──　245n, 293
　自然的──　183, 184, 192-193　→　「才能」「能力」も見よ
　内的──　245n
　非個人的──　245n, 284n, 289, 293
資源から厚生（効用）への変換効率　117, 168, 207, 219, 248, 254, 268　→　「厚生の生産効率」「厚生の生産能力」「才能」も見よ
　──が全員同じ　219
　──が高い　117, 219, 254
　──が低い（悪い）　117, 207, 219, 248　→　「金のかかる嗜好」「障碍」も見よ
資源主義　241-243, 246
　非──　242, 243
資源制約　183, 184
資源の数量的意味での平等分配　167-168, 200, 202, 206, 210, 219, 223, 224, 226　→　「資源の等分割」も見よ
　──が社会が選択した厚生解釈に基づく厚生の平等と一致するのは単なる偶然　210, 219, 224
資源の等分割　9-10, 36, 258-259
　権利による──　259-260
資源の平等　i-iii, 1-103, 109, 117, 145-146, 231, 232, 229, 236, 239-240, 243, 270, 286, 288-289　→　「仮想保険税制」「所得格差」も見よ
　──主義　78, 209n, 242n, 243, 267, 268
　──に経済市場は不要　60
　──にとって保険による再分配メカニズムは有害無益　92, 240　→　「仮想保険」も見よ
　──は各人の人生に割り当てられる資源が平等であるべきだと考える　5-6
　──は経済市場を前提としている　5, 16
　──は障碍者には補償するが，金のかかる嗜好をもつ人には補償しない　40, 281, 290
　──は選択に応じ，状況に応じない　275, 282-283, 289
　──は羨望テストの充足と同一視されている　42, 286
　──は他人の能力をうらやむことをなくすことをめざすだけ　50, 98
　──は野心に応じ，生得資質に応じない　3, 53, 54, 55, 79, 125
事故　28-32, 40, 272　→　「運の悪さ」も見よ
嗜好　39-41, 60, 63, 69, 97, 101, 119, 130, 209-211, 223, 263, 265, 269, 293　→　「選好」「効用関数」「野心」も見よ
　──と野心の混合物を代表する人　275　→　「人生計画を平均する方法はない」も見よ
　──は人格に属する　39
　──は野心を含む　209
　──や選好の分配の平等が何かを言うことはできない　40-41
　新しい──　210-220, 228, 230
自己同一化　120, 291-294
　障碍や才能欠如を──しているとはいえない　292
事後の平等　281, 286-287
市場　5, 33, 36, 47, 60, 61n, 68, 71, 75n, 81, 82, 89, 283
　完全競争──　8, 36, 62n
　経済──　5-6, 8, 16, 60, 91, 143
　平等な──　38, 284
事前　30, 252, 271, 275
　──の平等　30, 97, 281, 286-287
自然運　16-18, 20-21, 30-31, 57, 95, 100, 101, 120, 284n, 291n
　──の結果には責任がない　21, 26, 31
　──を保険によって選択運に転換する　17, 29-31

自然的自由の体系　48, 125, 127
失敗　184-186, 191
私的所有権　24, 46, 52-53, 54, 112n, 147
　　分配に先立ち──は存在しない　53, 147
　　→「資源は天から降ってくる」も見よ
社会主義計画経済　36, 60, 61n
社会的選択理論　153-154n
自由　5, 24, 46, 225, 226, 282
　　──な交換　8-11, 42
　　──な取引　51, 53
　　選択の──　27, 233
自由意志問題　118-119, 123, 135-136
　　──は正義論上の問題と直接の関係がない　136
趣味　216　→「嗜好」も見よ
呪文　204, 226, 230
　　──としての公正　226, 230, 274, 275, 287n
　　──としての正当化　83-84, 88, 134, 229-230
　　──としての妥協・独立・矛盾　225-231, 237
需要　15, 20, 25, 33, 40-41, 44, 49-50, 55, 57, 68, 79-80, 95, 101, 261, 264-265
　　──の偶然は自然運　20, 95
　　──の偶然は選択運　20, 25, 40, 79
　　──の偶然は補償すべからず　41
　　──は偶然　20, 40-41, 57, 68, 79, 95, 101
　　──は状況に属する　41, 50
循環　163-164, 170, 177, 183, 193, 229, 230
障碍　32-35, 39-43, 58, 95, 117, 174, 207, 231-233, 251, 280, 290, 292, 293-294
　　──者は金のかかる人　280　→「厚生の生産能力」も見よ
　　──者を厚生の平等理論によって例外扱いする試み　231-233
　　──の偶然は補償すべし　41
　　──は状況に属する　39-40
状況　39-41, 50-51, 70, 116-117, 118-121, 123, 124-126, 129, 133, 135, 137, 275, 283, 286-289, 291-293
　　──と選択の区別　→「選択と状況の区別」を見よ
　　──には応じるべきでない　275
常識　26, 32, 38, 56, 67, 85, 117, 290-291
　　──的道徳　117
消費者理論　153n, 183, 185
初期貨幣の平等　6, 9, 11, 12, 46, 275, 278, 284
初期資源の平等　9, 12, 36, 42, 51-52, 58, 96, 202, 259, 278, 284
所得格差　16, 53, 97, 100, 276　→「貧富の格差」「富の格差」も見よ
　　資源の平等は事前の──を否認し，選択に応じた事後の──を要求する　276
所得税　55-57, 282, 294
　　──による再分配　55-57　→「仮想保険税制」も見よ
　　──は遺伝的幸運が役割を果たすことも認める　56
　　──は妥協である　57, 88-89
　　負の──　100
所得の最低保障　71, 102, 271, 275, 283
人格　39-41, 50, 124n, 282
人格と状況の区別　39-41
信じている　157-158, 177-178, 179, 216, 228
人種差別主義　169-171, 173
心身障碍　→「障碍」を見よ
人生価値　181-183, 185-186, 194-197, 201, 203, 212, 216-218
人生計画　34, 45, 63, 64, 86, 98, 183-187, 192, 249, 250n
　　──には成功しか書き込まれていない　192
　　──は選好に還元される　187
　　──を平均する方法はない　63
人道　288
スターティングゲート論　50-53
性格　119, 138, 282, 291-293
　　──特性　290-294
正義　2, 12, 51, 52, 105n, 118, 126, 127, 133-136, 162, 171, 178, 179, 241, 242, 247-248, 288, 289
　　──感覚への能力　127, 181
　　──に反する　116, 126, 133, 136, 171-172, 242
　　──の先決問題　129
　　──の二原理　125, 250
　　──は選好の問題ではない　173, 179
成功　150-151, 156-157, 159-161
　　──確率　191
　　──の期待値　191
　　──の分類と成功の平等の分類はずれている　154
　　最も限定的な──　184　→「個人的成功」を見よ
成功の平等　154, 155, 157, 159-161
　　限定的な──　154, 157, 175-176, 178

事項索引　315

個人的―― 180-208
　無限定な―― 154, 157, 163-179
　最も限定的な―― → 「個人的成功の平等」を見よ
政治的選好 152-153, 163-179 → 「補償」も見よ
　――と非――のトレード・オフ 167-169, 176
　インフォーマルな―― 152, 165, 166n, 174 → 「利他的えこひいき選好」も見よ
　非―― 175-177
　フォーマルな―― 152, 165, 166n, 174
政治的リベラリズム 115, 139
政治哲学（者） 2, 106, 111-116, 123-124, 141-142, 162, 298
政治道徳 161-162, 170
政治理論 115, 142, 163, 165-168, 170, 173, 177-179
　――でない政治的選好 166n
正当化 → 「呪文」を見よ
生得資質 56 → 「才能」を見よ
　――に応じない 3, 53, 54, 55, 79, 84, 88, 125
生得能力 55 → 「生得資質」を見よ
生得無能力初期補償方式 38-39
責任 1-3, 21, 108, 120, 126, 135, 247-251, 257, 259, 277, 282 → 「選択」も見よ
　――の社会的分担 128
　――のモラリズム 137
　――不問 114, 248
　結果―― 22-23, 25, 29, 41, 93, 120, 123, 135-136, 251, 291, 294 → 「選択の結果には責任がある」も見よ
　自己―― 2, 30, 35, 90, 101, 106, 248, 250n
　道徳的―― 122, 135, 292, 293 → 「結果責任」も見よ
責任原理 133-135, 137
責任主義 2, 108, 123
選好 10, 40, 63, 112, 151, 185, 187, 277, 279
　――が同一の人々が一つの保険集団を構成する 254, 257, 279 → 「選好同一集団ごとの功利主義」も見よ
　――集合 184, 186-187, 194
　――充足 112n, 150, 157, 177, 178, 179-180, 184
　――とは自分の欲求を具体化するプロセスの結果 185
　――の三種類 151-154 → 「政治的選好」

「非個人的選好」「個人的選好」を見よ
　――の三種類のウェイトづけ 184 →
「政治的選好と非政治的選好のトレード・オフ」も見よ
　――の責任 250-251, 257, 265, 275n, 277, 278, 279, 284
　――の無知 → 「無知」を見よ
　――をみたす費用 → 「費用」を見よ
　根本的な―― 250n, 279
　全体的―― 177 → 全体的成功（＝無限定な成功）も見よ
善行 35
　――をなす専制 131
潜在能力 112, 142
　――の平等 5, 112, 142-143, 209n, 244
　基礎的―― 244
全体的成功 159n, 185-187, 192, 193-203, 205-206, 214, 216-218, 220, 228 → 「相対的成功」も見よ
　――の個人間比較は可能 194
　――の個人間比較は不可能 194n
　――は公正な分配に依存する 197-199, 206, 226
　――は合理的遺憾に依存する 196-197
　――は人生価値に関する判断 186, 195
　社会と個人がともに――を採用する場合 216-220
全体的成功の平等 193, 195, 198, 199, 200, 204-206, 215 → 「公正な分配」「公正な分け前」も見よ
　――が自己矛盾でないと仮定する 215
　――は公正な分配の理論を正当化するのに使えない 198, 226
　みずからが公正だとした分配からの変更を勧める――理論は自己矛盾的 205, 206-207, 225, 226
全体的成功（＝無限定な成功） 173, 175, 177, 185
　――の平等 177-178 → 「成功の平等」も見よ
全体的是認 175 → 「全体的成功（＝無限定な成功）」も見よ
　――の等しさ 175, 177
選択 3, 15, 20-26, 28-32, 33, 41, 56, 64, 71, 72-73, 78, 88-89, 92, 100, 102, 116-117, 118-120, 123, 129, 133, 135-138, 184, 251, 287, 290-294
　――と決定 181

事項索引　317

――と責任　3, 35, 73, 105, 137
――に応じる　84, 88, 89, 275-276, 283
――の結果には責任がある　22, 29-31, 83, 93, 106, 135, 137, 250, 277　→「選択運」「責任」も見よ
――の費用　→「費用」を見よ
――の余地　282-283
選択運　16-17, 19-21, 26, 27, 30, 40, 70, 79, 95, 100, 101, 291n
　――と自然運の区別は常識的にするしかない　26　→「選択と状況の区別」も見よ
　――と自然運の区別は無内容　20-21, 26-27, 101
　――の結果には責任がある　20-21, 24, 26, 30
選択と状況の区別　116-117, 118-120, 121-122, 124-125, 127, 128, 140, 289, 291, 292-293
　――は普通の人々の倫理的経験に根差すべきだ　26n, 119, 290
善の構想　182, 211
　――への能力　126, 127, 181, 192n
全般的是認　173, 175　→「全体的是認」も見よ
羨望　10
羨望テスト　6, 9-11, 16, 38, 42, 45, 48, 55, 70, 95, 286, 294
　――の充足は資源の平等の必要条件　11, 45
　――は融通無碍　45, 55, 95, 294
相対的成功　184-188, 192, 194, 195, 214, 220
　――と全体的成功の区別　185
　――のウェイトは人によって異なる　184, 186, 187, 193
　――の期待値　191
　――の個人間比較は可能　193-194
　――は機械的に測定できる　185
　――は人生計画の何パーセントが達成されたかということ　190, 193
相対的成功の平等　188, 190-193
　――は挑戦的な人に多めに資源を分配する　188, 191
　――の体制　191-192
ソーシャル・ミニマム　102

【タ行】

妥協　57, 88-93, 217, 221, 222, 225, 230, 284
　平等の二つの要求の間での――　88-91, 93

妥協・矛盾・独立　→「呪文」を見よ
挑戦　188, 191-192
デザート　i, 105n, 106n, 113, 115-116, 137, 152, 166n, 168, 229, 246-248
　――と責任　137, 247-248
　――とモラリズム　137
　――論(者)　3n, 113, 246-248, 257n
哲学的信念　193, 195　→「確信」も見よ
手続的正義　11-12, 242, 245n
同語反復　70, 91, 134, 204, 207, 230　→「結論」も見よ
道徳的制約　181-182
道徳的能力　181-182　→「正義感覚への能力」「善の構想への能力」も見よ
道徳的メリット（立派さ）　152, 168
富　48, 126, 183, 211, 245, 249, 275
　――の格差　16, 275　→「貧富の格差」「所得格差」も見よ
　――の最大化　13n, 112
　――の平等分配　67n, 210, 223, 272　→「資源の数量的意味での平等分配」を見よ
取引費用　8, 13, 29
努力　48, 133, 138, 152, 168, 247
　――する能力　→「能力」を見よ

【ナ行】

怠け者　49, 105, 123, 290
　――は怠け癖を克服するために厚生を犠牲にして過分の努力を払わなければならない　290
　――は――になることを選択したわけではない　290
能動的な行為者　181, 183
能力　43-44, 48-50, 69, 97, 105, 120, 121, 135, 136, 152, 168, 183, 245, 287, 293　→「才能」も見よ
　――格差　43, 53, 91, 96-97, 100
　――が平等な世界は想像不可能　57
　――が平等な場合，羨望してはいけない　43, 47, 57
　――主義　171
　――と野心の相互浸潤的関係　58
　――は状況に属する　39, 50
　生産――　43, 57, 59, 97　→「労働能力」も見よ
　努力する――　105, 133
能力所得　53, 68, 73-75, 77, 97　→「金を稼ぐ能力」「現実所得」も見よ

――に基づく仮想保険税制は運営費用が高い　78
能力税　100, 282

【ハ行】

パーソナリティ　22, 57, 119-120, 291-293
　　――特性　293　→「性格特性」も見よ
　　――の諸側面の自己同一化　120
パターナリズム，パターナリスティック　30, 71, 114, 208, 274n
パレート最適　8-13, 112, 154n, 156n, 259, 268
ハンディキャップ　43, 58, 123n, 239, 248, 258　→「障碍」も見よ
ヒエラルヒー　131
非効率　73, 78, 273
　　――な保険　273
非個人的選好　153, 154, 156, 163-164, 167, 175, 176, 179-182　→「補償」も見よ
非個人的目標　184
必要　130
　　――に応じた分配　113, 283n
　　医療上の――　117, 119, 126, 129
　　基礎的――　102, 295
　　緊急の――　119, 288
人並の生活　220, 280
費用　13-15, 23, 25, 26, 46, 101, 120
　　機会――　13, 80n, 124n
　　実際の――　272-273
　　社会に課す――　56, 81-83, 86, 89, 90, 101
　　選好をみたす――　126
　　選択の――　23, 92, 124n, 126-127, 128, 137　→「他人への費用」も見よ
　　他人への――　13-14, 23, 26, 39, 45-46, 81　→「社会に課す費用」も見よ
平等
　　――の行政的な見方　→「行政的な平等観」を見よ
　　――の二つの要求　78-79, 84, 88-91, 93　→「資源の平等は野心に応じ，生得資質に応じない」「選択に応じる」「才能に応じない」も見よ
　　――の目的は不運の補償にはない　121
　　――のより一般的な理想　132, 140, 295-296
　　――は選好ではなく，正義の問題　171
　　経済的――　294-295
　　最善の――解釈　172, 296

市民間の――　111, 141, 297
社会的（理想としての）――　121-122, 129, 138-139, 294-295
政治的（理想としての）――　121-122, 129, 138-139, 294-295
道徳的（理想としての）――　121, 129, 138, 141
分配上のデフォルトとしての――　122-123
分配の理想としての――　117, 140
平等者　5, 121, 128-130, 132, 138, 297
　　――からなる社会　121, 132, 139, 295n, 297, 298
　　――間の関係　121, 130, 132, 140, 297
　　――としての市民の地位　121, 128, 295
　　――としての処遇　132, 140
　　人々を――として扱う　5, 37, 111, 129-130, 146, 162, 234-237, 283
平等主義　1-3, 5, 69, 101, 130, 134, 174, 243, 248, 296-297
　　経済的――　133
　　抽象的な――的原理　132, 296
　　ドゥオーキン流――的正当化　235-236
　　反――　2-3, 137, 138
　　非――　177-179
　　分配上の――　2, 117, 121, 133, 243, 271　→「分配の平等」も見よ
平等主義的リベラリズム　2, 106, 114, 138, 141
平等な配慮　129, 131, 271, 288, 296, 297
平等な配慮と尊重（尊敬）　111, 237
平等分割メカニズム　258-262, 264-269, 270
貧富の格差　1, 87, 107, 276
　　――の緩和　99, 276, 287
不運　100, 102, 119, 120, 121, 123, 288, 289, 294　→「悪運」「金を稼ぐ能力」も見よ
　　健常者であることの――　233
福祉国家　2, 105-106, 138
不公正　70-71, 73, 126, 223, 225-226
不満足　155
不利　97, 119, 120, 128, 129
プロセス正義論　242
分配的正義　→「分配の正義」を見よ
　　――論　147, 241, 242-243
分配の公正　229　→「公正な分配」も見よ
分配の正義　iii, 237, 240-244
分配の平等　117, 147, 159-162, 205, 209n, 298
　　→「平等主義」も見よ
　　――理論　198

事項索引　319

平均所得　63, 64, 86, 99, 275
平均的な所得　274-275　→　「平均（的な）人」「仮想保険の保証水準」も見よ
　全員にだいたい——があるという仮定　274-275
平均的な富　272, 275　→　「平均的な所得」も見よ
平均（的な）人　32-35, 38-39, 41, 64, 71, 87, 91, 274
　——は事故が起こってから保険に入っておけばよかったと後悔する　71
　——は平均的な所得があれば（平均所得までは保証しない）保険を買うはず　274-276　→　「仮想保険の保証水準」も見よ
　——は平均的な保険を買うはず　32, 91
法哲学（者）　16, 22n, 47, 54, 56, 77, 97, 103, 109n, 153, 298
法と経済学　22n, 65, 75-76
法の下の平等　48
保険　17-20, 29-32, 38, 62, 65, 67, 240, 253, 276, 282　→　「仮想保険」「才能保険」も見よ
　——金　29　→　「仮想保険の保証水準」も見よ
　——事故　62, 65, 66, 84, 272, 275
　——選好　62, 63, 71, 86, 279
　——と呼ぶかどうかは言葉の問題　281
　——の運営には多額の費用がかかる　78, 273
　——の選択　29-32
　——の平均　→　「平均的な保険」を見よ
　——は高い　273
　——メカニズム　239, 251-258, 262, 263-264, 269-270, 271, 282　→　「才能」も見よ
　強制——　33, 36-37, 39, 40, 42-43, 75, 92, 274, 286n, 291n
　現実の——市場　34, 38, 41, 93
　失業——　93, 272, 273, 275-276, 283
　失明——　29, 34, 274
　社会——　33, 275, 282-284
　平均以上の——　85-86, 94
　平均的な——　32-34, 62-64, 72, 75, 85-86, 90-91, 279　→　「仮想保険の（保証水準の）平均値」も見よ
保険料　252, 272　→　「仮想保険の保険料」も見よ
　——の効用上のコスト　252　→　「実際の費用」も見よ
保険料＋保険金　253

保守派　105, 133-135, 137-138
補償　35, 38, 40, 119-120, 123, 129, 135, 166-174, 180, 221, 223, 239, 252, 257, 269, 274, 280, 281, 286-287, 289-290, 293-294
　才能保険は運が悪い人（＝才能に劣る人）に——しすぎ　257
　政治的選好不充足を個人的選好充足で——するのはおかしい　165-174
　非個人的選好の不充足を個人的選好充足で——するのはおかしい　179-180
本質的福利　159, 161, 204n, 211　→　「全体的成功」も見よ

【マ行】

まずまずの生活　69, 76, 87
無差別曲線　110n, 261-262
矛盾　48, 150, 198-199, 208, 225-231, 237, 241, 275
　自己——　204, 207, 208, 226
無知　→　「無知のヴェール」も見よ
　（稼得能力に直結しない）才能・技能の——　58-59
　金を稼ぐ能力についての——　59, 86, 93
　才能（＝稼得能力）の——　250, 252, 263-264
　才能の——を選好の——に転換する　263-264
　財への選好の部分的——　264
　選好の——　250, 254, 279
無知からの論法　36, 51, 83
無知のヴェール　42, 249, 250n, 254, 279, 280n
　薄い——　249, 252, 254, 279, 280
目的論的正当化　234-236
　厚生の平等の——は政治道徳的正当化ではない　236
目標　150-151, 181, 184, 188
　——の充足　150, 184
モラリズム，モラリスティック　120, 136-138, 152n, 288
モラル・ハザード　76-77

【ヤ行】

役人　36-37, 39, 114, 130, 132, 163, 168, 169, 171, 179, 191-192, 201, 208, 210n, 213
野心　33-34, 39-40, 50, 53, 54, 56-60, 63, 71, 83, 97, 98, 100, 119, 128, 130, 151, 185, 187, 191-193, 200, 209, 210, 216, 223, 277, 290-293
　→　「嗜好」も見よ

——によって選択肢集合が変わる　185, 186-187
　　——の充足　150
　　——は嗜好・選好・確信を含む　293
　　——は人格に属する　39
　　——は選択されるものではない　185, 290
　　——をみたすかどうかを選択することができる　290
　　人生に価値を見出そうとする——　185　→　「包括的野心」も見よ
　　包括的——　185, 187
野心に応じる　3, 53, 54, 55, 79, 82, 125, 283
　　——ことは平等に反する　53
遺言者・相続人モデル　130-131
善い社会　171
余暇　80n, 127, 255, 256, 258, 260-262, 263, 265, 282　→　「労働」も見よ
　　高価な——　258, 262, 282
予算制約　183, 185, 260-262, 264-265
喜び　154-156, 159-160, 214, 220, 224
　　——の平等　156, 159-160, 171, 207-208, 224, 235-236
　　——は相対的成功とパラレル　208

【ラ行】

利己主義，利己的　→　「エゴイズム」を見よ
リスク　17-18, 21-24, 26, 70, 83
　　——選好　64　→　「リスクに対する態度」も見よ
　　——の好き嫌い　22　→　「リスクに対する態度」も見よ
　　意図的でない——　17, 20　→　「自然運」も見よ
　　拒絶することができる——　17-18, 83　→　「選択運」も見よ
　　厚生——　70
リスクに対する態度　65
　　——はパーソナリティに属する　22
リスクの平等　27-28, 29, 31, 32, 97, 272, 278, 280
利他的えこひいき選好　152, 165
リベラルな平等主義　→　「平等主義的リベラリズム」を見よ
理由づけはどうでもよい　15-16, 24, 30, 41, 53-54, 55, 69, 71, 77, 78, 80, 90-91, 100, 145, 173, 174-175, 198, 214, 218, 224-225, 231, 236-237, 278, 279
倫理学（者）　109-110n, 112n, 142
　　——帝国主義　142
　　——的政治哲学　142
レッセ・フェール　51-53
労働　46-47, 54-55, 80, 93, 127, 255, 256, 260, 265
　　——能力　54-56, 59, 68, 101, 259　→　「稼得能力」「金を稼ぐ能力」「才能」「能力」も見よ
　　——のオークション　→　「オークション」を見よ
　　——の限界生産力　261
　　——の喜び　255
　　長時間——　43, 49, 81n, 117, 256-258, 284n
ロールズ的人間観　127-128, 139, 181-183
ロック的原始取得理論　51-52

【ワ行】

ワルラス均衡　259　→　「競争均衡」も見よ

著者紹介
亀本　洋（かめもと　ひろし）
1957年　山口県生まれ
1981年　京都大学法学部卒業
　　　　金沢大学助教授、早稲田大学助教授、同教授を経て
現　在　京都大学大学院法学研究科教授

著　書
『法思想史〔第2版〕』（共著、有斐閣、1997年）
『法哲学』（共著、有斐閣、2002年）
『法的思考』（有斐閣、2006年）
『法哲学』（法学叢書8）（成文堂、2011年）
『格差原理』（新基礎法学叢書1）（成文堂、2012年）
『ロールズとデザート――現代正義論の一断面――』（新基礎法学叢書7）（成文堂、2015年）

翻　訳
ウルフリット・ノイマン『法的議論の理論』（共訳、法律文化社、1997年）
ジョン・ロールズ『公正としての正義 再説』（共訳、岩波書店、2004年）
ニール・マコーミック『判決理由の法理論』（共訳、成文堂、2009年）

ドゥオーキン「資源の平等」を真剣に読む　　新基礎法学叢書11
2016年11月20日　初　版第1刷発行

著　者　　亀　本　　　洋
発行者　　阿　部　成　一

〒162-0041　東京都新宿区早稲田鶴巻町514番地
発行所　　株式会社　成文堂
電話 03(3203)9201　FAX 03(3203)9206
http://www.seibundoh.co.jp

製版・印刷　シナノ印刷　　　　製本　佐抜製本
©2016 H. Kamemoto　　Printed in Japan
☆乱丁本・落丁本はおとりかえいたします☆
ISBN978-4-7923-0601-4　C3032　　　　検印省略

定価（本体4600円＋税）

新基礎法学叢書 刊行のことば

　このたび、以下に引用する阿南成一先生の基礎法学叢書（1970年～1998年）刊行のことばの精神を引き継ぎ、新基礎法学叢書の刊行を開始することにした。そのめざすところは、旧叢書と異ならない。ただし、「各部門の中堅ならびに新進の研究者」という執筆者についての限定は外すことにした。基礎法学各部門の「金字塔をめざして」執筆する者であればだれでも書くことができる。基礎法学の研究者層は大変薄いこともあり、それ以外の法学部門の研究者だけでなく、哲学、歴史学、社会学等の専門家、さらには、教養あるすべての人々にも、読んでいただけるような内容になることを期待している。

2012年1月　　　　　　　　　　　　京都大学教授　　亀 本　　洋

基礎法学叢書 刊行のことば

　現代は《変革の時代》であり、法律学も新たに生まれ変わろうとしている。かかる時代にあって、法哲学・法史学・比較法学・法社会学等のいわゆる基礎法学への関心も高まり、これらの学問の研究は、ますます重要性を加えつつある。

　しかし、いずれの学問分野においても、基礎的研究の重要性が説かれながら、その研究条件は、応用的ないし、実用的研究に比して、必ずしも恵まれていない。このことは基礎法学についても同様かと思われる。

　それにもかかわらず、基礎法学の研究は、こんにちことのほか重要であり、幸い全国各地には基礎法学の研究にたずさわる研究者が熱心に研究活動をつづけている。そこで、ここに《基礎法学叢書》を企画し、これを、基礎法学の各部門の中堅ならびに新進の研究者の研究成果の発表の機会とし、以って基礎法学の発展を期することとした。

　この基礎法学叢書として今後二～三のモノグラフィーを逐年刊行の予定であるが、それらはいずれも基礎法学部門の専門、学術的な研究成果であり、各部門の発展途上における金字塔をめざして執筆されるものである。

　本叢書が基礎法学の発展に寄与できれば幸いである。

昭和43年2月　　　　　　　　　　　大阪市立大学教授　　阿 南 成 一